百家功夫

赵泽仁 张云 著

說手
太極拳靜思錄

壹·承道篇

北京科学技术出版社

# 图书在版编目（CIP）数据

说手：太极拳静思录.承道篇/赵泽仁，张云著.—北京：北京科学技术
出版社，2020.1

（百家功夫丛书）

ISBN 978-7-5714-0006-4

Ⅰ.①说… Ⅱ.①赵… ②张… Ⅲ.①太极拳－基本知识 Ⅳ.①G852.11

中国版本图书馆CIP数据核字(2019)第000315号

## 说手——太极拳静思录（承道篇）

| | |
|---|---|
| 作　　者： | 赵泽仁　张　云 |
| 策划编辑： | 王跃平 |
| 责任编辑： | 苑博洋 |
| 责任校对： | 贾　荣 |
| 责任印制： | 张　良 |
| 封面设计： | 何　瑛 |
| 版式设计： | 何　瑛 |
| 封面题字： | 宿　悦 |
| 封底篆刻： | 骆舒焕 |
| 出 版 人： | 曾庆宇 |
| 出版发行： | 北京科学技术出版社 |
| 社　　址： | 北京西直门南大街 16 号 |
| 邮政编码： | 100035 |
| 电话传真： | 0086-10-66135495（总编室） |
| | 0086-10-66113227（发行部）　0086-10-66161952（发行部传真） |
| 电子信箱： | bjkj@bjkjpress.com |
| 网　　址： | www.bkydw.cn |
| 经　　销： | 新华书店 |
| 印　　刷： | 保定市中画美凯印刷有限公司 |
| 开　　本： | 710mm × 1000mm　1/16 |
| 字　　数： | 367 千字 |
| 印　　张： | 31.75 |
| 插　　页： | 32 |
| 版　　次： | 2020 年 1 月第 1 版 |
| 印　　次： | 2020 年 1 月第 1 次印刷 |

ISBN 978-7-5714-0006-4 / G·2856

定　　价： 128.00 元

武学泰斗王培生先生

但行好事莫問前程
修身多行善求藝重積德
德立技藝自上身

甲戌年亥月乙未日 印誠書

王培生题词

太极拳静思录

说手

恩师骆舒焕先生

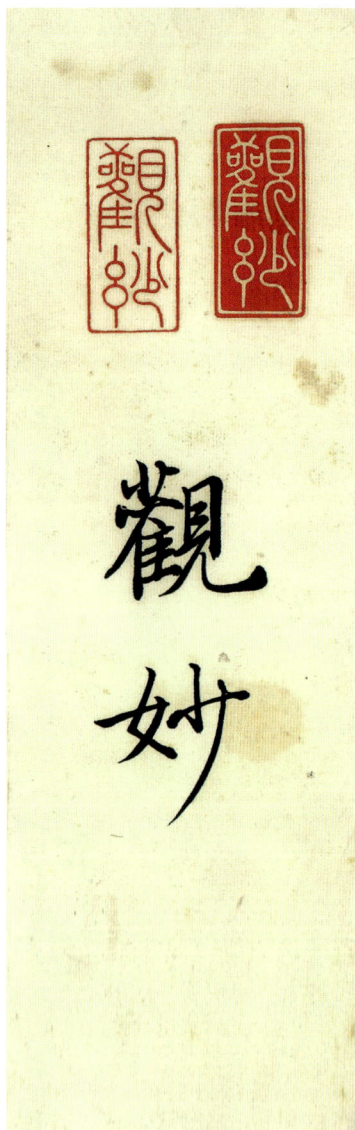

骆舒焕书法篆刻

1984 年，骆舒焕（左）立"友山堂"首开山门，与王培生（中）、
戴玉三（右）在收徒仪式上

1982 年春，作者赵泽仁（左）、张云（右）与王培生在颐和园

说
手
太极拳静思录

1984 年春节，骆舒焕的收徒仪式上四代门人合影

王培生习武英姿

1993 年，王培生赴美讲学，在张云（左）与著名旅美太极拳家罗邦祯（右）陪同下，游览旧金山

骆舒焕习武英姿

骆舒焕指导其子女习武

部分"友山堂"骆舒焕之弟子与来访的美国学生在京聚会。
第一排左起：谷云、张云、赵泽仁、张德山、鲁胜利、齐立刚；
第二排左起：骆建华、王连杰、李智慧、李树庭、赵爱国；
第三排左一：骆建宏。

赵泽仁收徒仪式，前排左起：赵惠来、张云、赵泽仁、王乃昭、鲁胜利、赵爱国

赵泽仁指导弟子盘架子

赵泽仁给弟子讲解技击技术

說手
太极拳静思录

张云与弟子进行推手练习

张云给弟子讲解推手技术

美国匹兹堡钢龙武馆醒狮队以舞狮欢迎赵泽仁老师赴美讲学

赵泽仁、张云与参加美国华盛顿太极拳讲座的部分学生

赵泽仁、张云与参加美国匹兹堡太极拳讲座的部分学生

赵泽仁、张云与参加美国普林斯顿太极拳讲座的部分学生

赵泽仁给美国学生讲解气功练习

赵泽仁与美国学生座谈中国传统武术

**有关寇孟杰藏《宋氏家传太极功源流支派论》影印件的说明：**

　　民国初年，宋书铭在北京一闪而过。他留下了与杨露禅系拳家交往的传奇故事并传下了一本手抄的老拳谱《宋氏家传太极功源流支派论》，其中记述了"老五派"太极拳的拳法、拳理和源流。宋书铭的拳艺与拳谱对太极拳的传播发展有很大影响。由于种种原因，现在保存完整的抄本存世极少。祖上数代名医的北京寇利民，近年在整理祖传遗物时见到其祖父寇孟杰所有的宋谱抄本，并于2014年赠与赵泽仁收藏。这是一本保存完整、来历清楚的手抄本。从寇孟杰的自传中可知，大约在1916年之后不久他即得到此抄本。经校勘比照，可以确认寇本是"善本"，由此始能知宋谱原貌，有正本清源的意义；同时，始能对宋谱内引用的古文献和人物进行研究，结果证实宋谱是宋家实录性历史文献，对于太极拳拳理、拳法、拳史源流等研究价值巨大。从寇本的研究中可知，徐震、唐豪等人所臆断的"宋拳宋谱是宋书铭根据杨拳、武谱伪造"的考证不成立；吴图南有关宋谱的晚年回忆都是错误的；拳界认为"宋氏太极拳是三十七拳法，与十三势无关"的认知有误；本属孤说的杨传太极拳源流的古老性与历史真实性得到佐证。宋谱记载了中国传统拳术演化史中的"缺环"，说明了内家拳的人事源流以及与武当山的关系，证明内家拳最晚在明中叶已经相当成熟。宋谱中有十三势谱，宋书铭善太极拳，这是太极拳拳术史的实证性证据。现在围绕寇氏藏本的研究已经展开，敬请关注相关的研究成果 [《武魂·太极》2016（05）、2018（04），《武当》2018（11），2019（04）]。

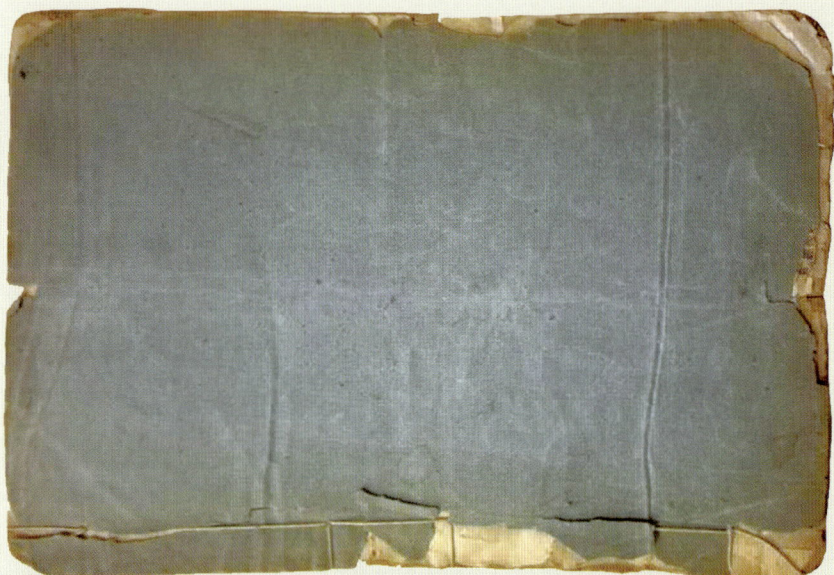

十

宋氏家傳太極功源流支派論　宋遠橋緒記

所謂後代學者不失其本也自予而上溯始得太極之功者授業於唐于歡子許宣平也許先師係江南徽州府歙縣人隱城陽山即本府城陽山結廬南陽辟穀身長七尺六寸髯長至臍髮長至足行及奔馬每負薪賣於市中獨吟曰負薪朝出賣沽酒日夕歸借問家何處穿雲入翠微題詩望仙橋而回所傳太極之功拳名三十七因名三十七式又名長拳者所云滔滔無間也總名太極拳三十七名目列

提手上势　倒撵猴　搬拦捶　进步
肘底看捶　斜飞势　撇身捶　单鞭
弯弓射虎　转身蹬脚　高探马　单鞭
云手　　转身摆莲　七星　海底珍珠
白鹤亮翅　玉女穿梭　扇通背　栽捶
凤凰展翅　上步搂膝　山通臂　青龙
真武　搬拦捶　九宫步　撵雀尾　金鸡独立　泰山生气
四正　翻身搂膝　进步搬拦捶　左右分脚　挂树蹬脚　雄碰

野马分鬃　如封似闭　此通套四十三手　此通套四十二门
二起脚　抱虎归山　十字摆莲　其余字

九宫步七星摆连双鞭双摆连在外因多不得备用
七数是无师之所传此武应武练成再练武万不得备用
三十七却无论何式先何式後只要一将成用成自然三十七之武
皆化为相继不断也故谓之长拳歌之武
所在为中央之土则可定乾南坤北故用成自练六十之武
正也搂拗捶挒捶门也

會論

中不支離
其環中
得……

腰脊為第一之主宰
喉頭為第二之主宰
地……為第三之主宰

丹田為第一之賓輔
掌指為第二之賓輔
足掌為第三之賓輔

三才周身大用論

一要性心與意靜
二要遍體氣流行
三要……

能信無不到
精粗無不到

十六關要論

活潑於腰
靈機於頂
神通於背
流行於氣

行之於腿
蹬之於足
運之於掌
足之於指

欲之於髓
縱之於膝
……往來於口
……渾靈一身
全體發之於毛

功用歌

輕靈活潑求懂勁
陰陽既濟無滯病
若得四兩撥千斤
開合鼓盪主宰定

先天拳亦名長拳
得唐李道子所傳
李道子江南安慶人
至宋時與游酢莫逆……

至明時李道子謁見人不及他語惟云大造化一字既云唐人何以數合始

又名曰天子李見之至明時李道子評是李道子先師也緣子上祖江江南名也

涇縣俞家方知是唐李道子所傳是俞家代代相承之功每歲往

拜李道子亨至本時尚在也恐代不知所往也至明時子同俞孫

達舟往湖廣襄陽府均州武當山李子見之呼曰徒再拜負

馬往達舟抬頭看浙人面垢正厚髮不知如何李把本身

達舟心悠曰爾言之太過也吾觀汝二子必死爾去吾李

云重再孫我看有你這子達舟上句湖連接未依身則是

十大初許諾夫子李云你與俞清甚怒句誠識吾達舟疎

能此皆子上祖之名也琥曰原本我之先祖師至此次此橋與

曰吾在此幾時詔先本語今見你識我大造化用吾子上祖亦達橋與

達舟俞公名張松溪張翠山殷利爭子吳合聲夫相往來

說手
太极拳静思录

全身調溜江夫

無象高山五虛

無形吾見玉虛馬

吾無見玉美矞

秘訣五嶽拜玉虛

蓬舟拜五嶽同住之地見玉虛

披子達舟秘訣吾無形無象全身

金陵遠空應物自然西山懸磬虎乳猿鳴泉清河靜調溜

盡性立命此歌予人皆知其句修子之人同住拜五嶽

子李先師不見道經然玉虛嘗在太和山无同之地見玉虛

子張三丰也此張松溪張翠山師也身長大七尺有餘美髯

架裰寒暑惟一蓑笠曰能行千里遠自洪武初年至太和山修

煉子之來往拜之年既而命之餘歸自此不終其在拜玉虛

虛子所傳惟張松溪張翠山李名之武亦太極之別名也拳拳

十三勢論說列之於後

攬雀尾 單鞭 提手上勢 白鵝亮翅 摟膝拗步 手揮琵琶

進步搬攔捶 如封似閉 抱虎推山 攬雀尾 進步搬攔捶 單鞭

進步搬攔捶 如封似閉 抱虎推山 倒攆猴

白鵝亮翅 摟膝拗步 手揮琵琶

雲手 高探馬 左右分腳 轉身蹬腳

單鞭 存身起腳 披身踢腳 上步搬攔捶

轉身蹬腳 進步搬攔捶 單鞭

雲手下勢 金雞獨立 倒攆猴 白鵝亮翅 提手上勢 單鞭

王宗岳太极拳论

太极者，无极而生，动静之机，阴阳之母也。动之则分，静之则合，无过不及，随曲就伸。人刚我柔谓之走，我顺人背谓之粘。动急则急应，动缓则缓随。虽变化万端，而理惟一贯。由着熟而渐悟懂劲，由懂劲而阶及神明。然非用力之久，不能豁然贯通焉。

虚领顶劲，气沉丹田，不偏不倚，忽隐忽现。左重则左虚，右重则右杳。仰之则弥高，俯之则弥深。进之则愈长，退之则愈促。一羽不能加，蝇虫不能落。人不知我，我独知人。英雄所向无敌，盖皆由此而及也。

斯技旁门甚多，虽势有区别，概不外壮欺弱、慢让快耳。有力打无力，手慢让手快，是皆先天自然之能，非关学力而有为也。察四两拨千斤之句，显非力胜；观耄耋能御众之形，快何能为？

立如平准，活似车轮。偏沉则随，双重则滞。每见数年纯功，不能运化者，率皆自为人制，双重之病未悟耳。

陽相济，方为懂劲。懂劲后愈练愈精，默识揣摩，渐至从心所欲。本是舍己从人，多误舍近求远，所谓差之毫厘，谬以千里，学者不可不详辨焉。

一举动，周身俱要轻灵，尤须贯串。气宜鼓荡，神宜内敛，无使有缺陷处，无使有凹凸处，无使有断续处。其根在脚，发于腿，主宰于腰，形于手指，由脚而腿而腰，总须完整一气，向前退后，乃能得机得势。有不得机得势处，身便散乱，其病必于腰腿求之，上下前后左右皆然。凡此皆是意，不在外面。有上即有下，有前即有后，有左即有右。如意要向上，即寓下意，若将物掀起而加以挫之之意，斯其根自断，乃坏之速而无疑。虚实宜分清楚，一处自有一处虚实，处处总此一虚实。周身节节贯串，无令丝毫间断耳。

## 十三势行功心解

以心行气，务令沉着，乃能收敛入骨。以气运身，务令顺遂，乃能便利从心。精神能提得起，则无迟重之虞，所谓顶头悬也。意气须换得灵，乃有圆活之趣，所谓变转虚实也。发劲须沉着松净，专主一方。立身须中正安舒，支撑八面。行气以心行氣，務令沉著，乃能收斂入骨。以氣運身，務令順遂，乃能便利從心。

精神能提得起，則無遲重之虞，所謂頂頭懸也。

意氣須換得靈，乃有圓活之趣，所謂變轉虛實也。

發勁須沉著鬆淨，專主一方。

立身須中正安舒，支撐八面。

行氣如九曲珠，無微不到（氣遍身軀之謂也）。

運勁如百煉鋼，何堅不摧。

形如搏兔之鶻，神如捕鼠之貓。

靜如山岳，動若江河。

蓄勁如開弓，發勁如放箭。

曲中求直，蓄而後發。

力由脊發，步隨身換。

收即是放，放即是收，斷而復連。

往復須有折疊，進退須有轉換。

極柔軟，然後極堅剛。

能呼吸，然後能靈活。

氣以直養而無害，勁以曲蓄而有餘。

心為令，氣為旗，腰為纛。

先求開展，後求緊湊，乃可臻於縝密矣。

又曰：先在心，後在身，腹鬆，氣斂入骨，神舒體靜，刻刻在心。

切記一動無有不動，一靜無有不靜。

牽動往來氣貼背，斂入脊骨。

內固精神，外示安逸。

邁步如貓行，運勁如抽絲。

全身意在精神，不在氣，在氣則滯。

有氣者無力，無氣者純剛。

氣若車輪，腰如車軸。

又曰：彼不動，己不動；彼微動，己先動。勁似鬆非鬆，將展未展，勁斷意不斷。

### 十三勢歌

十三總勢莫輕視，命意源頭在腰隙。

變轉虛實須留意，氣遍身軀不少滯。

靜中觸動動猶靜，因敵變化示神奇。

勢勢存心揆用意，得來不覺費工夫。

刻刻留心在腰間，腹內鬆淨氣騰然。

尾閭中正神貫頂，滿身輕利頂頭懸。

若言体用何为准，意气君来骨肉臣。想推用意终何在，益寿延年不老春。歌兮歌兮百四十，字字真切义无遗。若不向此推求去，枉费工夫贻叹息。

长拳者，如长江大海，滔滔不绝也。十三势者，掤捋挤按采挒肘靠，此八卦也；进步退步左顾右盼中定，此五行也。掤捋挤按，即坎离震兑，四正方也；采挒肘靠，即乾坤艮巽，四斜角也。进退顾盼定，即金木水火土也。合之则为十三势也。

## 打手歌

掤捋挤按须认真，上下相随人难进。任他巨力来打我，牵动四两拨千斤。引进落空合即出，粘连黏随不丢顶。彼不动，己不动；彼微动，己先动。似松非松，将展未展，劲断意不断。

程灵洗，字元涤，歙州人也。用兵甚众，梁元帝时，保全乡里，以功授……

程珌，字怀古……绍兴……进士……端明殿学士……封……

郤利為小九設地

猴於小九天雖玅之遺名

以眾者必盡心之小九天法式

殿明瑞學玉住家居洛水靜採耕以濟人之所

者雖玅之遺名韓善書傳者不敢忘先師之所

大鵬射雁　呈鸞准尾　子穿梭　開樓天白鶴齐空　什錦捶肯挂　提手肘　虎鼺潤　單鞭　猴頂雲

太極者非純功於易經不能得也以易經一書必須朝夕會悟在身中心會默悟其義必得其中妙理人所不知而己獨知之玅

內必須朝夕會悟在身中用功非得師之傳授不能得也以身法用功有五說

博學是多聞問不是多聞而後留心閉思之明辨不是聽而留心閉思之明辨不是聽之為已為行之笃行大健

四性歸原歌

世人不知己之性何能得知人之性物性亦如人之性至於天地之性

此性我賴天地以行身天地賴我以致局安能先天地知我權柄

天地受我偏獨靈

胡境子在楊州會遊姑蘇合上倒書絕云天長地久住陰修你所得殊之師之仲

殊英州人無心武亦休浪迹天涯人不善春風次海酒家樓棚棍揭球刮謝謀

殷刺夸大極拳名曰後天法亦是

陽肘　陰肘　逆陰肘　肘裏鑽　肘開花　金　陰

然而勢法名目不同其功用則一也如家人分局各有所為

然而根本非兩事也

後天法目

單提肘　雙鞭肘　卧虎肘　死肘　研磨肘　山通肘

兩膝肘　膝肘　兩膝肘

以上太極功各家名目因子身臨其境主得其良友往來相助

皆非作抵築觀者也家人恐其久而有不能盡者故筆之書以

疾後人玩索而有得焉則終身用之有餘後人有所遺者記之若夫

極功母有別名別目者吾不知之矣待後人有能依太極則不能依上字人實無能

也且記無論何等名目春法雖太極同依上方先生再上而溯始

極說話也句上之先師兩上溯其根原乘方先生

兩家總

孟子曰列國紛紛固將立命之功所謂養吾浩然之氣使

天地之間欲大成者則化之小成者成事武之立命之道非氣體

克胡能造由立命以盡性至於萬物進自天予至於庶人何事不傷

誠意正心修身始此書及此後更萬不可輕洩傳人若說不傳

人當本先師何以傳至予家卻無論遠近親朋自家傳授須想予

賢記之血與先師之訓誨而已　此書予不傳

一不傳外教二不傳無德三不傳承知師和之道者四不傳斯

任的五不傳半途而廢的六不傳傳至心師若老不傳無紛

傷之心者人不傳好怒好慍者九不傳外欲太多者十不傳

匪事多端者　此書有四忌

已忌飲過量之酒色當色者夫婦之道要將有別孚認清

已忌取非義之財忌勤不合乎之氣一飲一啄莫在內

用功三少忌

食吃少　水飲少　睡時少

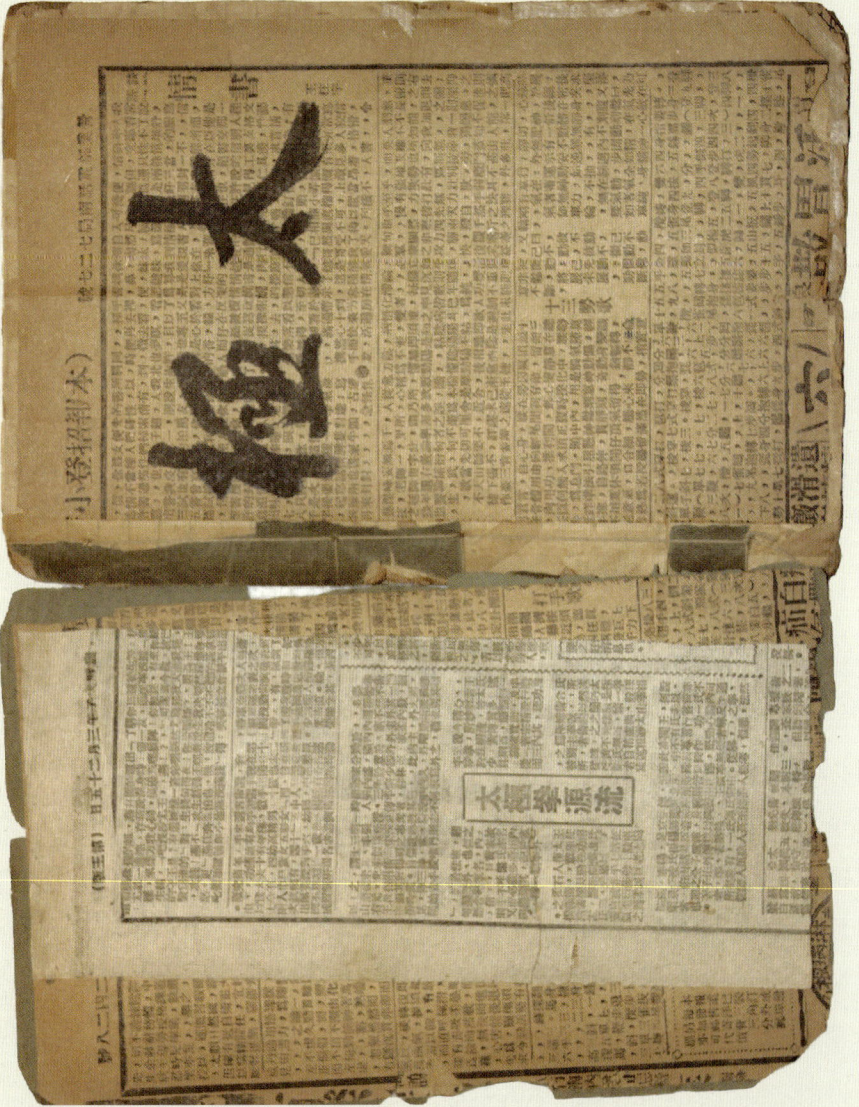

# 写在前面

本书在理论上，全面讲述了太极拳在中国传统文化中的位置，太极拳与传统武术的关系，太极拳的历史源流、基本理论以及理论指导下的技术应用；在实践上，全面系统地阐述了传统太极拳的训练方法与步骤，并给出大量教学与实践的实例。本书也对太极拳的现状、传统的继承与发展等问题进行了深入的讨论。全书为四卷本。

### 第一卷：承道篇

本卷的主题是在继承传统的基础上，给出太极拳的本质定义，讨论太极拳创立的思想基础与技术的理论基础。从太极拳的基本理论构成、拳理拳法以及历史源流等方面，全面讨论了太极拳在传统文化中之特殊性，太极拳的境界，太极拳在传统求道、养生、技击方面的理论与实践。学习太极拳首先要解决的问题是太极拳是什么、为什么，需要明确的是，独具特色的武术技击是太极拳的根本、基础，是其他功能的必要条件，太极拳的训练是对人的体能与思想进行脱胎换骨式的改造。为此，本卷深入细致地阐述了建立在传统文化基础上的太极拳拳理与技术的理论纲要，拳法中的基本概念解释，太极拳"非先天自然之能"的技击原理与特点，以及太极拳技击技术所需要的基本能力基础等。这些都是传统传承中的精华，是学习太极拳所必须掌握的知识基础，是贯穿于完整训练体系中的指导原则。

第二卷：躬行篇

关于太极拳的实践，本书以训练的初级、中级、高级、顶级四个阶段为核心，全面分析了太极拳训练的内容、方法、步骤和关系，是学习、练习太极拳的具体指导。太极拳的理论不是空中楼阁，而是建立在坚实的实践基础上的，太极拳的功夫是靠练习者自身的勤奋努力练出来的，而正确、准确的训练方法则是不走弯路、事半功倍的保证。本卷的主题就是太极拳的训练原理与具体方法，首先概述了太极拳训练的完整过程与基本方法；进而具体详细地论述了初级阶段与中级阶段的训练内容。初级阶段的训练包括基本功训练与基本动作要领，拳架练习中的身法要求与技术要领，以及部分桩功等辅助训练。中级阶段的训练包括拳架练习中的内功训练，拳架中的基本技击方法，基本定势推手训练，以及动功等辅助训练。在这些训练内容里，既有理论讲述，也有大量具体的实践实例，达到理论与实践相结合的目的。

第三卷：述真篇

本卷的详细论述了太极拳训练高级阶段的内容与具体方法。高级阶段的训练包括拳架练习中的高级内功心法训练与追求懂劲的推手训练。懂劲是推手训练的核心，是真正理解太极拳的门槛。通过学习、练习，从大量的接触性训练中，真正懂得太极阴阳之理在拳法中的意义，准确地理解、掌握太极拳的技击原理，为以后的实战技击训练打下坚实的基础。

本卷中开始引入传统太极拳的器械训练，包括刀、剑以及粘杆。器械训练是完整的太极拳训练体系中不可缺少的重要组成部分，与徒手训练相辅相成。在器械训练中，一方面要通过练习掌握各种器械自身的特殊性，另一方面又必须使所有技术应用都符合太极拳的原理。本卷中讲解了传统器械训练与徒手训练之间的关系，太极拳中各种器械在理论与实战应用方面的特点，以及在中级、高级阶段中各种器械的训练方法。中级训练中的重点，是各种器械的基本技术与套路练习；高级训练中的重点是各种器械的应用，其中详细地介绍了独具特色的双手刀法、粘黏剑练习、粘杆对练等实战内容，训练的核心是达到懂劲后，如何能够将太极拳理应用到器械技术之中。

太极拳器械训练往往超越器械本身的意义，是对徒手太极拳训练的补充，尤其对加深、加强太极拳高级内功训练有重要的促进与辅助作用。

**第四卷：诚修篇**

本卷详细论述了太极拳训练顶级阶段的内容与具体方法。顶级阶段是太极拳的升华，以实战技击为核心，从传统武术技击的视角论述太极拳的技击特点，在更高层次上研究拳架、推手以及实战技击的原理与方法，有关打法的训练是其中的重点。

与顶级训练相对应的器械训练是枪术。枪是传统器械之王，是最强劲、也最难掌握的器械，其中的高端理论与训练方法是传统武术中的精髓。太极枪以太极阴阳之理演绎枪术，使之达到更高的境界。在顶级阶段中拳与枪的糅合，是功夫"阶及神明"的重要阶梯之一。

本卷中的另一个主题是以"说手"的形式对在高级阶段以后的训练与应用中的问题进行解答，包括对太极拳的认识、拳理拳法、拳架、推手与技击中的常见问题之解答，以及对于太极拳现状与未来的思考。这部分的核心就是以切身的经验与实例答疑解惑，讲解技术要点与练习时身上的真实感受，是对太极拳理论与实践中大量精华、经典的经验总结。太极拳的训练是一个学习过程，学习完成后的修炼是一个诚心研习、修养的过程。从训练到修炼，艺无止境，需要不断地自我完善。

本书的特点可以概括为：第一，全面。本书几乎囊括了传统太极拳从理论到实践所有方面的问题，内容十分丰富。第二，清晰。本书的整体结构与语言描述清楚、直接，读者易读。特别是对许多传统传承中含混不清的概念、方法等，给出了清晰、明确的解释。第三，深入。本书在太极拳的理论与技术方面，有深入细致的分析，使读者能够更深刻地理解、掌握太极拳。第四，独特。本书从新的角度对太极拳的理论与技术问题，给出了前人所没有用过的描述，有独到的见解。第五，实用。本书写作的目的之一是要为传统太极拳练习者提供一本实用参考书，以"是什么、为什么、怎么做"为纲，解决学习、训练中所面临的问题。本书既是太极拳的理论著作，又是可以直接用于太极拳实践的实用手册。

本书所面对的读者，是以有一定基础的太极拳练习者为主体，对各个层次段的练习者都会有不同程度的帮助。由于传统教学中存在着问题与缺陷，当代也衍生出许多新的问题，致使很多人学习太极拳多年，但是收获不大，甚至有些迷茫，以致有些人已经走在错误的道路上。本书对这些问题有很强的指导作用，希望能产生拨云见日、豁然开朗之效果；也希望能够帮助部分已经达到相当程度的练习者更上一层楼。希望本书能够对继承发展传统太极拳起到较大的推进作用。

为了帮助读者更好地理解太极拳的训练内容，书中还配有大量的技术照片。必须提醒读者的是，静态的照片往往不能够准确地表现出动态的技术行为。因此在使用过程中，需要与文字描述相结合，有不清楚的地方，应以文字描述为准。在写作过程中，由于时间、地域等一些客观原因，在拍摄这些技术图像时，服装、背景、灯光等在一致性方面有所不足，略感遗憾，还望读者见谅。

# 序一

中国武术是中国传统文化中的重要组成部分，太极拳是中国武术发展中最具特色、最有代表性的拳种。现在太极拳早已远远超出一般拳术的范围，它是充满中国人智慧之作，是蕴涵丰富文化特征的体系。今天认真学习、研究传统太极拳，是增强我们身体健康、提高个人修养的重要组成部分，使我们能够更好地认识并融入到民族伟大复兴的进程之中。

家父王培生自幼好武，十一岁即拜武术名家马贵、张玉莲为师习八卦、弹腿；十二岁拜杨禹廷为师学习太极拳。由于其习拳认真刻苦，进步很快。十四岁时，因在实战中的优异表现而被其师爷王茂斋相中，允许每天晚上到他家里上课，在门内开隔辈传艺之例。王茂斋师爷的亲自传授，使家父终身受益，是他最终能够成为武学大师的重要因缘之一。家父一生以继承、发扬、传播传统武术为己任，桃李满天下。

我大师兄骆舒焕为人慷慨仗义，与家父感情深厚。他思想开明，目光长远。早在 20 世纪 70 年代中期，就亲自将其门下几个表现优秀的弟子直接推荐给家父，再次发扬门中隔辈传艺之优良传统。其中就包括本书作者，当时只有二十岁出头的赵泽仁与十六七岁的张云。那时他们经常每周来家里几次，周末或节假日也常常将家父接到他们家中传艺。特别是在 20 世纪 80 年代，家父每周六晚上去他们家里上课。

家父对他们的偏爱，常常溢于言表。在骆师兄的弟子中，又以赵泽仁、鲁胜利、张云等几位更为突出。他们都能做到既刻苦练习，又认真思考，所以进步很快。在那些年里，家父对他们倾注了大量心血，精心培养，终使他们能有今日之成就。

本书作者赵泽仁、张云两位师侄虽身怀高超技艺，却十分低调，多年来默默地研习、积累。早在二十多年前，他们就为系统整理家父的武学思想和习练技法做过大量工作。这次在家父百年诞辰纪念前夕推出这部力作《说手——太极拳静思录》，是对传承传统的巨大贡献。本书全面地论述了传统太极拳的方方面面，是他们几十年学艺、教学与自身修炼的总结，是家父与骆师兄几十年教育之成果，也是我们门中几代先贤之智慧与经验的集大成。从中可以看到中国传统文化之精华，看到武学传承之延续，令人欣慰。本书无疑将是所有太极拳爱好者们的最佳参考之一，愿大家为传统太极拳的传承、传播、发展共同努力。

王培生（印诚）武学研究会会长

北京吴式太极拳研究会副会长　王乃昭

于北京龙兴园

# 序二

## 传承 理解 深化 自信
### ——读《说手——太极拳静思录》

这本《说手——太极拳静思录》的作者赵泽仁、张云，是受近代著名武术家王培生先生几十年亲传的再传弟子。

1981 年 5 月，王培生先生以高超的太极拳技击功夫，令与之交流的日本国少林拳法代表团震惊，日本《阿罗汉》杂志对此事做了专题报道，尊王先生是中国十大武术家之一。

2004 年 9 月，王培生先生逝世，这让多少人难抑心头的遗憾——斯人已逝，带走了多少太极拳的秘密，今后还有豁然解谜的那一天么？

2016 年 11 月 22 日，在北京海淀西山林语，笔者见到了赵泽仁和张云，见到了他们为之呕心沥血的《说手——太极拳静思录》，还看了赵、张二人在美国的武术讲学光碟。

这是一场令笔者振奋的太极盛宴！它应和了人们十二年前那个解析"王培生之谜"的祈盼！我在日记里记下了这个日子！

该书的前言，有几句话让人惊喜：

本书既是作者们追随武学大师王培生师爷三十年所学之总结，也是近二十几年中我们自己教学与实践的思考与探求之沉淀。其中所有有关传统太极拳的基本理论、观点、技术，均源于王培生师爷的传授。本书是学习这些传统体系的心得体会，是几十年研习太极拳的切身经历体验，是结合我们自身经验的系统化总结，是我们的深思熟虑后的奉献。

赵泽仁、张云这样解释《说手——太极拳静思录》这个书名："静思"是为了更好地"躬行"，所谓练拳最终还是要落实到"练"字上。"说手"就是在从理论到实践相结合的过程中认识太极拳。无论理论有多好，"功夫不到终是迷"。"说手"与"静思"之动静相兼，正是本书的缘起。

也就是说，本书能为读者提供一把打开王培生拳学宝库的钥匙。

显然，本书作者希望读者通过这本书，全面系统地理解太极拳的理论与实践，从而能够学有所得——这是在构建一个学习真正太极拳的系统工程。

曾有机会近距离观摩赵老师的一次现场推手教学，教学的内容，就是通过实作展示、讲解王宗岳的《太极拳论》。按照赵、张两位作者的理念，"真正的、完整的、传统意义上的太极拳，就是以王宗岳的《太极拳论》为判定标准的""凡是在拳理与实际应用中，符合或者追求此拳论的原理的，即是真正的、完整的、传统意义上的太极拳"。

"太极者，无极而生，动静之机，阴阳之母也。……"听着赵泽仁老师对拳论的逐句背诵，眼看着那位对手，随着赵先生的手眼身法步，身不由己地呈现着拳论所描述的意境，此时此刻，字面上的《太极拳论》活了，立体了！对笔者而言，这绝对是以往阅读此拳论从未有过的感受。

　　两位作者坦言，本书的写作目的是使读者能够在"是什么、为什么、怎么做"这三个层次上，建立起对于太极拳的完整、准确的认识。

　　本书所述都是我们自身的直接经验与体会。"我所说的，一定是我能做的。我做不到的，绝对不说。"这是王培生师爷一贯倡导的求实精神，也是我们一生的座右铭。

　　我以为所言不虚，这就是两位作者的自信，他们的自信绝对有底气！

　　作为一个太极拳真谛的渴求者，我心中充满了对此书问世的欣喜，衷心感谢两位作者真诚的劳动，相信此书的出版发行，会帮助更多如我一样的追求者获得满足，获得成功。

常学刚

# 序三

## 诚意正心的太极说手

　　向人推荐点什么，是一件非常严肃的事情。万一推荐错了——"细思极恐"。但这一次，为这本《说手——太极拳静思录》做序，却是一件令人惬意的事情，不仅毫无负担，甚至还时时泛出与有荣焉的自豪感。原因无他——佳作！

　　*十年磨一剑，霜刃未曾试。*

　　*今日把示君，谁有不平事。*

　　*——唐·贾岛《剑客》*

　　十年磨一剑的专注，就足以让一位侠客睥睨天下。如果我告诉您《说手——太极拳静思录》是赵泽仁、张云两位老师近十七载勠力同心的精心之作，您会有什么感觉？十七年，在这个充满焦虑的时代，没有定力、没有诚敬之心、没有出于对太极拳发自内心的热爱，就不可能会有这套总计逾百万字的皇皇巨著。十七年，其背后是令人感佩的认真，是精雕细琢的匠心。我相信，只要您打开本套《说手——太极拳静思录》，就会感受得到两位作者和编者浓浓的诚意。《大学》里说：物格而后知至，知至而后意诚，意诚而后心正，心正而后身修，身修而后家齐，家齐而后国治，国治而后天下平。自天子以至于庶人，一是皆以修身为本。诚意正心，正是我辈太极人应有的品性，也是《说手——太极拳静思录》两位作者十七载创作过程中所秉持的状态。

著文传世，为往圣继绝学，虽然诚意和正心是根本，但光有诚意正心还是远远不够的，还要有真材实料。以笔者作为《武魂·太极》主创成员数年之阅历，两位老师是太极拳界为数不多的有"真材实料"的大家之一。太极拳谚说：代不数人。作为中华传统文化的精粹，太极拳的传承极为困难，作为传承者，不仅本身要具有极深的造诣，还要能精于表述，或言传身教，或记述传人；而在被传承者的角度，既要有足够的天赋、毅力、决心，又要有足够的机缘得遇之，才能成就一段传承的佳话，成就能代表一个时代的大家。所幸，赵泽仁、张云两位老师在这些要素上都具备。在王培生大师有生之年，两位在师父骆舒焕的支持下，由骆老师亲自带到王培生大师跟前，请求王培生先生代为传授。这样，赵泽仁、张云等四位才有幸得到王培生大师的无保留的隔代亲传，而两位作者又极为用心，从王培生大师那里领悟到太极拳的真谛。而今，两位习拳逾半个世纪的老师，以莫大的决心和开放心态，决定把多年习练太极的经验、体会毫无保留地公之于世，与广大拳友分享，实在是太极拳之大幸。

再精彩的著作，如果没有好的编者，也只能遗珠于尘，无法传世。近年来，北京科学技术出版社一直致力于武术类书籍的出版。这次，他们又做伯乐。王跃平和常学刚两位编者在本书出版过程中，多次往返于城里与西山修订书稿，不辞辛劳，表现出的敬业精神和为作者、读者负责的态度令人感叹。

太极之习练，异于其他拳种。拳论有云："全凭心意下功夫"。很多前辈把太极拳形容为"文化拳""智慧拳"。太多的实践证明，如果没有理论的学习与投入，习练太极很难入门，更谈不上"懂劲"、阶及"神明"。有拳友尽其一生，都只是像练广播体操一样，稀里糊涂地重复着，作为观者，殊为之可惜，都是不思考、不进行理论学习的结果。认真阅读这套《说手——太极拳静思录》，一定会有很大收获。《说手——太极拳静思录》一定会成为拳友们领略太极真意的绝佳帮手。

《说手——太极拳静思录》的出版，解释了一个存在已久的争议：太极拳能不能技击？对此本书进行了系统的太极拳的技术论述，不仅仅理论阐释说得深入浅出、简单易懂；更是讲出了很多"不传之秘"，一改传世书籍"有道无术"，只说理论、不教方法之现状，公开了许多太极练习、技击过程直接有效的实用方法，读来"十分解渴"。有心人自会通过阅读，受益良多。

作为太极拳的媒体主创、推广人员，面对今天太极在国内所面对之境况，常常有"道失，反求诸夷"的担心。如果太极拳人不振作，也许太极拳也会步蹴鞠、捶丸的后尘——作为发源地，今天我们却要向国外去学习。是赵泽仁、张云两位老师作为作者，王跃平、常学刚老师作为编者的用心，让我们又看到了太极拳在我们这片土地上生生不息的希望。

最后，面对这套诚意正心的良心之作，我相信，随着时间的推移，这套图书一定会得到应有的关注，焕发出夺目的光彩的。

是为序。

尹宝军

# 序四

## 自架云梯许上来

赵泽仁和张云两位先生是吴式太极拳第六代传人，经授业恩师骆舒焕引荐，得武学大师王培生隔代亲传，倾囊相授，于太极、形意、八卦诸门内家拳艺无所不窥，对周易、黄老，参同、悟真之道亦有会于心，复经几十年如一日勤修苦练，默识揣摩，文能养、武能战，一身功夫青出于蓝，有继承更有发展，能在拳术实践中体现前贤成法的高妙和真实不虚，是志存高远、又肯脚踏实地的中国传统文化探索者和传播者。

赵泽仁先生是电影导演，在武林中声名不显。平日行功走架，柔慢轻匀，悠然自得，看起来毫无威力；惟一旦与人交手，则另有一番气象：听化拿发，动静无始；前进后退，虚实莫测，散手后招千变万化，一如长江大河滔滔不绝，尽显太极拳术在上善若水的表象后所蕴含之刚健雄强的道家功夫本色。当局者固然进退失据，惊心动魄；旁观者也目眩神迷，叹为观止。

赵泽仁先生从青年时代就致力于太极拳术的传承，为师爷王培生拍摄了《乾坤戊己功》《吴式太极拳》等七部教学片，是珍贵的武术史料。如今虽年近古稀，大隐西山，依然不忘初心，从未停下追求更高拳学境界的脚步，全力以赴接续往圣绝学，教授弟子传前辈拳艺芬芳。

张云先生是一位温文尔雅的谦谦君子，20世纪80年代即远渡重洋，赴美深造计算机专业。几十年来，游走于欧美诸国传拳，凭深厚内家功夫和文化素养，著书立说，转战南北，从容应对五花八门武术形式的挑战，为王培生印诚武学一脉在海外闯出了一片天。在接受《武魂·太极》杂志采访时，他曾经指出，初习太极拳术，就如同面对一面断崖，无路可寻，可是，只要能想方设法爬上来，以后就是一片坦途，无限风光。细细想来，诚为过来人的真知灼见，能激励后学迎难而上，永不言弃。

师兄弟二人不但精擅内家武艺，更经受现代文明洗礼，尊古而不泥古，厚古亦不薄今。他们深知修习太极拳"全凭心意用功夫"，因此，不保守、不藏私，以实事求是、科学理性的态度，总结、归纳、提炼武林前辈的传授，与自身实践、体悟和多年来教学相长的心得融会贯通，推陈出新，历十年寒暑，写出了一部充满独立思考精神的百科全书式著作——《说手——太极拳静思录》，将太极精义公之于众。

这部书理技兼备，次第分明，授人以渔，全面、系统、详尽，如教科书般精确地介绍太极拳理论、技术和功法体系，完整披露了太极拳从初级到顶级的具体训练过程。用明白如话的语言，图文并茂的方式，高屋建瓴，条分缕析，在传统与现代之间架起一座桥梁，使后来者能于求索太极拳术真谛的路途上勇猛精进，不至有歧路亡羊、南辕北辙之叹。

张三丰真人有诗云："稳步天门笑眼开，黄金为殿玉为台。凡人莫望仙车引，自架云梯许上来。"赵泽仁和张云两位先生用他们的著述，向天下太极人展示了该如何自架云梯，在太极的断崖上凿出一条通向顶峰的道路。

书中智慧，正堪为三丰真人诗篇做注。

赵江峰

# 前　言

　　自 19 世纪中叶，杨露禅将太极拳传到北京，太极拳便以很快的速度传播、普及。今天练太极拳的人越来越多，已遍及全世界各个角落。由于太极拳的特殊性，严格地讲，当前大多数的太极拳练习者，并没有练习真正、完整、传统意义上的太极拳。虽然对以简单锻炼身体为主要目的的练习者来说，此点似乎并不特别重要，但对于真心追求太极拳真谛、认真严肃的练习者来讲，明确什么是真正的太极拳，怎样才算是练习太极拳，却是十分重要。只有先明确了这点，才能不枉费功夫，不会误入歧途。

　　学习真正、完整、传统意义上的太极拳，这样的说法似乎有些多余，甚至有些"过分"。但严峻的事实摆在我们面前，使我们不得不这样讲。目前，名不副实的东西太多了。不只是在民间，甚至在一些专业机构中，谈及太极拳时，离题跑调、言不及义的也大有人在。这使得我们在本书一开始就要先做出这样一个声明：在本书中，凡是提到太极拳之处，除非另有明确解释，都是指我们认为这个真正、完整、传统意义上的太极拳。

　　本书第一章与第二章里详细解释了什么是真正、完整、传统意义上的太极拳。简而言之，就是以建立在道家哲学思想基础上的王宗岳的《太极拳论》为标准。凡是在拳理与实际应用中，符合或者追求此拳论的原理，即是真正、完整、传统意义上的太极拳。这篇拳论是以太极阴阳哲理讲述拳法之应用，这也正是此拳之所以命名为太极拳的原因。凡不符合者，无论其名称如何响亮、传承如何显赫，都不是我们所要学习讨论的真正、完整、传统意义上的太极拳。

太极拳创立的初始目的，就是追求最高效率的武术技击方法。从技术上讲，就是知己知彼、舍己从人、粘黏连随、以静制动、以柔克刚。故凡是不属于此的，就不是太极拳。这里并不是讨论其他的武术技术是否有效，也非以比武之胜负论英雄，而是说以什么标准辨别是不是太极拳。一个人可能学艺于某正宗传人，甚至有很强的技击能力。但是，如果他在技击中所做的不符合或不追求《太极拳论》的道理，那他就不是在练太极拳，至少是他已经将太极拳的内涵丢掉了。现在，各种标新立异，甚至只有一个空洞外壳而全无内涵的太极拳太多了。我们这样讲的目的并不是要刻意地贬低、否定某些人物或门派，而是在讨论问题之前，先要明确讨论的范围，以免不必要的误会，所谓"道不同，不相为谋"。

太极拳表面上看似十分简单，易学易会，人人能练，实际上易学难精，是极难掌握的高精尖的学问和技术，需要在明师的指导下，经过长期努力、反复思考、刻苦练习，方可能有所得。但是，由于保守的传统习俗、落后的教学方法以及太极拳的特殊性，太极拳并没有在普及的基础上获得大的提高与发展，正所谓"学者如牛毛，成者若麟角"。相反，由于大众化、商业化以及其他诸多因素，反而使许多高级技法、训练方法流失，或发生了有很大错误的变化。简单化、庸俗化泛滥，使传统太极拳的面目全非。科技的发展，时代的变迁，大大加快了太极拳在整个世界的传播速度，表面看似一片繁荣，实则是使这种状况雪上加霜。高层次的问题没人讨论，低层次的问题越来越多，越来越不能让人理解。这种普及推广的结果，反而使人们对太极拳的基本认识产生了越来越多的疑问和误解——太极拳是技击性的武术吗？太极拳是健身术吗？太极拳推手能用于实战吗？太极拳真的慢吗？那种看似做假的推手表演是真实的、可用于实战的技术吗？学习太极拳有简单快速的方法吗？这些都是每一个认真学习太极拳的人不得不面对和回答的问题。同时，由于普及而使大多数人对于太极拳的认识肤浅、片面，也使一些假大空的现象得以流行。普及而没有提高，认识水平下降，反而使假的东西盛行，今天这些矛盾现象正说明，能否正确地认知太极拳、既不把它神秘化也不把它庸俗化，仍是十分重要而艰巨的任务。

太极拳有极为独特的技击技术和养生健身方法，全面正确地理解掌握并非易事。当前对太极拳的误解主要有几大方面：第一，认为太极拳的技击方法还是要拼力量、拼速度。这反映在很多人学习时，追求所谓具有很强爆发力的内劲，或者只注重如散打技术般的简单实用的技法，从而无法真正理解太极拳。这导致太极拳技法被粗放化，甚至于低俗化，使得其精华流失，与其他一般意义的武术技法没有本质上的区别。太极拳技法高、精、深、博，不可能人人都成专家，但是我们的追求不能因此而改变。如何能避免或尽量减少高级技法流失是一个严肃的课题。第二，是在太极拳拳理方面的误解。由于太多的大而空的理论盛行，一方面，常常使有些人盲目崇拜，放弃正常的思辨能力；另一方面，也使很多人以为太极拳不过是纸上谈兵而已，理论与实践不符。第三，由于一些人在太极拳推手或技击的练习或表演中做假，导致人们以偏概全，以为太极拳不是真正的技击术，只是虚假的表演。这种做假的做法，一方面欺骗、误导了一些人；另一方面也排斥了很多人，大大伤害了太极拳的名誉。第四，是认为太极拳只是健身术，或认为可以在不考虑技击方法的同时而只将太极拳用于健身，把太极拳等同于一般的健身术、健身操。结果出现一些以健身为目的的普及化、大众化的简化太极拳套路。这些简化套路不只是对套路动作的简化，而是将大部分太极拳的内涵简化掉了。这种"简化太极拳"的一个最直接后果就是，现在海内外的大多数人已经自然而然地认为太极拳就是健身操，太极拳作为武术的技击能力被完全忽视或忘掉了。如此的"简化太极拳"，虽然可能很流行，但已经不是本来意义上的太极拳了。记得 20 世纪 80 年代初，北京体育学院张文广教授曾经编过一套"太极操"，专门用于健身。当年有些人特别反对，认为他是乱改太极拳。现在想来，事实上张教授的立意是正确的，也是很诚实的做法。既然只想拿太极拳套路当健身操练，练的已经不是原来意义上的太极"拳"了，那就不应再用原来的名称。事实上，本来太极拳训练就兼顾技击与健身养生，而其独特的健身养生功效，是源于它独特的拳理与练习方法。当太极拳开始在社会上广泛流传后，人们以练拳来健身养生，本属正常。但是如果在练习中，忘掉了太极拳的本质，背离了太极拳的拳理，那么也就只能是活动一下腰腿之类的简单身体锻炼，与广播体操的作用差不多了。

造成这些问题的原因，一方面是社会大环境的变迁，另一方面是传统教学方法的弱点所致。社会大环境变迁的表现，第一是说对于太极拳的实际社会需求与以前大不相同；第二就是今天的人们生活丰富多彩，未必再肯花精力去研究一项没有直接快速效益的事情。对于这种变迁，我们无能为力。我们现在所能做的就是在尽可能的范围内去大声疾呼：练太极拳就是要练真正完整、传统意义上的太极拳，否则就不是太极拳。最起码的是要让真正学习太极拳的练习者认识到这一点。要想实现这个目标，改革传统教学势在必行。这里一是要完整准确地阐述太极拳的拳理与实践，二是要尽量完善传统教学方法。传统教学方法以"口传心授"为主，特别是教学的随意性很大。整体上讲，传统教学不系统、不规范、不科学、效率低下；既有秘而不传的保守因素，又有故弄玄虚的毛病，所以改进是必须的。

本书的作者都是受传统武术熏陶、得传统太极拳之传承数十年的练习者，可以说对传统武术与太极拳都十分了解，既懂得其中的精华，也知道其中的弊端。本书将全面讲述传统太极拳的本质，练习太极拳的目的，为了达到目的而需要的拳理，以及具体拳术的练习方法。其中既有对传统的梳理、补充、完善，同时也有对传统中的弊端的批判。本书面向的读者群主要是那些欲认真学习传统太极拳技艺的练习者。希望每个严肃认真的习拳者，能首先明确自己的追求，并在以后的训练中不断地以此来衡量自己，学会辨别真伪，不断地修正自己的前进方向。在此基础上，以太极之理结合实践，通过刻苦的训练而达到目的。

需要明确的是我们这里谈论的真正、完整、传统意义上的太极拳只有一个，是一脉相承的。现在流行的各种派别，只是这个传统太极拳在表面层次上的一些变异，都没有，也不应该离开其本质。所谓"无论用何等名目拳法，惟太极则不能两说也"。因此，本书中所讨论的拳理、拳法、训练体系等，都是所有传统太极拳所共有的；而其中的具体练习方法，在所有传统流派中也都是相通的。须知，在继承传统的过程中，过于强调门派并没有什么真实的意义，甚至常常会有负面作用。另外，凡是标新立异、随意自创、不尊传统的各种流派，都不在我们研究、讨论的范围之内。

本书的写作是本着一种"推陈出新"的态度而为的。这里的"推陈"不是推翻、推倒以前的东西，而讲的是"推崇"。这种"推崇"是对我们民族传统文化的崇敬、自信，但并不是盲目地崇拜。"推崇"需要的是认真研究，去伪存真，批判继承。"出新"也非是搞标新立异、无源之水、空中楼阁。这里的"新"是建立在继承传统基础上，以新的视角与方法，对于太极拳进行新的分析解释。这个"新"与"陈"是一体的、不可分的。因此，是在推崇传统、继承传统的基础上，对传统太极拳做全面深入地分析，并给出新的解读，目的是使读者能够在"是什么、为什么、怎么做"这三个层次上，建立起对于太极拳的完整、准确的认识。

本书的基本构思是：

1. 学习太极拳，首先要对太极拳有一个准确、全面的理解，不能盲目。本书试图以新的视角和更清晰的方法，以现代语言向读者讲解太极拳的本来面目，解释传统太极拳的理论、技法、训练方法等，使读者能够全面、正确、准确地理解掌握太极拳。

2. 力图改变传统教学中理论与实践相脱节的现象。反对理论上夸夸其谈，反对使用大而空的、虚无缥缈的词藻，反对在实践中缺乏真正的指导意义的说教。

3. 对传统理论与实践中的不足、不完整、不确定的部分予以补充。对于其中的错误，以科学求实的态度进行批判纠正。

4. 对传统的教学思想、教学经验进行一次全面、系统的总结。打破过去传统教学中的神秘主义，使用明确的语言、清晰的逻辑、简洁的讲述，使读者能理解掌握学习太极拳的正确方法。

5. 在传统教学训练系统中，很多拳术中的技术技法概念都缺少严格、准确的定义，有很多都是约定俗成的，大多是口语化的东西，不同流派中也经常会有些区别。这些常常会在教学训练与交流中引起误解，特别是对日常训练产生误导。故此，对于本书中所讲述、讨论的概念，都会先尽量给出清晰、明确、严格、严谨的定义，使读者在学习训练中有一个标准。

6. 为了使读者能更容易理解掌握，本书在层次结构上特别注重循序递进。在结构上，先对太极拳的拳理与技术进行全面的阐述，然后是具体的练习方法。在理论叙述部分，采用了自顶向下的方法，即从太极拳所追求的目的开始，一层一层地向下分解，直到太极拳的最基础功夫。也就是说，阐明要达到某个目的需要哪些技术，要达到这些技术需要哪些体能，而获得这些体能又需要哪些基本功。使读者能清楚地知道什么是太极拳、学习太极拳的步骤以及其中的道理。在描述具体练习方法的部分，采用了自底向上的方法，即从基本功开始，如何以真实有效的方法，一步一步地练习，接近或最终达到我们所追求的目的。使读者能够清楚地知道整个练习的步骤，以及每一步中的具体练法，理论与实践密切结合，切忌空谈。总之，希望读者能全面系统地理解太极拳的理论与实践，从而能够学有所得，不至于"枉费功夫贻叹息"。

由于太极拳的复杂性，有些技术、概念在不同的训练阶段中所包含的内涵有所不同，比如在高级阶段中所讲的"虚实分清"，就比在初级阶段中讲的要复杂得多。因此，在本书中常会见到同一概念在不同层次上的讲解。太极拳的复杂性也体现在许多技术、概念等都交织在一起，很难独立讲述；故在本书的讨论过程中，不可能将它们完全分开，也很难做到在所有的地方都能按顺序进行描述。因而，对于许多拳理或技术问题，特别是重要的概念，在不同的地方可能会被重复提到。为了保证每部分内容的连续性与完整性，对于这种重复，本书将采取从不同角度看问题的方式加以描述。也就是说，同一个概念在不同的地方、不同的层次上，可能会以不同的方式被重复描述。这样做也是为了使读者了解同一个问题的各个方面，从而加深理解。对此，如果读者在开始时有些迷惑，不必过于介意，要多注意这些描述之间的关系，看到它们背后的本质。大多数问题在读完全书后自然会有所解，当然最终的理解还是要通过实践，所谓实践出真知。

传统太极拳在几百年里，经过历代先贤精心研磨，成为独具风格、有丰富内涵的宝贵文化遗产。本门中的几代先辈都为太极拳的传播作出过巨大的贡献。全佑先师祖是杨家人之外，唯一在北京得到杨露禅、杨班侯父子亲传而又有后继传人的太极拳大师。20世纪初太极拳被广泛传播，全佑先师祖的大弟子王茂斋先师祖是那个时代太极拳在北方最重要的代表人物，他所创立的北平太庙太极拳研究会是当时最大的、最有影响力的太极拳组织之一。王茂斋师祖本人是技击专家，以练习刻苦著称，是从旧的体系中产生出来的大师。随着时代的变迁，他感受到旧的教学方法需要变革。虽然他自己的教学方法还带有很深的时代烙印，但是他已经开始鼓励学生多思考，支持教学改革。在其支持下，其掌门弟子杨禹廷先师太成为太极拳教学改革的先锋。从20世纪二三十年代起，杨师太根据当时的教学情况，首先对拳架进行了系统规范的改革，在教学理论上也有许多建树。在其影响下，其掌门弟子王培生师爷秉承上几代先师们的遗志，锐意进取创新，有诸多建树，对太极拳的发展作出了重大的贡献。

王培生师爷自幼拜马贵、张玉莲、高克兴、韩慕侠等诸多名家为师，研习多家主流武术门派。自十二岁起，拜杨禹廷为师，习太极拳。由于其悟性高、进步快、出手早，有幸得王茂斋师祖钟爱，长期在王茂斋师祖家中直接受教，尽得太极拳之真谛。他习拳刻苦认真，善于思考，少年成名。一生致力于武术，特别是太极拳的研究，是当代的技击大师、武学泰斗。他一贯主张"真功夫需当场试验"，从不拒绝挑战。虽然一生中击败过许多名家、名师，但他从不炫耀，而是将每次实战当成是对自己功夫水平的检验。

这里说王培生师爷的进取创新、诸多建树，并非是说改变太极拳，而是指在继承传统的同时，努力尝试将太极拳的训练方法与教学方法系统化、科学化、规范化、完整化，使学生能更清楚、更全面地理解与掌握太极拳的理论与技术。在技击技法方面，王培生师爷从大量的实战经验中总结提高，把经验上升到理论。特别是他精研过武术中的几乎所有主要门派，在比较中，对纯正的太极拳技击技法有更深刻的认识。比如他曾幽默地对笔者讲："等你真懂了太极拳，人就变懒了。"这句看似戏言的话，正反映出他对太极拳以及其他武术流派技击精髓的深刻领悟。在七十多年的太极拳训练与教学生涯中，王培生师爷积累了很多方面的经验。他常说教学相长，就是要通过学生的问题去思考教学上的不足，改进教学方法。他学于传统，但不拘泥。他时时注意到新时代的发展与新的科研成果，将新的概念与传统相结合。比如用西医中的许多现代医学概念去解释练拳中身体各功能系统间的作用与关系，以及运用现代心理、生理、物理等方面的知识解释太极拳技击技术中的问题。王培生师爷在教学上求真、求实的精神一直都是我们的楷模。

遗憾的是，由于历史原因，特别是战乱及政治运动等的影响，上几代人的诸多贡献，特别是王培生师爷的许多经验、观点、方法等没有形成文字，有些也没有在足够的教学实践中加以运用；另外，在系统化等方面还有待整理改进。而今先师过世，不免留下许多遗憾。为避免更多的遗憾，本书作者以追随王培生师爷三十年之经验，试将王培生师爷以及上几代先师们之太极拳理论与教学方法进行全面系统地总结，以惠后人。本书中所讲述的是对传统太极拳的主体精髓部分的领悟，是对整个系统的比较全面深入的理解。虽然追随王师爷多年，由于种种原因，我们也仅能掌握他全部技艺中的核心部分，而一些精微之技却未能熟练掌握和运用，甚是遗憾。这些东西还有待于今后个人的刻苦修行去逐渐领悟、完善。

这里要特别指出的是，本书的写作也秉承了王培生师爷之大弟子、我等授业恩师骆舒焕先生之遗志。当年骆恩师亲自将我们几个师兄弟送到王培生师爷家中深造，打破隔辈不传艺的旧习俗，使我们能有幸直接从学于当代武林泰斗。至今仍记得当时骆恩师对我们的谆谆教诲，他说："你师爷的东西多、精、高、深，你们趁年轻，要多学、多记、多想，尽可能多地继承。将来能够将所学的东西加以总结，融会贯通，写下来，传下去，广惠后人。"这本书也算是了却恩师的心愿，实现了我们对恩师的承诺。

骆恩师从来提倡学生在理论、技术、教学等问题上多思考、多提问、多质疑，要敢于与老师争论。他说："真理越辩越明。"骆恩师还常说："练拳要当一门艺术来追求，不是简单地学习实用技术，而是要懂道理；应该通过练拳认识人生、追求真理。""在技术上，是练不怕打，还是练打不着，这是个境界问题。"深受骆舒焕恩师的影响，我们在几十年的习武道路上，始终坚持理论与实践相结合，多思考，多提问题，明辨是非。经常交流讨论，甚至争论，经常搭手切磋，并及时总结，始终坚持最终一切技法都要经过实践检验。

多年以来，我们有幸参与了王培生师爷武学体系的整理工作，从中也学到了很多东西。我们也常常将一些心得体会写下来，相互参考，不断修正。我们也发表过文章，出版过几本太极拳方面的专著。这些积累都是本书的基础。本书既是作者们追随武学大师王培生师爷三十年所学之总结，也是近二十几年中我们自己教学与实践的思考与探求之沉淀。其中所有有关传统太极拳的基本理论、观点、技术，均源于王培生师爷的传授。本书是学习这些传统体系的心得体会，是几十年研习太极拳的切身经历体验，是结合我们自身经验的系统化总结，是我们深思熟虑后的奉献。

"学而不思则罔，思而不学则殆。"对于今天这个充满各种诱惑的世界来练习太极拳，这还不够，还必须能做到不为外面的名利所动。因此，特别需要能够"静"下来。"静"是基础，所谓清静无为、宁静致远。只有静下心来认真、深入、细致地思考、练习，"静思"才有可能学有所得。这是学习太极拳的关键。

"古人学问无遗力，少壮工夫老始成。纸上得来终觉浅，绝知此事要躬行。"读陆放翁绝句，仿佛这是专为我们练太极拳的人所写。"静思"是为了更好地"躬行"，所谓练拳最终还是要落实到"练"字上。王培生师爷常说："要多动手，理论与实践相结合才是科学的东西。""说手"就是在从理论到实践相结合的过程中认识太极拳。无论理论有多好，"功夫不到终是迷"。"说手"与"静思"之动静相兼，正是本书的缘起。希望所有的太极拳爱好者们能身体力行，为继承发展传统太极拳贡献自己的力量。

王培生师爷的法号是"印诚"，这是他十三岁受居士戒时，由其恩师所赐。"印"者印信，是为信誉，也为心心相印，是信守诺言。"诚"者至诚。"诚者，天之道也；诚之者，人之道也"，也就是说真诚是上天的原则，是天道；追求真诚是做人的原则，是人道。所以"印诚"就是要保持、遵守"至诚"的信念、原则，追求对天道的理解，达到对人道的完善。"自诚明，自明诚，诚则明矣，明则诚矣"。王培生师爷一生对武学的追求可谓"至诚"，无愧于他的法号。"诚者自成"是讲真诚的自我完善。"故至诚无息"是讲这个至诚的天道是永不停息、保持久远。这是我们继承王师爷之学，以"印诚功法"为我们的名号之意。不可否认学习传统太极拳有难度，不是任何人都可以轻易克服的，但也不是遥不可及。"道不远人"，只要以至诚之心，不懈努力，终可有所得。

本书所述都是我们自身的直接经验与体会，"我所说的，一定是我能做的。我做不到的，绝对不说。"这是王培生师爷一贯倡导的求实精神，也是我们一生的座右铭。希望本书能无愧于王培生师爷的教诲与骆舒焕恩师的期望。

本书从开始构思酝酿到现在，已经有十多年了，可谓"十年磨一剑"。几易其稿，总觉得有词不达意，言犹未尽之处。此次在同道友人与后学们的鼓励督促下，将书稿付印，只为抛砖引玉，如有不足之处，望同道们指正。

在本书写作过程中，得到张德山、鲁胜利、赵爱国等师兄弟与骆建华、骆建宏师妹的大力帮助、支持；弟子柯思德（Strider Clark）、邵志成（Clayton Shiu）、阚志远（Peter Capell）、孙豪杰

（Roger Paulo）、容有才（Chris Young）、王木源、林申、佟大为、吴樾、宋淑鑫、马光耀、吴茂强、Tom Kimmerle、Brian Buirge、Edwin Huang、Josh Hehr 等人参与协助技术演练、摄影、图像处理以及其他辅助工作等，寇利民先生提供了珍贵的参考资料，张霖先生等帮助对书稿文字进行编辑校对并提出修改意见，著名书法家宿悦先生为本书题写了书名，常学刚先生、尹宝军先生、赵江峰先生、何瑛女士在文字图片的编辑方面也给予了极大帮助；在此一并表示衷心感谢。同时还要特别感谢我们的夫人许可群女士与张海惠女士，没有她们的常年支持、辅助，我们不可能取得任何进步。

赵泽仁　张云

# 作者的习武经历

**赵泽仁，北京人，中国电影集团公司艺术创作人员中心导演**

12 岁师从韩英、那振刚先生习摔跤；15 岁师从李树森先生习白猿通背拳，并经常得到李振东师爷与张瑞卿师叔的教诲。赵泽仁少年时即技艺出众，赢得许多名家的喜爱，经常给予指点。

1967 年起，从学于武学大师王培生（印诚）先生之开门大弟子骆舒焕老师学习吴式太极拳等内家拳法。赵泽仁少年英姿，聪慧好学，深得骆老师的喜爱，故于 1978 年被骆恩师亲自送到王培生师爷家中深造，学习太极拳、八卦掌、形意拳及各类器械与气功等。1984 年，赵泽仁正式拜骆舒焕老师为师，为印诚功法第三代、吴式太极拳以及八卦掌第六代传人。因习拳刻苦，悟性高，善思索，被王培生师爷视为再传弟子中的佼佼者，得到王师爷口传心授，倾囊而教。自 1982 年起，赵泽仁多次参与组织了王师爷武学体系的整理工作。从颐和园刘氏八卦的摄影到大觉寺吴式太极拳的录像，直至 1992 年主持录制了"王培生先生武学系列"大型录像与 DVD，为后继学者留下了一

赵泽仁 13 岁时习武

赵泽仁（左）15 岁时练习白猿通背拳

笔珍贵的史料，对继承总结传统武术，特别是吴式太极拳作出了杰出贡献。

赵泽仁从 1973 年开始教授摔跤、白猿通背拳等，1983 年，开始教授吴式太极拳与八卦掌，有入门弟子多人。近年来，其部分弟子在一些大型比赛中，屡获推手冠军。他以王师爷、骆师父为楷模，坚持理论与实践相结合。在理论方面，他刻苦钻研、认真思考，求真、求精、求深。在《武魂·太极》等杂志上发表过多篇理论文章。在吴式太极拳全国研讨会上，获得优秀论文一等奖。在实践上，他注重求实精神，长期保持与其他门派之同道进行技术交流，从实战中体会太极拳的奥妙。他遵循王师爷所倡导的"真东西必须能当场试验"，面对各种挑战，从容相对。国内外很多技击高手都曾慕名登门求教，但他们往往触手即发、接手即倒，无不为其技艺所折服，赞叹功力之不可思议。赵泽仁被美国、欧洲等多家武术团体聘为武术高级顾问。2016年与 2019 年，赵泽仁应邀赴美国多个城市讲学，在精彩的拳理、拳法讲解之外，更以完全敞开的形式接受各种挑战，其以精湛的技艺使参与者无不为之惊叹，赢得了极高的声誉。

說手
太极拳静思录

张云，北京人，软件工程师

　　张云少年时学习少林拳，后追随张德山师兄、赵泽仁师兄习摔跤、白猿通背拳等。1974 年，经赵泽仁师兄介绍，师从骆舒焕先生系统学习吴式太极拳。因刻苦用功，长于思考，张云深受骆先生喜爱。一年后，经骆先生特别推荐，被送至武学大师王培生师爷家中深造近三十年，以吴式太极拳为主，兼修八卦、形意与气功等。1983 年张云开始武术教学活动。1984 年，他正式拜骆舒焕先生为师，为印诚功法第三代、吴式太极拳以及八卦掌第六代传人。同年，经王培生先生特许，正式开门收徒。1989 年移居美国，工作之余，传授中国传统武术。常年在所住城市开设武术课程，并在美国、欧洲、澳大利亚等许多城市举办讲座数十次，在当地产生了较大的影响。在国外的武术教学中，注重宣扬中国历史与传统文化；在技术上特别强调要学习传统太极拳。近年来，其弟子与再传弟子在武术比赛中多次取得推手与散打冠军。1993 年受王培生师爷委托，在美国成立"印诚功法研究会北美总会"，并在美国、欧洲等许多地方成立了分会。又协助其弟子成立了"国际白猿通背拳研究会"。在美国出版了英文版《中国剑法艺术——太极剑教程》《太极刀全书》《太极拳谱——翻译解释与历史文化评注》等专著，翻译编辑了鲁胜利师兄的《太极形意八卦之实战技法》一书，并在美国的《太极拳》《亚洲武术》《中国武术》《内家拳》等重要武术杂志上发表文章二十余篇；在国内的《武魂·太极》杂志上也发表过多篇文章，均获广泛好评。录制出版了太极拳系列、形意拳系列、通背拳系列等多种DVD。张云还长期为世界各地的武术爱好者提供理论及技术咨询，为普及吴式太极拳，编创了吴式简化太极剑、吴式袖珍太极拳等套路。长期以来，张云努力钻研武术理论、考证门派源流、探讨教学方法，以其深入之研究、独到之见解，以及在海外推广中国武术所做之重要贡献，受到海内外武术界之重视，入选《中国当代武林名人志》。

# 目 录

## 第二章　太极拳的理论基础以及在拳理中的应用　　095

# 第三章　太极拳的拳理　169

# 第四章　太极拳的技击原理　275

第一章 ● 太极拳概说

当今最大的问题就是大多数习拳者不懂太极拳的本质，不能理解太极拳拳理，不能掌握完整的训练方法。因而这里要先从什么是太极拳谈起，谈谈太极拳的本质。只有牢牢把握住这一点，才能不迷失方向。

太极拳应用
教学集锦

杨露禅（1799—1872）画像

19 世纪中叶，杨露禅孤身一人独闯北京，以"杨无敌"之荣为太极拳扬名后世，盛誉当年。此拳艺始为世人广为传扬，百年后已遍及全世界。今天虽然练太极拳的人越来越多，但是真正理解此拳的并不多，甚至大多数习拳者已经忘了此艺的名声在当年是靠打出来的。造成这种局面的原因，首先是由于太极拳的复杂性所致，其次是由于太极拳的功能广泛，既可以用于格斗技击，又可以强身健体、修身养性。功能广泛自然会造成练习者所追求的习拳目的之不同，因此也难有太高的、统一的要求。但是对于真心实意想学习真正、完整、传统意义上的太极拳爱好者而言，必须认真思考，积极面对。当今最大的问题就是大多数习拳者不懂太极拳的本质，不能理解太极拳拳理，不能掌握完整的训练方法。因而这里要先从什么是太极拳谈起，谈谈太

王培生演练太极拳

极拳的本质。只有牢牢把握住这一点，才能不迷失方向。

首先要强调的是，在本书中我们所论述的太极拳是真正、完整、传统意义上的太极拳，而非现在许多流行、简单、低俗、肤浅的所谓太极拳。本书的主要目的之一，就是正本清源，希望读者能理解、区分这里的不同点。

为避免空谈，本书以当代武学大师、太极拳泰斗王培生先生所传吴式太极拳为基础，全面叙述太极拳的理论与实践。事实上，传统太极拳只有一个，当今的各个流派在本质上应该是一致的。本书所讨论的正是太极拳的本质，因而在理论与技术方面的论述与流派无关。在实践方面，需要举例说明时，使用本门的动作方法也只是为了描述方便。希望读者不要拘泥具体动作细节，应透过现象看本质。

# 太极拳的本质

学习任何东西，首先应搞清楚它的定义，明白学什么。越是复杂的东西越需要如此，这样才能在学习过程中不偏离方向。遗憾的是很多人练习太极拳多年，但从来没有认真思考过什么是太极拳。

## 太极拳的定义

太极拳是中国传统武术中以道家思想为理论基础，以太极阴阳哲理为技击技术应用的指导思想而发展起来的，集武术、健身、求道三大功能为一体的拳术。它已发展成为一个包含众多学科的武学系统，是中国传统文化中多层次、多方面的综合性艺术。其中武术是载体，从武术的学习训练中求健身、求道。

以上是从理论到实践上对传统太极拳定义的基本描述。当人们说练太极拳时，首先需要对此有清楚的认识。

武术功能是太极拳的基础，太极拳中的武术是人们对于武术技术与人体功能之间的辩证关系的重新认识，是在更高的境界中产生出来的武术发展的新途径，是武术从技术到艺术发展的高级阶段。其核心是从理论上寻求技击方法的完美境界，从技术上以追求最高的效率为宗旨。从本质上讲，太极拳就是以新的理论、概念，新的训练方法，

拳架练习
——拳之体

**赵泽仁演练太极拳**

在武术技击实践中，建立起最优化的过程；在动态中，求自身消耗的最小值与技击效果的最大值。学习太极拳的武术功能，首先需要理解太极拳与其他拳术之间在基本理论与实践上的不同，不可以先天自然之能的概念去解释，更要小心不被简单的胜负所迷惑。

太极拳的武术思想基础是以道家的无为、不争、以静制动、以柔克刚以及辩证思维等概念为主体，结合儒家的中庸、释家的放下，以及兵家的知己知彼、因敌变化等理论；其技击的理论基础是中国传统太极辩证哲学体系；而具体实现这些技术技法是根据太极阴阳变易之哲理（简称太极之理或太极阴阳之理）；这也正是此拳以"太极拳"命名的原因。由于武术训练是太极拳系统的载体，也就是说，太极拳的训练过程就是通过一整套练武的形式去实现它所追求的目的。习太极拳而不谈太极理论指导下的武术技击，就不是真正的太极拳。故谈太极拳就必须谈其在武术方面的训练与应用，这部分也就是本书的重点之一。

太极拳是以太极阴阳变易之理为指导的拳术。在太极拳训练与修炼中，都必须始终坚持这一点。因此，练拳但不遵循太极之理的就不是太极拳；另一方面，讲太极理论但不能与实战技击技术相结合，或者根本不讲实战技击的，也不是太极拳。虽然太极拳中包含了健身与求道的功能，但本质上太极拳是武术，而且是高级的武术。太极拳之武术既是实用技术也是艺术享受。

太极拳的训练与修炼也是健身术，是对中国传统中医、气功、养生学的继承与发展。太极拳的形体动作、内功训练与技击技法等，多是与传统内功养生训练相同、相似或相结合的。以这些原理为基础，通过锻炼，以自然的方式对人体的内、外身心进行调理，使之增强或改变，以达到综合平衡，增强免疫力，祛邪扶正，使心态平和、端正，使体质增强，身体健康。

太极拳的训练与修炼又是一个自然的求道过程。中国自古讲求道，有两个层次的含义，即性与命。所谓修身养性，或性命双修，说的就是求道。性或心性是精神的，命是物质的。修性或养性是说去领悟社会人生的道理，或者说是追求真理。修命是说健身长寿之道，这是比一般的追求身体健康有更高的层次与境界。道是万物本原，既是精神的，也是物质的，所以求道是精神与物质双方面的追求。太极拳的学习正好包含了这两部分。学习太极拳离不开哲学思维，以道家思想、太极哲理思考拳理拳法的过程，不可能仅仅限于在拳术上，必然会对思想性情、精神境界的修养产生巨大的影响，即通过练拳而悟道。太极拳的训练与修炼要求心静、意专，正是修身养性的最佳选择。太极拳的内功修炼即是内丹养生学，而形体动作是很好的身体锻炼。所以学习太极拳不仅是体质上的锻炼与养生方面的追求，更是心理、思想上的锻炼与追求，特别是一种在境界上的锻炼提高。因此，学习太极拳就不仅仅是简单的武功修为，而是传统文化中关于人的全方位的整体修炼，这点是太极拳与其他武术门派之间的最大不同。必须注意的是，这个不同本来是太极拳的巨大优势，但是现在也在一定程度上成为太极拳偏离正轨的因素。

当人们说练太极拳时，事实上练拳的过程可以分为两大部分：第一部分是太极拳的训练；第二部分是太极拳的修炼。所谓训练是说在老师训导下的学习、练习的过程；通过训练达到对拳理、拳法的完全理解与掌握。所谓修炼是指完成完整训练学习过程后的自我练习，也就是在理解掌握了拳术之后的进一步的研究、完善、提高的过程，也是一个对拳理、拳法的总结、发展的过程。

太极拳源于传统文化，学习太极拳已不是一个单纯的武术技法的训练，而是一种个人的修炼，是一种人生的追求，是一个追求尽善尽美的过程，是一个求真知的过程。因此，整个太极拳的训练与修炼过程没有终点，是一生的追求。在很大程度上，享受这个求知的过程比结果更重要。

## 长拳与十三势

在相传为王宗岳所著的《太极拳释名》中说："（太极拳）一名长拳，又名十三势。长拳者，如长江大海，滔滔不绝也。十三势者，分掤、捋、挤、按、採、挒、肘、靠、进、退、顾、盼、定也。"这里明确指出太极拳的另外两个名称，长拳与十三势。称之为"长拳"是因为其套路拳势动作多、拳势连续、演练时间较长，北京地区经杨禹廷师太定型的传统套路共有八十三势，一般打一遍的时间应在 30 分钟左右。

太极拳又名"十三势"，或者说太极拳原名"十三势"。"十三势"之名源于此拳法中的八法五步之理论，而非十三个拳势。八法是指拳中的八种基本手法或称八种劲，即掤、捋、挤、按、採、挒、肘、靠。因为它们是按照八卦八门之理所演练的，故也简称为八门。五步是指拳中按照五行之理所演练的五种基本步法，即进、退、顾、盼、定。在早期的太极拳谱中有《十三势歌》《十三势说略》《十三势行功要解》等文章。以太极之理督统十三势之演练，即"头顶太极，怀抱八卦，脚踩五行"。

从现在可确认的记载看，十三势这个名称的出现与使用，应该是早于太极拳这个名称的。另外，也有记载称拳名为"十三势软手"。无论是"十三势"还是"十三势软手"，都说明早期拳法名称是对技术技法的直接描述，而后在提高理论、丰富内涵的基础上，新的、更有意义的名称的出现，就是顺理成章的事了。从太极拳的理论与技法上看，此拳术的发生、发展必然要经过一个相当长的时间。因而当拳名为"十三势"时，很有可能太极拳还处于未成熟期，即还没有以太极阴阳哲理对拳术进行系统整合。这种情况在传统武术及其他技术、艺术行业也很普遍。比如，据说八卦掌的早期名称就叫转掌，在使用八卦理论进行技术整合后才被称为八卦掌。太极拳这个名称的使用最早为何时，现在还不能确定，大概最早见诸文字的是在王宗岳《太极拳论》中。但是这篇文章到底是何人、在何时完成的，现在也还没有确切的定论。从宋书铭所传的老谱看，太极拳这个名字大约可上溯到明代中叶。从现在的各种记载中可以知道，在近代的传承中，太极拳与十三势这两个名称经常交替出现，有时还使用"绵拳"。而太极拳这个名称的逐渐流行，应该是在杨露禅到北京教拳以后的事。

# 中国传统武术的发展

　　中国传统武术的特点之一就是有内家拳这一流派。早在两千多年前，庄子论剑、《吴越春秋》中有关"越女论剑"等文献已经记载了"以柔克刚""后发制人""以静制动"等技击概念。宋代的拳理中已经有"一力降十会"与"一巧破千斤"的对立。到明代，武术在理论上有较大的发展，并开始有比较详细的文字记载。唐顺之、戚继光、俞大猷等人都对"以柔克刚""后发制人""以静制动"等理论在实践中的应用有深刻、具体的描述。明末清初，内家拳理论流行，对其他拳法的发展起到了促进作用，从黄百家的《内家拳法》、吴殳的《手臂录》到苌乃周的《苌氏武技书》中都可以清楚地看到道家学说、阴阳理论等传统哲学思想在武术发展中的应用，也可以看到内家拳理论技法的延续、发展。太极拳的诞生，正是这种武术发展进程中的自然产物。只有懂得传统武术的发展，才能懂得为什么在中国会产生内家拳以及在此基础上而逐渐发展形成的太极拳。

## 外家拳与内家拳的起源

　　外家拳与内家拳一说始于何时现在无法确认，现知最早的记载，见于明末清初的黄宗羲（梨洲）在其1669年所著的《王征南墓志铭》中："少林以拳勇名天下，然主于搏人，人亦得而乘之。有所谓内家者，以静制动，犯者应手即仆，故别少林为外家，盖起于宋之张三丰。"
而后，其子、王征南的学生黄百家在 1676 年所著的《王征南先生传》
中说："外家拳至少林已臻绝诣。张三丰（峰）既精于少林，复从而
翻之，是名内家。得其一二者已足胜少林。"此两文中还记述了王征
南（1617—1669）的平生事迹，其内家拳法的特点以及其流派传承。
在传承中，王征南之上三代为宁波张松溪，查清代所修的《宁波府志·张
松溪传》（1735 年曹秉仁纂修），其中有"松溪，鄞人，善搏，师
孙十三老。其法起于宋之张三丰""盖拳勇之术有二：一为外家，一
为内家。外家则少林为盛，其法主于搏人，而跳踉奋跃，或失之疏，
故往往得为人所乘。内家则松溪之传为正，其法主于御敌，非遇困危
则不发，发则所当必靡，无隙可乘。故内家之术为尤善。"而其中有
关张松溪习武事迹的描述与明代沈一贯（1537—1615）《喙鸣文集》
中"搏者张松溪传"所记述的大致相同。沈文大约成于 1610 年左右，
其源于张松溪学生的讲述。

综合以上各文，首先，黄氏父子均为著名学者，而黄百家又是王
征南的学生，他们对王征南其人以及拳艺的描述应当是可靠的。其次，
《宁波府志·张松溪传》取材于沈一贯之"搏者张松溪传"和黄氏父
子之言，而沈文直接源于张松溪学生，可靠性也比较高。当然这些文
中的细节是否准确，还有待考证。有些说法，如宋之张三丰创内家拳
等，仍存有很多争议。这些都可留给武术史的专家们去研究讨论。这
里我们只需要了解以下被基本确认的事实。

第一，在明末清初，不晚于 1669 年，一种被称为内家拳的拳法
已经存在。虽然并不能够确定内家拳这个名称是何时出现的，但它的
源流至少可以上溯到明代中叶（1500 年左右）的孙十三老与张松溪

的年代。与内家拳法同时出现的还有张三丰创立内家拳的说法，无论此说是附会传说，还是事实存在，从那个时代起，这个说法已经与内家拳同时存在了。同时，存在于内家拳之前的、与内家拳拳理拳法不同的、以少林拳为代表的一类拳法，被通称为外家拳。外家拳作为一类拳法，其起源只能用"源远流长"来形容。而作为名称而言，与内家拳相对应的外家拳的称呼，应该是在同时代出现的。

第二，最初的有关内家拳形成的记述是内家源于外家，无论"张三丰既精于少林，复从而翻之"是否是事实，内家源于外家的说法，正确地表述了内家拳与外家拳之间的关系，也反映了内家拳的形成发展轨迹。从本质上讲，外家拳是在人类本能基础上自然形成的，是对人的本能的强化；内家拳是在外家拳的基础上发展起来的，是在看到外家拳的局限性与不足之后而创立的。因此，内家拳是武术发展过程中的新思维、新途径，是在更高的境界上探讨武术的发展方向。

第三，形成了外家拳是遵循佛家之理，尊少林；内家拳是遵循道家之理，尊武当的概念。因为有"天下功夫出少林"之说，进而形成了除内家拳之外，所有其他门派统统都被归到外家拳中的概念。这种概念的内涵与外延是否正确可以质疑，但至少说明了一种约定俗成。

第四，指出了外家拳与内家拳在技术观念上的主要区别。外家拳"主于搏人"，属于主动进攻型，符合人在搏击时的本能；内家拳"主于御敌""以静制动"，属于后发制人型，是深思熟虑的结果。而内家拳的技术观念与道家的思想观念十分相同，因而，讲内家拳源于道家、尊张三丰为祖师是有道理的。

第五，无论是否赞同，内家拳优于外家拳的观念，从那时起就已经存在了。

张松溪派内家拳自黄百家后没有被发扬光大，虽然各地也有些传人，但在近三百年里，其拳术本身并没有太大的影响力。但是内家拳的思想却没有间断，一直影响着中国武术的发展。到 19 世纪中后期，发源于不同地域的三大拳种：太极拳、八卦掌、形意拳汇集北京。虽然它们有各自不同的理论体系与训练方法，但在核心指导思想上是相同的；虽然它们与张松溪派内家拳不一定是直接传承关系，但彼此在拳理方面有惊人的相似之处，尤其太极拳和内家拳一样尊张三丰为拳艺祖师，总会使人们相信它们之间有着某种传承关系。经过两代人的交流，1892 年，在八卦掌名家程廷华的主持倡议下，经北京的一些太极拳、八卦掌、形意拳的名家们共议，决定将此三门派合为一家，称之为"内家拳"，这里暗含着有承继原内家拳之意。因为当时的信息不畅通，很多人认为原来的张松溪之内家拳已经失传。因此，在此之后，当人们提起内家拳时，一般多是指这个新的内家拳概念。同时习惯性地将此三派之外的拳种门派，统称之为外家拳。事实上，无论是否合理，新内家拳的范围是在那时被人为界定了的，而外家拳的范围并没有被谁界定过，只是存在着一些约定俗成的说法。后来这个内家拳的范围界定也常常被质疑，一些拳派也认定自己应当属于内家拳。无论有何争议，自那时起内家拳这个名称的意义就从一个单一的、张松溪所传的拳种，演变为一类拳派的代表，问题也就出现了。

## 外家拳与内家拳之争

长期以来，武术界对外家拳与内家拳的争论不断。毋庸回避，事实上，这个争论的背后暗藏着一个谁比谁优的问题。因前面所引黄氏之文中有"是名内家。得其一二者已足胜少林""故内家之术为尤善"

这样的句子，故内家拳优于外家拳这个说法是客观存在的，尽管它会使很多人不爽。如果从技术角度认真研究内家拳的发展轨迹可以发现，"外家拳至少林已臻绝诣。张三丰既精于少林，复从而翻之，是名内家。"这句话是很有意义的，它指出外家拳在技术上的发展已到了尽头，需要在此之上另辟蹊径。故内家拳是在精于外家拳的基础之上发展起来的，这应该是在事实上的合理描述。因此，从客观角度看，说内家拳在技术层面上优于外家拳是有一定道理的。但这并不代表在实践中，练内家拳的就一定能胜过练外家拳的。正相反的是，由于内家拳的技术难度太大，能够真正理解掌握的人不多，能够出类拔萃的就更少了。

有关内家与外家的争论有两大类：一是关于有没有外家、内家之分；二是外家、内家怎么分。而争论的核心就是外家拳与内家拳的定义。有关第一点的争论，这是基于是否应该将中国武术分为外家拳与内家拳两大类这个命题。事实上，这里首先有一个从哪个层次来区分的问题，如果这点不统一，大家看问题不在一个层面上，争论就没有意义。比如，如果要从"天下武术是一家"这个层面上看问题，那当然就没有外家、内家之分了。如果从具体的技术动作的层面上讲，那每个门派都有区别，又何止外家、内家之分呢？如果是从整体的技术理论与追求上分析，那么外家、内家各自的特点还是比较明显的。加以区分，对研究、训练都有好处。也有些人，甚至是名家，在这个层面上仍然坚持无外家、内家之分。只要认真分析他们的观点，可以看出他们多是不懂内家拳的，是以外家拳的观念想象内家拳的原理。

有关外家、内家之分的第二点争论，即外家、内家的定义问题。本来这个问题并不存在，因为原本内家拳的定义是清楚的，即内家拳有两个意义，一是指张松溪、王征南等所传的单一拳法；另一是指包括太极拳、八卦掌、形意拳这三门拳法的一个拳派。而这个新的、以内家拳所命名、定义的拳派的出现,将武术分为内家、外家两大派,自然就引起有关定义的问题。当新的内家拳之名被使用起来并被广泛认可后,似乎逐渐有一种情绪在说:内家拳这个名字不应该只是被你们这三家所独占。人们试图以某种观点为标准,将一些拳法门派按内家、外家进行归类。特别是受内家优于外家这种观念的影响,有些门派希望能归于内家。故此,本来简单的、只包含三门拳法的内家拳,逐渐演变成一个具有更广泛意义的拳派的名称。外家、内家的定义问题由此而生。

承认外家与内家之分,进而所引出了一些解释外家与内家之不同的观点,各有道理,有的有比较深刻的含义,有的较为肤浅,简述如下。观点一:宫内与方外不同。因太极拳、八卦掌均曾在皇亲国戚中流行,也进过紫禁城,而过去皇宫里被称为大内,所以这几种拳被称为内家。过去说当和尚是出家,所以少林拳就是外家拳。此说过于牵强。观点二:所尊学说不同。外家拳循释家之教,尊少林寺;内家拳循道家理论,尊武当山。事实上,如果说所有外家拳都尊释家,有些牵强。观点三:由于自古有所谓修心者为内教,修身者为外教之说;而内家拳训练中所重的是内功心法,外家拳训练中所重的是体能应用;内、外由此而分。观点四:练拳的基本原理不同。外家拳是以强化人的自然本能为基础,其训练是以直接增强本能为目的,比如绝对的速度与力量的训练。内家拳是以改变人体自然本能为基础,其训练是以追求最高效率的方法为目的,比如如何能借对手之力。观点五:训练方法不同。外家、内家都讲内外兼修,但采取不同的训练途径。外家拳是先练外,从外往内练;内家拳是先练内,从内往外练。观点六:外劲与内劲的使用不同。外家拳以外劲为主导，内劲为辅；内家拳以内劲为主导，外劲为辅。观点七：技击策略不同。外家拳以自身为主导，以主动进攻为主要方式；内家拳以静制动，因敌变化，不主动出击，后发制人，以逸待劳。认真分析上述几种观点，可以看到其中以技术理论与练功方法作为区分的标准是比较有意义的。

　　不论以哪种观念为标准，太极拳都是内家拳这一点似乎无可争议。事实上，从技术理论与训练方法上看，太极拳是内家拳中最具代表性的。有意思的是，在所有拳种中，太极拳也是存在着与原始内家拳有某种联系的可能性最大的拳种。本书将忽略对于其他内家拳法的讨论，重点只放在关于太极拳的研究上。

# 太极拳是中国武术发展的最高境界

在冷兵器时代的搏击术，无论是空手搏击还是使用器械，也都经历了从简单到复杂的发展过程。在中国的冷兵器时代，这种主要用于个人搏击的技术方法曾有过一些不同的名称，从近代起，统一被称之为武术。

在谈到武术时，人们总是说："中国武术源远流长，博大精深。""源远流长"讲的是历史，自不待言。而博大精深中的"博大"讲的是范围与包容量，也毋庸置疑。关键是表示技术方法的"精深"体现在哪里？仔细研究世界上流行的传统搏击术中的各主要流派，与中国武术相比较，从指导思想上讲，均与中国的外家拳基本相似，只是在技术技法上各具特色，很难说谁更精、谁更深。而若与以太极拳为代表的内家拳相比却是大不相同，指导思想的不同使技术技法的发展方向不同。内家拳是独具特色的，由于其发展是基于看到外家拳的局限性，其指导思想使它站到更高的境界上，其技术技法在精度上与难度上都超过其他流派，因此可以说，中国武术的"精深"正在于此。

## 太极拳或内家拳与其他拳法的区别

武术本是人类求生存的一种手段，其目的是克敌制胜。在武术发展初期，大约就是以最自然的方式，简单依靠人在成长过程中所自然形成的、趋利避害的自然本能——身体运动与反应能力，如运动速度、反应速度、爆发力、耐久力等，进行格挡、躲避、反击和攻击，而后才逐渐总结发展出一些技术技法。所有这些自然发展起来的武术的技术技法，都是在自然地使用力量与速度的基础上，对人体自然本能的强化。因此，这种武术的发展模式，除了强调技术技法之外，就是强化人体自然本能，即所谓"更猛、更强、更快"。仔细研究各个流派的技术技法可以发现，无论技法的难度、复杂性如何，其本质上都是对力量与速度的直接应用，是对自然本能反应的应对，因而所有训练都是对自然本能的强化。全世界各地武术发展模式基本都是如此。在中国，以这种基于自然本能的模式发展起来的武术流派，后来多被称为外家拳。由于是基于自然本能，外家拳的理论与指导思想是易于理解的，其技术方法是直观的，也是易于学习掌握的。因此，学习外家拳一般不存在理解问题，人人都可以学会，关键是能练到什么程度。由于这类技法对力量、速度等身体运动能力要求或说依赖性较高，一个人的身体运动能力的程度，基本上可以直接反映到技术的执行程度上。因此，身体素质好的、身强力壮的就有先天的优势。这种技术特点使得以小搏大，以弱胜强的难度很高。换句话说，在这种指导思想下，无论技术上有多大发展，总是受到体能的极大限制。而从自然界的一般规律上看，弱肉强食，物竞天择也是天经地义的。因而这类技术的发展也是自然而然的，以至于可以看到，在这点上，甚至有许多方面是与动物界相通的，这也是大量象形类技术产生的原因。

　　人是有思想的，哲学就是人类思想的总结升华，又反过来用于指导人类行为。在中国，当武术以自然的形态或说外家拳的模式发展到它的极限时，要想在技术上有所突破，首先是要寻找新的思想基础。

而中国所独有的道家思想正好给出了答案，内家拳由此应运而生。所谓"外家拳至少林已臻绝诣。张三丰既精于少林，复从而翻之，是名内家。"（黄百家《内家拳法》）正是这个过程的旁注。

最早有关道家思想在武术方面的应用是庄子论剑，突破了旧的传统："夫善舞剑者，示之以虚，开之以利，后之以发，先之以至。"虽然庄子论剑全文的核心不在剑术本身，但是这几句话的思想对后来的武术发展产生了很大的影响。人们开始用传统道家思想理解武术，发展武术，终于走出了一条与众不同、新的发展道路——内家拳。内家拳以道家守静、处弱、不争、无为、后发先至、以柔克刚等理论为基础，以不同一般的训练方法去改造人的本能，发展出了一套全新的概念与方法；从而在最大程度上减少了（并非完全不需要）对力量、速度等自然本能的依赖，使武术技击过程从直接对抗的方式中跳了出来。内家拳的训练是改变人体自然本能，致使其技法得以建立在新的身体运动与反应能力的基础上，以此最大限度地挖掘人的潜能，发展出具有最高效率的技术体系。而在今天，从整体发展的角度看，从理论到实践最能代表内家拳原理的就是太极拳。也可以说，在武术技术的发展方面，太极拳是中国传统武术发展的最高阶段。

太极拳或说内家拳与其他拳法的不同首先在于思想基础。从哲学上看，道家讲"不争""以柔克刚"，就是讲不与敌人直接对抗，而是以柔化的方式，将敌之进攻化解；讲"无为"，是讲顺其规律而不硬改，即在应敌时要舍己从人，顺势而为；讲"以静制动，后发先至"，是讲不主动出击而静待其变、发现机会。这些原则奠定了太极拳技法的理论基础，即不以力强制、强行对抗，而是从顺随中发现机会。太极拳能得到如此的发展，也是与不断受到传统文化中所谓求道的思想影响有关。传统道家哲学是以与众不同的角度看待世界、认识事物，进而产生对事物发展的指导与促进。纵观世界传统哲学体系，道家思想是非常独特的，没有道家哲学也就不会有太极拳，也许这就是为什么其他国家或文化区域内，没有类似艺术的原因吧。

由于不同的思想基础，太极拳与其他拳法在训练的目的上或追求上是不同的。由于外家拳的技术是以人体的自然本能为基础，所以外家拳的训练是以强化人体的自然本能为目的，是对身体本有的运动与反应能力的直接增强。太极拳是以改变人体自然本能为基础，故太极拳的训练是以改造并建立新的身体运动与反应能力体系为目的。外家拳更容易被人理解与接受，它的实用性更加简洁、直观，容易学习掌握，故年轻人多喜欢此艺。年轻时因为身体素质好、不惜力，直接的身体运动能力的训练往往也可以见效更快；加上技术上直观、容易学，故学习外家拳能在短期内有成果。但是当年龄大了以后，由于力量速度等体能的下降会比较快，其技术上的弱点就变得明显了，因此整体水平下降较快。相反，虽然太极拳的技术难度大，不容易学。由于太极拳追求的是技击上的高效率，故对身体运动与反应能力的要求更多的是在放松能力、协调性与感知能力等方面，因而当年龄大了以后，虽然力量、速度等方面有所下降，但由于练的年头多了，技术熟练程度方面越来越好，同时在放松能力、协调性与感知能力等方面也会更好，因此整体上仍能保持较高的水平。因为训练目的的不同，造成短期与长期的效果不同。一个常见的有趣现象是许多人年轻时练外家拳，中年以后转向内家拳。也就是说当人们发现体力不济时，开始寻求高效率的技法来弥补体能的不足。

太极拳与其他拳法的不同还体现在技术的追求上。外家拳追求的是最直接的"效果"，太极拳追求的是最高的"效率"。外家拳以实用为原则，仅要求能在技击中获得"赢"的效果即可，所以更多地使用"直接有效"的攻守技术。从总体上讲，相应的技术比较简单、直接。但达到一定水平后，其发展受制于人的先天自然本能，技术层次上的提高空间就变得很小了。相反，太极拳出于中国独特的文化传统，以求道为原则、以完美为目的，不仅追求格斗中胜利，更追求"个人修养"的更高境界，结果在技击技术上，反而发展出高效率的技击技术。所谓高效率就是指在实战中，如何能用最小的能量付出和最小的身体伤害，达到最大的"赢"或获胜效果。所以不光只是赢，而要赢得合理、轻松、自如、潇洒、漂亮，也就是可以"赢"得更多、更持久，彻底击垮对手。这种追求实际上突破了人类先天自然本能对绝对速度、爆发力和耐久力的局限性，使得太极拳技术在一条全新的道路上精益求精，对拳术的整体理解上站得更高、看得更远。虽然太极拳追求的是最高效率，即以最小的能量付出取得最大的技击效果，但是必须注意的是：第一，最小的付出不等于没有付出。所以切不可将"一点劲也不用"之类不严谨、口语化的说法，当成是技术应用中的真实情况。第二，没有效果就没有效率，所以谈效率切忌空谈。

## 太极拳与其他内家拳之同异

太极拳与形意拳、八卦掌这三门拳术被共称为内家拳。它们起源于不同的时间、地域，从现在已知的情况了解到，它们在早期的流传过程中也没有交集。到19世纪中后期，这三大拳种在北京发生了碰撞，而最终形成了一种相互学习借鉴、研究印证、合而不同的局面。这三大拳种能够合的基础是由于它们都基于相同的理论，有相似的追求。

首先，它们都是以道家的理论为指导思想，使用传统的太极、五行、八卦概念为技击技术的基础；其次，它们都以追求高效率的武术技击能力为手段；最后，它们都不是简单地追求武术技击能力，而是结合了传统的、以道功为核心的养生健身方法，追求的是修道悟道、最终达到性命双修之目的。

这三大拳种也都各具特点，主要的不同表现在训练的方法与路径以及技术的应用方式不同。训练的方法与路径不同是说三大拳种追求的最终目的是一样，如同大家都在爬同一座山，顶峰只有一个，而各自选择了不同的登顶路线，即不同的训练方法。比如刚柔相济是最终的目标之一，太极拳的训练是以先练柔而致刚，即极柔软然后极坚刚；形意拳是先练刚而致柔，即明劲、暗劲、化劲；八卦掌训练刚柔并进；三种方法最终都能达到刚柔相济。对于多数人而言，由柔入刚是先难后易，由刚入柔是先易后难。开始练松柔，总是漫无边际、不着要领，而一旦能做到松柔，则练刚就是水到渠成，十分自然。反之，开始练刚，身体形成惯性，刚劲越好，惯性越大，入柔就越难。

技术的应用方式不同是说在技术的具体使用时，当与对手发生接触时所遵循的基本概念不同。太极拳用的是以化劲为主，即在与对手的接触点上直接使用化、打，通过阴阳转换达到所谓粘一点而管全身。形意拳用的是以直劲为主，即在与对手的接触点上通过十字劲，横破顺、顺破横，而直接从力点上破坏对手的状态。八卦掌用的是以变劲为主，即在与对手的接触点上直接做神意与形体动作上的变化，从偷身换影、叶底藏花、如鱼撞网、走马回头之类的动则变、变则化、化化无穷的变化中达到克敌制胜。这些技术的不同应用方式有不同的优点，经过百年的发展，有许多技术概念都成为各家共同拥有的、不分

王培生演练八卦掌

王培生演练形意拳

彼此的东西。

## 太极拳在武术技击方面的追求

身体运动与反应能力常可简单地称之为体能。在武术的整体技术水平方面，体能与技术是两个侧面。体能的发展是有限度的，甚至常常是先天决定的，发展空间有限。因此当体能达到一定程度后，技术的问题就更加突出。以小胜大，以弱胜强，这才能体现出技术的层次。

以道家学说为思想基础，太极拳是追求高效率的技击方法，其中核心问题是不主张与对手直接对抗，不追求以绝对的力量与速度取胜，尽可能使对手之力无法在我自己身体上产生作用，甚至对于对手产生反作用。因此，这种技术追求必然与人的先天自然之能相违，那么是否能做得到呢？

从技术层次上讲，为实现高效率的技术方法，即最大限度地减少个人的体能付出，太极拳追求的是以下几个技击原则：

### 1. 引进落空

这里讲的是如何能够在对抗中不用力。"空"是太极拳技术中所追求的最高境界，是专指对手由于自身用力没有达到预期，反而给自身造成失衡之类的麻烦。而这里"引进"强调的是技法，是讲如何使对手自己落空、而造成其失衡的问题，而非是我方以强制的方式实现的。能使对手进攻落空而失败，同时我自己还基本不用力，或只用很小的力，这当然是最高的效率。

### 2. 牵动四两拨千斤

这里讲的是如何用小力胜大力，即如何牵动。而"四两"与"千斤"只是形容这种用力大小的差距，虽然说法上有些夸张，但体现了所追求的目标。因此这里所追求的技术，在层次上讲，就不是一般拳法所讲的效率可比拟的。

### 3. 借力打力

这里讲的是如何节约自己的力，而借助对手的力，引导其力反作用到对手自己身上，给其自身制造麻烦，从而完成战胜对手的目的。

以上的技击原则是通过太极阴阳变易哲理实现的，这是太极拳拳理、技术的基本指导思想。应用太极阴阳之理，即首先是说太极拳的技术形成在理论上是按照太极阴阳之理而成的，理论的正确性是基础。

具体在技术的执行上必须处处按照太极阴阳之理办，始终如一地以太极阴阳之理为指导，才能练成太极拳。也正是以太极阴阳之理作为基础，故称之为"太极拳"。在技击中应用太极阴阳之理，就是研究在着力点上的阴阳变化、转换以及其对身体平衡的影响。而能够达到这些的基础：第一必须能"知己知彼"，也就是说要能准确地感受到敌对双方的状态；第二是身体的特殊运动与反应方式，也就是说不用先天自然之能，而要有新的身体运动能力与反应形式；第三是在太极阴阳理论指导下对劲的应用，也就是说所有应敌的技术方法都必须符合太极阴阳之理。在武术方面，太极拳的训练都是围绕这些进行的。

人要运动就有力的作用，技击是一个力学的过程，是有关着力点上的踢、打、摔、拿，最终的效果都是力的作用，太极拳也不例外。而太极拳的特点不是不用力，而是讲如何更合理、更有效地用力。在日常太极拳练习中常说的"不用力"是一种口语化、并不严谨、约定俗成的说法，练习者千万不要僵化地理解。事实上，太极拳中所说的"不用力"，是指不用一般外家拳武术的用力方式，即第一是指不用多余的力；第二是指不直接用力对抗；第三是指在某一动作中使用比人们日常概念中所需的力小很多的力；第四是指特殊的用力方法，即所谓劲的应用。

另外要明白，我们说太极拳是高级武术，是从技术发展的理念上讲，并不意味着一个人学了太极拳就能战无不胜、天下无敌。有关技击胜负的因素有很多，个人的技术水平是一个综合能力，学会一门技法只是其中的一部分。我们说太极拳是高级武术，这是说从理论上讲，太极拳有一套完整的、有关如何达到最高效率的理论与训练方法。效率越高，对体能的依赖越低。因此，从实践上讲，学习太极拳是在技击方面发掘个人潜能的最佳方法。很多事实证明，一个人如果能够掌握太极拳的理论与技法，那么在技击能力上，与其自身相比较，他绝对能够达到比练习其他拳法更好的效果。也就是说，学习太极拳可以使个人自身的能力得到最大限度的开发，使自己的技击能力达到自身所能达到的最优状态。

## 太极拳在武术技击方面的特殊性

内家拳的发展，是武术发展中的一条新路，是以全新的概念诠释武术，是武术从简单的实用技能到高精深的技艺的一次飞跃，是艺术上的升华。因此，它更加注重技法的艺术性，成为高深、细致的艺术，这也造成一般人不易理解与掌握。在内家拳的几个流派之中，又以太极拳最有代表性，其理论与实践的发展都达到了相当高的层次，能比较完整准确地体现出这个新的发展路径。太极拳以其在武术技击方面的完备理论与鲜明特点，达到中国武术发展的最高境界。

为什么说太极拳是武术发展的最高境界？可以从太极拳所追求的目的，以及技术特点与训练方法等几个方面看。

### 1. 追求的目的

太极拳不同于其他拳术，它不仅是简单地去追求技击效果，而是要"以武入道"，可以改变人的精神。其结果是在道家"不强求"的哲学思想指导下形成了完美的、高效率的技击方法。太极拳在技击技术上独辟蹊径，追求 "引进落空""借力打力""牵动四两拨千斤"等目标，这些特殊的目的都源于道家的基本观点，它是武术技法与道家哲学思想相结合的产物。因此，练习太极拳就不仅仅是对技术技法的追求，而且必然会引导练习者去追求更高的思想境界，太极拳是传统文化中的一部分。

### 2. 技术特点

技击中最大限度地摆脱了人体先天自然之能的限制，做到以弱胜强，同时也可以在击败对手的同时，尽可能地减少对自身的伤害，避免了一般武术"杀敌一千，自损八百"的困境。太极拳的技击技术是以道家哲学思想为基础，通过训练，改造先天自然之能，建立起反先天自然之能的运动与反应能力，实现用意不用力、舍己从人、以柔克刚、后发制人、无为无不为等技术方法；是以太极阴阳的辩证法思想为指导的，将阴阳对立统一、相互转换的原理应用到具体技术的实施；是以知觉运动为基础，最终达到"人不知我，我独知人"的境界；是以粘黏连随为基本技术，刚柔相济、内外兼修之艺。太极拳之特殊的技术特点，在理论上被证明是最佳的，并且能够在理论联系实际中见效。

### 3. 训练方法

太极拳训练不但是在训练中最大限度地提高技击技术的水平与整体的技击能力，同时也有益于身体健康。太极拳在武术方面的训练有两个最重要的部分：一是常被称之为"体"的，以训练身体上的松、整、协调等以及内功的神、意、气等为主要目的的拳架；二是常被称之为"用"的、以训练感觉与懂劲为主要目的的推手。另外还有一些辅助训练以及器械等。这些训练方法是系统完整、严谨周密、非常细致与独特的。

如果不以道家学说为思想基础去追求这样的目的，或在实用中不使用太极阴阳哲理去实现这样的技术特点去达到这样的目的，或不使用这样的特殊训练方法去发展这样的技术，就不是太极拳。形意拳和八卦掌在其所追求的目的上均与太极拳相似，但技术特点与训练方法不同，故它们不是太极拳。有些拳术中也有类似太极拳的拳架与推手的训练方法，但技术特点不同，追求的目的不同，也不是太极拳。故以上三者缺一不可。正确理解太极拳在武术方面的特殊性，明白太极拳所追求的目的、技术特点与训练方法，是学习太极拳的第一步。综上所述，可以看到太极拳在这些方面都达到了中国武术发展的最高阶段。

## 从武术技击的基本原理看太极拳是武术发展的最高境界

武术技击讲的是如何在格斗中战胜对手，保护自己。技击有很多种形式，如徒手与器械、军队的集体作战与个人的单打独斗、实战与比赛，等等。对于不同形式的情况，有不同的理论、技术与训练方法。在武术界历来有两个误区，一是常常将军旅作战与专业武术训练相混淆；二是常以个人胜负来判断门派的技术水平。

事实上，军旅作战与专业武术有很大不同，骁勇善战的百胜将军，其专业武术水平不一定很高；高水平的专业武术家也不一定能在战场上表现优异。关于这点，戚继光、吴殳等在几百年前已有很明确的论述。但至今很多人还是很自然地将军旅作战与专业武术训练相混淆，这种误解常常导致把高精技术混同于简单实用，是把高精技术低俗化的误区。

在讨论技术问题时，要避免以个人的胜负来判断。常能见到，如果看到一个练八卦掌的战胜了一个练太极拳的，马上就有人会得出八卦掌高于太极拳的结论。这种以个人胜负来判断门派的技术水平，事实上背后是门户之见在作怪，这个误区严重阻碍中国武术的交流与发展。另外在讨论技术特点时，还要理解格斗的环境对技术的影响，公开的比赛与日常的比武较量不同，与现实生活中的争斗更是完全不同。本书所讨论的是作为武术家所研究的高级武术技法，所讨论的是技法本身的理论与实践问题，这些并不涉及各种具体情况，也与个人的技术水平无关。

### 1. 武术是心理、体能与技术的结合

一般一个人的整体技击能力是由三部分组成，即体能水平、技术水平与心理素质，缺一不可，称为综合能力。心理素质包括经验等问题，比较特殊，这里先不谈。在体能方面，对于基于先天自然之能的武术技术，在一般先天自然之能的范围内，体能包括力量、速度、柔软性、协调性、抗击打能力、反应能力等。力量中又可分为爆发力、耐久力、弹性力等。不同的技术对体能的要求也不同。一般来讲，体能是技术的基础，好的体能可以使技术达到更高的水平。每个人可以通过锻炼增加体能，但每个人的体能都有其自身的局限，比如个子小的人力量也就相对小。另外体能也是一个综合能力，过度的力量训练可以导致速度的下降。因此，武术中的体能训练的一个主要部分就是如何去达到或接近自身体能的最佳值。在大多数基于先天自然之能的武术门派中，体能的训练都是比较直观和容易理解的。

在技术方面，技术水平的高低包括两个因素：一是指掌握运用技术的熟练程度；二是指技法或技术动作本身的技术含量，即实现技

的过程中对体能的依赖程度，技术含量较高的技术对于体能的依赖性较低。一般来讲，技术含量高的技术比较难掌握运用，所以整体上的技术水平是要综合判断的。整体上的技术水平越高，在技击中对体能的依赖也就越低。因此，在技击时，如果双方处在同样体能的基础上，比的就是技术水平可以达到多高。这就是为什么多数武术比赛要分量级，为的就是限制比赛双方在体能上的差异不要太大，从而能更公平地评判技术水平。在评价一个人的技术水平时，要看他总的技击能力中技术水平所占的比例，而非总的技击能力。很多拳术的整体技术水平不高，主要是说其中的技术含量不高；这时其技术好不好，在很大程度上是由体能决定的。因而为提高整体的技击水平，人们常常需要更多地在提高体能方面下功夫，见效也快。可以看到在这些门派中，优秀者往往是身体素质更好的人。拳击运动以及近年来流行的各类散打比赛，都是这方面的典型例子。

通常，可以简单地通过提高体能而使技术水平得到提高的，都是技术含量比较低的。由于这类技术的训练相对简单而见效快，使很多人喜欢。这就造成人们，特别是年轻人，进行超负荷的训练，这样造成身体伤害的可能性就大大增加。须知，当身体的承受力接近极限时，一点误差都有可能造成重大伤害。有些伤害可能是持久性的，特别是当步入中老年后更明显。另外，也有些人为了能够提高体能而滥用药物。因而必须保持对体能训练有清醒的认识，必须量力而行，切忌急功近利。凡是短期见效、长期有害的训练，都是与中国传统武术强身健体的总体目标相违的。

相比其他拳术，太极拳的重点是研究如何能使技术水平达到更高的境界。"毫釐能御众之形"讲的就是这个道理。虽然在太极拳的基础训练中，体能的训练也是很重要的一部分，但是从总体上讲，太极拳的体能训练是不同于其他体育训练的。其训练的目的不是为了增强先天自然之能概念下的体能，而是改造与创立新的、更合理、更有效的体能体系。比如，通过训练使身体放松就是改造体能的一部分，在技击中身体能放松，不与对手对抗，就是一种太极拳特别强调的新的体能要求。特别要指出的是，太极拳中的体能训练一般不会对身体造成伤害，而是有很好的健身作用。同时在太极拳技术训练中强调的是如何有效地使用体能、如何节省体能，即最大限度地减少对一般意义上的体能的依赖。所以太极拳技法中的技术含量相当高。太极拳武术的核心问题是追求最高的效率，也就是希望以最小的体能代价，取得最大的技击效果，也就是追求减少对先天自然体能的依赖。因此，太极拳技术水平越高的人，对一般意义上的体能的依赖就越低。相对其他拳术而言，正是由于对体能的依赖低，练太极拳的人，当年龄增大后，其整体技术水平仍能保持较高，而非随着年龄的增长、体能下降而使技术水平大幅度下滑。正确认识体能与技术的关系，是学习研究太极拳的一个关键。因为太极拳追求的是最高的效率，所以从理论上讲，如果能真正理解掌握太极拳，在体能相当的情况下，太极拳练习者应该能表现得比其他人更好。甚至在体能相差较大时，仍有很大的机会。这就是为什么说太极拳是高级技法的原因之一。而对于个体而言，这就是为什么太极拳能够最大限度地开发个人的潜力，使个人达到自身的最佳状态。

要注意，一个长期存在于太极拳界的错误观点是：一些人认为自己学了高技术就一定能战胜其他对手。他们忘记了实战中体能的作用，这种优越感常常会吃亏的。相反，在许多门派中，由于练习者有极好的体能素质而常能战胜对手，因此就以为自身的技术水平很高。武术界常以胜负论英雄，这种观念常常会使学习研究迷失方向。一个人的体能与技术的总和是他的整体水平，一个体能极为出色但技术一般的人很有可能战胜一个技术比他好而体能差距较大的人。过去常说体能好的人技术上往往不够好，这是因为体能好的人常常能借体能的优势取胜，反而不会下大功夫研习技术。

心理素质是讲在技击过程中，内心活动对于技术的影响。人不是机器，人的思想活动、心理状态对人的行为有巨大的影响。在技击这类高强度的对抗中，心理素质好的人，可以将技术超水平发挥；心理素质不好的，往往会使技术失常。心理素质包括先天因素、训练水平以及经验积累等几个方面。在太极拳的日常训练中，由于强调放松、入静等练习，对心理素质的培养有很大帮助。但是有一个问题必须注意，即很多人以为太极拳技击就是一般性的推手练习，从而缺乏在强烈对抗中的心理准备。现在练太极拳的人中还有一个普遍存在的问题，就是与其他门派的同好交流不够，因此在经验积累、心理准备等方面远远不足。

## 2. 技击技术的发展与难度分类

技击技术的发展总是由简到繁、由易到难。中国武术中的基本技术可分为踢、打、摔、拿。其中踢、打简单，而摔、拿复杂。一般来讲，踢、打是讲从一定的距离，以手、脚、肘、膝等部位直接打击对手，造成伤害。使用这种方法，在击中对手之前，缺少与对手的直接接触，也就是说在打出一拳或踢出一脚之前只有间接的判断，比如眼看；而在拳脚击出的过程中不必也无法考虑对手的情况；所谓"拳打两不知"就是指此而言。除了打击的部位外，这种打击的效果一般与力量和速度有直接关系，即力学中所说的冲量，也就是说与实施者的体能有直接关系。要想有好的效果，快速有力是必须的。但快速有力必然难于变化，变化只能在一个打击动作完成之后才有可能。由于手臂的灵活性比腿脚的灵活性高得多，因此手打的方法比脚踢的方法更复杂、更多样化。摔、拿一般多是在实施过程中，与对手有直接的、较长时间身体接触的技术。摔是指在与对手的接触过程中，破坏其重心的稳定性，使其摔倒。拿一般是指擒拿法或柔术中的固技等，是通过控制对手身上某些点，在局部范围内形成较大优势，比如反关节等，从而伤害对手。因此，在摔、拿的技术实施过程中，总是需要考虑对手的实际反应情况而作出技术判断。也就是说，比较踢、打技术而言，摔、拿需要更多地了解对手。另一方面，摔、拿技术多是手脚齐动，故对全身运动的整体性与协调性要求更高。相比拿法而言，多数摔法均是快速完成的，因此给予对手的反应机会也相对较短，故在实施过程中对变化的要求不高。拿法需要较长的控制时间，对手也有更多的自身调整机会，因此技术要求更高、更复杂。

在太极拳技术中，不但有一般意义上的踢、打、摔、拿各种技法，而更强调的是比一般擒拿法更难的控制技术。这种控制技术也常被称为"拿"，与擒拿等方法不同的是，太极拳中的"拿"一般不必以强力去拿对手的反关节等，而讲的是如何以最小的力量去控制对手的重心，使其总是处于不稳定状态。在太极拳中，这个"拿"是十分重要的，所有其他技法的实施，如踢、打、摔、擒拿等，都是在这个控制技术的基础之上的。另外，一般拳术中的踢、打、摔、拿均是主动的、预设计的技术，也就是说是主动地将预先设计好的技术施加到对手身上。

而太极拳中的控制技术是被动的、因敌变化的技术，也就是说不预先做任何设计，即"无为"。先要"舍己从人"，然后要根据对手的实际情况而动，进行阴阳转换，即所谓"后发制人"。因此，太极拳的技术更加复杂精细。正是由于这个原因，长期练太极拳的人将会对技法、劲力、平衡等的理解体会更加深刻、精微，从而能达到"人不知我，我独知人"的境界。这也是为什么说太极拳是高级武术的原因之一。

从整体上讲，"人不知我，我独知人"这句话更深层的含义是说：练其他拳术的人不会懂得太极拳的拳理与技术，而练太极拳的人则可以完全理解其他拳术的原理方法。这是由于练其他拳术的人所练的都是基于先天自然之能上的东西，故不可能理解基于非先天自然之能基础上的概念与技术。而对练太极拳的人而言，先天自然之能也是他们本身所具有的，当然是可以理解的。从这点上讲，练太极拳必然会使人站得更高、看得更远。

### 3. 效果与效率何为高级技法

一般武术技法讲的是效果，即是否能战胜对手。而太极拳追求的是更高的境界，即如何能以最小的力量、最小的自身伤害战胜对手，也就是效率问题。效率是建立在效果之上的，没有效果就无效率可言。因此，总是先有效果，再求效率。

讲技法的直接效果，一般受身体条件等影响，局限性都比较大。在此之上的更高的追求，必然是提高效率。在太极拳注重效率的训练中，各种技术必然要精益求精。更重要的是，太极拳以道家思想与太极哲理为理论基础，发展出与众不同的技术理念与训练方法，进而大大提高了技法中的技术含量，使练习者有更精细的体验与更深刻的理解。相对于其他门派而言，太极拳的训练是为了达到最高效的技法而去追求最高级的训练水平。因此，太极拳训练能最大限度地开发人的潜能，大幅度提高个人的综合技击能力。

### 4. 技术方法与能力

在一般武术技艺中，对于技术的掌握有两个方面，一个是熟练性，另一个是多样性。熟练性是指对某一技术的熟练程度，也就是人体对重复动作的记忆。很多人崇尚"一招熟"，即对某一招法反复演练，研究各种可能的变化，所谓熟能生巧，应用自如。但这种练法所得的技术都是预设计的技术，练得越熟，惯性就越大，就越难随机变化。多样性是指掌握尽可能多的技术，所谓"千招会"。各种拳法都研究发展了许多实用的技法，并希望能以出其不意之技法取胜，因而很多门派都有许多所谓绝招、秘技、秘诀等。而太极拳在技术方面有完全不同的追求。在不同层次的训练中，太极拳也使用各种各样的技术方法。但是在太极拳中，练习技术方法的目的不是为了能熟练地直接使用这些方法，而是通过对这些方法的练习去建立起新的能力，是对能力的训练。一旦新的能力建立起来，能达到一动一太极，这时候什么方法都无所谓了，也就是以"无法为有法"。因此，太极拳既不追求对某一招法的熟练性，也不去追求有多少技法秘诀，而是追求一种新的、特殊的能力。这种能力首先是要能达到舍己从人，即能以自然放松的形态随人而动，使对手在我身上找不到力点，进而能通过感觉知其所为。也就是说，总是让对手实时地告诉我他的弱点在何处，告诉我应该如何去应对他的技法。因此，自己完全可以没有任何预设计的技法。在此基础上，无论对手有多少技法，太极拳者总能够很自然地知道如何去破解对手。王培生师爷有句名言说："无论你的招法有多熟，太极拳总能知道你的弱点在何处。无论你有多少招，太极拳总比你多一招。"而这一招总是由对手自己在实时状态中告诉我的。

从本质上讲，太极拳的训练并不是追求某些实用技术或具体技法，而是追求个人在整体能力上的脱胎换骨式的改变。因此，在太极拳中不存在所谓简单实用的技术，如果能够达到整体能力上的改变，所有技术都简单实用，否则都很难应用。由此，有一点是初学者必须注意的，凡是见到贩卖简单实用太极拳技术的，十有八九是披着太极拳外衣的假货。

### 5. 太极拳追求的最高境界

前面所述的有关太极拳所追求的境界都是比较具体的技术方面，而太极拳所追求的最高境界是难以用语言描述的。无论在技击技术、健身、求道哪个方面，太极拳追求的都是一种长期的效益，是一种个人的修炼，而非那种短期的、与其他人的竞争。在太极拳的研习过程中，并不回避与其他人的技击交流，但是交流只是追求最高境界中的一个辅助参数，而非目的。当练习太极拳并能够达到这种境界时，在武术方面就不存在什么技击方法，完全是无形无象，应物自然，打人如行路，无为无不为。同时在健身、求道方面也要达到性命双修。这种境界大概只有能身临其境者才能有所体会。

说太极拳是武术发展的最高境界，这是通过对武术原理、技法特点与发展轨迹等所做的分析，进而得出的结论，也说明了中国传统武术的发展过程。但是这并不代表学习太极拳就一定会在整体技击能力方面比别人高一等。同时，对于这种复杂的、高难度的技术，并非每个人都能达到其最高的程度。事实上，越是高级、复杂的东西，就越难以学习、掌握，所谓"阳春白雪，和者盖寡"。这个最高境界是我们的追求。社会上有一种思潮，认为应该将太极拳普及化、大众化，出发点当然是很好的，但是任何事物都有它的客观规律，如果不按客观规律办事，强行将这种高级的东西普及，其结果必然是将其低俗化，使其精华流失，这种状况正是当前我们所面对的。因此，对于真正喜爱传统太极拳的爱好者们，无论能力如何，都应该将太极拳视作一件高尚、高雅、高境界的艺术来追求，无论最终能达到什么程度，其心不改，真正享受这个过程。难在于此，妙也在于此，也可谓"乐在其中"矣。

# 太极拳与健身养生

在有些版本的老拳谱中，《太极拳论》一文之后有这样一句话，"原注云：此系武当山张三丰祖师遗论，欲天下豪杰延年益寿，不徒作技艺之末也。"人们一直对这句话的来源有争议。其中有一种说法认为这句话是王宗岳所写，而《太极拳论》则是张三丰所著。这里我们不做版本考证，而是要讲这句话对太极拳的发展的影响。一般对这句话的解释是认为练太极拳是为了"延年益寿"，武术技法只是末技，即低档次的技法，因而不值一提。许多人以此为证，认为练太极拳就是健身养生，讲武术就是低级的追求。更有以此为自己技击水平低下做辩护。如此种种，混淆了太极拳中武术与健身养生的关系。事实上，要认真读懂这句话，需要认真理解"不徒作"这三个字；"不徒作"的含义应为"不仅仅作为"或"不只是作为"，也就是说不要把太极拳仅仅当作是武术，还要以它来"延年益寿"。要注意，这里只是说武术之外还有其他更高的追求，而非是有了其他，武术部分就可以忽略了，被排斥在外了。而"技艺之末"或"末技"之说是讲在中国的古代社会中，重文轻武，武术本身的社会功能不高，在人生的追求中，讲的是"修身，齐家，治国，平天下"。而武术修炼只是修身中的一部分，相对于整个人生的追求，自然只能算是末技了。这里的"末"并非是说低水平、不重要，而是讲它是属于基础层次端的。如果作者

张云带领学生练习太极拳

真的认为太极拳中的武术是低水平、不重要的东西，那为什么整篇拳论讲的都是武术技击原理？

在另一篇拳论《十三势歌》中，在讲完太极拳技击的要点后有"详推用意终何在，益寿延年不老春"之句。这里"详推"的是什么？就是技击技法！也就是说，研究武术技击技法的最终目的是"益寿延年"。这就更清楚地表达了作者的观点，即在懂得了太极拳的技击技法之后，还要有更高的追求，或者说研究武术技击技法的最终目的是为了能益寿延年。在太极拳中，武术与健身养生是相关联的，武术是基础。太极拳的健身养生活动是建立在武术技术的训练之上，是在对武术技法进行"详细推敲"后的进一步追求。没有太极拳的武术就没有太极拳的健身养生。把太极拳中的武术与健身养生分割开是非常错误的观点。

练太极拳，首先要明确太极拳是武术，健身养生效果是从太极拳武术练习中所能得到的附加收益。不能因为有健身养生的效果，就忘掉太极拳的本质。举个不太恰当的例子：比如步枪是武器，其训练应该是以瞄准、射击为主。如果你用它做推举练习去锻炼肌肉，当然也可以。但是不能因此就说步枪如哑铃一样，只是体能训练的工具；更不应该将这种举枪练肌肉的练习，称作是练枪。

　　健身与养生既有联系又有不同。健身一般是指对身体各部分进行直接的运动性锻炼，使之在运动中变得健康强壮。养生则是一个综合性的、带有很强的传统文化意义的系统，它包括肢体的运动锻炼、饮食调理、心理调整、陶冶性情、保健医疗等。养生的目的不仅仅是身体健康、益寿延年，更注重的是精神上的修养，因此也可部分归为求道的范畴之中。太极拳训练包括身体与精神两个方面，其中在身体锻炼方面与健身一致；而在精神方面，对于心理、性情的培养等方面都有全面的训练，其中很多内涵都是对传统养生学的直接继承。

　　今天太极拳的健身作用似乎人人皆知，以至于很多人认为太极拳就是一种健身操。那么练太极拳对于健身的作用与其他健身方式有什么不同呢？如果仅仅是每天早上在公园里练点拳架子或推推手，那么它的作用有限。单从健身角度讲，这种练太极拳与慢跑等其他体育锻炼项目基本一样，就是所谓"活动总比不活动强"。如果讲健身与养生，就需要学习真正完整的传统太极拳，真正从太极拳中得到对健身与养生的益处。太极拳包括的丰富内涵，练习者必须有一个全面的了解，知道它的特殊性，知道它所追求的是什么，按照它的要求去锻炼，才能收到效果。

## 中国的传统养生学

　　生命在于运动。中国人在几千年前就认识到这个道理，摄生、卫生、养生之道都与此有密切关系。从现在已发现的记载看，导引、吐纳、行气以及运动健身等，在至少两千五百年前就已经很流行了。一般认为，除"行气铭"这类古代专门讲述气功练习的文字外，老子、庄子、孔子、孟子等古代先贤的文章里也都包含了大量的有关气功健身的信息。而养生学，作为一门更为复杂的系统，则出现得相对较晚，可以说它是对古代炼丹术的一个否定。

炼丹术是古代人们追求长生不老的一种很普遍的方法，中、外许多国家的古代文明中，都有这类探索。"丹"就是指能使人延年益寿的特殊药物。在中国古代传统中对长生不老的人称之为仙人。故丹就是能使人成仙的灵药，也是成仙的路径。因为追求长生不老，故炼丹术总是能受到帝王和富贵人家的支持。当人们注意到重金属的耐腐蚀、不易改变的性质后，金银铅汞等重金属就成为了炼丹的主要原料，而通过高温加热使其变化，则成为主要制作方法。制造能够达到长生不老目的的仙丹灵药虽然从来没有成功过，但炼丹术促进了人们对物质性质的认识，也是现代化学发展的基础之一。

在一千多年以前，许多人已经认识到炼丹术的失败是必然的，人们开始寻找新的长生途径。在继承传统导引、吐纳、气功及运动健身等的基础上，一种新的炼丹方法被发展起来。为了与以前的炼丹术相区别，新的炼丹法被称之为"内丹"。其原因是这种方法不再是从外部世界寻求用来炼丹的原料，而是从人体内部寻求长生的方法，即从人体内生成丹。这种新的方法虽然与以前的炼丹术大不相同，但有一定的继承关系，比如大量炼丹术中的概念、术语被直接引用到新的方法之中。但是这并不能说它是炼丹术的一个变异；相反，它的出现正是对炼丹术的一种否定。由此，为了区别起见，以前的炼丹术被称为"外丹"，这里"内、外"是指对人体自身而言的。这种新的方法后来在道家与道教中比较流行，形成许多分支、流派，也有不同名称，如金丹大道、性命双修等，俗称道功内丹功等，现在多归于养生功法。

道家内丹功法的初始目的，仍然是寻求长生不老的成仙之道。经过千年的实践，人们对于生命有了更清楚的认识。最精确的表述是全真教龙门派创始人丘处机道长对成吉思汗所讲的"有卫生之道，无长生之药"的论述。丘道长明确表示生命的意义在于精神，"生灭者形也，无生灭者性也，神也。"因此，当内丹养生功法发展到这个阶段后，其中所谓得道成仙、长生不老等理念的内涵已有了不同的意义。虽然在称呼、术语等方面内丹功法仍然包含大量与外丹功相同的用法，但其本质上已经从成仙转化为养生，"卫生之道"即是养生之学，"得道成仙"即是精神上的觉悟。而由于道家内丹功法中关于求道的理念的存在，因此这种以内丹功法养生的理论与方法不同于一般的单纯的健身方法，可以说从健身到养生，是人们对于生命认识上的一个飞跃。健康问题不仅仅是身体功能的问题，而是一个身心一体的综合问题，也就是所谓"性命双修"。

在中国传统健身养生学中特别重视养，"养"是培养，是休养，是修养。要摆正"养"与"练"的关系。"练"不能过头，不能造成伤害。太极拳正是继承了这种"练"与"养"的关系，从而达到身心健康的目的。

## 太极拳是对传统气功、养生功、中医学的继承发展

益寿延年就是健康长寿，太极拳的特殊训练方法使之很容易、很自然地与传统气功、养生功、中医学理论相结合，故在健身方面有很大作用，虽然不是万能的，但效果是显著的。

传统气功、养生功、中医学等都是以精、气、神等概念为核心的，同时应用阴阳五行八卦等理论，讲的是人体内部各个功能系统之间的、包括生理、心理等方面的综合平衡。其中的主体部分与道家的养生学

一脉相承，这当然也就自然而然地与以道家学说为思想基础的太极拳密切相连。太极拳武术思想的核心之一是"无过不及"，与传统中医、气功之间有着天然的联系，基本理论是相通的。道家的养生学中的炼精化气、炼气化神、炼神还虚等步骤与方法，都包括在太极拳的训练中。太极拳的独特设计使其与传统的养生功法自然地结合起来，只要能掌握并遵循正确的太极拳的训练方法，养生功法中的各个主要步骤都能自然而然地达到，比如大、小周天等，就不必按专门的练法去练。

太极拳是对传统中医、气功、养生学理论与实践的继承发展，特别是在训练方法上有自己的特色。太极拳训练中讲松、慢、圆、活，讲"以心行意，以意导气，以气运身"，而所有意念与形体的运动都与全身的筋络、穴位有密切关系，这些都使许多传统气功、养生功的训练要素都被自然而然地融入太极拳练习之中。打太极拳，只要方法正确，不必过于注意传统气功、养生功中的那些概念，坚持锻炼，就可以达到与练习传统气功、养生功基本相同的效果。与传统的气功、养生功方法相比，太极拳健身养生的好处是：第一，不易出偏差；第二，简单易行。对传统气功、养生功有一定了解的人都知道，出偏差是一个十分危险的问题，过去叫"走火入魔"。因为在这类功法练习时，往往使用意念过于专一而且太大，只要稍有不慎，就会造成偏差，而且不易纠正。所以纠偏是这类功法中的一个关键。而使用太极拳练功，进步似乎稍慢一点，但几乎不会出偏差，因为太极拳用的是"顺其自然求自然"的方法。各类传统气功、养生功都是一套十分复杂的系统，由于传统习俗，都使用一些十分隐晦的专用术语，故难教难学。如果使用太极拳练习，只要能对基本概念有一些了解即可，所以对于绝大多数人而言是简单易行的。当然在传统气功，特别是养生功的最高层次上还有一些特殊的功法，这些对于大多数只求健身效果的练习者而言没有太大的必要，可以不必考虑。而对于少数想在这方面有所追求的人，有了太极拳的基础，学习这些也不是太难的事。因此，练习太极拳用于健身养生是很好的选择。

总体上说，传统气功、养生功、中医学等是几千年经验的积累，其效果是显著而且毋庸置疑的。比如，古人认识到人的生物属性必须符合大自然的规律，人才能保持健康长寿。比如，人们认识到肝脏的代谢功能在半夜 1 ~ 2 点时活动最旺盛，因此人这时应处于睡眠状态，才能使肝发挥出最有效的排毒功能，这已被现代科学所证实。虽然这些传统方法是有效的，但在理论上，有许多方面与现代科学还未能接轨，也就是说还有现代科学解释不了的东西，比如气、经络等。解释不了并不等于不存在或不对，科学就是在不断地认识、解释未知。现在的情况是，除了科研能力水平的不足外，主要是由于认识上的偏见，造成科研在这方面投入得不足。太极拳在世界范围内的普及，使得现在国外已有一些主流的、高端的生物医学等方面的科技人员注意并参与到东方传统健身养生方面的研究，并有了一些成果。比如近期看到了美国哈佛大学医学院发表的几篇有关太极拳在关节治疗、身体平衡以及理疗方面作用的论文。

必须指出的是，在传统气功、养生功、中医学中，也存在着一些错误的认识。特别是其中有很多黑盒式的玄虚理论，不切实际的拔高解释，都不应该盲目相信。同时，由于太极拳在健身方面效果往往是长期的，也是不易证明的，因此也最容易被骗子钻空子。

## 太极拳的健身作用

所谓"太极拳"，就是以"太极"哲理为依据，以太极图形组编动作的一种拳法。其形在"太极"，意也在"太极"。形动于外，则分虚实，运阴阳，拳路整体以浑圆为本，一招一式均由各种圆弧动作组成，按太极图形组成各种动作。意守于内，以静御动，用意识引导气血运于周身，如环无端，周而复始。这些内外运动，使太极拳具备了极好的健身作用，主要有以下几点：

第一，中医的境界不是简单地有病治病，而是以预防为主，通过调理自身体内各种功能之间的平衡，提高免疫力，达到气血两旺，扶正祛邪，身体健康，百病不侵。而练习太极拳正是这种自身调理的最佳方法之一。常年坚持打太极拳，对整体的身体素质的提高有明显效果。

第二，练习太极拳对健脑有益。太极拳不是单纯的体能练习，不是使人变成"四肢发达，头脑简单"的运动。练太极拳，平时必须多思考，了解拳理拳法与传统哲学原理之间的关系。在行拳时，必须有大量的意念活动用以指挥、促进体能的转换。所有这些都需要大脑的运动。

第三，练习太极拳之所以健身，是因为此项运动要求能畅通经络，培补正气。当太极拳练到一定程度后，便产生体内的行气现象，这是技击的基础。再坚持练习，到一定功夫便可打通奇经八脉、十二经脉等，同时增加丹田之气，使人精气充足、神旺体健。中医认为，体内经脉畅通，是百病不生的根本。

第四，练习太极拳能够锻炼神经系统，提高感官功能。由于打太极拳时，要求全神贯注，不存杂念，心静意专，使人的思想不仅仅集中在动作上，还使大脑专注于指挥全身各器官系统功能的变化和协调动作，使神经系统自我控制能力得到提高，从而改善神经系统的功能，有利于大脑充分休息，消除机体疲劳。

第五，能增强呼吸功能，扩大肺活量。这是因为练太极拳时要求气沉丹田，呼吸匀、细、深、长、缓，保持腹实胸宽的状态，这对保持肺组织弹性、增强呼吸肌、改进胸廓活动度、增加肺活量、提高肺的通气和换气功能均有良好作用。

第六，练太极拳可以增强心血管系统的功能。练太极拳，一方面由于大运动量使得血液循环加快；另一方面又要心平气和，控制心脏的收缩节奏，促进心脏功能提高。

第七，练太极拳是一项身体综合素质训练，对于身体的平衡能力、运动协调能力都是很好的锻炼；同时对全身的骨骼、关节肌肉也都有很大程度上的锻炼。练习太极拳，可以根据个人能力调节运动量的大小，达到运动健身的效果。所以经常坚持这项运动，能防止早衰，延缓衰老。

事实证明，太极拳训练对人体的心肺系统、内分泌系统、消化系统、神经系统、循环系统、呼吸系统、免疫系统、内脏器官、肌肉骨骼关节以及平衡能力、思维活跃、压力疏解、抵御疾病、延缓衰老、增进精神与体能等方面都有显著的效果。通过太极拳训练，使人体从内到外都更适应生存的自然法规，使人延年益寿。

太极拳有健身作用与太极拳的练习质量有密切关系，如果只是练习没有什么内涵的空架子，那么其作用与散步、做广播体操没有多少不同。要想得到好的健身效果，应该尽可能多地按照传统理论、方法练习，尽量加强对太极拳本质的理解，这样才能在最大程度上加强太极拳练习中对身体各个部分的锻炼，获得太极拳的健身作用。比如放松问题，如果不懂太极拳中有关放松的心法，就很难获得高质量的放松效果。另外需要注意的是，太极拳的健身作用往往因人而异，因此，不要以个别的例子就去夸大或否定其健身效果。

在讨论太极拳的健身作用时，有一个概念要明确，即太极拳有健身作用并不意味着练太极拳就能包治百病。人得病的原因很多，诊断、治疗的方法也很多，从中医到西医，需对症下药。有病的人，一定要去医院看医生，首先确定病因，而后遵医嘱治疗。练太极拳不是治病，而是通过锻炼，使人能经常保持更健康的身体，从而不得病或者少得病。对患者而言，练太极拳在康复方面常常可以起到很好的调理作用，是很有效的辅助方法，但是不能以此代替正常的治疗。

# 太极拳与求道

　　求道是中国传统文化中的最重要部分，有所谓"朝闻道，夕死足矣"的理念。任何人，无论学习什么东西，如果只停留在技术层面上，终是小学而不成大器；必须能够通过技术的完善，上升到求道、悟道、进而得道的境界，才能完成人生的升华。太极拳除了其武术的作用外，还包括健身养生与求道两大部分。武术是训练的形式，健身养生是训练的效果，求道是训练的最终目的。因为太极拳是建立在道家哲学思想上，而学习太极拳又必须对其理论有较深的研究，故学习太极拳与求道就自然融为一体。而这个融合发展，使学习太极拳的过程从单一的习武、健身，转为求道，而进入更高的层次。故与练其他拳术相比，学习太极拳有更高的目标。

　　健身养生与求道是不可分的，健身养生是手段，求道是目的，既要健康长寿，又要大彻大悟。如果一个人终日混沌，无所事事，即使能健康长寿，也没有意义，因此求道是人生中更高的追求，用道功的话说就是"性命双修"。道功中讲"只修性，不修命，此是修行第一病""只修命，不修性，恰似鉴荣无宝镜"，即是讲修炼中，性、命二者不可偏废。

## 形而上者谓之道，艺术与技术

从中国传统文化的角度讲，单纯的武术技法是小学，只有能升华到求道的境界才是大学。所以拳论中有"欲天下豪杰延年益寿，不徒作技艺之末也"之句。庄子的《庖丁解牛》就是讲从技术到艺术的升华。通过练拳，学习理解"道"，从技术升华到艺术。以力降人，只能是技术；能如"老叟戏顽童"，才算艺术。单纯的技术追求只能算是"匠"，将技术变为艺术才是道。

学习太极拳，不能只是简单地做实用技术训练，还必须学习研究道家与太极之理。不光是学习形而下之器，还要追求形而上的道。因此，这个学习的过程不仅是为了理解掌握拳术，同时也必然开启人的智慧与心灵，使之得到精神境界的升华。

### 太极拳中追求的道

在中国传统文化中，有关"道"与"求道"有几千年的传承。"道"就是自然规律，"求道"就是追求对自然、社会、人生的大彻大悟，也就是自然规律与精神世界的结合。

太极拳理论以道家为主，兼收其他，将儒、释、兵等理论融为一体。太极拳尊张三丰为祖师是有道理的，因为张三丰的道就是讲儒释道三位一体，三道合一，他的思想体系是这一武术门派的理论基础。事实上，作为宗教中的道士张三丰，其本质上更具备道家哲学家的气质。

也许正是因为中国有道家，才可能产生出太极拳。从太极拳所追求的目的可以看出太极拳的思维与传统道家哲学思想是不可分的，可以说没有这种哲学思想就不可能有这种技术观念。与其他技法的自然形成发展不同，太极拳技法的形成与发展是在道家哲学思想指导下，有目的地探索追求的结果。

太极拳的基本特点是建立在道家无为、自然、对立统一、否定之否定、质量转换、不争、处柔等思想之上的。所以太极拳所追求的"以柔克刚""以静制动""后发先至""顺其自然""心平气和""放松"等，正是道家思想的体现。比如拳术中的"舍己从人"就必须要能做到"顺其自然""无为""不争"，这样才能真的松，才能随，才能出变化。因此，在学习太极拳的过程中，求道的精神方法也就包含其中了。如果练习者忽视了这一点，只把心思集中在技法或健身的层次上，那就很难达到太极拳所追求的最高境界。

太极拳追求的最高目标，一是修身养性，也就是所谓求道；一是高效率的技击方法。修身养性正是道家与道教所追求的。在方法与原理上，太极拳也正是直接继承了道家的方法。而高效的技击方法，如"引进落空""牵动四两拨千斤""借力使力""后发先至"等，也正是道家的"以柔克刚""以静制动"理论在武术中的应用。而为实现这些方法所需的基础，如松等，也是在道家"顺其自然""无为"等理论指导下发展起来的。所以太极拳的发展，从理论到实践都离不开道家的哲学思想。

太极拳是中国武术发展的最高阶段，已经从单纯的技术训练转变为求道的过程。因此，太极拳不是一种单纯求胜负的武术技法，而是一种个人的修炼，是一种人生的追求，是一个追求尽善尽美的过程，是一个求真知的过程。在很大程度上，享受这个求知的过程比结果更重要。如果一个人目光短浅，只顾及眼前的名利，计较一时的胜负，很难在太极拳修炼中达到高的境界。

太极拳之求道是精神境界的升华。太极拳是以太极辩证哲学体系及道家哲学为主、结合部分儒释兵等理论为基础发展起来的，太极拳与其他武术的最大不同是哲学理论在拳技中的应用，不懂太极哲学就很难达到高级阶段。故学习太极拳的同时，也必然是一个学习传统哲学的过程。因此，学习太极拳也就必然对人的思想、行为、思维方式等有所影响。特别是在达到高级阶段以后，学习拳术技艺与对于道的思索追求是不可分的，成为精神境界上的修炼。这种修炼，能开启人的智慧，改变人的气质，净化人的心灵。正因为如此，太极拳与其他一般只求技术的武术不同，它具有更高层次上的追求。

## 学习太极拳的过程也是求道的过程

学习太极拳就必须学习它的理论——道家哲学与太极哲理，这种学习不可能仅仅局限于对拳术本身的理解应用，必然会对练习者的思想境界、思维方式、逻辑判断等各个方面都产生巨大影响。所以说学习太极拳的过程必然也是一个求道的过程。

求道是中国传统文化中的最高境界，其基本点一是修身养性，二是益寿延年；其最高点是大彻大悟，领会宇宙与人生。因习太极拳不是单纯的肢体动作，同时必须兼修其他，如哲学等；追求的目标也不是一般武术所讲的纯技术问题，需从研习中感悟人生，明道理；因此，习太极拳往往超出一般武术的范畴，练太极拳可使人的思想性格发生变化。

用现代观点看，求道与学习自然科学知识不同，一方面需要学习大量知识；另一方面不仅是逻辑推导，而更是一种思索、感触、领悟，是一种无法用语言描述清楚的思想文化与精神层次上的东西。所以求道就是悟道，是一种整体的文化修养。学习太极拳必须研究哲学原理，这就必然导致了从理论上去感悟"道"的过程。而在练习的过程中，必须有求道的耐心，有毅力，没有急功近利之心。这些也就从实践中培养、改变了人的性情，使一个人从里到外产生改变。

太极拳是应用道家思想而发展起来的，是直接继承了张三丰的学说。其说是对吕洞宾、全真教等的继承与发展。认为养生与求道是一体的，即性命双修，先性后命。而这里讲的命，是延年益寿，而不是长生不老之类，所谓"有卫生之法，无长生之术。"全真教创始人王重阳说"欲永不死而离凡世者，大愚不达道理也。"也就是说，认为能够永生不死的是愚蠢而且不合道理的。他强调只要保全真性、万缘不挂，就是长生了。

修身养性是通过悟道而得的，即明白自然规律、人生意义等，是精神境界的东西，是通过对道家哲学为主体的传统思想的感悟，是修道在太极拳中的体现。由于练太极拳必须学习领悟道的理论，因此必然直接影响人的思维方式，从而感悟道的意义，故是从拳理上升到哲学思辩，进而求道。在后一阶段，传统的求道方法被引入，与习拳相结合，成为练太极拳的一部分。

求道即是悟道，悟就是在学习与思考后的思想境界的升华。在这个过程中，必须能保持心态平和，能入静，才能达到静观、玄览，才能理解"道"的本质。这与太极拳练习的顶级阶段以及修炼阶段的追求正相符合，因此练习太极拳可以是用于求道的一种方式。

在太极拳技击方法的研习中，常常能触发对人生其他道理的领悟，进而以道家哲学加以规范，以武入道，从习拳中得到对"道"的启示。长此以往，通过这类不断地启示，最终导致对"道"的大彻大悟。这就是为什么太极拳的技击是求道过程中的阶梯。同时正确的太极拳训练也必然会导致求道。

太极拳有如此高尚的目的，当练习者对健身与求道能有所领悟时，境界大大提高，就会自觉不自觉地对武术实用部分看得不那么重了，这是很正常的。可以说武术技击是太极拳中的基础，是训练阶段中的重点，求道是修炼阶段的重点，是建立在武术技击训练之上的，没有好的武术基础，不可能达到高级境界。事实上，能够在求道方面达到高级境界的人，对太极拳的武术技法必然已有较高造诣，他们的注意力自然而然地会转向更高的追求。即练拳有成的，往往也可以求道有得；但反过来说，嘴上有道的，不一定太极拳功夫有成。有一些人，本身对于太极拳的武术技法一知半解，整天满嘴修身养性一类，做出一副高高在上的架势，以看似高级的东西去掩盖自己的缺失。就如同小学还没毕业，就要到大学里当教授。常常可以看到这样的人，他们动手胜不了人，却埋怨别人粗野低俗。须知太极拳武术技法就是研究如何以最高的效率克敌制胜，这里没有半点虚假的。以太极拳之法应敌，没有选择，也无高低贵贱之分，应该是来什么手就接什么手。能赢固然好，输了说明自己功夫还不行，还要总结经验、再下功夫练。抱怨对手，自我安慰，只是精神胜利之法。如果输了还去贬低对手，这样的人大概永远也理解不了太极拳的高级境界。

# 太极拳的源流

虽然太极拳已遍及世界，但是太极拳在何时、何地、为何人所创仍不清楚，仍属于存疑的范畴。尽管有许多版本流传，但无一可使严肃的研究者真正信服，其主要原因是，各种版本都缺乏直接有力的证据。

武术史的考证是很困难的，武术史本应该是一个学术问题，但是很长时间，武术界里的大部分人并没有把它当成严肃的学术问题研究，大量的偏见与唯我独尊式的江湖气掺杂其中，专业、严谨、理性的研究至今仍很难见到。当今武术史研究中的难点与误区主要有：

第一，缺乏详细的文字记录。虽然中国自古有修史编著的传统，但历来也有重文轻武的社会传统。而且武术只属于个人修养的范围，故一般不会被列入史学家所关心的范围，甚至在家谱这个档次的文字记录中，也常常被简化或忽略。同时很多习武之人的文化程度偏低，故各门派均缺乏详细的记载，特别是缺少由第三者所做的较为实事求是的记录。事实上，在许多门派中，特别是早期，没有多少人真正关心本门的真实历史源流，大多就是口头传说或简单记载，缺少求实、求证。

第二，武术界一些长期的习俗所造成的混乱。中国是有很长历史的农业大国，因此有尊重传统、崇尚经验的社会风气。故厚古薄今是传统，人们总是认为无论什么东西都是越老越好。这种习俗造成几乎所有武术门派都将自己的源流历史向前推。同时为了自重，还总是借用一些历史上的名人为创造人。于是，从三皇五帝到宋太祖、岳飞，从少林和尚、武当的道士到传说中的燕青、刘唐、武松等，凡有些影响的人物，无论是真实的还是虚构的，大都与某些门派挂钩。还有就是编造一些奇人、异人等无法求证之人与事。而几乎所有门派的传人，都对自家的这类历史源流津津乐道，甚至一代一代不断地添油加醋，很少有欲澄清事实的。对本门中的传说，即使有明显的问题或错误，也是极力掩盖、粉饰，甚至于强词夺理地辩护，因此使真实的历史源流被隐去。

第三，因为各门派中的历史以口传为多，实物较少，很多传说都缺乏证据。而口传历史的可信度，特别是在细节上，常常会大打折扣。要想从这些口传历史中发现真相或有参考意义的材料，必须具有冷静严肃、逻辑严谨、无偏见的思维与推理。可惜的是在武术史的研究领域，能做到这些的人极少见。

第四，武术界的陋习多，缺少独立公正性。吹嘘自己，贬低他人，无判断力，以讹传讹等随处可见。其中门户之见是最严重的陋习，为自己门派吹牛，拔高编造之事层出不穷。这是造成关于武术史中各门派源流均不清楚的重要原因之一。

第五，缺乏求实精神。一方面对老的传说永不改变，而另一方面又常常夸张或掩盖某些事实。对于自己门派中不符合常理的东西不敢也不愿意质疑，甚至做一些牵强附会的解释，企图将不合理的东西掩盖起来。

第六，研究人员素质不高，常存在偏见与偏激。对传统习俗不了解、不尊重，想当然。不懂历史考证的基本方法，缺乏逻辑性，治学不严谨。

第七，当今的商业利益，驱使很多人不能严肃地面对学术问题。在现实面前，很多人考虑更多的是眼前的现实利益。今天，为了眼前利益而公然篡改历史、伪造传承的情况，已经到了无所顾忌的地步，在社会上，恶意编造的东西不被批判、反被吹捧，使得严肃的武术史研究几乎没有立足之处。

虽然武术门派的历史源流常常真假难辨，但是如果单从学习拳术的角度讲，拳法的起源及早期的流传对今天影响不大。因此，绝大多数的门派均能以一种较老的说法为尊，间或有些不同观点，也无太大争论。而包括丰富文化底蕴的太极拳则不同：第一，是因为太极拳的社会地位不同，使得更多的学者型人物关心、介入它的理论与实践，自然而然地它的历史源流也就更加受人关注；第二，因为太极拳的起源与太极拳的思想基础有直接关系，造成对太极拳的研究必然要重视它的起源问题；第三，自唐豪对太极拳史的考证起，太极拳历史源流的考证，以一种学术研究的方式引起了巨大的反响。但是这种研究本身的学术水平又不高，错误与漏洞百出，对此的争论从未停止过。由于争论很快又被政治所影响，因此并没有太多的学术成果。

事实上，自杨露禅将太极拳传入北京，太极拳才真正开始被世人所关注。显然，在此之前只有少数人在小范围的流传。今天世人所公认的是杨氏之艺学自河南温县陈家沟陈长兴，从这点起太极拳的历史是基本清楚的。而人们争论的焦点是何时何人创造了太极拳，它的流传范围以及传承的时间与人物，何人将此艺传给陈家沟陈长兴等。本书不是太极拳史的研究专著，作者也不掌握任何新的独家史料，下面是我们对几个流传最广的版本的分析总结，希望读者能对太极拳历史源流有一个概括性的了解。

## 可以确定的事实

所谓可以确定的事实是指已被证明的，或者被公认，基本上无争议的事件。当然这些事件中的很多细节还有待证实，但是大框架应该基本正确。

1. 杨露禅（1799—1872），河北永年人，于19世纪上半叶在河南省温县陈家沟村生活了三十年左右，其间在陈德瑚家从师陈长兴学习拳术。19世纪40年代左右回永年教拳，当时并没有公开用"太极拳"之名。到19世纪50年代左右，杨露禅到北京教太极拳，使太极拳赢得了巨大的声誉。虽然在一些有关的具体细节方面，比如具体年份等，仍有不清楚的地方，但大体的事实是无争议的，而从此以后的有关太极拳的传承记载也是比较清楚可信的。

2. 从现在已知的材料中，19世纪中期之前，在陈家沟的所有文献中，均没有出现过"太极拳"这三个字，也没有任何完整的、有关太极拳的理论著述（与太极拳理论有直接关系的只有多种版本的四句《打手歌》和一首来历不明的六句《打手歌》）。

3. 武禹襄（1812—1880），在永年与杨露禅学拳，后于1852年（也有人认为应该是1860年左右）访河南温县赵堡陈清平学艺。在武禹襄与其后人留下的大量有关太极拳的理论著述中，从未提及杨露禅与陈清平在拳艺、理论或历史源流方面有何不同。结合其外甥兼学生李亦畲的著述可以判断，当时杨露禅与陈清平所传的东西，在拳架与技法等方面应该是基本相同的技艺，不会有太大的区别——至少要大大小于陈发科初到北京时，人们对陈式与杨式拳在练法上的区别所产生的惊讶程度——特别是在理论上应该是一致的，而且是与后来发现的王宗岳拳论所讲述的是一致的。

4. 武禹襄之兄武澄清在河南舞阳县任县令期间，得王宗岳《太极拳论》并给武禹襄。但是并没有给出任何有关作者王宗岳的个人信息，也没有任何有关太极拳在舞阳一带流传的信息。王宗岳的《太极拳论》颇为详尽地描述了太极拳的外延内涵，是检验太极拳的唯一标准。但是直到现在，除了少数几种站不住脚的猜测外，并没有发现任何有关王宗岳生平的直接证据。

5. 有关张三丰创太极拳之说，最早出现的文字记录见于武禹襄之外甥李亦畲 1867 年写的《太极拳小序》，原文为"太极拳始自宋张三丰，……"当时正是杨露禅开始在北京传拳出名的时代，此说也一直为杨氏门中的说法（从杨家与吴家保留的老拳谱可证）。可知在那个时代，此说已形成，而非如唐豪、顾留馨所说的是清末的产物。由于李亦畲与杨露禅、武禹襄的关系，显然，这个说法当时应该是杨、武所认同的，不可能是李亦畲自己的发明。而后，李亦畲在 1880—1881 年间重新抄写时，将这句话改为"太极拳不知始自何人，……"。从李亦畲后来的改写也可知，20 年后李自己并不认同或确认此说，但是李并没有说明原因。可是有意思的是，武与李家的后人，却仍然

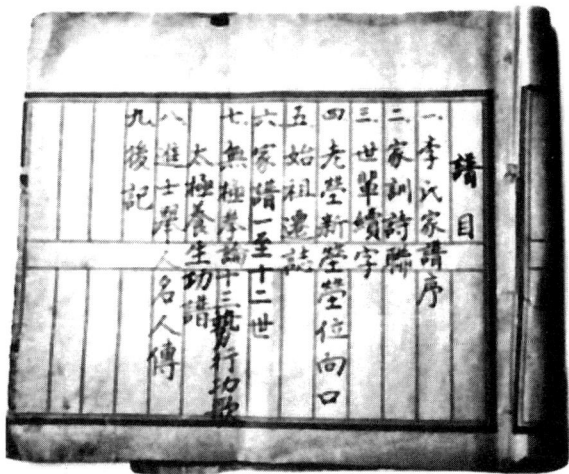

**唐村李氏家谱**

沿用此说（见《廉让堂太极拳谱》）。有些老拳谱中有"此系武当山张三丰祖师遗论，……"这句话，此话本身只说明太极拳与张三丰有关，并没有明确指出张三丰创太极拳。同时，由于老谱的年代现在并不能确定，故张三丰创太极拳之说仍属存疑，但是太极拳尊张三丰为祖师这件事应该至少在 1850 年之前就存在了，而且是在 1931 年以前有关太极拳源流的唯一版本。这点也可以从后来看到的、成书时间上可能更早的宋书铭的拳谱中得到旁证。

6. 2003 年，河南省博爱县唐村李氏家谱被发现，其中有李家从邻近的千载寺道人处学习十三势、太极功、通背功、枪法等武术技法的记载。同县的王堡村的《枪谱》中也有王堡枪源于千载寺，以及王家向李家学习武艺的记载。此发现的意义十分重要，但现在还缺乏有关专业部门的鉴定。

7. 蒋发（蒋把式，蒋仆夫）曾在陈家沟教过拳，从陈家沟的陈子明以及唐豪在陈家沟见到的老村民等人的叙述可知，如唐豪记录的"村人所言，蒋为奏庭之师"（见《太极拳研究》）。在 20 世纪初之前，此事实在陈家沟是被公认的（只有陈鑫试图否定此事）。另外还有画像做旁证。同时，河南赵堡镇保留着有关蒋发的生平与拳术传承的更为详细的信息。而蒋发的名字也在杨露禅所传的先师名录中，杨露禅在陈家沟待了几十年，对太极拳的源流总应能听到一些，不可能随便编造个名字放在祖师名录中。综上可知，蒋发这个人应该是真实存在的，蒋在陈家沟与赵堡教过拳、或者蒋与陈家沟的人在武术上有过传承关系是可信的。但是曾经有蒋发为陈长兴的老师之说，这有可能是误传，抑或存在着两个蒋姓拳师。大约是在太极拳传播的早期，人们搞不清陈家沟内部的人物关系。

8. 从《纪效新书》《剑经》《武编》《内家拳法》《手臂录》《苌氏武技》《武备志》《内功四经》等明、清以来的武术著作中可以看到，那时与太极拳技法密切相连的许多理论、概念、技术以及训练方法等都已经比较普及、成熟。这说明太极拳的形成与发展不是偶然的，有长期的大环境基础。

9. 20 世纪初，在北京有宋书铭（自称宋远桥之后），教授太极拳并留有《宋氏家传太极功源流支派论》手抄老拳谱一本，记述太极拳源流及拳论若干种。其中提及太极拳早期的五大流派，有时被称为"老五派"。需要注意的是，在宋之老谱中载有张三丰所传太极拳为十三势，而且载有包括王宗岳《太极拳论》在内的数篇拳论，这些与杨露禅一系的传统说法都是一致的。而从新的研究中显示，宋谱的成文时间应该比武禹襄得到王宗岳《太极拳论》的时间更早。不论其所持历史源流之真伪，单从宋所演示的拳技以及所掌握的理论看，基本上与杨露禅所传无大差别，这是当时与其有过交流的所有太极拳专家

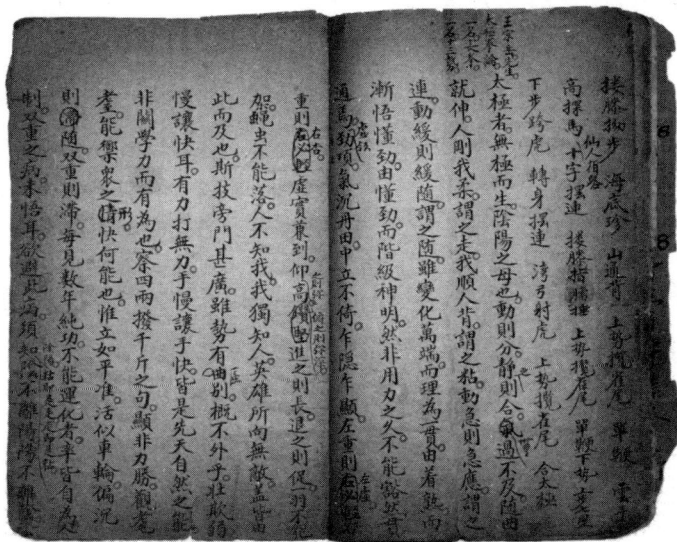

宋书铭老谱中所记载的王宗岳《太极拳论》

们的共识。由于当时练太极拳的人屈指可数，除了陈家沟、赵堡、杨露禅、武禹襄等已知的传承外，人们并不知道是否还有其他的传承。宋书铭会太极拳并有老拳谱这个事实，有当时当事人的记述，而且老拳谱仍在，至今也没有发现任何当时留下的、否认其人其事的记载，因此应该说其在整体上的真实性方面是没有什么异议的。由此推论，应该真的存在着与陈家沟、赵堡、杨露禅同源，但所属不同的传承。而对此唯一的批评是源于后来的唐豪与徐震等，他们认为宋书铭是杨式传人，拳谱是伪造的。唐、徐两人在既没有见过其人、其拳、其谱，又没有向当事人仔细调查的情况下，他们就违背常理，毫无根据地贸然认定宋书铭所传拳、谱及传承系晚清以后的人伪造。当然这并不奇怪，因为宋氏的拳谱的存在，直接否定了唐、徐两人在太极拳源流考证方面的结论。虽然唐、徐两人的错误论断本不值一驳，但因占据了话语权，其观点在很多年里影响了很多太极拳传人。

10. 认真对比李亦畬与宋书铭所传的《太极拳论》这篇文章的文字内容，很明显李谱中的文字更加流畅，格式更加工整。这大致可以说明武、李家的版本应该是晚于宋氏的版本，是被人修饰过的。因此，唐豪等认为宋谱是抄于杨家是没有根据的猜想。除非作为具有很高文学素养的宋书铭，故意将一篇工整的好文章抄改成如此。但是从现在所知的宋书铭为人处世的态度，这根本是不可能的事。

### 待确定的事实

所谓待确定的事实，即存疑，是指那些有合理描述的事件，但是证据不够充分。由于缺乏足够的文字记载与实物证据，武术史中存在有大量这类待确定的事实，其中大部分是口传历史，或单一记录。在这些事件的描述中，一般会有一些失真之处，必须认真分析，从中看到合乎情理、符合逻辑的大的事件的基本形态。

1. 蒋发是太极拳源流史中非常重要的人物。这个人物的存在应该是可以确定的，陈家沟与赵堡的记载以及杨家传人的口述，都可以提供支持。但是其中也存在着年代的问题，也就是陈鑫在《辨拳论》中所说的，那么是否曾经有过两个蒋姓拳师与陈家沟有过交集呢？从唐村的记录看，从早期山西移民时，陈家就与蒋姓家族有密切关系。

2. 事实上，有关蒋发的比较清楚、可信的生平记载是在赵堡之传承中，其中也还有一些待定的事实。在赵堡传承中，蒋发生于明万历二年（1574），小刘庄人。22岁从学于山西太谷县王林祯七年，而王的技艺是从学于云游道人，说明太极拳属于道家传承。从蒋发起到陈清平，太极拳在赵堡的传承有七代，基本上保留有比较清楚的记载。特别是在这几代传人中，有四五家的后代仍住在赵堡，因此这个传承中的许多事实都能有比较强的支持。过去顾留馨等人对为何赵堡有太极拳的解释是：陈家沟陈清平入赘赵堡并带去太极拳。而现在陈清平后人所提出的物证证明这个说法完全错误。由于时代久远，现在有关蒋发的早期学艺、传艺的行为，既没有发现支持赵堡版本的有力旁证，也没有发现与之相左的任何证据。仔细分析赵堡传承，大体上也是合理的，并无大的缺陷。横向比较，陈家沟也存在有关蒋发的记载，只是由于记载并不清楚，在年代关系上仍然存有疑问，而其他并无有与之矛盾之处。

3. 蒋发之师是谁。事实上，因为缺少直接清楚的据证，对太极拳源流的论证多数还属于推测。需要比较哪种说法更合乎逻辑、习俗等。比如，也或有这种可能，即根据赵堡的记载，蒋发的老师是王林祯，没提他是不是王宗岳。在后来的传说中，总是说王宗岳传蒋发，那么是否存在王林祯与王宗岳是一个人的可能性？毕竟过去的人都有名与字。从另一方面讲，武禹襄应该知道王林祯传蒋发之说，或许也有可能在武禹襄得到王宗岳之《太极拳论》后，以为此王即彼王，从而得出王宗岳传蒋发之说。

4. 陈家沟的武术传承。陈家沟有习武的传统，这一点是清楚的。问题是陈家所习的是什么？其传承是什么？这里首先要确定的是陈家的武术传承能上溯到什么时候？更具体的是在陈王廷之前，陈家有没有武术传承？第二点是要确认陈王廷是否创过拳，创的是什么拳？第三点是要确认陈长兴时代，陈家沟的习武状况。是否存在着太极拳与陈家自己家传拳术并存的情况。

5. 唐豪对太极拳史的考证漏洞百出，不足为凭。但是太极拳确确实实是在陈家沟存在过，那么是从什么时候开始的，何人传授的？以前有些传说认为是蒋发传陈长兴，蒋发传陈王廷，或陈继夏学于赵堡。但是也都有些说不清之处，或者缺少直接证据。而值得注意的是，在以前旧的传说中，都或多或少地带有陈家沟的太极拳是经赵堡传过来的倾向。

6. 从现在已知的情况看，杨露禅除了在陈家沟学艺外，没有与其他人学艺的记载。所以说太极拳是从陈家沟传出来的，这个结论基本上没有异议。问题是当陈发科到北京传拳时所展现的拳艺，无论是行拳的风格、技击技术，还是拳理拳论，都与杨传有极大的不同。特别是没有完整、系统的太极拳理论。那么从杨露禅离开陈家沟后的几十年里，在陈、杨的各自传承中到底发生了什么？如果认真比较陈、杨所传，无论理论还是技艺，杨传明显更系统、完整、精细；反而，陈传却常常因为有与太极拳原理相悖之处，而从一开始就屡屡被人质疑是否是太极拳。由于中国传统中有尊老、厚古的习俗，很多人习惯性地认为，如果陈、杨不同，则必然是陈保持传统，而杨做了修改。真是这样吗？

7. 由于存在着陈长兴时代，陈家沟流传着太极拳与陈氏家传的拳术之说，那么有没有可能以陈发科为代表的现代陈式太极拳是过去两种拳的混合物？事实上，如果认真研究现代陈式太极拳的套路、练习方法、拳理等，可以发现这种可能性是很大的。现代陈式中的一路拳与太极拳更接近，更像是被硬拳所影响、改造过的太极拳；而二路拳本身就是炮捶，只是在练法中加入了一些太极拳的因素。在陈家沟有陈长兴的子孙向同村其他人学艺之说，而且在陈长兴以后，武术在陈家沟整体上呈现逐渐衰落的情况，那么，难学、难练的太极拳被改变、退化也就是顺理成章的事。

8. 千载寺与唐村李家之传承。有关千载寺与唐村李家与太极拳之关系被发现后，引起很多震动，其中弥补了一些以前无法解释的疑问，比如为何王宗岳《太极拳论》会在河南省舞阳县盐店被发现。从现在所看到的信息上讲，整体上比较清晰完整，但仍有一些需要进一步求证，比如对发现的李鹤林手写的《太极拳论》的鉴定。其中最大的疑点是关于王宗岳与李家的关系的说法：第一没有直接证据；第二有强往唐豪关于王宗岳的观点上靠的意味。总的来讲，这个发现开始意义很大，因为它是从太极拳圈子以外开始的，比较纯朴，无利益冲突。但是很快一些人为因素被加入到其中，使得有些东西真伪难辨，十分可惜。

9. 是否存在着杨、武创立太极拳的可能性？大概没有人怀疑武禹襄访学于赵堡陈清平这一事实，那么武到底跟陈学了什么？从武禹襄后来写给他哥哥的信中可以看到，武访陈的主要成果是搞明白了太极拳的道理。而从武后来的著述中可以判断，武禹襄从杨露禅与陈清平两人处所学的东西，应该是一样或大致相同的，而这些东西在理论上与后来得到的王宗岳的《太极拳论》也是相吻合的。如果说有这种可能性，即武、杨根据王宗岳的《太极拳论》，将杨从陈家沟学到的拳术加以改造而创造了太极拳，那么陈清平大概也应参与其中了。这种假设有一定道理，但是现在没有发现任何事实依据的支持。

10. 由于武禹襄跟杨露禅、陈清平学太极拳，另外，据说武家与陈家沟陈德瑚家有几代交情，故武应该对陈家沟的情况有一定了解。所以，武的外甥与学生李亦畬在他的文章中说太极拳"后传至河南陈家沟陈姓"，可信度是相当高的，最起码这是当时太极拳师们的共识。在这个问题上，李亦畬当时完全没有作假的动机与必要。这间接证明太极拳并非陈家沟人所创，而是从外面传来的。

11. 关于《太极拳论》的作者。事实上，现在所知的王宗岳这个名字的唯一来源就是从李亦畬传出来的武禹襄家的传说。由于并没有发现任何有关王宗岳生平的直接证据，所以历来对王宗岳这个人是否真实存在都存有疑问。王宗岳或者是太极拳传承中的一代大师，或者只是一个经手过《太极拳论》的无名小人物，也可能并不存在。那么《太极拳论》的作者是谁呢？《山右王宗岳太极拳论》这个拳谱的标题是原谱上就有的，还是武禹襄或者李亦畬所加的？需要注意的是，有关王宗岳是否是《太极拳论》的原作者问题，在清末民初时就被提出了。比如在一些老的抄本中都有类似"右系武当山张三丰老师遗论"一类的句子，即说《太极拳论》是张三丰所留下的。还有"此二则（注：指《太极拳论》正文后的两条注释）疑王宗岳先生所注，特低一格以别于本论"之类的直接质疑。这些都是现在无法确定的，留有研究空间。一直以来，都有少数人认为《太极拳论》的作者有可能是武禹襄，虽然从逻辑上讲，这个可能性是存在的。但是宋书铭的老谱与唐村的发现却表明作者应该是比武禹襄早很多年的人物。宋谱与唐村老谱上的《太极拳论》都没有作者的名字，宋谱上甚至没有"太极拳论"这个标题。如果唐村的发现能够被证实的话，那么作者的年代将会大大提前。

12. 长期以来，很多人认为李亦畬老谱中的"十三势行工心法""打手要言""十三势说略"等几篇文章的作者是武禹襄，但此说值得商榷。最早将王宗岳的《太极拳论》公开的是李亦畬手抄的老三本拳谱。从现在能看到的郝和抄本上，在封面的标题是《山右王宗岳太极拳论——后附小序并五字诀》。从这个标题上看，李亦畬将拳谱分为两部分，即前面的王宗岳《太极拳论》与后面所附的、他自己写的"小序并五字诀"。而在前面部分的文章中，除了"山右王宗岳太极拳论"一文外，其他都没有明确指出作者。而李亦畬的标题似乎是将这些文章均归于王宗岳《太极拳论》之下了。特别是在"小序"中有"王宗岳论详且尽矣""兹仅以所得笔之于后，名曰'五字诀'"这样的叙述，也说明其谱中只有王与李自己的文字。另外，在李亦畬所写的《王宗岳太极拳谱跋》一文中有"此谱得于舞阳县盐店。兼积诸家讲论，并参鄙见"之句。这里李亦畬也没有明确提及其他作者之名。从以上的几个记述上看，似乎李亦畬是把除了他自写的文章外，其他文字都归于《山右王宗岳太极拳论》或者说《王宗岳太极拳谱》之中了。那么武澄清在舞阳所得到的太极拳谱中，到底都包括了哪些文章？武禹襄、李亦畬以及武、李家的后人都没有给出过清楚的描述。而长期以来，人们一般认为其中有几篇应是武禹襄所著，如《打手要言》《十三势说略》等，由此认为武禹襄写有大量有关太极拳的理论著述。但是在宋书铭的老谱中（宋谱是抄于杨家或武家拳谱的伪书这一说法，已被证明是不成立的），除了所谓王宗岳《太极拳论》外，还有《十三势行工心解》《十三势歌》《打手歌》以及几篇无标题的文章，并且都没有标明文章的作者，而这些文字也都全部出现在所谓武禹襄的著述中。如果这些文章中有武禹襄所著的，李亦畬一定知道，那么李在整理抄写时，不可能不提及（事实上，只有在《四字不传秘诀》一文中，李明确标明的是"禹襄母舅太极拳四字不传秘诀"，即作者是武禹襄）。按武与李之关系，李在以上所列的拳谱标题与文字中都提到了他自己的文章，而不提武，这在当时是极不合情理的。这也许表明武家从盐店得到的不只是《太极拳论》《太极拳释名》《十三势歌》《打手歌》等几篇，而是一组与宋传大致相同的、没有署名作者的文章。而武禹襄对其中几篇进行了编辑，或较大的增加，间或有少量改写，但几乎没有删除，最终形成了《打手要言》《十三势说略》等几篇文章。需要注意的是，这几篇都是有关练拳心得体会的文章，有增无减是合理的。对比宋谱，可知武的编辑是相当谨慎。这点从武禹襄在文中所标注的"禹襄武氏并识"中可以有所显示。也许正因为如此，李亦畬才没有把文章的作者直接归于武禹襄，但是同时又有了武禹襄写了这些文章的说法，但是这些还都有待证实。

13. 李亦畬手抄的老三本拳谱均是在 1881 年写的，之前还有1867 年给马印书的本。对比其中版本可以看到，李在抄写时，对所谓武禹襄的几篇文字在编排上都有很大不同。从李亦畬处理这些文章的态度上可以判定，武、李长期以来对这些文章的编辑、增改很频繁。那么这几篇文章的原始文字应该是什么样的？

14. 对比李亦畬与宋书铭所传的老谱中的王宗岳《太极拳论》这

篇文章，宋谱中既无作者名，也无文章标题，同时，唐村老谱中也无作者名，而李谱中的作者王宗岳与标题《太极拳论》应该是武澄清得到此谱时已有的。那么这是宋谱传递中的遗漏，还是武、李谱系在之前的传承中加入的，现在不能确定。

15. 太极拳这个名称来自何处，从何时开始使用？现知的早期文字，一是在李亦畬 1867 年给马印书的抄本中的"太极拳始自宋张三丰"；二是在宋书铭所传的拳谱中的"拳名十三式，亦太极之别名也，又名长拳"。但是现在对宋谱成文的确切年代还无法确定，似乎应该比李文更早。现在公认太极拳原名"十三势"，但是没有明确的证据说明何人、何时开始用"太极拳"这个名字。一个比较重要的时间点是，当杨露禅在陈家沟学艺时，特别是在他离开时，这个名称是否已经被陈、杨所使用？

16. 有人认为，当拳名为"太极拳"时，才标志着太极拳从理论到实践上的完全成熟。而之前被称为"十三势（式）"时，拳法中可能还夹杂着一些外家拳法的因素。因此，陈家沟家传的拳术，有可能是早期十三势的延续。虽然在拳势名称、动作方面与太极拳有很多相同、相似之处，但是缺乏理论方面的支持。

### 有关传统太极拳源流中的合理性

有关太极拳的历史源流，原本并无太大的争议。张三丰创太极拳是已知各种创拳版本中的共识，也是最早被世人传说的。这种说法究竟起于何时何人，现在还没有定论。最早见到的文字记录见于李亦畬

1867年《太极拳小序》所写的"太极拳始自宋张三丰……"可知在杨露禅还健在的时候，此说已存在。此说能被李记入，即使不是杨首先说的，也应是被杨所认可的。那么此说是源于何时何人呢？杨露禅是当时所知的、唯一在陈家沟之外传授太极拳的人。杨在陈家沟待了几十年，对太极拳的源流总应该能听到一些，此说如果被杨认可，是否可以认为其说是源于陈家沟呢？另一位早期传播太极拳的人是武禹襄，武从杨露禅学过拳，而且来往密切。据说武家与陈家沟的人有多年的生意上的往来，故应对陈家的情况会有一定了解。后来武又访学于赵堡陈清平，而在赵堡流传的老的传承中，虽然没有直接提到张三丰的名字，但是讲此拳源于道士。武写过一些有关太极拳的文字，从没有提到过杨与陈有何不同；武氏的后继传人中，也没有这类记载。李亦畬是武的外甥，是跟武学的太极，故李的观点应是直接来源于武禹襄。李写文时，武、杨、陈等均健在，因此至少是要得到武、杨两人的认可，不可能是李编造的。可见在当时，张三丰创太极拳之说，是被太极拳中的主要传人所认同的。

李亦畬在1880—1881年间，将《太极拳小序》所写改为"太极拳不知始自何人"，其原因不得而知，很可能是源于对宋张三丰与明张三丰的疑惑。但是张三丰创太极拳之说，一直为传统的、公开传授太极拳的杨氏与武氏门中的说法，比如武禹襄之孙仍持此说法。其实只要多少知道一些武术界传统习俗的人，大概可以判断此说的可信度并不高，是传统的拉名人充门面的做法。经过许多人的查证，在太极拳圈外，历史上并没有关于张三丰创太极拳的明确记载。但此说是否就应该被完全放弃呢？不然，因为与此说密切相关的是后面的源流问题，也就是说太极拳是传入陈家沟的，还是陈家自创的？李亦畬在随

后的文中写到 "后传至河南陈家沟陈姓。神而明者，代不数人"。明确指出了太极拳是后来传入陈家沟的。李亦畬对源头的改动，只能说明他自己对太极拳源头的不确定，也说明李的治学态度。按武术传统习俗中远假近真的原则，太极拳传入陈家沟，在李的时代应该是公认的。有两个旁证可支持这点，一是赵堡的传说；二是陈家沟自己的老人在 1930 年对唐豪所说，即陈鑫在《辨拳论》中所提及的。此说现在虽无法完全证实，但从逻辑上讲，有关太极拳传入陈家沟这部分的可信度是十分高的。

当然还有一种可能性，即这个张三丰创太极拳而后传入陈家沟之说，是由杨露禅或者武禹襄，或者是他们两人共同编造的。也许李亦畬对此有所了解，所以后来才进行了修正。但是问题是，难道当时仍与陈家沟、赵堡有关系的杨、武就不怕被人戳穿，背上欺师灭祖的恶名吗？还有就是他们这样做的动机是什么呢？因为他们始终承认其艺学自陈家，如果太极拳是陈家所创，编造这样一个早期的源头，对他们本身并没有任何意义，也没有什么好处。因此，如果这个可能性存在，那么其背后就必然有其他因素在起作用。

老五派之说，最初由宋书铭传出，但不确定起源于何人。有人认为可能是宋书铭自编的，从现在的证据看，可能性几乎不存在。因为五派之中也包括张三丰之"十三势"，因此与传统的张三丰创太极拳并无矛盾；而其他四派现在均属无法求证的状态。问题的关键是，即使这些源流拳论等都是宋书铭自编的，但是宋书铭身上的太极拳技术技法是不可能自编的，必然是有所传授而来的。从这点上看，应该说明还存在着与陈家沟、杨露禅不同的太极拳传承。附带说一句，有关宋书铭做伪的问题，从现在可知的有关宋的为人处世的行为看，此人

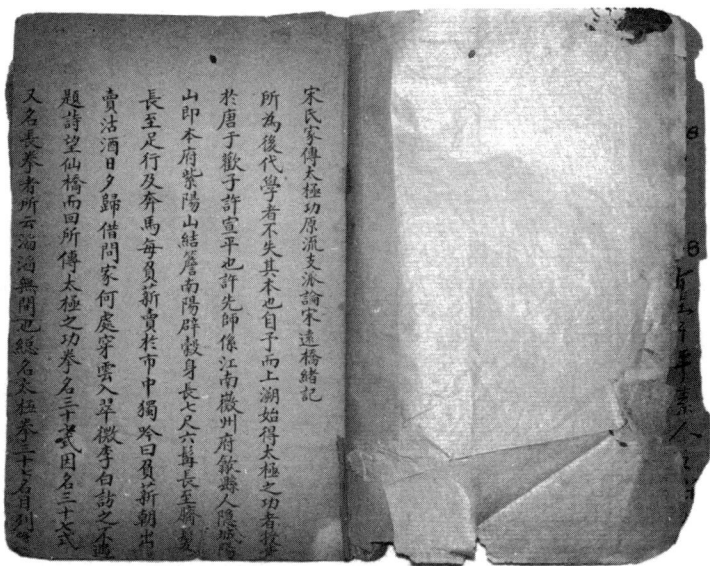

赵泽仁收藏的宋书铭所传的太极拳谱的早期手抄本（约抄于 1920 年前后）

既无欺世盗名的动机，也从未有任何行为；反之，他是一个淡薄名利
之人。另外对宋书铭所传的太极拳谱（寇梦杰藏《宋氏家传太极功源
流支派论》）的最新研究与考证，在很大程度上支持宋传老谱的真实
性，因而也就间接地支持了"老五派"存在的可能性。应该注意的是，
宋谱中有关张三丰创太极拳十三势的记述是与李亦畬的早期记述相互
独立。

我们认为，虽然张三丰创太极拳属于存疑的问题，但是太极拳是
外面传入陈家沟在逻辑上是合理的，也有旁证的支持，应该是可信的。

## 唐豪的观点及其谬误

作为被官方推崇的武术考据家——唐豪一生出版过许多著述，其
中以对太极拳源流的考证最为著名，进而引发了对太极拳历史的巨大
争论。虽然在理论上，很多人已经指出了唐豪的错误，但是由于历史
的惯性，其错误并没有被纠正，甚至于现在仍然被一些人认为是正统。

唐豪有关太极拳的考证始于 20 世纪 30 年代。由于当时的社会大
环境是中国被帝国主义国家长期欺辱，特别是面临日本帝国主义的侵

略。与许多留洋回国的知识分子一样，唐豪有强烈的改革旧传统的观念。他特别推崇日本武士道精神在战争中的作用，而对中国传统武术中的一些陋习深恶痛绝，常给予批判，甚至常常使用一些极端刻薄的言辞。他自认为自己肩负着"清算旧谬说，并抉出真相来"的使命。如果仅仅以当时的救亡图存这个社会主题而言，也无可非议。但是如果将这种思想带进历史考据这个专业领域，则会过于情绪化，失去求真、公正的态度。唐豪对于太极拳源流的考证，其出发点也许是好的，但是由于其本人在历史考证方面的基础较差、能力不够；而且那时还没有练习过太极拳，完全不理解内家拳和太极拳的拳理；加之思想偏激，对于太极拳界祭奠张三丰的不满，认为是旧的传统陋习，必须除去；同时其间还夹杂着一些个人恩怨，这就难免产生错误。

从唐豪的书中可以明显地感觉到，他的陈家沟之行，其目的就是要找出一个与旧的、"妖言惑众"的传统说法不同的源流，就是要为太极拳另找源头。先入为主的意识太强烈，这是史学考据的大忌。在唐豪的著述中，从他所使用的方法，能够看到他的思维逻辑以及推理模式。显然他没有受过严格的考证训练，不严谨，又急于求成，以至于先立意，再生拉硬拽地找证据。其主要问题有：许多材料不证明就使用；对一些不太清楚的证据，按需舍取，只取对证明自己观点有利的；论据不足，甚至于无证据也敢得出结论；推理时的逻辑混乱，把猜测当结论；缺乏对传统的细致分析，对太极拳本身的知识不足、存在偏见；对中国传统文化的理解、掌握比较浅薄。

唐豪对于太极拳考证的主要结论是：第一，张三丰不是太极拳的创造者，因此否定整个传统太极拳源流的真实性；第二，陈家沟九世陈王廷是太极拳的创造者，进而从根本上全盘否定传统源流的全部，给出一个全新的源流体系；第三，有关王宗岳的考证。现在已有大量的批评关于唐豪太极拳源流考证的文章、著作，有些人不但指出唐豪考证中的错误，甚至认为其中存在有造假或有意为之的嫌疑，因此质疑唐豪之人品。这里有些东西的背景我们不清楚，不能断言。我们对唐豪的品德方面并无偏见，这里主要是针对其有关太极拳源流考证中的一些问题，进行学术性讨论。

1. 或许是因为对旧的传统文化有相当的抵触与反感（这种情绪在当时的许多新派人物中很普遍，在当时的国情下可以理解），唐豪对传统太极拳界尊张三丰为祖师，特别是搞纪念张三丰的祭祀活动极为反对。为此他专门做了有关张三丰不可能创太极拳的考证。但是仔细研究他所做的考证，他的本意是想证明历史上张三丰这个人并不存在。事实上，他所能证明的只是他没有发现张三丰创拳的直接证据，进而推测张三丰不可能创拳。从他的考证中可以看到，实际是他对张三丰的考证并不充分，其结论只能算作是对传统提出质疑，而不足以完全推翻。太极拳的早期源流属于口述历史，即没有当时的原始记录。在发现直接的证据之前，其真实性当然是不确定的，仍属于存疑问题。同样，如果没有直接的反证证据，也不可以、不应该完全否定。这应该是对口述历史考证的基本态度。事实上，张三丰创太极拳是杨家、赵堡、唐村、宋谱等19世纪中之前的、几乎所有口述源流中所记载的，也是唐豪之前的唯一说法。虽然没有张三丰创太极拳的直接证据，但有一些蛛丝马迹，因此在无其他证据之前，不应该直接否定。

唐豪的出发点是认为太极拳界尊张三丰为始祖不对，因而否定张三丰以下的所有传承人，即否定全部传统旧说。这种以否定源头而否定全部的方法，在科学实验中常常被使用。在一个科学实验中，如果第一步做错了，那么后面就全错了。但唐豪忘了，虽然旧武术界有找个有名之人当老祖宗的传统，但是对近祖，即可知的前人，确是极为敬重，否则为欺师灭祖。故否定张三丰不应当导致否定全体源流。

事实上，无论是史学界还是太极拳界，对张三丰其人、其事的研究均不足。张三丰属于传奇人物，他身上的故事、传说很多，既有合理的事情，也有矛盾与不清楚的东西。因此，既不应该完全接受，也不应该轻易否定。最新的研究显示，历史上的不同时代、不同地域的有关张三丰的记载，很可能不是一个人，而是多重附会的结果，造成混乱。这也许可以对张三丰与太极拳或内家拳之间关系的研究，给出一些新的启示。

2. 唐豪认为张三丰创太极拳的说法是产生于光绪七年（1881）以后的事，其理由是李亦畬在那年所抄的《太极拳小序》中有"太极拳不知始自何人"之句（见《行健斋随笔》之"李亦畬太极拳谱跋"——"可证太极拳附会张三丰，乃光绪七年以后的事……"）。但是唐手中也曾有李亦畬 1867 年版的《太极拳小序》（见《行健斋随笔》之"武禹襄"——"予所获马同文太极拳谱，其中载李亦畬太极拳小序……"），而在这版的《太极拳小序》中有"太极拳始自宋张三丰"之句。唐豪为什么要回避这点呢？事实上，唐豪的同路顾留馨道出其中理由。顾在其《太极拳术》一书中说"至于张三丰创太极拳一说，是辛亥革命（1911）后的一种附会而已。"在唐、顾合著的《太极拳研究》一书中，顾甚至点名说是许禹生搞的附会："1921 年北京版许禹生《太极拳势图解》，…… 盖臆说张三丰创太极拳，…… 自许书附会张三丰以后，其他太极拳书每多征引附益。于是创造太极拳的荣誉，曾经归之于张三丰。"唐、顾的本意是说，此说法是杨露禅到北京传拳以后的事。因此，否定了张三丰创太极拳是传统的说法，并由此将整个传统传承这条线索完全否定。虽然1867年到1881年之间只有十五年，但是，就太极拳的传播而言，这确是一个十分重要的时间段。太极拳正是在这十几年中闯出自己的名声，为世人所认识，而得到广泛传播。如果"张三丰创太极拳"之说在1867年以前就已存在，那时离杨露禅离开陈家沟时间不长，太极拳也还没有大名，因此说杨露禅编造的此源流的理由就几乎不能成立。同时，由于李亦畬与武禹襄、杨露禅的关系，李如此写，必然是武、杨均认可的。因此，此说的源头，最大的可能性是来自陈家沟或赵堡，即杨露禅在陈家沟学拳时听到的，或者是武禹襄从陈清平处听到的。事实上，这点与唐豪于1931年在陈家沟听到的事实差不多。如果承认这一点，那么唐豪除了需要证明张三丰没有创太极拳，还要证明整个传统说法中所涉及的传人都与太极拳无关。因为武术史中的一个基本常识是，否定前一代不等于可以否定后一代。从这里可以看到，唐豪似乎是在有意地漏掉什么，只挑选对自己观点有利的东西。而顾留馨在其1975版的《太极拳术》中，将李亦畬《太极拳小序》之1867与1881版均选入，但将唐豪所说的"光绪七年"先改为"晚清"，后又说"太极拳创始于张三丰的谎言，出现于19世纪末到20世纪初太极拳在北京享有声誉之时这个事实，……"这就不是简单的不够严谨的问题，而是有明显的混淆是非之意了。

3. 唐豪认为陈王廷创太极拳，其主要根据为两句话。一是陈鑫（1849—1929）在《陈氏家乘》中记述的，据说是陈王廷所写的"忙时种田，闲时造拳"；二是《陈氏家谱》中在陈王廷名字旁所写的注：
"陈氏拳手刀枪创始之人也。天生豪杰，有战大刀可考。"

对于第一句话，即使创拳，那么是太极拳吗？唐豪认为陈长兴、
陈耕耘是练太极拳的，陈家沟的人保守，不学外来之术，因此陈王廷
必然也是练太极拳的。这种反推似乎有道理，但是前提是，你必须先
证明在那二百多年的期间内，而非最近几十年内，陈家沟的人确实是
不学外来之术的。但是唐豪又说陈王廷创太极拳是根据戚继光的《拳
经》，难道这不是外来拳术吗？而唐豪自己说过，村中老人讲太极拳
是外来的。同时，在唐豪所查看的陈家老谱里，那里面也有明确记载
的外来拳术。这些都说明陈家沟的人，至少在过去，是有学习外来拳
术的经历。不知他为何能把这些都漏掉？

对于第二句话，这里有很多问题。首先，这句话不是原谱中的话，
是后人加的注。这类旁注一直加到陈鑫兄弟，而且有"森批"字样，
应该是陈森（1843—1926）所做的。也就是说，在陈家最初有关陈王
廷的原始记载中没有他创拳或练拳的记录。因此，从考证角度讲，这
只能算做是一个很弱的孤证，完全不能独立使用。虽然唐豪在论及《陈
氏家谱》时提到这个批注（见《行健斋随笔》之《陈氏家谱》），但
是当他在讨论太极拳源流的《太极拳之祖》一文中（见《行健斋随笔》
之《太极拳之祖》）、或《太极拳研究》中《戚继光拳经》等书中提
及此事时，只强调续谱时间是乾隆十九年（1754），说因为年代近，
"故此项直接史料，最为可信"，而不提这个注是何人何时加的，从
而误导人们以为"陈氏拳手刀枪创始人也……"这句话是乾隆版上的
原注。这种做法，在他的其他著作中，被多次使用。如果这个误导不
是有意而为的话，只能说明唐豪完全没有做考证的资质。

其次，即便此话可用，唐豪对此话也有明显的误解。问题一，什么是"拳手"。查看陈家老谱中有关"拳手"一词的使用，可知"拳手"本意应为习武者，与"拳师"属同类用词。不然如何解释人名旁的"拳师""拳手"之注？这类注显然是为了注明此人为习武之人。但是唐豪、顾留馨居然说"拳手"是指太极拳与推手，其想象力超乎寻常。如果真如他们所解释的，那么应该还有刀、枪一类的注，来说明此人会刀、枪。须知在那个时代的武术领域中，器械的重要性远远高于空手拳术。问题二，这句话中为何不提"有太极拳"或起码是"有拳"为证，而只提"有战大刀"为证。这说明写注的时候，只有陈王廷创的刀术还存在。可见此话中根本没提创拳，只提刀枪。退一万步讲，即使陈王廷创了拳，在写这句话的时候，也是一种已经失传了的拳，而非流传下来的太极拳。

既然有太极拳是外传到陈家之说，就应该先去证明这个说法的错误，同时要证明陈王廷创的拳是太极拳，起码与太极拳有关。但是唐豪找不出任何与陈王廷有关的太极拳的理论，仅凭陈读过一部《黄庭经》是远远不够的。没有太极拳理论的拳，能称之为太极拳吗？唐豪唯一所能说的就是陈王廷的后人中有练太极拳的，但是在拳术源流的考证中，从后向前的推理，如果没有充分的证据，只能造成谬误。因此，可以说唐之论据全部经不起推敲，不能成立。

还有一个有趣的情况是，当唐豪否定陈鑫的陈家沟一世祖陈卜创太极拳之说时，考察了陈卜的墓碑，发现上面没有任何有关拳术的记载。唐豪认为这是陈鑫说法不成立的重要证据之一（见《行健斋随笔》之"陈卜非太极拳祖"）。而当唐豪推出他自己的陈王廷创太极拳之说时，提到了陈王廷的墓碑（指原碑，而非陈家沟近年所造的新碑），目的是推论年代。但是问题是此墓碑上面也没有任何有关拳术的记载，这时唐豪不知道为何忘记了，在他的理论中，这样的墓碑应该是可以用作否定创太极拳的重要证据的！

4. 大家都明白，作为传统太极拳源流考证的两个核心人物是王宗岳与蒋发。因此唐豪也做了关于王宗岳与蒋发的考证，想以此证明太极拳为陈家沟原创。可惜的是这两个考证都太经不起推敲，漏洞太多。若不是借助行政力量，很难有市场。唐豪自知王宗岳在太极拳中的历史地位无法动摇、不可否认，故绕了个圈子，以大量笔墨论证王宗岳不可能传陈家，必是陈家传王宗岳，同时又证明王宗岳不可能传蒋发。但是对蒋发是否传陈家却不提，似有意回避此说，而蒋才是真正关键人物。论证陈家创太极拳之关键是蒋发，而不是王宗岳。陈氏的几种家谱、拳谱中有言蒋投陈，蒋亦善拳。陈子明将陈家沟有关蒋发的画像也给唐豪看过。唐有关蒋的记述与陈子明的讲述是相同的，认为"则蒋之有其人非虚矣。"同时唐豪也清楚地知道，当时在陈家沟极力否定蒋发的人，只有大力提倡陈家沟一世陈卜为太极拳创始人的陈鑫。而奇怪的是，唐豪对如此重要的人物，并没有进一步探讨，而是采取了回避的态度。

5. 当唐豪得出他的有关太极拳起源的结论后，谁是王宗岳就成了一个必须面对的问题，王宗岳往哪里摆？众所周知，王宗岳的《太极拳论》是太极拳的标杆、是里程碑。而从来没有发现任何证据可以表明王宗岳与陈家沟有直接的关系。为此，唐豪写了考证王宗岳的著作《王宗岳阴符枪谱》一书。此书源于唐豪自称 1930 年在北京厂肆得到的《阴符枪谱》与《太极拳经》合抄本（称"厂本"）。从其中《阴符枪谱》的乾隆乙卯六十年（1795）佚名氏之序中，唐豪断言，著者山右王先生即为王宗岳。又因序之作者言与王有交往，进而得出王之生平年代应在1790年。然后以他的陈王廷创立太极拳的结论，证此时陈家沟已有太极拳。又此抄本中有部分陈家沟所传"春秋刀谱"，唐称之为"春秋刀残谱"，故推断王宗岳学于陈家沟。这是一套看似完美的推论，但事实上，唐并没有证据证明他的观点，从一开始就只是一种推测而已，但其后的证明却建立在此之上，即是在推测的基础上，得出确实的结论。因此，其证明的逻辑性是十分荒谬的。

读一读唐豪的《王宗岳阴符枪谱》，可以看到唐豪从抄本中得出的关于王宗岳的论证，完全建立在此抄本必须为王宗岳本人亲笔所写这一点上，如果此本为后人所抄，则唐豪的所有推论都站不住脚。所以他写到"其三，以为太极拳经与阴符枪谱合钞一处，理论文采，两者又合，苟非一人所著，安能若是巧合，此山右王先生即王宗岳之又一证。"但从唐豪给出的版本看，此谱应该是一位文化水平不高的武术爱好者所抄的。比如，抄本中至少有六次将"梢"写成"稍"（唐豪均指出并纠正），这岂能是一个在那个时代里精经史的教书先生所为？另外关于所谓"春秋刀残谱"，从考据学讲"残谱"是指残缺之谱。而从唐豪所提供的影印件看，这根本不是什么残谱，只抄到一半时，由于某种原因而停下来的。显然唐豪使用"残谱"是为了暗示读者，这是一本老谱。想以此说明此谱的年代久远，以增加它的可信性，也是想从侧面给一点儿此抄本为王宗岳亲笔所写的证明。唐豪以所谓"春秋刀残谱"证明王宗岳向陈家学太极拳，而且还学了器械。唐豪的问题是，他必须证明这个抄本必为王宗岳本人所亲笔书写，否则他的这个说法就完全是信口开河。因为任何一个后学中的人或两个人都有可能将从不同地方得到的两篇拳论抄到一起。当然唐豪知道他自己无法证明这点，故隐而不说，只有暗示，为什么？不要忘记，唐豪是1930年才得到此谱的，当时太极拳老谱已经流传很广，其中的内容已经不是秘密。作为史学考证，他所应该做的第一件事是去考证此谱的抄写年代，但是他没有给出如何有关消息。这完全不是一个严肃的学者应取的态度。

唐豪的另一个理论是《阴符枪谱》中的理论与王宗岳《太极拳论》中的理论相同，因此可判断作者为同一人。这正说明唐豪既不懂太极理论、也不懂太极拳术，参阅他在同时代的其他著述可以很清楚地证明这点。事实上，《阴符枪谱》中的理论是当时已经比较流行的、以两仪阴阳原理为基础的武术理论。两仪阴阳原理与太极阴阳原理貌似相似，实际上有巨大差异。两仪阴阳原理下的武术技法仍是自然本能的基础上的技法。从两仪阴阳原理到太极阴阳原理是武术发展上的重大突破。由于唐豪不懂太极拳，因此可以看到在他的考证中，总是抓不住重点。

仔细研究唐豪关于王宗岳的考证，最离谱的是有关王宗岳从陈家沟学拳这个观点。他认为他所考证出的王宗岳的驻地与陈家沟不远，而当时陈家沟正是处在太极拳的兴旺时期，故王宗岳完全有可能向陈家沟学拳。他在这里模糊了一个逻辑关系：当他给出有关陈王廷创太极拳的观点后，由于王宗岳的《太极拳论》是太极拳的一个标志，王宗岳这个人就成为一个绕不过去的问题，由此才有他的这篇有关王宗岳的考证。也就是说，从逻辑上讲，应该是以王宗岳的考证支持他的有关陈王廷创拳的考证。但是这里他又反过来，用他有关陈王廷创拳的考证结论，即陈家沟已有太极拳，去支持他关于王宗岳的考证。即他用需要被证明的命题来论证其证明。即使抛开这个逻辑错误不谈，单讲传承关系，王宗岳从陈家学拳最多也就算是个推测。因为，即使在王与陈临近为真这个前提下，同样可以说是王传陈，甚至可以说王传陈的可能性更大，因为毕竟王掌握完整的太极拳理论。奇怪的是，唐豪在叙述了这个并不合理的推论后，马上就将它当成定论而不断地引用。

更奇怪的是，唐豪在他的《王宗岳太极拳经》一文中提到，在他手中的"厂本"里，不但包括"阴符枪谱"与"春秋刀残谱"，而且还包括部分太极拳论，"本书《太极拳经》正文，即不佞在厂肆所得与《阴符枪谱》的合抄本子。"其中一篇的标题为"先师张三丰、王宗岳传留太极《十三势论》"。将王宗岳称为先师，这不是正好说明这是一个后人的抄本吗？这类前后矛盾的问题，不知他自己是如何面对的。可以说，唐豪关于王宗岳的考证，是他所有有关武术考证工作中最拙劣一个。

王宗岳，由于他的《太极拳论》，使其成为太极拳历史上一个无法回避的人物，特别是在传统太极拳的各门派中，其地位是仅次于张三丰的第二号人物。但是他又是一个神秘的人物，至今还没有发现任何确定的、可证的、有关他的生平的材料。因此，无论唐豪的考证多离谱，毕竟也算是一家之言，所以也被很多人不断地引用。有意思的是，很多反对唐豪有关太极拳源于陈家沟的理论的人，在王宗岳的问题上，却自觉不自觉地引用唐豪的结论。由此可见，在太极拳史的研究领域里，很多人在正确的考证方法、严谨的逻辑思维与推理、以及独立思考的能力等方面，还有待于提高。

6. 如果太极拳创于陈家，那么为何如此重武之陈家沟，会对此没有任何直接的记载或传说，还需唐豪费大力去查？事实上，唐豪当年在陈家沟所听到、看到的所有直接证据，都不支持他的观点。而他左拼右凑找出来的一些证据，通过混乱的逻辑推理，得出了一个当时陈家沟人从未听说过的、生拉硬拽的结论。只是这个结论可以带来利益，所以才被现代的陈家沟人所全盘接受。

7. 与陈家沟近在咫尺的赵堡，保留着比陈家沟更为丰富的源流传承的说法。唐豪在陈家沟待了那么长时间，不可能没有听到过吧？那么他是否对此做过任何考证？为什么他没有记载对此所做的考证呢？是疏忽大意，还是有意遗漏？

综上所述，尽管唐豪为考证太极源流做了许多工作，在对张三丰的部分考证，对拳术流传、内容，对拳谱的考证，杨露禅在陈家沟之经历等方面都有一些贡献，但其对太极源流所得的主要结论中存在很多明显的错误，还有很大疑点，也有很多无法解释的问题。在他的考证中，第一没有任何直接证据；第二对于武术史中最重要的口述史部分，无论是太极拳的直接传人杨露禅、武禹襄门中之言，还是当时能确认的最早流传地陈家沟、赵堡的传说，对他的观点也没有任何支持，而对此他都持简单的忽略或否定态度。因此，唐豪的结论最多只能算是一种推测观点、一家之言。距离能得出站得住脚的考证结论，还相差甚远。而唐豪自己对他的工作却有超凡的认知，自认为他的陈家沟之行"总算没白跑，结果，把太极拳的原原本本找了出来。"这使人们很难相信他是一个严肃、严谨的学者。

事实上，唐豪的结论一发表，即引起了很大的争论。由于其论据的缺失，多数只是推测，故多数人并不认同他的观点。作为一种观点，每个人都有表述的权力，其他人也有接受或不接受的权力。在考据中，由于直接证据的缺乏，使用推论的方法也是必要的。但推论应该是合乎逻辑，同时推论不是定论。作为考证来讲，推论仍属存疑。唐豪将其推论作为定论来讲，很不严谨，甚至是不严肃的，因此存在争论也是肯定的。但不幸的是，由于政治原因，在很长的时间内，唐豪的推测说被奉为标准，成为经典的、被冠以学术桂冠的成果，而其他意见则在很长时间内被禁谈。特别是在那个非常年代，常以政治大帽子压人，没有正常的学术气氛。同时许多原始资料，皆不公开，别人也无法查阅。这些因素造成很多人认为，唐豪已完整地证明了他的观点，他的论证已是公认的定论而不可质疑，为太极拳源流的考证带来了极大的阻力。

一个有趣的现象是，在近几十年中，虽然唐豪的论点仍被许多人所推崇，但是却几乎没有见到任何进一步的研究发展，也没有任何修正、补充。虽然在改革开放后，出现大量的对唐豪观点的批判。但是面对众多的质疑，也看不到任何从唐豪观点的支持者们方面所做出的学术性的、有说服力的反驳。他们所能做的，无非是反复重复唐豪的错误而已。这种情况正好反映了其论点、论据之薄弱，没有说服力。事实上，在唐豪观点的众多的推崇者中，除了一些盲从者外，大多是利益相关的人。

另一个值得注意的现象是，在众多反驳唐豪观点的文章里，很多也都存在着不严谨、逻辑错误、证据不足、道听途说等问题，以致于没有什么说服力。还特别容易让人感觉是门户之见、封建残余。而唐豪的工作是以一种看起来很严肃的考证方式出现的，这种貌似严谨的学术形象很容易博得人们的信任。

今天，对唐豪的太极拳源流的考证的批评，主要目的不仅仅是指出他考证中的错误，更重要的是指出出现这类错误的原因，希望凡有志于武术史考证的同道，能够端正心态，以求实的态度，认真、严谨的专业精神做好每一步研究。

### 有关太极拳源头的一些想法

1. 从现有的已经被证实的证据看，谁是太极拳的创始人（如果只有一个人的话），仍是一个存疑的问题。现在所流传的各种版本，按严格的考据学讲，都不足以完全证明自己。除非有新的直接证据被发现，事实上，今天没有人知道当年的基本事实是什么样的。认真考察中国武术史，几乎没有一个门派的早期历史是清楚的。其根本原因是武术的发展本身是一个缓慢的过程，每当一门技术发展到足以创门立派时，其早期历史已然是模糊的。而传统文化中又有拉名人做大旗的习俗，所以几乎所有门派的祖师都是名人、奇人、异人。因此，如果将谁是太极拳的创始人这个问题作为一个学术问题讨论，也许我们永远也找不到确切的答案。

2. 从太极拳自身的特点上、以及武术的发展规律看，太极拳不可能是一个人发明的，特别是不可能一个人闭门想象出来的。应当是经历过一个比较长的发展阶段，特别是初期，很可能只是一种自然发展，应该是一个经历过几代人的、比较缓慢的积累过程，无所谓创始人。在其发展的某些阶段，会出现某些集大成式的人物，比如王宗岳（如果他是真实存在的）式的人物。而这种人物的主要贡献是系统化，是对前人的经验进行总结提高，特别是理论上的发展，为拳艺正名著典，从而完成太极拳的整个创造工作。因此，以这种观点看，根本就不可能有一个原创者。按照传统习俗，找一个符合其拳术特点的祖师是必然的。这时由集大成者，创造出一个原创者的可能性是很大的。

3. 张三丰创造太极拳这个说法的本质是讲，太极拳是以道家理论为指导，在技术方面继承内家拳之特点，并与道教中所传承的内丹性命双修功法相结合，故尊张三丰是合情合理的。人们把张三丰抬出来，其目的就是维护这个道统。所以对于我们今天学习太极拳而言，历史上的张三丰是否真的创立了太极拳，并不是一个特别重要的问题，重要的是要明白在我们的学习中，需要遵循什么样的基本原理。

4. 太极拳的最大特点、或者说与其他拳法最大不同，是其应用了一套与其他拳法完全不同的理论。因此，当我们讨论谁是太极拳的创造者时，重点应该考查的是，谁，在什么时候，将这套理论应用于拳术，而非其拳势的形体动作或套路编排。没有太极拳理论的拳势套路，不能算是太极拳。从这点上说，尊张三丰为祖师，既符合传统，也有道理。而现在很多人在讨论太极拳源流时，总是把重点放在拳势动作、拳架套路上，实在是本末倒置。如果没有太极拳理论，那些拳势拳架与其他门派中的有何不同呢？如果以拳势拳架为标准，那么戚继光是否也应该被认可为太极拳的祖师呢？而戚氏拳经也是跟别人学的，那么是否应该由此再往前查呢？因此我们认为，如果要说谁是太极拳的创造者，应该是最先将道家学说、太极理论与拳术相结合的那个人。

如果那个人愿意把发明权送给他所敬重的张三丰先生（这种事在传统中是十分常见的，有时人们会用"附会"这一略带贬义的词来形容），我们后人也没有什么不可以接受的。这是一个传统习俗问题，当我们无法得到可证实的事实之前，我们只有尊重传统。

5. 现在我们并不知道太极拳这个名称起于何时何人，没有明确记载。大概太极理论与拳术相结合的时候，就是此拳术被命名为太极拳的时候。从现在已知的材料上看，这个理论与实践相结合的过程，大概应该是在王宗岳的时代（虽然具体的时间并不能确定）所完成，其《太极拳论》即是佐证。

6. 将张三丰尊为太极拳始祖的说法，至少在 19 世纪 60 年代，已经被当时最著名的太极拳传播者杨露禅、武禹襄所认可，这点可以从李亦畬以及杨家、吴家所传拳谱中证明。那么这个说法的来源会是哪里？第一，可能是杨露禅从陈家沟听到的；第二，可能是武禹襄从赵堡听到的；第三，可能是杨露禅、或者杨露禅与武禹襄一起编造出来的；第四，可能是从王宗岳拳论中推测出来的；第五，是从张三丰（峰）创内家拳的记述中转化而来的；第六，是以上五点都各有一部分的综合。从现在已知的材料看，陈家沟没有发现与张三丰有关的说法；赵堡有一些间接的、不确定的说法。因此，杨露禅与武禹襄根据一些传说想象或编造的可能性是存在的。问题是他们是否有需要如此编造的理由呢？或者说他们的动机是什么？如果他们只是简单地传播从陈家沟、赵堡学到的拳术，那么他们就完全没有必要如此。

有一种可能性，就是杨露禅与武禹襄一起对所学拳法进行了很大的、有本质性的发展或改进，足以让他们认为需要有一个更好的名称，至少是有新发现的冲动。那么他们的发展或改进是什么？首先应该注意到的是，1852 年左右王宗岳《太极拳论》被发现这个背景。是否可以由此认为：杨露禅与武禹襄在从陈家沟所学的拳术的基础之上（其中必然已经包括了大量内家拳的概念与技术），按照《太极拳论》对其进行加工改造，形成了一个外表与陈家沟的拳术差别不大，但本质上有极大发展或改进的拳法。由于与陈家沟、赵堡拳术的继承关系，因此并没有以一个新拳种的面目出现。如果这个推论成立，那么这件事就必然是杨露禅与武禹襄一起做的。因为此事能成的两个主要方面拳法与拳论，正是他们所具备的。有一些事实似乎可以从侧面提供某些支持，比如，陈家沟的原始记录中没有任何一个太极拳这个名称的记载，也没有比较清楚的一个太极拳理论的记载；而有人认为陈家沟的人从来都始终保持着其祖传拳法的原貌。如果此说正确，那么必然就是杨露禅改了练法、加了东西；而杨露禅改拳的传说从很早就有了，如去掉跳跃、发劲，练法上更柔和等。有些人认为是为了满足贵族的需要，这个理由实在是很牵强。事实上，如果真懂太极拳就会发现，这些改变都是为了使训练更加符合太极拳原理、适合太极拳的发展。从这两方面看，第一，成熟的、真正意义上的太极拳似乎并没有在陈家沟流传过。第二，杨露禅改拳是事实存在的，只是人们没有认真思考过他改拳背后的本质是什么。另外武禹襄也改拳，而且改得更多。这些说明杨、武以前所学的都不是他们理想中的、完美的太极拳练法。这些都可以从后来与陈式拳的相比较中看到。事实上，太极拳这一拳名，以及张三丰尊为始祖的说法，出现得既突然又晦涩。这里我们隐约能感觉到：王宗岳《太极拳论》的发现，尊张三丰为太极拳始祖的说法，太极拳名称的出现，与杨、武改拳，似乎都发生在同一个时代，即 1850—1870 年代中，其中或有着一些内在的联系。当然这只是我们认为的一个比较合理的推测之一，毕竟现在还缺少直接证据的支持。但是如果这是真实发生的事实，那么必然就是杨露禅与武禹襄想把这个事实掩盖住，如此，直接证据恐怕就永远也找不到了。很多人在寻求太极拳的源流时，总是受到厚古薄今的影响，希望能在更远的时间点上有所发现，而对较近的情况不重视，但是真实的情况往往正是被忽略的。

说杨露禅与武禹襄改拳或创拳，并非是说他们无中生有。从现在所知的情况看，杨从陈家沟、武从赵堡所学的东西，如果不是纯正的太极拳，至少在技术方面应该已经很接近了太极拳了，但是缺少完整的理论与一个好的名字。当武禹襄得到王宗岳《太极拳论》后，可能会自觉、不自觉地往这上面靠，形成现代太极拳（可能存在着古太极拳，如王宗岳所习）。比如，他们恍然大悟，原来我们练的这个拳术（或十三势）即是王宗岳所说的太极拳；又比如，他们用王宗岳的理论对已掌握的技法进行整合。杨、武的改拳纪录，似乎能支持这点。当然这个猜想是基于王宗岳与他的《太极拳论》是真实的。如果根本就没有王宗岳这个人，而如有些人猜想的，《太极拳论》就是武禹襄写的，那么杨、武就是真的成了创造太极拳的人。

7. 对于杨露禅与武禹襄改拳或创拳之说中的最大问题是如何解释宋书铭所传太极拳。按照当时与宋书铭有直接交流的太极拳人士的记载，无论是理论还是技术方面，宋所传的与杨露禅所传的太极拳并无本质不同。而且宋传的老谱中还包括了与武禹襄所传的王宗岳《太极拳论》等几篇相同的文章。单就这些文章中文字方面的比较看，宋谱与武谱应该是同源的，但是宋谱中的文字应该是比武谱更早形成。也就是说宋的传承应该是与杨、武同源而不同流的支派，而且应该是在比杨、武更早的时代就存在了。因此，如果宋书铭的传承是真实可靠的，那么杨、武创拳的可能性就不存在了；同时也说明太极拳有更早的源头，陈长兴、陈清平、杨露禅、武禹襄、宋书铭等都是后辈传人。

8. 在唐豪发表他的关于太极拳源流的论点之前，陈家沟似乎没有自己明确的说法，在他们的口传历史中，只有太极拳是外面传来的。相反赵堡却有自己比较完整的传承版本。而赵堡的传承版本与杨露禅、武禹襄的说法更近似。因此，大概可以说杨露禅、武禹襄的说法是对赵堡版本的继承。

9. 虽然从拳架上看，今天的陈式与杨传各式是同源的，但是在练法与用法方面有很大差异，甚至有相悖的地方。而这些差异的背后是理论上的差异、指导思想上的不同。那么从杨露禅离开陈家沟后，陈家沟村子里到底发生了什么？现在没有记载说杨露禅离开陈家沟以后，与任何其他人学过拳术。那么是杨改了陈家的拳而另有创造，还是陈家将原本的一些东西改了或丢了？两种可能性都存在。但是如果单从拳艺本身看，当太极拳在不被重视的情况下，其技术向以"先天自然之能"为本的硬拳类退化是必然的。因此，如果说现代陈式太极拳已经不是当初陈长兴传授给杨露禅的太极拳了，这是有道理的。

10. 如果单单从拳架拳势角度看，杨露禅的太极拳是从陈家沟学的，这点似乎没有争议。旧传统虽有编造老祖宗的习惯，但因人人皆知此拳是从陈家传出来的，故在张三丰与陈家之间加上两个一般的人物，王宗岳与蒋发，特别是蒋发，作为众所周知的陈家之仆，似乎是毫无必要的。如果说蒋发是太极拳传承者的说法是假的，那这个假说一定不会是陈家人编的，最大可能是杨露禅或武禹襄，但是想不出为什么杨、武会编这样的任何理由。他们为什么会无缘无故地给自己找个既无身份、又无地位的祖师呢？结合陈家沟与赵堡的传说，我们认为有关这两个人、特别是蒋的传说是有相当大的可信度的。王宗岳或者就是王林祯，或者是名字有误，但蒋发应该是在拳史上确有其人，并有一定影响，虽然在细节上可能有误，比如时间方面不准确、有矛盾。需要注意的是，蒋家与陈家一样，也是早期从山西来的移民，并且两家有长期交往。那么在有时间方面问题的背后，是否也有可能存在多个与陈家沟有交集的蒋姓拳家呢？毕竟陈家沟中有蒋发与蒋把式的不同记载。

11. 宋书铭所传的老谱中，张三丰太极拳之下的第一篇文章即是与武禹襄、李亦畬所传所谓"山右王宗岳太极拳论"相同的文章，但是既无题目、也无作者名。另外，唐村李家所传的文章中也无作者名（待考）。故王宗岳之名的唯一来源是武传。那么是否有可能说王宗岳并不是作者，而只是一名传承者。"山右王宗岳太极拳论"是否可以解释为"山右王宗岳所传之太极拳论"？这样就能解释为什么"原谱注云：此系武当山张三丰老师遗论"这样的话会出现在杨、武所传的抄本中。如果王宗岳真是作者，那么他必然是一个文武全才，为什么没有留下其他任何痕迹（唐之阴符枪考是无知之作，既不能证明阴符枪的作者是王宗岳，也不能证明太极拳论的作者是王宗岳）？也许王宗岳只是太极拳论流传过程中的一环，是他或他的传人将"太极拳论"给了武澄清，故武记下他的名字而已，并没有其他更重要的意义。综合以上：有一种可能性就是张三丰太极拳与《太极拳论》（不论真正的作者是谁）在几个不同的支派中流传。其中一派在某一时间并入了宋氏家传功夫系统，而且被记入宋谱；另一派将拳艺传到陈家沟，只有口传理论但没有传纸本拳谱；又有一派将拳艺传至千载寺，而后传到唐村李家；还有人（可能是李家后人）将谱、也可能包括拳艺，传到盐店，而后此谱传到武家，而王宗岳很可能只是在这个传承中，《太极拳论》的传承者之一。

12. 事实上，关于太极拳的起源，现在并没有定论。在没有发现任何直接、可靠的证据之前，这仍是一个存疑的问题。当然每个人都有发表自己观点的权利，也有选择相信那种观点的权利。我们支持、提倡的是严肃、理性、学术性的讨论，反对非理性、情绪化、僵化的争论，特别反对的是为虚名与利益所驱使的狡辩。没有统一观点，可以各说各的，但是不要强加于人，特别是不能以行政手段强行推行某一种观点。历史已证明，这种方法对于太极拳的研究发展危害极大。

13. 太极拳的重点在于其拳理拳法上的特殊性，以及其在技术方面对内家拳特点的继承。没有太极拳理论的太极拳，就不是真正传统意义上太极拳。如果只是用拳势名称与形体动作做一些简单的比较研究，实在是太肤浅了，不可能得出有意义的结果。事实上，今天对于太极拳的源流这个问题，在没有发现其他证明之前，我们认为尊重口

**武当山张三丰祖师塑像**

传历史，尊张三丰为祖师的观点是合情合理、符合传统习俗、可以接受的。就如同木匠们要尊鲁班爷为祖师，又有何不可呢？当然我们也期待着能有包括更多直接证据的研究成果。对于训练而言，现在太极拳理论、技术、训练方法等都已经是很清楚的，没有什么秘诀。太极拳的创造者只是一个图腾而已，争论源流问题的现实意义并不大。坚持张三丰创太极拳的，从本质上讲，就是坚持以道家理论为太极拳的思想基础。如果这点不明确，成为那种不管太极拳的本质，只是抱着所谓正宗的旗子，自吹自擂的；或者那些手中无过硬证据，却总是大喊大叫的；那么所谓源流问题就毫无意义。因为这样的人，其目的大概已经不是太极拳源流本身的研究，而是某些现实利益。

第二章

# 太极拳的理论基础以及在拳理中的应用

内家拳是以道家学说为思想基础，以理论促进实践，以实践完善理论。在其发展过程中，不乏有一定文化基础、有时间专心研究的人士参与其中，因此，能在武术发展的高峰期内获得了长足的发展。其中太极拳在传统哲学的基础上，发展了自己独特的拳理拳法与技术原则，形成了自己完备的理论体系，是理论与实践的完美结合，在传统武术中独树一帜，最具代表性。

　　人类的社会活动总是经历实践、理论、再实践这样一种循环上升的发展模式。开始的实践总是带有很多的偶然性，经验的积累能够提高实践的水平，但是实践经验如果不经过理论整合就不可能发生质的变化、飞跃。在理论指导下的再实践有更强的针对性、更明确的目标，这样才能更有效、更深入、更完善。反过来，实践又是促进理论提高的动力。理论与实践相结合是任何事物能够向前发展的基础。

　　中国武术的发展，总体上讲是不平衡的，受到很多时代和社会限制。从现在比较清楚的记载中可以看到，大致在从明朝中叶到清初，以及从清末到民初，形成了两个中国武术发展的高峰时代。在这两个期间里，拳术流派的形成，拳理拳法的研究与实践，以及有关的文字记述都有极大的发展。但是这种发展并不平衡，多数拳种受制于拳术家们的文化水平，在几百年里只有大量的实践，却鲜有高水平的理论整合，所谓"言而无文，行之不远"，所以常常是时进、时退，很难有大的发展。而内家拳在这时期的发展，从理论到实践，都是远远超出其他拳种的。内家拳是以道家学说为思想基础，以理论促进实践，以实践完善理论。在其发展过程中，不乏有一定文化基础、有时间专心研究的人士参与其中，因此，能在武术发展的高峰期内获得了长足的发展。其中太极拳在传统哲学的基础上，发展了自己独特的拳理拳法与技术原则，形成了自己完备的理论体系，是理论与实践的完美结合，在传统武术中独树一帜，最具代表性。

　　虽然今天我们对太极拳的创立与早期的发展并不十分清楚，但是太极拳在清代中叶时已经形成了高水平的、理论与实践均已完备的体系，这个事实是清楚的。太极拳的理论与实践是中国传统武术发展的最高阶段。学习太极拳，不但要练拳法，还要学拳理，更要注重理论与实践之间的联系。既不要只埋头练拳，也不能空谈理论。王培生师爷当年无论是向学生传授拳理拳法，还是面对挑战者，他总是说："理论与实践相结合才是科学（真）的东西，我所讲的都可以当场试验。"

# 太极拳的理论基础

　　前面讲过，太极拳的思想基础是以道家学说为主体，结合儒家、释家以及兵家等传统思想；其技击技术的理论基础与指导思想，是以太极阴阳哲理为核心的辩证哲学体系。所以学习太极拳与学习其他拳术不同，它不是一个简单的身体训练的过程，更是一个哲学思考的过程。学好太极拳，必须要理解它的思想基础，懂得它的指导思想。所以学习太极拳也必然是一个学识的积累过程，是一个思辨的过程，是对心、脑的锻炼，也就是传统的所谓"求道"。

　　无论是道家学说还是太极哲理，这些传统思想本质上就是普通人的生活常识的总结、抽象、提高，是平实、易懂的，并不是神秘难学的东西。在学习太极拳时，花些时间做些系统了解，可以使学习达到事半功倍的效果。要注意的是，现在也有些拳术教师不教拳术，把这些本来平易的常识变成一些空洞大话或玄虚之辞，当作拳艺本身来教导，这种做法只会败坏传统武术名誉，不能提高武术整体技术，不是好的做法。

　　经历几千年的传承发展，道家、太极等传统思想体系已经比较完善，内容与覆盖范围十分庞大复杂，这里我们只对其中与太极拳理论基础有关的思想做一个简要的介绍。读者如果想深入研究这些理论，还需进一步学习这方面的专著。

## 道家的基本思想

道家是中国传统哲学思想体系之一，它与儒家一起形成中国传统社会中的两大思想支柱。它们既相互对立，又相互渗透、相互补充。要想理解中国人的传统思想、思维方式、文化、艺术、智慧、情趣等，就必须对道家能有一定的理解。

道家的创立始于老子。由于时代久远，有关老子的生平在细节上仍有许多争议。一般认为老子姓李，名耳，字伯阳，又称老聃，生于公元前 570 年左右，楚国苦县厉乡曲仁里人。曾任周朝守藏室之吏，相当于今天的国家图书馆与档案馆馆长。老子是世人对他的尊称。老子知识渊博，孔子曾向他问礼。老子思想对孔子的学说有一定的影响。

据传，老子由于厌倦当时的时局政治，故弃官出走，西出函谷关。因为当时函谷关以西被视为未开化之地，故人们认为老子欲隐之。当老子过关时，关伊（守关之官）见到他很高兴，希望他能留下些东西，因此老子写了著名的《道德经》赠予他。《道德经》共五千余言，分上下两篇，上篇重点言"道"，下篇重点言"德"。"道"讲的是哲学，是理论；"德"是伦理学，即是在"道"的理论指导下的人的行为准则。此文全面叙述了老子的观点，是道家的第一经典。

以《道德经》为代表的老子思想，是先秦以来社会发展变化的产物。当时社会生产力得到高速的发展，使社会结构发生了深刻的变化，人们在寻求适应社会发展变化的理论与方式。因此，思想界亦异常活跃，由此产生了所谓"百家争鸣"的局面。经过几百年的争论与实践，最终，以老子为代表的道家与以孔子为代表的儒家，成为两个最具代表性的社会主体思想。它们既相互对立，又相互补充，缺少任何一个就不能形成中国古代社会的特色。其中儒家的思想在社会组织形式与人们的伦理与道德规范等方面（即礼），更具人文与社会实践方面的意义。而道家的思想更注重的是人的内心世界、人与自然的关系、人与社会的关系、人的抽象思维方式等，从而更具有哲学的意义。因此在社会统治方面，儒家占有主导地位；而在个人修养、思维逻辑、文化艺术等方面，道家的影响则更深刻。古代士大夫讲"进则兼济天下，退则独善其身"，就是讲儒道相合。以儒家求功名，求治国，平天下，服务社会；以道家得修养，求自身的自我完善。一般认为儒与道是古代易学，即阴阳哲学文化在两个方面的延续。他们都是研究阴阳变化的规律，即以阴阳之道，运用阴阳的对立统一、交感、转化、消长等来说明宇宙的起源，万物的发生、发展、变化，社会的兴衰，个体人生的生灭等。儒家着重的是易中的"阳"的方面，因此更加具有阳刚、积极的进取精神。而道家着重的是易中的"阴"的方面，因而具有更加顺随、和谐的精神，与无为、以静制动、以柔克刚、以守为攻的阴柔策略。

中国古代有关阴阳之道的书是《易经》，被认为是中国传统文化的基础，共有三部：《连山》《归藏》《周易》。《连山》是以艮卦（山）为主，其内容已不可考。《归藏》是以坤为首，《周易》是以乾为主体。故也可以说道家是《归藏》的延续与发展，儒家是《周易》的延续与发展。

道家理论自老子后经过几次较大的发展与融合，更加丰富。在早期，具有较大影响有杨朱学派、关尹学派、列子学派、齐国稷下之黄老学等。黄老学的兴起是道家的第一次大综合发展，其中以《管子》一书为代表，是道家的北方派。庄子学派的形成是道家的第二次大综合发展，其中以《庄子》一书为代表，是综合了南方道派。第三次大综合发展是以《吕氏春秋》一书为代表的黄老之学的再发展。至西汉淮南王刘安组织了数千学者、方士作《淮南子》一书，是为道家第四次大综合发展的代表，这也是一次南北学派的大融合。同时也标志着道家黄老之学与阴阳说、五行说、天人感应原理、神仙养生术、方技，以及天文、律历、医经等诸家学术思想相融合。至魏晋之时，老庄玄学的发展是道家理论最后的完善。从此以后，其学说总体上没有大的发展，多是研究注释性的延续。

庄子的学说是道家哲学中的一个重要组成部分。庄子名周，生卒年约为公元前369—前286年。一般认为庄子是战国时代宋国蒙人，曾任蒙之漆园吏。是老子思想的继承和发展者，著有《庄子》一书。后世常将他与老子并称为"老庄"，而道家也常被称为"老庄之学"。

庄子同样把"道"作为哲学的最高范畴，崇尚自然无为。在认识论上比老子更加超然，认为人应该去体认自然之道，顺应自然法则；应该消除物我之间的对立，达到人与自然的契合，天人合一；应该追求与道的契合，使人的精神获得绝对自由，用完全顺乎自然的态度对待人生。他特别强调以虚静空明的心境去感应万物，强调内心修养，思想上寻求解脱，精神上作逍遥游；以此获得"向内求"的修养功夫，与"向外求"的求道、求知的方法。因此，庄子的学说中有关个人修养、修炼的东西也比较多。庄子的思想对学习太极拳时"顺其自然求自然"的心态有更大的影响。另外，很多人认为老庄的学说中暗含着大量气功养生之道，这也是学习太极拳时所应关注的。

道家尚阴柔，是在继承古代传统礼教与母系氏族传统宗教的基础上，将传统观念，沿理性主义的道路，抽象提高到哲学的层次。道家的基本思想是由老子在其著作《道德经》中提出来的。他提出了"道"的概念，并建立了一套包含道体论（宇宙论、本体论）、道知论（认识论）、道法论（方法论）、道用论（实践论或具体应用），以及辩证思维的形而上学体系，认为必须超越人为所定的礼教而回归自然。以下简明叙述各点：

道体论：道家哲学最基本的本体论或宇宙观认为："道"是万物乃至宇宙的本原。它先天地万物而生，具备单一永恒的性质，并无休止地运动着。道生万事万物，是物质的，也是精神的，因此道体是心物一体的。"道"即是最高抽象意义上的自然规律，万事万物都是由"道"演化而生。把万物化生看成是一个自然的过程，从哲学的角度思考宇宙起源问题和存在问题。因此，求道就是不断地去追求对自然规律的理解、认识。以此来看太极拳、太极拳所遵循的道理，虽然难懂，但仍然是自然规律中的一部分，不是玄虚的，是符合自然规律的。学习太极拳，就是要理解在技击与养生中的最合理、最有效的自然规律。

道知论：道家哲学的认识论是讲如何认识"道"，即宇宙万物的本原。所谓认识就是参悟，其要点：一是所谓"玄览"，二是所谓"静观"。玄览是说要洗清内心的杂念，使心灵深处明澈如镜，从而具备体察精微之道的途径与能力，达到身心合一的境地。静观是说在玄览的基础上，放松心身，与天地合一，从而能静观默察万物之奥秘，使心物一体。通过学习太极拳来认识道，必须以"玄览""静观"的方式，完成内心的体验。

道法论：道家哲学的方法论讲的是辩证法，其主要观点有：有法为无法，无为无不为，顺其自然；阴阳存于万物之中，矛盾的对立统一是普遍规律；矛盾的变化发展总是要向相反的方向转化，物极必反，而且是循环往复的，即否定之否定；事物总是处于发展变化之中，转化中的量变到质变。在太极拳的所有训练与应用中，辩证法的思想无处不在。要从矛盾中求变化、发展，要避免单一的、机械死板的方法。

道用论：道家哲学的具体应用表现在几个方面：不争、无欲、处柔、知足、无为、不为人先、以柔克刚等，这些都是太极拳技术的思想基础。而"反者道之动，弱者道之用"可以看成是触发太极拳这类技术发生发展的理论源头。

道家思想是中国传统文化中最重要的部分之一，有极其深刻的影响。没有道家思想，中国传统文化将会完全不一样。由于道家思想的特点，它对文学艺术的影响以及对个人自身修养的影响特别大。这种无处不在的影响力对武术的发展也不例外。在众多拳种中，许多拳种都或多或少地遵循了一些道家思想，其中以内家拳对道家思想的应用最为广泛、深入。而太极拳又是其中对道家思想应用最直接、最全面、最彻底的，使其成为拳术发展的思想基础。

太极拳是基于道家思想发展起来的一种拳术，道家思想的特点决定了太极拳的特殊性；脱离道家思想而谈太极拳，都是妄谈。我们在这里简单介绍道家的哲学思想，其目的是为了正确理解道家理论与太极拳的关系，帮助领会后面所论述这种哲学在太极拳上的应用。而道家哲学中还包含了大量对于社会、政治、道德伦理等方面的论述，这里就略过了。

## 道家与道教

这里还要简单谈谈道家与道教的关系。事实上，很多人不清楚道家与道教之同异，常常引起误会、混乱。简单地说，道家是一个哲学思想体系，由老子创立，有二千五百多年的历史。而道教是一门宗教，大约形成于东汉中后期，有约一千九百多年的历史。作为宗教，道教有其自己的神仙系统、组织形式、宗教仪式、修行方法等。道教以道家著作为经书，修炼上以长生不老为目的，方法上分外丹、内丹两大派，外丹即炼丹术，内丹即养生术。

由于在道教的上乘修炼者中，有许多人在道家学说的研究上有很高的造诣，他们常常成为解释道家学说的权威，这是人们分不清道家与道教的原因之一。在个人修炼方面，由于历史原因，大多数内丹功的修炼方法，包括道家的修炼方法，都是经由道教中的道士们传承发展的，这也是人们分不清道家与道教的原因之一。

我们可以看到，太极拳是以道家思想为基础，并吸收了许多内丹的修炼方法，本与道教无关。但是这些思想与技术的传承，在很多时候则是通过道教人物完成的。比如，传说张三丰是武当山的道士；又如蒋发在山西与王林桢学艺时，王说太极拳是得于游方道士；另外在唐村的新发现中指出，太极拳或传自于千载寺的道士。如此种种，说明太极拳最初的发展应该与道教有着不解的关系。过去有人认为练太极拳的就应该是道教中人，这实在是个误区。虽然过去有些练太极拳的人也是道教门中的人，但是这只能说明练太极拳的人士往往会对道教有一种天然的亲近感，容易接受道教的传道，或者说太极拳在道教中有流传。即使太极拳有可能是道教人士创造的，事实上，从很早以前，太极拳就已经在世俗人群中传播，和道教并无直接的必然关系。而在太极拳本身的理论与技术中，并没有夹杂任何这类宗教方面的东西，也不存在任何神仙崇拜或神迹之类的东西。任何对太极拳的神化都是错误的。

## 太极阴阳哲理

太极是中国思想史上的重要概念，初见于《易传·系辞上》："易有太极，是生两仪。两仪生四象，四象生八卦。"《易传》是孔子为《易经》所写的解释性文章。这句话的意思是描述易成卦的过程：先是有太极，尚未开始分开蓍草(易占卜用蓍草做工具)。分蓍占后，便形成阴阳二爻，称做两仪。二爻相加，有四种可能的形象，称为四象。由它们各加一爻，便成八卦。这里讲的是八卦画出的过程，而后是"八卦定吉凶，吉凶生大业"，即八卦的应用。因此太极是八卦的基础，它们之间有着非常密切的联系。在中国的典籍中，《易经》素来是作为穷尽天地奥秘的哲理书。易字本身的组成就是日月，日月即是阴阳。而易的本意就是从蜥蜴的颜色可以随环境而变化所演生出的变化之意。易本身就是道，就是自然之理。

以上对成卦过程的分析，根本说来，也是对天地开辟的概述，代表了中国古代的宇宙观。"易有太极"是说太极就是宇宙的基本大道；太极生两仪，便是由太极的分化形成天地的过程；两仪，即是天地。《易经》中有"一阴一阳之谓道"，老子讲"万物负阴抱阳"，结合《易传》，可知"道即是太极，太极即是阴阳"。作为宇宙本体论，太极的概念经常与易学一起出现，故太极阴阳哲理也常被称为太极阴阳变易哲理。

我们前面说过，中国两大主流思想体系是道家与儒家，二者都是对《易经》的继承发展，而且相互影响。在道家中，太极一般是指宇宙最原始的秩序状态，是出现于阴阳未分的无极'混沌时期'之后的，是形成宇宙万物的本源。宋初的著名道家学者陈抟对太极理论的发展起到了承上启下的作用，传说他画了太极图与无极图（图2-1）。一般认为他的太极图与无极图本是一张图，从下向上解读时是无极图，从上向下解读时是太极图。无极图是描述内丹修炼之理的，太极图是描述大道化生万物之宇宙观的。

陈抟的后辈传人、宋代的理学家先驱、宋儒周敦颐著《太极图说》，以哲理方式进一步阐释太极的理论并画了太极图（图2-2）。他的《太极图说》中把《老子》中提到的"无极"一词注入了理学含义，也就把无极的概念与太极联系在一起。此文是太极理论的经典。由于其中包含了道家的思想，此文也为道家所认同。

虽然儒、道两家对太极理论的描述有些不同，也有争议，但经过千年的研究传承，可以说太极这个哲学概念已经形成了它自己独特的、相对独立的思想体系，其中以宇宙观和辩证法为两大基本内容。由于阴阳理论是太极中的核心，通常将此思想体系称为太极阴阳哲理。太极拳的技击技术的发展，正是建立在此之上的。由于太极拳的思想基础是道家学说，故在讲太极阴阳哲理时，常常也会更偏向于道家的说法，即在道家思想基础上的太极阴阳哲理。事实上，作为太极拳的修炼者，我们只要能正确理解掌握太极阴阳哲理的核心就可以了。下面将其中的要点简述之。

首先看看"太极"这个词的意义。太是大、最大、初始，也有至的意思；极有尽头、极点、极限之义。所以太极就是指事物最后的、最完美的、最终的东西，又是所有事物的最根本、最原始的状态和起点。要注意的是，也有认为无极，即混沌是起点，无中生有，"有"是太极。这里我们讲太极是事物的最根本、最原始的状态和起点，就是说，对于物质世界而言，无极时没有任何意义，太极才是物质产生

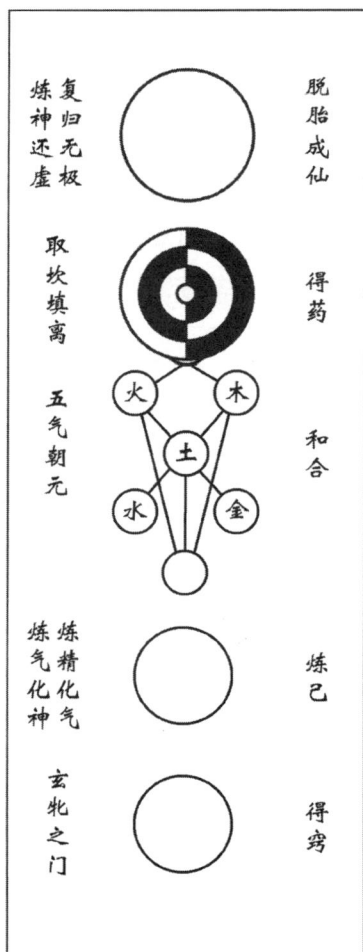

图 2-1 陈抟的太极图与无极图

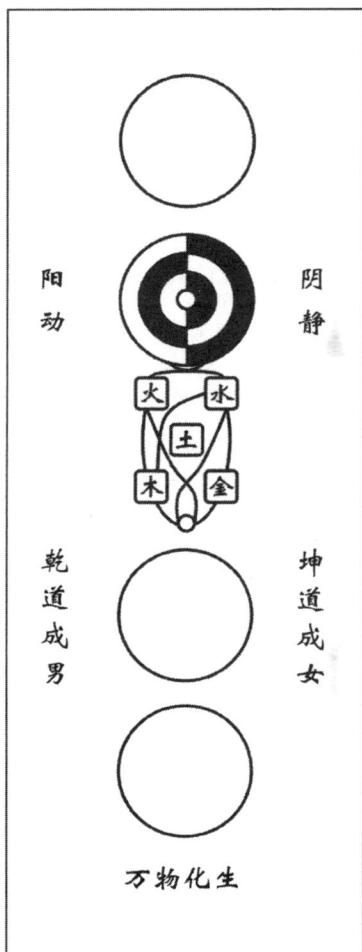

图 2-2 周敦颐的太极图

与变化的起点；易有太极，太极即是易，所以说太极就是变化，有变化才有意义。太极也有至于极限，无有相匹之意，既包括了至极之理，也包括了至大、至小的时空极限，"放之则弥六合，卷之则退藏于密"。

可以大于任意量，而不能超越圆周和空间；也可以小于任意量，而不等于零或无。

太极阴阳哲理中的宇宙观是阐明宇宙从无极而太极，以至万物化生的过程。上下四方为宇，往来古今为宙。宇宙观即是时空观，从无到有，产生发展，互生互灭，循环往复，无穷无尽。有意思的是，这种传统哲学上的、抽象的宇宙观竟然与现代科学中的宇宙大爆炸的理论有着非常相似之处。

太极即是道，"一阴一阳之谓道"，它包含着互相对立着的两个方面，即：阴与阳。阴、阳是上古以来人们对天地万物、人事物理的观察，发现万物互相对立、互相消长的法则，进而从实际中抽象出来的哲学上的理论概念。以抽象的概念定义阴阳互变之律，用以说明万物变化的原则。简单地说"阴阳即是太极，太极即是阴阳"，太极与阴阳是密切结合的。"立天之道阴与阳""万物负阴抱阳"，阴阳是道，是宇宙万物构成的最根本的要素与规则，万物无不处在阴阳变化的运动之中。太极是本体概念，阴阳是对本体运动状态和规律的具体化，是对本体本质的认识。太极是辩证法，讲的就是对太极本质的认识，是阴阳变化之间的对立统一关系。

阴、阳是相互对立的两个抽象的哲学概念，太极是道，阴、阳是太极本体运动状态和规律的具体化，在传统中称之为气。阴、阳是从现实世界中抽象出来的、又被用于描述万物中的两种属性。阴阳可以是天地、太阳月亮、白昼黑夜、男女、雄雌、主动被动、刚柔、上下、外内、实虚、动静、开合、攻守等。这里有的是具体事物，如日、月；有的是抽象概念，如上、下；有的是一个事物的两个方面，如内、外；有的是两个有关联的个体，如男、女。总之，都是具有既对立又有相互关系的属性。从哲学层次上讲，当阴阳同处于太极之中，阴不离阳，阳不离阴；阴中有阳，阳中有阴；阴阳相济，相互对立，相互转换。它们之间是辩证的关系，是对立统一体，世间一切变化之理都蕴含在其中。

请注意，讲太极时，阴阳同处于太极之中，阴阳不能分离，即阴不离阳、阳不离阴，两者互为对方存在的前提，所谓"孤阴不生，孤阳不长"。如果阴阳分而独立，在传统哲学中称之为两仪，即所谓"易有太极，是生两仪"。两仪源于太极，"太极生两仪"就是讲太极之后、阴阳分离的状态。太极中的阴阳变化是转换，两仪中的阴阳变化是差异。"差异也是矛盾"，但不是太极之理。许多武术流派中也讲阴阳，但多是应用两仪阴阳之理，而非太极阴阳之理。这是因为两仪之分离式的阴阳，是大多数先天自然之能的运动行为与反应模式的基础。练太极拳，讲的是太极阴阳，也可以说是比两仪阴阳更高层次上的追求，这个道理至关重要，必须明确。可惜的是如今"太极阴阳少人修"，太多的太极拳练习者，误以两仪之阴阳取代了太极之阴阳，虽然苦练而无收获。太极拳中的所有理论、技术都是基于太极阴阳之理而发展起来的。任何离开或者有悖于这个道理的就不是太极拳。

图 2-3 中这个众所周知的太极图，更直接明了地给出了太极阴阳哲理的含义。这个传统阴阳太极图表示了太极的基本概念与特征。太极图中，以圆圈中的阴阳鱼形象化地表达了阴阳共处于一体之中的对立统一、互相转换、相反相成的辩证规律，是一种完整、和谐、完美的表现形式，是万物生成变化的根源。

这个太极图所表达的太极阴阳哲理，将贯穿于所有太极拳的技法当中，也是太极拳论的理论基础。从这个图中所表达的主要概念有：

图 2-3 太极图

1. 太极是一个包含阴、阳两部分的整体，以一个圆圈表示，其中黑的部分表示阴，白的部分表示阳。俗称阴阳鱼。而圆圈则表示一种完美、完整、和谐之意，也表示自成体系。

2. 阴与阳的区分是动态的，有相互转换的趋势，故用一条曲线表示。这个中线也称为"中极"，讲的是亦阴亦阳，非阴非阳，所谓"中极之玄，玄而又玄，中极之妙，百变其中"。

3. 阴不是纯阴，其中包含一点阳，即黑部分中的白点。阳不是纯阳，其中包含一点阴，即白部分中的黑点。俗称为鱼眼。这说明阴、阳的区分不是绝对的，其中包含着向相反方向转化的因素。

4. 虽然阴阳的总量是相等的，但它们总是处在相互转换与变化之中。黑白之间的曲线表示它们总是从不平衡中趋于平衡，而又产生新的不平衡。也就是说它们总是趋于运动的，静止是相对的。

太极拳技术正是这些哲理在武术中的应用。比如以"阴阳一体"思想为基础的"黏走相应"的技法原则；以"阴阳转换"思想为基础的"黏即是走，走即是黏"的技法原则。当能够将太极阴阳之理正确、准确地运用到技击中去，就称之为"懂劲"，这是太极拳训练中最重要的一步。

附带说一下，到底是谁发明了这个著名的太极符号，至今仍是个谜。许多人认为是生活在大约公元前四千年的伏羲，据说伏羲生活在黄河与洛水（也有泾渭说）之交汇处，黄河之水是浑浊的，洛水之水是清澈的，在两河的交汇处，清水与浊水形成有趣的旋涡，其形很像

**图 2-4 几种常见的古太极图**

太极符号，因此便有人推测伏羲是从这种自然现象中得到灵感而画出了太极图。据现在所知、最早记载这个太极图的书，是明初赵撝谦的《六书本义》，据说是蔡季通得之于蜀之隐者。现在世上也流传很多种太极图的变体，而且很多都被称之为古太极图（图 2-4 显示几种古太极图）。我们这里不做考证，只想说无论图像怎么变，其中的基本思想是一致的。

## 五行

五行学说是中国古代一种用于认识世界的物质观，最早出于《书经》之"大禹谟"与"洪范"篇中，是九畴中的第一条。据说九畴是源自在洛阳西洛宁县洛水上的神龟背负着的"洛书"，是神授予大禹的。大禹依此治水成功，遂划天下为九州。五行是指：金、水、木、火、土五种要素或元素，或叫基本物质，或者说是物质的基本形态。这里每一个要素并不是指一个单一的物种，也不同于现代化学中关于元素的概念，而是指包含在万物中的共同属性。比如说水时，并非是指具体的水，不是 $H_2O$，而是指具有水一般的柔顺、流动的属性。

五行理论认为大自然是由这五种要素的运行、运动和变化所构成的，它们之间存在着相生、相克的关系。这里它强调的是整体概念，描绘了事物的结构关系和运动形式。随着这五个要素的盛衰，而使得大自然产生变化，也使得宇宙万物循环不已。这种大自然的变化也会直接影响到社会发展与个人的命运，因此这个理论被广泛地用于哲学、中医学、个人修炼、社会发展等方面。如果说阴阳是一种古代的对立统一学说，则五行可以说是一种原始朴素的有关物质的系统论。

五行学说起源于夏朝时期原始的宇宙观，其本源来自以农业立国而需要的天文、历法等知识。而后，与战国时期流行的阴阳说，两者合一。战国中、末期的齐国人邹衍是阴阳五行合流的主要人物，他结合阴阳五行，加以整理发展成一套完整的涵盖天地人的思想体系，试图以此说明世界万物的构成与运动规律。其中最著名的是"五德终始"说，认为朝代的兴替是循此规律的。其说后来大为流行，在百家争鸣中被称为阴阳家。而后，西汉董仲舒最终将其发展成为天人感应之说：人由天帝按自然现象所造，故人体皆符天之数；天是一大天，人是一小天。进而发展为君权神授，人间一切均为天意。从此，这种思想被统治者利用。

五行的"五"代表金、水、木、火、土五种要素；"行"表示行动、运行之意。五种要素之间存在着两种主要关系：相生、相克（图2-5）。相生是说一种要素在一定条件下可以产生出，或者转换成另一种要素。相克是说一种要素在一定条件下可以克制、压抑，或者摧毁另一种要素。与相克相关连的还有相乘、相侮之说。相乘，即乘虚侵袭之义，是指按照五行次序的过度克制和制约，又称"倍克"。相侮则是指与相克次序相反方向的克制异常。相乘与相侮，都属于不正常的相克现象，既有联系，又有区别。五行中的任意一个要素与其他四个要素的关系为：生我、我生、克我、我克。所以五行关系表示宇宙天体中万物永无休止、运行不息之理。世界是动态的、变化的。五行的变化法则，说明它具有互相生长、互相克制的作用，循环往复，物质不灭。而这些也都是根据阴阳消长、互相盈虚之理。因此，讲五行离不开阴

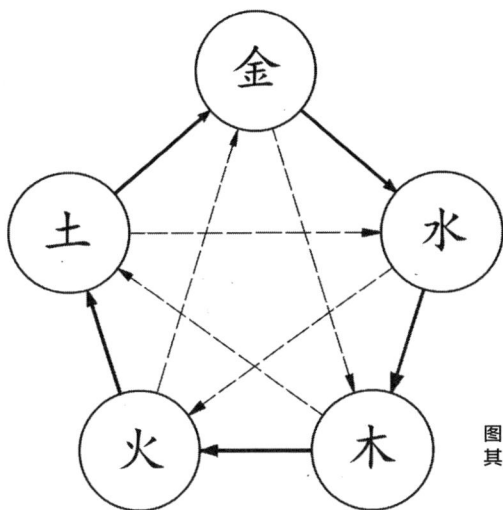

图 2-5 五行相生相克关系
其中实线表示相生关系，虚线表示相克关系

阳之理。阴阳五行之理融入中医学是汉朝时期，成为中医最主要的理论基础。

五行中五种要素的基本特征属性，按"洪范"中的基本次序：

水：向下润湿，代表了滋润、下行、寒凉、闭藏的性质。

火：向上燃烧，代表了温热、向上等性质。

木：可弯曲、伸直，代表生长、升发、条达、舒畅的功能。

金：可以随意改变形状，从革，代表沉降、肃杀、收敛、变革等性质。

土：可种庄稼，万物土中生，代表了生化、承载、受纳等性质。

**五行之常用对应关系：**

| 五行 | 木 | 火 | 土 | 金 | 水 |
|---|---|---|---|---|---|
| 五材 | 木 | 火 | 土 | 金 | 水 |
| 五方 | 东 | 南 | 中 | 西 | 北 |
| 五季 | 春 | 夏 | 长夏 | 秋 | 冬 |
| 五色 | 青 | 赤 | 黄 | 白 | 黑 |
| 五兽 | 青龙 | 朱雀 | 黄麟／螣蛇／勾陈 | 白虎 | 玄武 |
| 天干 | 甲，乙 | 丙，丁 | 戊，己 | 庚，辛 | 壬，癸 |
| 地支 | 寅，卯 | 午，巳 | 辰，戌，丑，未 | 申，酉 | 子，亥 |

| 五脏 | 肝 | 心 | 脾 | 肺 | 肾 |
|---|---|---|---|---|---|
| 五腑 | 胆 | 小肠 | 胃 | 大肠 | 膀胱 |
| 五体 | 筋 | 脉 | 肉 | 皮 | 骨 |
| 五指 | 食指 | 中指 | 大拇指 | 无名指 | 小指 |
| 五官 | 目 | 舌 | 口 | 鼻 | 耳 |
| 五容 | 爪 | 面 | 唇 | 毛 | 发 |
| 五声 | 呼 | 笑 | 歌 | 哭 | 呻 |
| 五志 | 怒 | 喜 | 思 | 悲 | 恐 |
| 五液 | 泣 | 汗 | 涎 | 涕 | 唾 |
| 五觉 | 色 | 触 | 味 | 香 | 声 |
| 五气 | 筋 | 血 | 肉 | 气 | 骨 |

| 五音 | 角 | 徵 | 宫 | 商 | 羽 |
|---|---|---|---|---|---|
| 五味 | 酸 | 苦 | 甘 | 辛 | 咸 |
| 五恶 | 风 | 热 | 湿 | 燥 | 寒 |
| 五臭 | 膻 | 焦 | 香 | 腥 | 朽 |

**续表**

| 五常 | 仁 | 礼 | 信 | 义 | 智 |
|---|---|---|---|---|---|
| 五经 | 《诗》 | 《礼》 | 《春秋》 | 《书》 | 《易》 |
| 五政 | 宽 | 明 | 恭 | 力 | 静 |
| 五化 | 生 | 长 | 化 | 收 | 藏 |
| 五祀 | 户 | 灶 | 霤 | 门 | 井 |
| 五时 | 平旦 | 日中 | 日西 | 日入 | 夜半 |
| 五节 | 新年 | 上巳 | 端午 | 七夕 | 重阳 |

综合而言，阴阳五行学说讲的就是世间万物之间的抽象关系，相生相克，相侮相乘，循环无端等。阴阳五行对中国传统文化的影响是多方面的，从天文、历法，到音律、色彩、天干、地支、数字、方位；从人体、生命、神帝，到社会、道德、朝代更替等。其中对传统中医学的影响最大，进而所有与人体有关的学科，如养生学、气功、武术等，都大量应用阴阳五行学说。

太极拳中对五行的应用主要包括两个方面：第一是在内功修炼中，继承应用了传统中医与养生学中对于五行理论在人体各个机能中的应用；第二是在拳术技法中有关步法的运行理论。

## 易经与八卦

从源流上讲，《书经》《尚书》是上三代（夏、商、周）政治历史的资料，是夏禹承接的尧舜文化传统观念的中心思想。由此形成的书经学系，是以黄河中心流域为起源的中原文化思想。同时另一种文化思想自西北方向中原发展，这就是自伏羲至黄帝、周文王一脉相承、以《易经》为代表的易学系。易学系的核心内容之一是建立在阴阳学

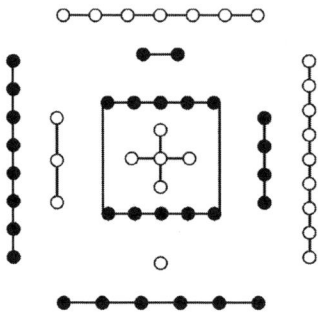

图 2-6 河图

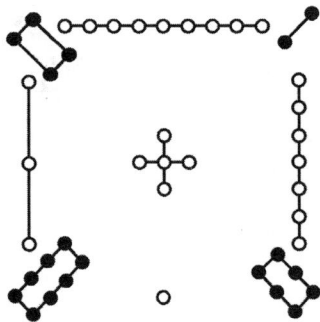

图 2-7 洛书

说之上的八卦学说，它以研究阴阳变化关系为主，是有关宇宙的生成、变化、发展规律的系统。起源于伏羲，经周文王演绎、孔子编辑，与太极、五行等概念相融合，成为中国传统文化中最重要的组成部分。据说易之八卦是源自于洛阳东北孟津县境内的黄河中的龙马所背负的"河图"（图 2-6），是神授予伏羲的，伏羲依此而演成八卦。易学系与书经学系在春秋战国后期逐渐融合，成为中国传统文化的思想基础。大禹治水时，洛水出神龟，背图案，称"洛书"（图 2-7）。这也就是人们常说的"河图洛书是中华文明之始"。《易·系辞上》说："河出图，洛出书，圣人则之。"

伏羲被尊为中华民族的人文始祖，伏羲氏是我国古籍中记载的最早的王之一，所处时代约为新石器时代中晚期（约四五千年前）。据说他根据天地万物的变化，发明创造了八卦，成了中国古文字的发端，也结束了"结绳记事"的历史。他带领人们用兽皮缝制衣服，抵御寒冷，又教会了人们结网打鱼，投矛狩猎，并发明了瑟，创作了《驾辨》曲子。他的活动，很大程度上增强了当时的人们适应自然环境的能力，标志着中华文明的起始。

据《易·系辞》记载，伏羲"仰则观象于天，俯则观法于地。观鸟兽之文，与地之宜。近取诸身，远取诸物。于是始作八卦。"也有传说他是受到河图的启发而创八卦。有关伏羲的传说很多，那些故事的背后讲述的都是中华文明史的开端。其中八卦的意义非常重大，它标志着人们从形象思维到抽象思维的巨大飞跃。抽象思维是思想的发端，是理性分析思考、逻辑推理判断能力的基础。

八卦是一套抽象的符号，用"▬"代表阳爻，用"▬▬"代表阴爻，用三个这样的符号叠在一起称之为卦，共有八种，叫作八卦。每一卦象代表一个与当时日常的渔猎生活密切相关的自然事物。乾代表天，坤代表地，坎代表水，离代表火，震代表雷，艮代表山，巽代表风，兑代表泽。《说卦》曰："天地定位，山泽通气，雷风相薄，水火不相射。"有人认为这些符号开始只是用来记载或传达生活中的基本信息，后来被逐渐用于占卜。伏羲的八卦又被称为先天八卦。下面是八卦的卦象口诀：

（☰）乾三连为天，（☷）坤六断为地；

（☲）离中虚为火，（☵）坎中满为水；

（☳）震仰盂为雷，（☶）艮覆碗为山；

（☱）兑上缺为泽，（☴）巽下断为风。

后人按照《说卦》的含义，将先天八卦的卦象符号排成一个圆形，就是先天八卦图，或伏羲八卦图（图 2-8）。

周文王，姓姬名昌（约公元前 1152 — 前 1056），季历之子。商

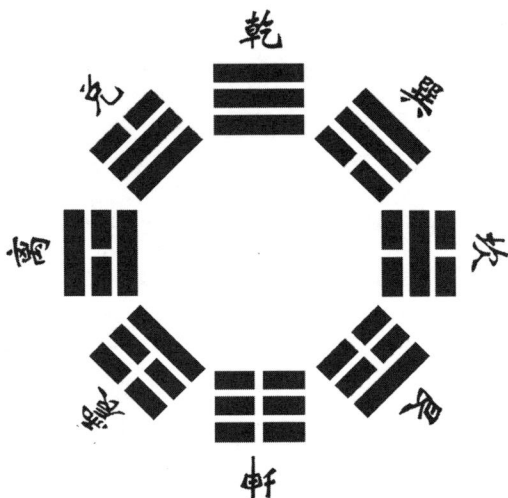

图 2-8 先天八卦

纣时，季历死，由他继承西伯侯之位，西周王朝的奠基人。建国于岐山之下，积善行仁，政化大行，在位 50 年。因崇侯虎向纣王进谗言，而被囚于羑里，后得释归。益行仁政，天下诸侯多归从。其子武王灭商有天下后，追尊其为文王，故常称其为周文王。在被商纣王囚禁在羑里期间，他在狱中写了《周易》一书，其中发明"文王八卦"，称之为"演八卦"。又以八卦互相搭配而得到六十四卦，用来象征各种自然现象和人事现象，称为"文王六十四卦"，流传于世。周文王的八卦又被称之为后天八卦，使八卦符号系统的应用越来越广泛，八卦学说也更加完善。后人将后天八卦的卦象符号排成一个圆形，就是后天八卦图，或文王八卦（图 2-9）。

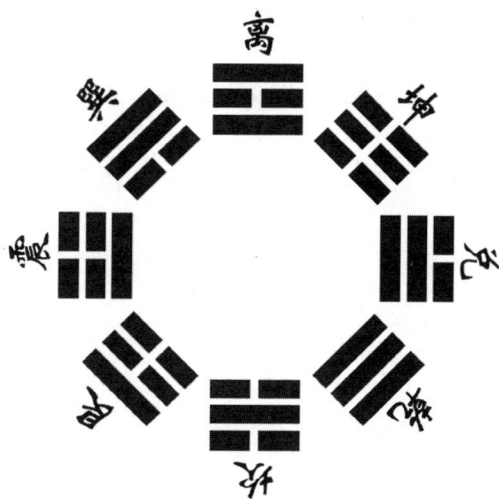

**图 2-9 后天八卦**

在中国传统哲学中，先天的概念重点是指事物的自然本性，而后天的概念重点是事物的变化应用。也就是常说的体与用的关系。故先天不变，后天重在变；先天不用，后天重在用。先天为主，后天为从。先天之易常静，后天之易常动。而静中有动，故先天必生后天；动中有静，故后天不离先天，或称后天返先天。二者异途同归，知其一则通其二。所以伏羲之先天八卦是对自然本质的描述，而周文王之后天八卦是以八卦变化之理对社会人事的应用。

**八卦与部分自然中的事物之对应关系：**

| 卦象 | 卦名 | 自然 | 特性 | 家人 | 肢体 | 动物 | 方位 | 季节 | 阴阳 | 五行 |
|------|------|------|------|------|------|------|------|------|------|------|
| ☰ | 乾 | 天 | 健 | 父 | 首 | 马 | 西北 | 秋冬间 | 阳 | 金 |
| ☱ | 兑 | 泽 | 悦 | 少女 | 口 | 羊 | 西 | 秋 | 阴 | 金 |
| ☲ | 离 | 火 | 丽 | 中女 | 目 | 雉 | 南 | 夏 | 阴 | 火 |
| ☳ | 震 | 雷 | 动 | 长男 | 足 | 龙 | 东 | 春 | 阳 | 木 |
| ☴ | 巽 | 风 | 入 | 长女 | 股 | 鸡 | 东南 | 春夏间 | 阴 | 木 |
| ☵ | 坎 | 水 | 陷 | 中男 | 耳 | 猪 | 北 | 冬 | 阳 | 水 |
| ☶ | 艮 | 山 | 止 | 少男 | 手 | 狗 | 东北 | 冬春间 | 阳 | 土 |
| ☷ | 坤 | 地 | 顺 | 母 | 腹 | 牛 | 西南 | 夏秋间 | 阴 | 土 |

　　八卦学说的主体都包括在《易经》这本书里。据说古代的《易经》包括《连山》《归藏》《周易》三部。但前两部已经失传，现在流传的《易经》即是周文王所著的《周易》。易的本意有多种含义：从古象形文字上讲，易是蜴，蜥蜴能变色，故易象征着宇宙间的变化；从字形上讲，日月为易，象征阴阳变化；从字意上讲，易就是变易、变化之意。

　　在八卦中，每个卦象包含三个阴阳符号，从上到下代表天、人、地。在《易经》中，八卦卦象被两两任意组合重叠在一起，共得六十四组卦象，其中每个卦象包含六个阴阳符号，每个称为一爻。每组中上面的八卦卦象称之为上卦或外卦，下面的称之为下卦或内卦。周文王著《周易》的主体部分就是对这些卦与爻进行解释。开始《易经》主要被用于占卜，由于它是在周文王被关押期间所作，其中充满危机感。而后它逐渐被发展成为一个哲学思想体系，被应用于社会人事等各个方面。孔子曾编辑过《易经》，并写下了被称为《十翼》的十篇解释《易经》的文章。这些文章，也被称为《易传》，其全面、完整、系统地解释了《易经》的理论，成为《易经》中重要的、不可分割的组成部分。

综合而言，八卦学说讲的就是阴阳辩证，对立统一，物极必反，运动变化。作为最早的文明典籍，《易经》对中国的道家、儒家、中医、文字、数术、哲学、民俗文化等产生了重要影响。所以说《易经》是中国传统文化的基础。

《易经》是讲变化之道的经书，变化必须有道理，变化也是作用。易历来有三种含义之说："变易""不易""简易"。宇宙万物、人事变化万千，易是讲变化之道的，也就是讲辩证法的，所以说是"变易"。然而宇宙间所有的变化都具有法则性、规律性，是有规律可循的，也就是说变化之"道"是常在，可以以不变应万变，所以说是"不易"。由于这种不变的法则性，人们就可以了解、认识、预知、遵循这种法则，从而规范自己的行为，所以说是"简易"。总之，世界不断地变化着，所有的变化都按照自然规律进行，自然规律可以被认识，人必须按自然规律办事。

五行和八卦理论是与道家思想、太极阴阳哲理密切相关的传统哲学概念，它们三位一体，共同奠定了中国传统文化的基础。从太极拳发展的角度看，五行八卦理论在拳中的应用可能更早。一般认为太极拳的前身或说原来的名称是"十三势"，即以五行理论为基础的五种步法，以八卦理论为基础的八种手法。当被太极理论融合后，有"头顶太极，怀抱八卦，脚踩五行"之说。这里"头顶太极"讲的是指导思想，即所有太极拳的技术都是以太极阴阳转换为基础；"怀抱八卦，脚踩五行"讲的是手法与步法的应用理论，即具体的技术应用都要遵循八卦、五行的原理与规律。

练太极拳，对《易经》需要有深刻的理解，所谓"太极者，非纯功于易经不能得也。以易经一书，必须朝夕悟在心内，必须朝夕会在身中。超以向（象）外，得其寰中，人所不知而己独知之妙。"

## 儒、释、兵等思想精髓

太极拳是从中国传统文化中孕育出来的，它是以道家思想为基础而创立，因此道家思想是其主导，是根本。同时在技术方面，太极拳也兼收了其他传统思想的精华。在历史长河中，各种思想体系在它们发展的过程中不断地碰撞，既有斗争又有融合，比如道家张三丰以及全真派等都是讲儒、释、道三位一体，说明它们中间有许多相通、相同的理念。这里简单介绍儒家、释家及兵家基本思想，以及它们对太极拳技术的影响。

### 1. 儒家

儒家是以孔子、孟子学说为代表的思想体系，其重点是伦理学、社会学与政治学，因此在中国近两千多年的封建社会历史中，作为社会的统治思想，起着主导作用。儒家学说在孔、孟之后，经历了汉代董仲舒的天人感应，宋、明理学、心学等几次大的变化发展，逐渐形成了中国传统思想的核心。儒家思想体系包括很多方面，而在太极拳技术中，中庸之道是最直接的应用。

中庸之道本是讲为人处事的修养，属于社会伦理范畴。一般对于中庸的解释是"不偏之谓中，不易之谓庸；中者，天下之正道，庸者，天下之定理。"也就是说"中"就是中正，即不偏不倚、无过不及之意；"庸"即是平常不变之意。所以一个人要保持其心中内在的修持功夫不失其正，而其行为举止自然能达到不偏不倚。在太极拳技术中，讲求立身中正安舒、不偏不倚，就是保持自身的平衡，不拿对手当扶手，也不给对手当扶手，只有如此才能全身放松稳定。推手时要做到无过不及，方能舍己从人；既不贪功，也不示弱。因此，在太极拳训练中将思想上的"中庸"修为转化为行动上的动作准则；又通过实际行动的练习，促进思想上的认识。

儒家理学的认识论讲"格物致知"，是说认识真理需要从实践入手，通过不断地、反复认真地实践去认识真理。练习太极拳的过程也正是这样的过程，盘架子、推手训练就是"格物"，既要刻苦练习，又要悉心体认。拳是练出来的，只有通过练拳才能懂得拳理。对于太极拳而言，练拳不仅仅是身体体能动作等方面的练习，更是思想上的研习，是"默识揣摩""详辨"，要"势势存心""刻刻留心"，需"详推""推求""仔细研"。从练拳达到懂拳就是"致知"，就是从"用力之久"到"豁然贯通""从心所欲"，而且期间必须是"功夫无息"。缺乏练拳实践的"嘴把式"，是永远不可能成功的。

儒家理学的知识论 —— 即如何"学习"的问题，对太极拳拳术有极大影响。"知觉运动"之说，恰恰指明了太极拳拳术家是如何将儒家哲理变为实际拳法的过程，就是俗话说的"功夫上身"的过程。因此，在太极拳的实践中也有很重要作用，这点在杨氏老谱里有比较详细的论述。"必先明知、觉、运、动四字之本由，知觉运动得之后，而后方能懂劲。"大致而言，儒学对"知觉运动"的认知与当代人体生理学等现代科学以及我们日常生活中的常识观念并无大差异。"知"就是知识，就是经过大脑和社会传播而得到的理性认知。"觉"就是身体神经系统对外界的感觉，如口之味觉、耳之听觉、鼻之嗅觉、眼之视觉和皮肤的触觉。"运"是指气、血等身体内部的不停运动，尤其是指气，如《太极拳谱》中所说"气遍全身不稍滞"之意，古代人体生理学的气血运动代表了生命能量或活力现象。"动"则是四肢躯干等身体外部的、比较容易观察到的形体移动和肢体动作。

人天生就有"知觉运动"的能力，但太极拳的知觉运动不同于天生的能力，需要后天训练而获得，是对先天的改造。所以太极拳不好练。在太极拳中的"动"即是身体外部招式动作；"运"即是所谓内功的运作；"觉"是指感觉，是懂劲的感觉，所谓"身懂"；而"知"是在懂劲的基础上对拳理的完整理解，所谓"心懂"。知与觉，不光是要知己觉己，更要知人觉人。未知己则如何知人？所以练太极拳别着急和别人对抗，要先求知己。

按照"格物致知"之论，通过武术技艺的练习可以获得"运、动"的知识，通过"运、动"可以获得"觉"的知识；"觉、运、动"通过文思可以获得"知"的知识。"知"是源于"觉、运、动"的，而同时"知觉"指挥"运动"，即意识支配行动，也就是拳中的"用意不用力"。而身体内在的"运"，即"气血运行"，支配身体外在的"动"，即"四肢躯干的运动"。因此可以很清楚地看到，这个"知觉运动"的观念，恰恰也是太极拳，以及内家拳练拳、行功的指导要求，也即"以心行意，以意导气，以气运身""心为令，气为旗""意气君来骨肉臣""意在力先"等。

在太极拳的实际训练中，儒家心学的"知行合一"理论有重要的指导意义。"知行合一"就是理论与实践相结合。对于拳理拳法，既要"知"，更要"行"，知中有行，行中有知，互为表里，不可分离。真知必然会从行中表现出来，从行中可以体会出知，不行则不能得真知。

宋书铭所传的老谱中的《用功五志》，即博学、审问、慎思、明辨、笃行，出自《中庸》。这本是儒家所讲的学习态度与方法，也是太极拳学习训练过程中所应遵循的。"博学"是说要以开放的心胸，广泛获取知识，开阔眼界，整体上提高知识水平、认识能力。太极拳不是一种简单的、以肢体训练为主的搏击技术，它包括了很深的文化内涵。整体上功夫水平的提高，需要的是整体文化素质、精神境界上的提高，而博学是这种提高的必要条件。博学才能看问题更全面、深入。"审问"是说要能在学习训练中发现问题、提出问题，并且详细认真地询问、求教。问就要刨根问底，问后还需思考、真正明白。审问，不光是问老师，更要问自己。练太极拳最忌的就是埋头苦练而不思不问。"慎思"是认真、谨慎地思考。对学习训练中的所有概念、技术，都要反复实践、反复思索。既要练出效果，又要想明白其中的道理。不轻易得出结论，也不可没有结论。"明辨"是讲要建立起明确的是非标准，能够看清问题，辨明正误。没有明辨，博学就可能是杂乱无章、良莠不分的无用知识堆积，审问就会是瞎问，慎思也思不出结果。"笃行"是讲行动，不能光说不练。要有明确的目标、坚定的意志，必须踏踏实实、坚持不懈地将所学、所问、所思、所辨，最终都落实到行动上。博学、审问、慎思、明辨、笃行是一体的，"果能此道矣，虽愚必明，虽柔必强。"

另外，儒家历来注重修身，讲求做人须立志，建立起人生目标；须勤学上进，努力不辍；须心怀坦荡，为人磊落；须常常自省，自我完善。仁义礼智信是基本行为准则。这些也都是传统社会中的道德标准，也是太极拳修炼者所追求的，所谓练拳需要先立德正身，练拳也是修身。

## 2. 释家

释家即是佛门，本是外来宗教。传入中国后，受中国传统文化影响，特别是道家的影响，发生了很多变化，也产生了许多不同宗派。王培生师爷十三岁受居士戒，学习佛法。晚年在总结释家思想对太极拳的影响时说："抛开佛门宗教思想，虽然有许多修行观点，其核心之一可以简单地概括为'看破、放下、自在'，这也正是太极拳所追求的。"所谓"看破"就是指能明白道理，能够看透事物的本质。其实世上很多道理看似高深，能看破就很简单，也就是道不远人。"放下"是说思想上能够放松、不纠结。"看破"容易"放下"难，"看破"是思想上的，"放下"是行为上的。很多人能看破，但是放不下。行动上能真"放下"才能真正懂得"五蕴皆空""色即是空，空即是色"。只有能"看破"才能"放下"，能"放下"才能"自在"。得大自在，即是同于道家的回归自然。如此应用到练拳上，才能做到不与对手争一时一地之短长，才能彻底放松，舍己从人，无过不及。否则即便理论纯熟，与人搭手时放不下，也是无济于事。比如在推手时常常需要忘掉"接触点"或"麻烦点"，这是一个太极拳技术中的基本原则。理解，即看破，这个原则并不难，难的是真能在实践中做到忘掉，即放下。忘不掉或放不下的原因，一是由于"先天自然之能"的行为惯性，而更主要的是心理上的、由于怕输而不想或不敢忘掉。只要在思想意识上对"接触点"还有一丝的留念，就无法做到彻底的放松，也就不能真正得到"我顺人背"的自然、自在之势，太极拳的技术就不能真正有效地实施。

### 3. 兵家

兵家是指以《孙子兵法》为核心的、有关用兵征战的理论系统，其中的思想核心就是"知己知彼""因敌变化"。战争理论自然是讲敌我对战，但是作为一种思想体系，许多战略战术问题都已经被抽象提升到哲学范畴，可以应用到生活中的其他领域。作为个体之争的太极拳武术技法中，兵家思想有相当重要的指导意义。比如"知己知彼"的思想，促进了太极拳在感知运动方面的发展，使人可以通过学习太极拳而培养出超乎寻常的感知能力，达到"人不知我，我独知人"的境界。又比如在"因敌变化"的思想指导下，太极拳不使用预设计的技术，而是通过与对手相随的方式，在随着对手变化的同时发现对手的弱点，实时解决问题，即"因敌变化示神奇"。其他如"以静制动""后发先至"等战略思想，也是太极拳技击中经常采用的原则。此外，如"常山之蛇"等战术思想，在太极拳技击中也都有具体的应用。

## 传统养生学与中医学中对于人体的认识

中国传统养生学与中医学都有几千年的历史，通过长期的实践，以人体穴位与经络以及精气神等为系统的核心，结合阴阳五行等理论，形成了一整套对于人体的理解与认识系统。虽然从理论上讲，传统养生学与中医学中有许多现代医学科学无法解释的地方，但其实效性被长期实践所证明。在太极拳训练中，无论是技击方面，还是健身、求道方面，都大量使用了传统养生学与中医学中的实践成果。其中以有关气以及经络与穴位的理论，都在太极拳的实践中有大量的直接应用。从练拳的实际经验、感受中，也可以清楚地体验到这些人体理论的含义。

由于王培生师爷在传统养生学与中医学方面都有极高的造诣，所以在他的太极拳实践中特别注重将行拳过程中身体上的特殊感受与这些理论相结合。经过他几十年的不断探索，结合前辈的经验，得出一套比较完整的"以窍运身"的训练方法。此法即是在练拳时，无论是拳架练习还是推手练习，总是以身体上的穴位作为意念控制的关键点，使运气、运劲都能够更准确、更敏感。此法在太极拳的中级、高级训练中，有很显著的效果。因此，学习太极拳应该对传统养生学与中医学有一个基本的了解。至少要能记住人体经络中的十二正经与奇经八脉的基本位置与走向，以及练拳时经常需要用到的主要穴位。图2-10、图2-11中标出了这些主要穴位。

必须指出，由于种种原因，在中国传统养生学与中医学中也都存在着一些不科学、不合理的理论与方法，存在着一些故弄玄虚的不实之处，而且还特别容易产生欺世盗名之徒。这些也对太极拳有负面影响。虽然说瑕不掩瑜，但是对此需要有清醒的认识。

### 论太极拳之理论先行

外家拳的技术发展以人的自然本能为基础，技法的原理与实用性都很直观，因此一般不存在对于技法的理解问题。懂拳并不难，难点在于能够练到什么程度。而太极拳的不同之处在于其从不同的观点出发，从不同的角度、探索出武术技击技术的新途径。其中最重要的不同之处在于其技法是反先天自然之能，因此不理解是正常的。人们常说"一看就懂、一学就会的，肯定不是太极拳。"这里也要提醒一下初学者，遇到有人贩卖"简单实用"的太极拳时，要小心了。

在我们学拳、传拳的过程中，常常会对一些技术技法发出感叹，

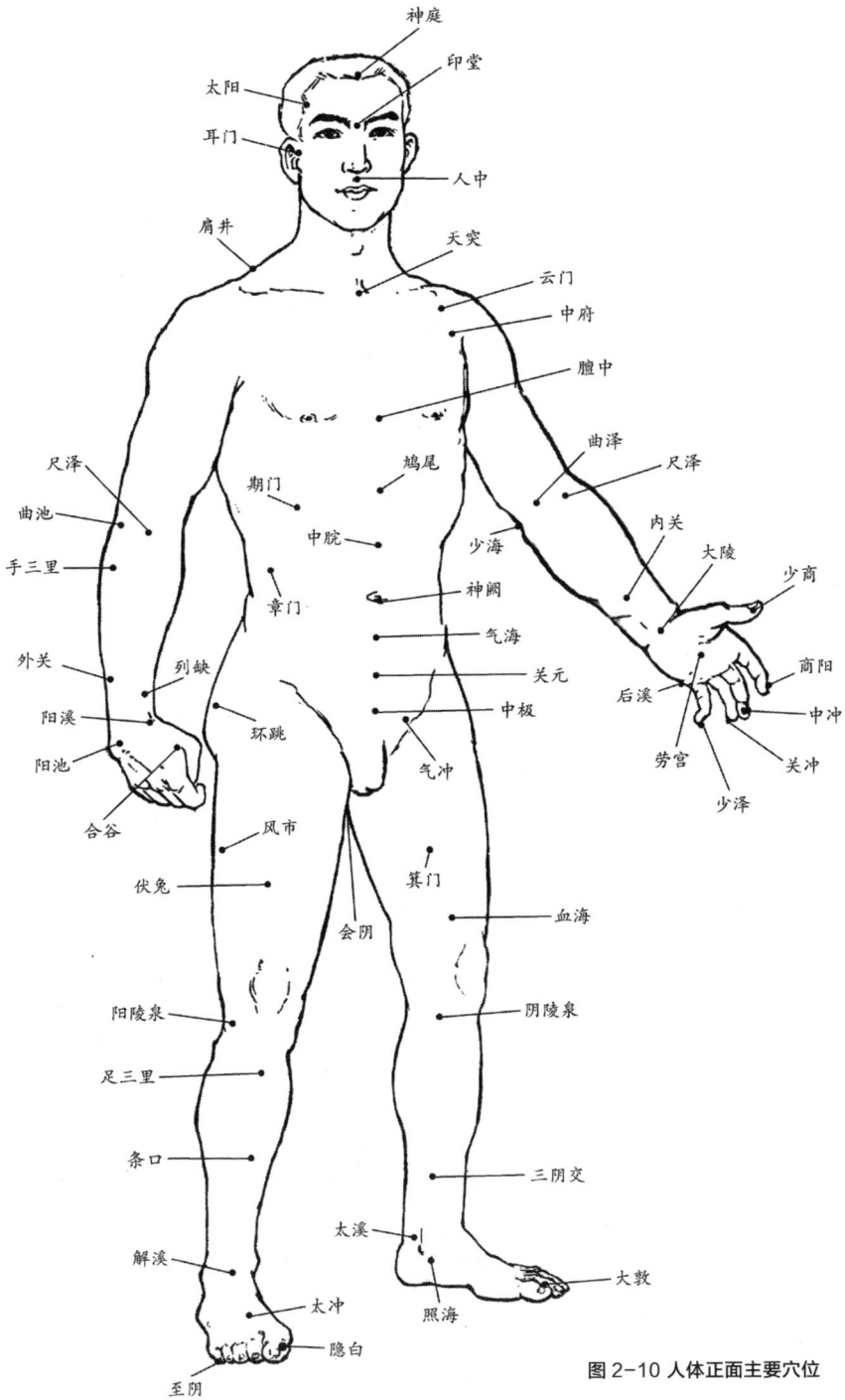

神庭
印堂
太阳
耳门
人中
肩井
天突
云门
中府
膻中
曲泽
尺泽
尺泽
期门
鸠尾
内关
大陵
少商
曲池
中脘
少海
手三里
章门
神阙
气海
商阳
外关
列缺
关元
后溪
中冲
阳溪
中极
关冲
阳池
环跳
气冲
劳宫
少泽
合谷
风市
伏兔
箕门
会阴
血海
阳陵泉
阴陵泉
足三里
条口
三阴交
解溪
太溪
大敦
太冲
照海
隐白
至阴

图 2-10 人体正面主要穴位

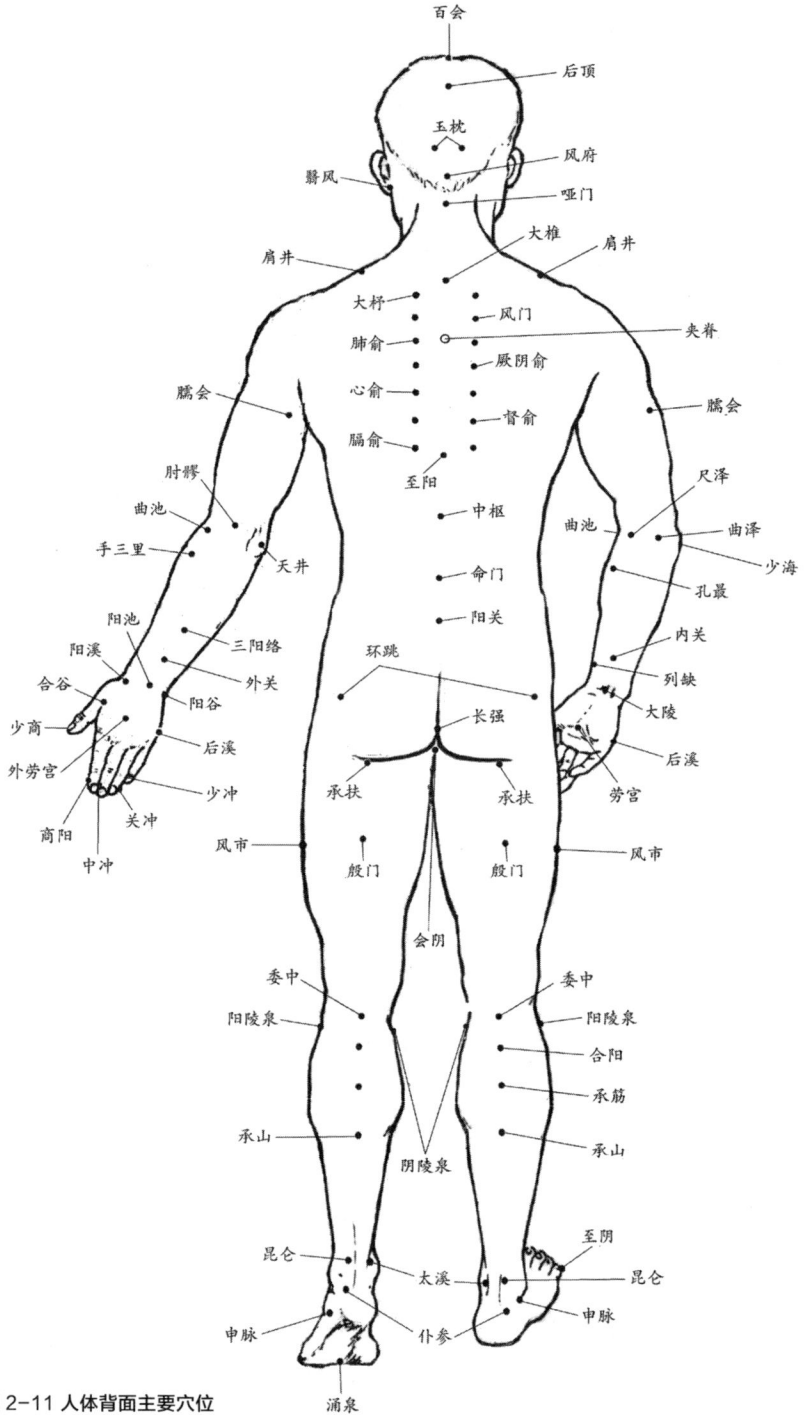

**图 2-11 人体背面主要穴位**

很惊讶在最初的时候，先贤们是怎么样想到如此精妙的技法。最不可思议的是这些技法常常有悖于我们日常经验，也就是说是会被认为不对、不可能做到、或使用时无效的。通常这类技法如果不经过老师反复讲解示范、学生反复练习，是很难理解掌握。这就带来了一个问题，在武术实践中，人们为什么会对一些从经验中看似没有道理、在应用中无效的技法如此执著地反复试验呢？在现实生活中，如果没有某种很强大的理念在背后支撑，人们对此类技术的实践会被很快放弃。事实上，这种情况正好说明太极拳的产生发展，一方面必然是技术实践的积累与突变；另一方面也必然是理论先行，也就是说必然先有一个很强大的理论支持，才可能会有执著的反复试验，才能对技术的积累与突变有相应的反应，才能最终建立起一个全新的系统。这个理论支持就是中国所独有的、传统的道家学说。因此，可以说太极拳是武术与传统哲学相结合的结果。在古代，全世界不同地区发展起来的文化思想体系有许多相似之处，而道家学说却非常独特，这也许可以解释为什么只有在中国才能产生出如此的武术流派，而在其他文化体系中难觅踪迹。从这点上说，在学习太极拳的过程中，理论学习是必不可少的。对于技法技术的理解掌握，需要的是理论与实践的反复试验、融合，以理论指导实践，以实践印证理论，最终达到融会贯通。

虽然现在人们对是谁发明了太极拳还有所争论，但任何掌握真正太极拳技法的人都能明白，如此高深精细的拳法，决不可能是某一个人自己琢磨出来的。它必定是几代人长时间锲而不舍，努力实验的经验总结。事实上，从杨露禅传拳起、有可靠的历史传承后，我们也看到很多太极拳家们不断完善太极拳拳理和技术的努力和取得的成就。只是在厚古薄今的文化传统中，人们总是习惯性地认为远祖最厉害。

同时，太极拳的发明也决不可能是在追求实效的功利主义或试验主义下能得到的；其必然是在道家求道、悟道的理念下发展起来，在追求完美的理想主义体验下逐步完善，是将实践中的体验提炼后，以更高的理论为指导，反复实验总结而得到的。而这些的核心就是强大的思想基础，这种思想基础能够使人们坚定信心，坚守理念，坚持实践。可以说如果没有道家学说与太极哲理，就不可能产生出太极拳这样的拳术，也许这就是为什么只有在中国古代才能产生太极拳，而今天的人们，由于离传统越来越远，也就越来越难理解太极拳的真正含义了。

# 传统哲学理论在太极拳中的应用

太极拳不是虚无缥缈的东西，虽然其中有许多常人不易理解的理论、技法，但它是在自然规律下产生的，并没有离开自然之道。太极拳的创立、发展都离不开对道的理解与应用。前面我们简单地介绍了作为太极拳理论基础的各种传统理论体系，这里我们将介绍这些传统理论体系中的一些具体理论在太极拳拳理与技术上的应用，也就是理论与实践的相结合。"道不远人"，只要能坚持认真学习、思考，刻苦练习，从研究过程中体会其中的乐趣，那么掌握太极拳就不是一件难事了。

## 反者道之动与先天自然之能，强化与改变

老子的"反者道之动"是太极拳创立的思想基础。简单地说，就是事物都包含有向相反方向转化的规律，即"物极必反"，是辩证思想。"反"者有"返""循环往复""相反相成"与"反向运动"等解释。"道"就是阴阳，"一阴一阳谓之道"，有了阴阳"道"才能动，才有作用。"动"是指变化发展。事物的矛盾和对立转化是永恒不变的规律。因此，"反者道之动"讲述了"道"的运动变化，其中包括两方面含义：一是说事物运动变化的规律循环往复、周而复始。这种变化的逐渐发展、演变，到了某一个"度"的时候，又纷纷地"归其根"，即返回

到当初开始的那个"本原"。从根本上说，"道"的主要任务就是回归本原。正是因为有了那些发展，才使得回归本源有了巨大而深刻的意义。二是说矛盾着的对立物，相互依存，在一定条件下向着各自的对立面转化。其实这两种解释的基本意思是相同的。因此，"道"的运动规则是阴阳两个方面对立统一、相互转化、循环往复、以致无穷。而在对立与转化中，又包括了"相反相成"与"反向运动"的含义。

"相反相成"即指对于事物相对而言的属性来讲，一方之内涵或利弊必须要与相反的一方比较方可知道。在比较之下，一方的特点能更多地显现出来。而"反向运动"即是指事物相反对立之关系和事物向对面转化之作用。事物都包含有向相反方向转化的规律，矛盾的双方可以相互转化，遇到问题正是解决问题的时机，"祸兮福之所倚，福兮祸之所伏""正复为奇，善复为妖"。有相反的运动才会成就新的启迪，才能进步。

老子的理论是辩证法哲学，"天下皆知美之为美，斯恶已。皆知善之为善，斯不善已。有无相生，难易相成，长短相形，高下相盈，音声相和，前后相随"，这些讲的就是阴阳辩证、对立统一、物极必反的道理，也正是太极拳技术的思想纲领，也是"反者道之动"的应用。

显然，太极拳、以至于内家拳，正是受这种思想影响而发生发展起来的。当以增强本能为基本思想、以刚为其本、以强化"先天自然之能"为方法的外家拳发展到了极限，产生了以改变本能、以柔化为其本的内家拳。所谓改变本能，从哲学上讲，就是返回到人的最初始的至柔状态，"专气致柔，能如婴儿乎"。因此，这也是在道家思想影响下，武术发展的必然方向。

对于太极拳技击技术来讲，首先就是保持太极阴阳对立统一与相互转换的持续发生。自身要保持阴阳，与对手之间也要保持阴阳，保持这些阴阳的不断运动转换。这些运动转换的目的是要改变本能的、低效率的技术方法；返璞归真，从而达到追求高效率的方法。由于不断地运动转化，"物极必反"，故在技击中自身要保持"无过不及"，而同时尽可能地促使对手成为"过"或者"不及"，使其进攻向相反方向转化。

从更高的层次讲，太极拳是通过动静训练，从动静的循环往复、周而复始的运动转换过程中，发现道的本质。"动之则分"，"动"即是万物离开本源的发展变化过程；"静之则合"，"静"就是在"道"的作用下万物回归本源的过程，也就是"静曰复命"的意思。"静"与"动"是相对的，即是发展变化与回归本源的过程。"道"的发展所遵循过程都是"道生一，一生二，二生三，三生万物"。因此，"反"在这里既可以理解为"相反"，也可以理解为"返回"。从根本上说，"道"的主要任务就是回归本源，但是如果没有当初的发展，那么也就不存在回归本源的必要。而且正是因为有了那些发展，才使得回归本源有了巨大而深刻的意义，这个意义就在于每次都是在更高层次上的回归。否则，一个完全静止不变、自我封闭的"道"，又怎么能成为驾御世间万物的宇宙根本之法呢？从这个意义上说，"道"是永恒运动的，它总是不断地改变着形态，不停地从本源发展向万物，又不断地从万物回归到本源。"道"又是永恒静止的，它始终保持着这样"运动"的形态不变，这样周而复始地"运动"着，始终保持着原来的样子。因此，"道"是"动"与"静"的高度统一。在太极拳中，既要发展各种技能，做"有法"的练习；又要保持返归原始本能，达到"无法"的境界，即练后天返先天。

## 弱者道之用，处弱与以柔克刚

老子的"弱者道之用"是太极拳基本技法的思想基础。"弱者道之用"是说"道"在发挥作用的时候，用的是柔弱的方法，就是顺应自然而不是强行改变。"道"创造万物，变化发展，并不使万物感到有什么强迫的力量，而是自然而然地发生和成长。所谓处弱或用弱，也就是"无为"。但这并不是完全消极，同样也有积极的一面，即包含主动地适应。与之相区别的是用强，也就是"有为"。在老子的哲学思想中特别强调弱道守柔，也就是要有如婴儿般"负阴抱阳"的柔和与可塑性。"柔"与"弱"主要指柔韧顺势之意，守柔曰强。这里的"弱"并非是虚弱，而是顺，顺势则能变通。顺势如水，"天下莫柔弱于水，而攻坚强者莫之能胜，以其无以易之，弱之胜强，柔之胜刚，天下莫不知，莫能行。"处弱才能够更清楚地看明白"道"，更容易地遵循"道"。而逞强的人往往凭个人意志去追逐那些离"道"最远的东西。真正的"强"是柔中刚，在这个世界上把这个"弱"做到最好而最终到达真正的最"强"的就是水。顺势是说真正屈服和顺从于"道"，而所有不符合"道"的东西都要抛弃，完全投身于"道"，完全客观、完全顺其自然，这样的弱者才会成为真正的"强"者。

王宗岳在他的《太极拳论》中，总结太极拳技术的本质时说："本是舍己从人，多误舍近求远。"这里的"舍己从人"就是以处弱的思想与对手相应，以柔化的方法，顺其势而为，达到以柔克刚，以弱胜强。这里由于"舍近求远"所造成各种失误的技术，多是凭主观意识设计的逞强之术，自以为得计，却因违背形势而费力不讨好。道以柔弱的方式顺势运作，因此它受到的阻力小。柔弱则不争，不争则对手无可争，反而能长久。不争才能舍己从人，才能知己知彼，才能柔化对手的强力进攻，才能达到"触之则旋转自如，无不得力，才能引进落空，四两拨千斤。"

## 有无相生

"天下万物生于有，有生于无。"天下的万物产生于看得见的有形质，有形质又产生于不可见的无形质。老子讲"有"和"无"是把它们当成相互对立的两个哲学范畴，"有"与"无"都是道的属性，是道产生天地万物时由无形质转向有形质的活动过程。"无"就是"道"的本质和核心，"有"就是"道"的外在作用，所以都是"道"。"有"生于"无"，其实是说物质之所以成为物质是因为它的客观实在性。

在太极拳应用中，总是以"无"而起，继而转向"有"，也就是说开始是无形无相、无任何预先设计好的应对方法，"一举手，前后左右全无定向"，完全是"舍己从人"、顺其自然地应对。无中生有，即是从自然应对中产生出阴阳变化，产生出"因敌变化"的克敌之法。比如对手用拿法抓拧你手腕，开始不需要做任何事，无任何主观动意，只需顺着对手的力量，随其动而动。因为其抓拿之力不可能是均匀的，所以自然相随就必然是随着力量大的点走。在随的过程中，你可在其手上抓拿之力较小的点上加一点控制之力，这个力的方向是在对手抓拿之力的方向上略做一点顺势的改变。改变需柔和、流畅，使对手在不知不觉中失去平衡而被控制，这就是"无中生有"。

## 无为与无不为

"无为"是老子的重要思想之一，"道常无为而无不为"。人能无为、无欲，自能逍遥。从哲学上讲，"无为"是对"为"的否定，而"无不为"，就是对"为"的肯定，也就是从否定而达到肯定。所以"无为"并不是说什么也不做，而是说不要以太多的主观意志行事，要按客观规律办事，要顺其自然达到"有为"。在太极拳推手中，"忘掉接触点"是一个重要的原则，能够做到这点就是"有为"；而如何做到，就需要以"无为"的方式，即不去想如何做而自得。

在太极拳里，"接触点"是一个习拳时常用的口语。在推手或技击中，参与的双方之间可能会有多点接触，而说"接触点"时，一般是专指在接触中对手对你产生威胁最大的点，或是指对手进攻的最主要的地方，有时也称"麻烦点"。比如，当对手用双手推你，哪只手的劲大，就是这个麻烦点。又比如，当对手抓你手腕时，要能分清是大拇指的劲大，还是食指、中指的劲大。"忘掉"就是讲不要在这个点上与对手周旋，就是不要有意去做任何事，要"无为"。只有能忘掉接触点，做到"无为"，才能在这点上做到"无过不及，随曲就伸，舍己从人"，才能应用太极拳之阴阳转换技法，从另外的点上达到控制对手，即"无不为"。忘掉接触点，是太极拳训练中最困难的技术之一。当人遇到麻烦时，为了处理麻烦，意念会很自然地转移到产生麻烦的点上，这是最根深蒂固的"先天自然之能"。

在讨论"无为"时，要特别注意的是"无为"须是自然而然的状态，而非刻意地去做。刻意的"无为"就变成了"有为"。比如前面说在推手时要"忘掉接触点"，是一种以"无为"的方式达到"有为"的目的。但是如果刻意地去"忘掉"，则在实践中常见的却是，越想忘掉就越忘不掉。正确的方法就是不去想应该在接触点上做什么，将意念放到其他地方，不想则自然就忘掉了，这才是"无为无不为"。

## 玄之又玄，众妙之门

老子的"玄之又玄，众妙之门"是太极拳所应用的方法论。玄者，幽远、深奥之意。"有"是玄，"无"也是玄。"玄之又玄，众妙之门"，就是说要理解"有"与"无"之间之奥妙，讲的是人的认识的产生、构成，是人类认识世界之门。练太极拳就是以已知的知识概念，深入分析认识，找出新的规律。太极拳虽然难，但仍在自然规律之中，而且更加符合自然规律。以前的武术多讲"有"，是功能。"常有欲以观其徼"，是从"有"中体会道的端倪，是道中的应用。而太极拳讲的是"常无欲以观其妙，常有欲以观其徼"，既要从"无"中观察领悟道的奥妙，以无名否定有名，认识自然的本质，从根源上得到对武术最核心的理解；又要从"有"中体会道的应用，遵守自然规律，从无名到有名，实现最精妙的武术技术。

在太极阴阳哲理中，玄也是中极的意思。中极之玄，亦阴亦阳，非阴非阳。处于一种玄妙、微妙的地位，阴阳之间的互动、转换皆由此生。应用于太极拳就是"动静之机"，可动可静，因敌变化，所谓"太极本无法，动即是法。"

## 以静制动与后发制人

"以静制动""后发制人"或"后发先至"是太极拳技击中的重要原则。"以静制动"源于老子有关静的理念，"致虚极，守静笃。万物并作，吾以观复。"本义是讲要保持极致的虚空状态，静守笃定，不受外界干扰，以此心态观察万物的变化规律。因此，虚空静笃是求道的状态，也是道家思想中的重要部分。而这个理念逐渐演变为"以静制动"，被兵家与武术家们所使用。在太极拳中，就是从极虚静中发展出极高灵敏度的"知己知彼"，才能"因敌变化"，克敌制胜源于静。

"后发制人"或"后发先至"源于兵家。《荀子·议兵》："后之发，先之至，此用兵之要术也。"《孙子兵法·军争篇》："故迂其途，而诱之以利，后人发，先人至，此知迂直之计者也。" 另外，在庄子论剑中也讲到："夫善舞剑者，示之以虚，开之以利，后之以发，先之以至。"这里讲的都是"后发先至"，而后逐渐演变为"后发制人"以及与之相应的"先发制人"。在武术技击中"先发"，即是以我为主、以自己预先设计好的方式主动进攻。"后发"即是要先被动地迎敌，从"舍己从人"中达到"知彼"，再以"因敌变化"的方式化被动为主动。

"以静制动"与"后发制人"相互包含。"以静制动"必然是"后发制人"；"后发制人"必然是基于"以静制动"。因此在讲太极拳技击时，这两条原则总是一起讲。

有些不懂太极拳的人以为"以静制动""后发制人"就是交手时自己先静止不动，而等着对手先动手出击。居然还有人质疑，如果太极拳遵循这样的原则，那么两个练太极拳的人就打不起来了，因为每个人都在等着对手先动。

在太极拳中，"静"并非不动，更不是站在那儿发呆，而是不妄动。也就是说不要在不明情况时，盲目出手。"静"更是讲心静，而非仅仅是形体动作的动静。而太极拳中的"动"也并非单指形体动作，更主要的是指能给对手造成直接影响的神、意、劲等。比如以神，通过目光，直射对手面门，似要出击、但仍保持放松状态。太极拳追求的是技击中最高的效率，因此必须能保持"静"，能"静"才能做到"知己知彼"，进而达到"舍己从人"，才有机会准确地感知对手，对于对手的"动"给予适当地对应。只要自己能保持"静"，则对手之"动"就成为妄动了。在实战中，需要从"静"中理智地给对手提出问题、造成错觉，使对手妄动，哪里有等着对手打的道理？"后发制人"是说虽然后于对手而发，但仍能占先机而制敌。这是因为"后发"是基于知己知彼，才能有把握。通俗地说，就是在不了解敌情时，不主动盲目出击。"引进落空""牵动四两拨千斤""借力打力"等重要的太极拳技击原则，都是在"后发制人"的原则下实现的。

能够"以静制动""后发制人"，是因为太极拳技术中大量使用触觉而能够知人，这个能力是通过长期训练而得到的超强感知系统所提供的。一般人无法理解太极拳的感知系统能够达到何种程度，也就很难明白其中的道理。

"以静制动"与"后发制人"讲的是一个道理。当然这些都不是说说就能做到的，需要长期、刻苦、正确的推手训练，需要有恒心、信心，更要细心。必须要"事事存心揆用意"，最终达到"彼不动，己不动；彼微动，己先动"。这里"彼微动"，是说对手微微有些做动作的先兆，比如要发拳时，意念是会有一个聚焦的感觉，而肩膀、手臂往往会微微后撤；"己先动"是说当己方感觉到对手的动意时，做出的应对反应动作。比如当感觉到对手要发拳，在其劲力将发未发之际，将己之截劲送出，"于彼劲将发未发之际，我劲已接入彼劲。恰好不先不后，如皮燃火，如泉涌出"，即可使对手的进攻之力，转化为破坏其自身平衡之力，这是太极拳技击中最常用的技法之一。

### 不争与舍己从人

"不争"实际上是"无为"思想的具体应用，是太极拳应用训练中需要经常提及的指导思想。太极拳技击技术中的一个基本要素就是不与对手直接以力量对抗，也不去拼绝对速度。因为在直接的力量对抗、或速度拼比中，总是力大者或手快者胜。力大、手快而胜本身并没有什么问题，问题是在现实生活中，是否能保证总是比你的对手力大、手快？如果不能保证力大于对手、手快于对手，则不对抗就是最明智的选择。所以老子说："以其不争，故天下莫能与之争""夫惟不争，故无忧。"不与对手斗力，使其力无处可用。通过训练，使不与对手直接对抗成为一种自然状态，这是太极拳中最根本的技术原则"舍己从人"的理论基础。如何做到这点？就是要如水一般地松柔，"水利万物而不争"。所以"不争"的技术基础就是松柔。做不好松柔，想不争也难，因为抗争是"先天自然之能"中的重要组成部分。

### 专气致柔，以柔克刚，以弱胜强

前面所讲的"无为""不争""以静制动"等太极拳的重要技术原理，都只能在松柔的基础上实现，而这正是道家思想中最重要的组成部分。老子讲："坚强者死之徒；柔弱者生之徒。是以兵强则灭，木强则折。""天下之至柔，驰骋天下之至坚。天下莫柔弱于水，而攻坚强者莫之能胜，其无以易之。弱之胜强，柔之胜刚，天下莫不知，莫能行。"

道家道法自然，返璞归真，其修炼的核心就是老子讲的"专气致柔，能婴儿乎？"在太极拳训练中，于内，必须时刻专注于精气，即静守精气使之不乱；于外，需致力于身体柔软，即形体应用中之而柔顺。结聚精气，以内静而无思虑的训练，使身体变得柔顺得如同婴儿一般。如此才能真正做到以柔克刚，弱能胜强。在训练中，这种柔，有时也称之为绵或绵软。

要注意，以弱胜强中的"弱"是与"强"相对而言、在体能方面相对弱小的意思。切不可以将这种"弱"理解成单纯的软弱。在太极拳训练中，人们也常用"弱"表示一种错误，这种"弱"是指在使用柔化技术时，完全丧失主动性的被动挨打。常见的情况是想以松柔的方式与对手相随，但是做得太过而被对手追着打，陷于绝对的被动状态。从太极阴阳原理讲，这种"弱"就是阴、阳分离，以纯阴应敌。要从水的性质中体会柔的真正含义，水的外柔可随形就势，但是不可被压缩，而内中含有源源不断之巨大能量。分清"柔"与"弱"的定义，是太极拳训练中的一个重要课题。

## 阴阳辩证与黏走相应

太极的哲学原理讲的就是阴阳辩证法，即阴阳的对立统一，相互转换，阴中有阳，阳中有阴。阴阳本是两个对立、抽象的哲学概念，它们相互对立、又相互依存。比如上、下的概念，没有上就没有下，没有下也就无所谓上；上、下是相互依存在同一个统一体内——相互比较而言的，没有绝对的上或下。在阴阳辩证法中，所有事物都是在相互矛盾斗争中产生发展的，物极必反，在对立统一中循环上升。

在太极拳技术中，主动是指在主观意念直接指导下的主动的动作行为，被动是指无意念直接指导的自然的动作行为。而所谓自然的动作行为，多是由于长期有意识训练而形成的下意识行为。按照阴阳的属性，主动的行为是阳，被动的行为是阴。主动的进攻之劲称之为刚，是阳；被动的柔化之劲称之为柔，是阴。以主动的行为与劲力，给对手造成持续麻烦的技术，称之为"黏"；以被动的行为与柔化之劲，化解对手的进攻，使对手进攻无法起到应有作用的技术，称之为"走"。太极阴阳讲的是阴阳辩证、对立统一，也就是要达到"黏"与"走"一起做，即要"相应"。因此，基于太极阴阳之理的"黏走相应"，就是所有太极拳技法中最根本的原则，是太极阴阳理论在拳术中的具体实践。

　　"人刚我柔谓之走"，即是以我之阴对彼之阳。"走"的基本含义是，在对手于我身上施加力量的点上，即麻烦点，与对手保持相随的状态。敌阳我阴成一太极，即不与对手相争对抗，就是"舍己从人"。在与对手相随的同时，要在接触点保持一点点对抗之意，即阴中有一点儿阳，使对手总感觉他的力能在你身上产生作用。"我顺人背谓之黏"，即是以我之阳对彼之阴。"黏"的基本含义是，在对手身上比较薄弱的地方，保持与对手的接触，如同黏在对手身上，并随着对手而动。我阳敌阴成一太极，同时在这个接触点上，顺势不断主动地给对手制造一些小麻烦，积少成多，呈现出进攻之势。在这种主动的进取中，不可太过，要存有"含欠"之意，即阳中有一点儿阴。黏与走就是阴阳的对立性。太极讲的是阴不离阳、阳不离阴。所以"走"之阴与"黏"之阳必须是同时进行，形成一个太极，这就是阴阳的统一性。从动作的动态上讲，就是一个圈。阴中有阳，阳中有阴。阴阳对立统一，相互转换，故"走"与"黏"可以转化，所以"黏即是走，走即是黏"。当"黏"与"走"这对阴阳矛盾能够达到对立统一，相互自然转换时，就是所谓"能黏能走，方为懂劲"。

## 中正与无过不及

道家认为，由于"道"有物极必反的特性，因此要保持"无过不及"的状态。这与儒家的中庸道理相通，即"不偏之谓中，不易之谓庸。中者，天下之正道；庸者，天下之定理。""中庸者，不偏不倚，无过不及。""无过不及"的核心就是"中正"。

太极拳训练中，首先通过对外部形体动作的"中正"练习，达到中气的不偏不倚与身法上的中正安舒。"立身须中正安舒，支撑八面"，保持自身的中正而达到中定。在与对手接触时，中正就是保持自身的稳定、平衡，不拿对手当扶手，也不给对手当扶手。在"舍己从人"时，不能失了中正。通过正确的外部形体动作的练习，逐渐建立起内在的有关中正的感受。到高级阶段以后，做好中正，就不一定是具体形体动作范围中的事了，要从中气的晃动中，寻找随遇平衡的内在感受，才能做到中正无处不在。自身能够保持"中正"，与人接手时才能做到"不偏不倚，忽隐忽现""无过不及，随曲就伸"。

## 知己知彼与感知运动

"知己知彼，百战不殆"是兵家思想，讲的是在交战过程中，获取信息的重要性。在以"先天自然之能"为基础的武术技击中，当与人交手时，通常获取信息的主要途径是视觉、触觉与听觉，其中视觉与触觉的作用更大，即通过眼睛的观察与肢体接触的感受去了解对手的动静、虚实，从而做出如何应敌的判断。由于眼睛的观察只能局限于表面现象，所以误判的可能性很大。比如技击中大量的假动作，多是为了干扰对手视觉，使其观察力发生偏差、产生错觉。而在触觉的使用方面，一般只是依赖、使用人身现有感知能力，故多数比较主观，也过于肤浅、粗糙，因此常常会造成反应滞后。在大多数实战技击中，使用本能的视觉与触觉，必然形成以"拳打两不知"的状态为主。

在太极拳中，对于视觉与触觉进行大量的特殊训练。在视觉方面，除了需要以大量的实战训练来增强判断能力外；还要通过心静、意专等训练，达到神之内敛，从而尽量避免对手的干扰，减少误判。除了使用视觉外，太极拳中更注重的是触觉的训练与应用，就是通过肢体的直接接触来获取更多、更准确的信息。太极拳中对触觉的训练，充分开发利用人体潜能，因而可以获得远远高于其他拳种的触觉。与其他拳法中所讲的触觉相比，已经完全不在一个层次上了，有本质上的不同。通过直接接触，以这种新的触觉能力，太极拳不但能清楚地了解并掌握自身的状态，更能够清楚地了解对手的形体运动状态以及心理、意念等活动的意向与本质；不但可以避免反应滞后，甚至可以超前，达到"人不知我，我独知人"的境界。太极拳推手训练的目的之一就是发展这种高度敏感、精微、准确的触觉。在推手触觉训练中所追求的：第一是"感"，就是能敏锐地感觉对手身上由内到外的一切形体、意念、劲力的活动；第二是"知"，就是能够从感觉到的信息中进行分析判断，从而知道对手的全部即时状态，同时知道如何以太极阴阳之理做出正确的太极拳技法应对。

## 无法与因敌变化

武术中讲的"法"是技术方法，或者叫"招式"，就是指某种肢体运动模式以及相应的用力方式。大多数武术门派都是先凭经验设计了一些"法"，再通过练习，使这些"法"能够在实战中被熟练地应用。这种方式的优点是可以大大减少实战中的反应时间；缺点是这类"法"的惯性或惰性太大，一旦有未知情况出现，则马上会产生应对上的困难。

太极拳以"无法"为法，这是道家"无为"思想的应用。更进一步而言，"太极本无法，动即是法"讲的是"因敌变化示神奇"，是兵家的"故兵无常态，水无常形，能因敌变而取胜者，谓之神"的应用。练太极拳虽然要一招一式地练，也常会讲一些拳势的技击作用。但这些"法"的练习，都是为了全面理解太极拳技术所需的手段，或者说是学习过程中的一些实例。所以常说其他拳术中练"法"是为了能更好地用"法"；而太极拳中练"法"是为了能忘掉"法"，是为了能够建立起新的能力。如果真的把这些"法"的练习当成实战中的具体应用，那就是本末倒置了。太极拳追求的是"因敌变化"，在接手之前不应有任何预设计的方案，"一举手，前后左右全无定向"，即"无法"。在接手的一瞬间，通过感知让对手告诉你应该如何变化。只有这样，才有可能避免未知情况的出现，保证正确的应对。这就是太极拳所追求的、新的、与众不同的感知能力。

大多数可以直接应用的"法"，都是凭经验设计、基于自然本能、以主动的形式使用的。因此，当遇到太极拳时，大多都不知如何应对。这是因为太极拳使用了非自然本能的方式，超出了大多数人的直接经验。练太极拳能够从训练里的"有法"中跳出来，认识到应用中"无法"的意义，才能算是对太极拳有了正确的理解。

## 八卦、五行与十三势

一般认为起初太极拳的名字是"十三势"，这是因为拳术的基本构成是以八卦、五行理论为基础的八种手法与五种步法，也称为八法五步或八门五步。有些人认为，拳术被称为"十三势"的时期，是太极拳从理论到实践仍处于未成熟的时期。因此，早期的八法、五步可能就是指一些具体的技术技法。当太极拳发展成熟后，八法、五步则被抽象、提高成为技术原理。虽然具体的练习方法依然存在，并被贯穿到拳架与推手训练中，但必须知道这些都只是表象。到了训练的高级阶段以后，需要从更高的层次重新审视，提高认识。这里先介绍八法、五步的基本概念，具体的练习方法会在以后的章节中有具体、详细的论述。

### 1. 八卦与基本八法

八卦是太极拳中基本八法的理论基础。在王宗岳的《太极拳释名》中有"掤、捋、挤、按，即坎、离、震、兑，四正方也。採、挒、肘、靠，即乾、坤、巽、艮，四斜角也。"由此可知，这里所讲的八卦是后天八卦，即八卦之应用。图 2-12 表示后天八卦与八法的关系。

需要提醒的是，在一些老的著作中，对于八卦与八法的对应关系有一些不同的描述。经过仔细比较、认真分析，无论是在理论方面还是在实践中，在武禹襄所传的王宗岳《太极拳释名》中的描述，无疑是最准确的。同时，宋书铭家传老谱也与此相同。王宗岳的版本也是已知版本中最早的。其他版本应该都是基于王宗岳版本的，其中的问题可能源于各种不同的原因，比如传抄中的笔误等，读者需认真研究。

从本质上讲，太极拳中讲的八法已经不是指具体的技术，而是技法原理，或者说是有关劲的产生与应用的方法，所以有时也说八法是八个劲。由于在训练中有一些八法的具体练习方法，比如四正推手、

图 2-12 八卦与八法

大捋推手等，人们常常误以为讲八法就是讲八个具体的技术。如果从拳架训练中看八法，可以看到对于八法更加灵活的应用，更容易理解八法讲的是技术原理，是八个劲。须知在训练中，需要先通过具体技术的练习去理解掌握八法的原理，才能逐渐明白其中劲的产生与应用，才能在使用时达到灵活运用，因此对八法的理解不可过于机械。

图 2-13 大捋推手中的掤劲

　　掤是指在对手压力下，能够维持自身变化的一类劲。太极拳追求最大程度的放松，但是不能变成弱，掤劲就是起着保证不弱的调节作用。如果手臂上的掤劲可以做好，同时下盘有前进之意，就可以形成一种向前上的、柔中刚的劲，就是推手练习中常说的掤劲。图 2-13 显示掤劲的一种具体练习方法，其中产生掤劲的要领是命门穴向支持腿的环跳穴上落。

图 2-14 大捋推手中的捋劲

　　捋是指一类顺着对手劲走，再从中逐渐产生柔和变化而改变对手劲力方向的劲。太极拳不与对手直接对抗，总是先用松、柔的方式顺势而动；再从顺势中一点一点地改变其劲的运动方向，使其劲最终落空。如果对手向前上方推我胳膊，在我胳膊随着其劲走的同时微微外旋，将其劲引离我中心线，就是推手训练中常说的捋劲。图 2-14 显示捋劲的一种具体练习方法，其中产生捋劲的要领是祖窍穴找身体转向侧的肩井穴。

**图 2-15 大捋推手中的挤劲**

　　挤是指一类将对手之劲封闭住的劲。太极拳讲对敌时要"得机得势"，挤就是"得势"。简单地说就是将对手挤住，置于不舒服、甚至不能动的境地。这种挤住的特点就是要使对手的反抗之力，全部反作用到他自己身上，进而可以顺势将其发出。如果可以通过手臂运动先将对手逼迫至腰腿皆不舒服的状态，这时以脚踏中门，随之两臂向前舒展之势发劲，就是推手训练中常说的挤劲。图 2-15 显示挤劲的一种具体练习方法，其中产生挤劲的要领是夹脊穴找前脚的涌泉穴。

**图 2-16 大捋推手中的按劲**

　　按是指一类当对手劲力之锋刚刚接触到目标，从侧方发出的使其偏离的劲。由于实际应用中，这种劲多数是从上向下发出的，如同向下按一般，故称为按。如果对手向前方推我，我将手扶在其胳膊之上，随着其劲微微旋转并向侧前轻轻推按，使其劲锋与我脱离接触，就是推手训练中常说的按劲。图 2-16 显示按劲的一种具体练习方法，其中产生按劲的要领是劳宫穴找膻中穴。

**图 2-17 大捋推手中的採劲**

采是指一类向下、带有弹性、略带爆发性的控制之劲。采是手法，但要有以脚去踩地上毒物之意，即快速、果断。同时，其中的控制不是一种持续的行为，采后马上要松，常说如同采花，手一下一上，采住即松，即弹性力。在推手训练中常说的采劲，是指与对手的手臂形成稳定接触后，以胯向脚上落而形成的突然的沉采之劲。图 2-17 显示采劲的一种具体练习方法，其中产生采劲的要领是环跳穴向同侧的涌泉穴上落。

**图 2-18 大捋推手中的捌劲**

　　捌是指一类比较猛烈的分错之劲。捌就是分裂、撕裂、掰开、劈开，是指自身体内以手脚为主的争劲，同时也是指与对手之劲力发生交错的劲。此劲常用于去破坏对手劲力的完整性。在推手训练中常说的捌劲，是指与对手接触后，以相对的手与脚相冲、或者相合而形成比较突然、强烈的分裂之劲。图 2-18 显示捌劲的一种具体练习方法，其中产生捌劲的要领是身体一侧的劳宫穴与另一侧的涌泉穴相冲。

图 2-19 大捋推手中的肘劲

　　肘是指一类在肘圈范围所使用的劲，以肘击、膝撞等为主，可以有很多种。比如顶、撞、砸、沉等，多从肘或膝上运用。推手训练中常说的肘劲，是指曲臂、以掌摸肩而形成的肘尖上的前冲之劲。图 2-19 显示肘劲的一种具体练习方法，其中产生肘劲的要领是与使用肘同侧手上的劳宫穴找同侧的肩井穴。

图 2-20 大捋推手中的靠劲

　　靠是指一类在肩圈范围所使用的劲，以肩靠、肩撞、背靠、胯打等为主，可以有很多种。比如靠、撞、挤、打等。多从肩、胸、背或胯上运用。推手训练中常说的靠劲，是指进步转身、以肩向对手身上挤靠而形成的向侧前方的冲撞之劲。图 2-20 显示靠劲的一种具体练习方法，其中产生靠劲的要领是身体一侧的肩井穴与另一侧的环跳穴相冲或者相合。

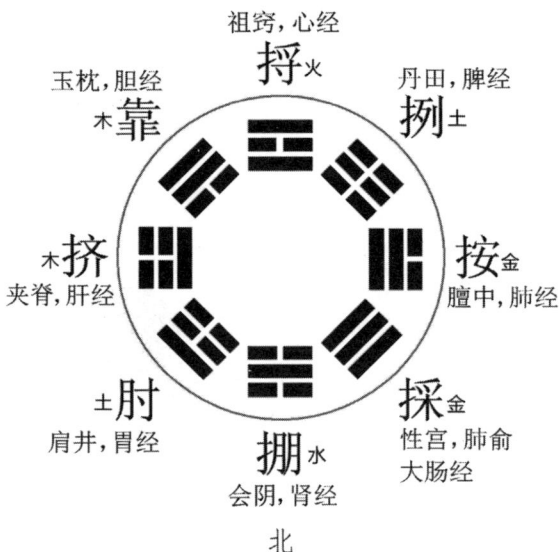

图 2-21 八法与八卦、五行、穴位、经脉的关系

八法中的每一法都有一个相应的穴位，或称为窍，即内功练习时，意念所在的位置。每个穴位都对应一条经脉，在练习中对身体有推进作用，比如挒在人体中对应的穴位是祖窍穴、属心经。这些在具体训练中都要注意到，掌握正确的应用方法。

"八卦本五行"讲的是五行是八卦的基础，也就是八卦各个卦中的五行属性。这种五行属性也体现在八法之中。比如坎卦在五行中为水，因此与坎卦相应的掤劲就具有水的属性，即柔中刚，在柔和中蕴藏着不可抗拒的巨大能量，可随形就势，但不可被压缩。图 2-21 显示八卦与五行的对应关系以及与八法相应的穴位、经脉关系。

八卦理论应用到太极拳实践中的另一个方式，是以人体的三节暗合八卦中的三爻，以每爻的阴阳变化指导身体上刚柔、虚实变化，从而引发体内劲的变化。比如推手时，当对手抓住我胳膊，我可以使用艮卦，三爻为阳、阴、阴来对应。即以意念使对手感觉到我胳膊上有与之对抗的刚阳之劲；同时我之腰、腿松柔，使对手脚下轻飘，用于对抗之力落空。以这种方式讨论八卦时，具体技法以及具体的形体动

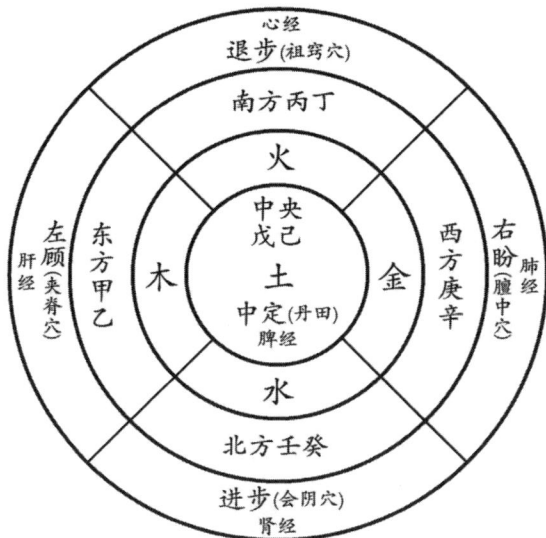

**图 2-22 表示五行之方位、步法与对应的窍穴以及经脉的关系**

作并不重要。开始练习，每一技法都要按具体要求做好；熟练后，每种技法都不必拘泥于某个具体动作，凡是带有相同属性的动作都是此技法。这样就完成了从有法到无法的过度。在实践中，多数情况都是多种技法的混合使用，很少有直接使用单一技法的情况。

### 2. 五行与基本步法

五行是太极拳基本步法的理论基础。在王宗岳的《太极拳释名》中有"进步，退步，左顾，右盼，中定，即金，木，水，火，土也。"这就是所谓五步。五步并不是五个具体的步法，而是五种身体运动的基本形式。在五步中的每一法都有一个相应的穴位，或称为窍，即内功练习时，意念所在的位置。每个穴位都对应一条经脉，在练习中对身体有推进作用，比如进步在人体中对应的穴位是会阴穴，属肾经。这些在具体训练中都要注意到，掌握正确的应用方法。图 2-22 表示五行中的对应关系。

进，或进步，为水，是讲进步时要有水的性质。水向下流，故进步时要尾闾向前下指，是一种如水流向下沉而进的感觉。柔和、顺畅的表象背后是持续与强大，有任何空隙即可涌入。脚步沉稳、快速而灵活。太极拳中，凡是身体向前方运动的趋势、或前进时，都属于进步。

退，或退步，为火，是讲退步时要有火的性质。火向上炎，故退步时要有立身提顶，脚步轻灵之感。炙热的表象背后是虚空，是向后的浮动。太极拳中，凡是身体向后方运动的趋势、或后退时，都属于退步。

顾，或左顾，为木，是讲旋转前进时要有木的性质。木可弯曲、伸直，故旋转前进时要有屈伸开合之意，步法中有回旋、伸展、舒畅的感觉。太极拳中，凡是身体向侧面移动、转动，并有向侧前方运动的趋势时，都属于左顾。注意这里的"左"是指五行关系中，木在左侧，而非是单指向左转、或从左面旋转前进。

盼，或右盼，为金，是讲旋转后退时要有金的性质。金可以随意改变形态，有变革的性质，故旋转后退时要有随曲就伸之意，步法中要有闪展腾挪、不离不弃之感觉。太极拳中，凡是身体向侧面移动、转动，并有向侧后方运动的趋势时，都属于右盼。注意这里的"右"是指五行关系中，金在右侧，而非是单指向右转、或从右面旋转后退。

定，或中定，为土，是讲在保持重心稳定时要有土的性质。中是中心、核心，定是平衡稳定。万物土中生，这个概念源于传统农耕文化中对土地的崇拜。在太极拳里，就是说所有技法技术都产生或者基于中定。也就是说，只有当自身的稳定得到保证后才能做其他的事。因此，守住中定是拳中一切技法应用的根本。太极拳中，中定是需要时刻保持的，无论进、退、顾、盼，其中都必有中定，或者说都基于中定而生。注意，中定不是简单地讲站着不动，或者单纯地说是站住后别人推不动。中定的核心是运动中的稳定，是执行技术动作时的自身稳定，是轻灵活泼中的稳定，也是内功心法中心静、意专、神聚之基础。

## 天干地支与六合六冲

天干地支本是传统文化中的标记系统，并不是随意创立排序，它符合道的自然原理，是古代历法的研究成果。其中天干有十个字：甲乙丙丁戊己庚辛壬癸；地支有十二个字：子丑寅卯辰巳午未申酉戌亥。在太极拳训练中，以天干代表方位，与五行相配，形成五种步法之应用（见前图）；以地支表示人体的重要部位，以穴位代表，与八卦相配，形成八种基本技法原理之应用。由此而产生的一整套训练方法，称之为"十三势"，对理解掌握太极拳的技击技术有很大帮助。但一定要注意，这些东西绝不能练成死的，要明白它的基本原理，灵活运用。

有关天干与五行、五步的关系，从前图中可以清楚看到。有关地支的应用略微复杂，首先要明白地支与身体各部位间的对应关系。地支中的"子"在人体中是命门穴位置，"午"是玄关处，即祖窍穴，"卯"是夹脊穴，"酉"是膻中穴；这四处大穴都在人体中线上，而且都是唯一的，所以是固定的。而丑寅辰巳未申戌亥这八个穴位在手、肩、足、胯上，而且根据虚实分布。当身体的虚实发生变化时，这些对应关系也发生变化，所以是不固定的。比如丑、寅是指实腿一侧的环跳穴与涌泉穴；而戌、亥是指虚腿一侧的环跳穴与涌泉穴；未、申是指与实腿相对另一侧实臂上的肩井穴与劳宫穴；而辰、巳是指与虚腿相对另一侧虚臂上的肩井穴与劳宫穴。固定在身体中线上的四大穴与四肢上的其他穴位相合，对应的就是四正技法；由于四大穴固定不变，

說手
太极拳静思录

图 2-23 地支与人体穴位对应

故称之为四正。而四肢上根据虚实变化而变化、不固定穴位之间的不同组合所形成的相合或者相冲，对应的就是四隅技法。如图 2-23。

如图 2-24 中将地支按循环排列，可以看到以相邻穴位组合形成六组相合的关系，即子与丑合为掤；寅与卯合为挤；午与未合为捋；申与酉合为按；戌与亥合为採；辰与巳合为肘。以相对的、臂、腿上的穴位组合形成四对、两组相冲关系，即丑与未冲、或辰与戌冲为靠；寅与申冲、或巳与亥冲为挒。八法就是按照这些所对应的穴位中的六冲六合关系所产生、应用的。

这里讲的冲与合，是指行拳时体内外各个部分之间意念运用与身体的运动关系，是以身体上某些要点为基础的练习方法。训练目的是追求身体运动中的协调性，以及在意念指导下主要劲力的产生与应用。

合，即合并、靠拢之意。从身体运动方面讲，身上的两点越靠近，

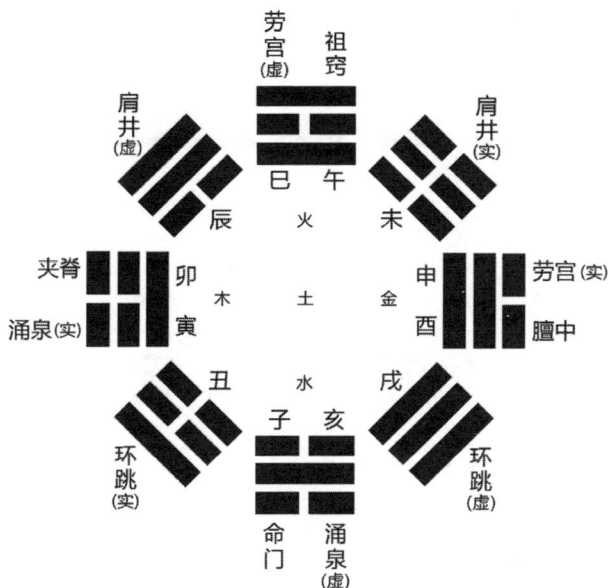

**图 2-24 地支、穴位与八法对应**

则运动中越容易协调。所以"合"就是以两点靠近的方式，增强协调性，即将松散的肢体运动向一起整合。有几种常见形式（图2-25）：

（1）身体上的一点向另一点运动、靠拢；

（2）身体上的两点在相对方向上运动、靠拢；

（3）身体上的两点均向第三点运动、靠拢。

冲，即冲突、分离之意。从身体运动方面讲，身上的两点越分离，则运动中越难协调。所以"冲"就是以两点分离的方式，锻炼协调性，即追求在发散运动状态下的整合。有几种常见形式（图2-26）：

（1）身体上的一点向远离另一点的方向运动、分离；

（2）身体上的两点在相反方向上运动、分离；

（3）身体上的两点在相反方向上运动、对冲。

事实上，合与冲在本质上是一样的。在训练中级阶段，常使用这

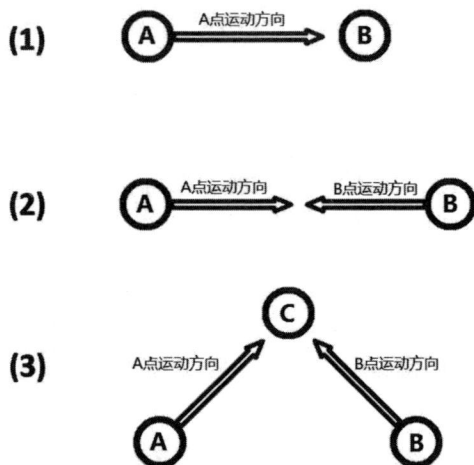

(1) A点运动方向 A→B

(2) A点运动方向 A→ ←B B点运动方向

(3) C A点运动方向 B点运动方向 A B

图 2-25 身体运动时的两点相合

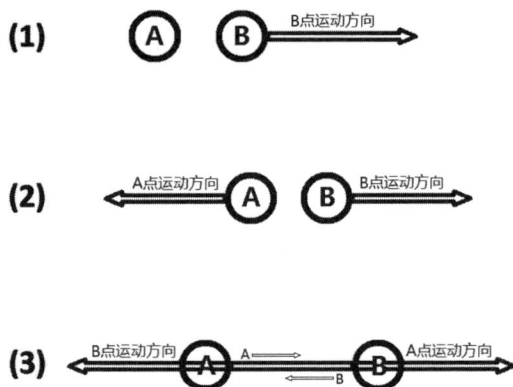

(1) A B B点运动方向

(2) A点运动方向 ←A B→ B点运动方向

(3) B点运动方向 ←A B→ A点运动方向

图 2-26 身体运动时的两点相冲

种方法指导八法的具体训练。这种方法能够使练习者更清楚地了解太极拳中身体的内在关系，从中体会身体内外的协调整合，进而掌握身体运动的内在规律。使用这种方法训练，还可以加强意念训练，以意念引导动作，从而促使劲的产生与应用，达到用意不用力。当达到高级阶段后，就不必按照这些死规定练习了。所有动作劲力的应用，都应该更自然；而且几乎所有的应用，都不是单一的劲的应用，而是几种劲的融合，也许只是更偏重某个而已。

### 无形无象，应物自然

"无形无象"源自老子的"无状之状，无物之象"。在阐述道的性质时，老子讲："视之不见，名曰夷；听之不闻，名曰希；搏之不得，名曰微。此三者不可致诘，故混而为一。"这里"夷"表示看不到的事物，宇宙大道无形无相、无边无际，是看不到的。这里"希"用来形容声音稀薄，也就是大道无声，贯穿始终。这里的"微"是说用手无法捕捉、摸不到的事物，称之为大道无形。此三者难以穷究区分，所以混合为一。所以"其上不皦，其下不昧。绳绳兮不可名，复归于无物。是谓无状之状，无物之象，是谓惚恍。迎之不见其首，随之不见其后。执古之道，以御今之有。能知古始，是谓道纪。"大道无形无象，似乎无法把握，却就在我们身边。对于"道"不能死板的理解，要顺其自然、回归自然。庄子特别强调以虚静空明的心境去感应万物，即是"应物自然"之意。

在练太极拳时，其中本质性的东西都是内在的，看不到、摸不到，比如神、意、气、劲等。它们虽然无形无象，但都符合"道"的原理而发挥作用。练拳越是往高级阶段走，形式上的东西就越少，无形无象的东西就越多。要避免形式上的矫揉造作，要追求返璞归真、回归自然。

李道子的《授秘歌》历来被认为是讲述太极拳顶级境界的经典，其中讲"无形无象，全身透空。应物自然，西山悬磬。"就是讲当练拳达到高级阶段时的感受。

# 传统哲学对武术发展的指导意义

哲学是人们对生产与生活经验的总结、思考与抽象提高，是思想上的升华。哲学是一种思维运动，它所关心的是本源问题，追求的是认识人与自然的关系、万物变化的规律，研究的是观察问题、分析问题的方法，智慧、理性与逻辑思维是它的基础。哲学是对现实生活的理性思考，源于生活，高于生活。而对哲学的应用，使人们能够更清楚地认识到现实生活的本质、规律，从而促进对现实生活的改变。

中国武术发展过程中，受中国传统哲学的影响很大，这是中国武术与其他格斗术不同之处。在已知的传统武术中，至少从春秋战国时的越女论剑、庄子论剑起，已经将一些带有哲学气息的观点融入到武术实践中。从可知的技术发展过程中，明代以后，以哲学观点直接指导武术的技术操作，已经应用得十分广泛。比如两仪阴阳理论、八卦理论等。这些可以从明、清两代的许多武术书籍、拳谱中看到。而其中，哲学观点又在以太极拳为代表的内家拳系统中影响最大，被用于指导思想，以及直接、具体的技术操作。哲学在武术中的应用，使武术的发展有更广阔的视野、更深入的思考；使武术从单纯的实用技术，上升到具有艺术境界、富有内涵的传统文化载体。从形而下，到形而上。因此，练武术，特别是练太极拳，就不仅仅是防身、健身，而是整体文化修养、精神境界的提高。

太极拳中对传统哲学，特别是道家哲学与太极阴阳哲理的应用是达到了最高境界的。没有任何一种拳术比太极拳更精确、准确、全面地应用传统哲学。由于道家哲学对世界的认识有其独到性，这也为太极拳的发展独辟蹊径。这种独特发展形式的最终结果就是以"无为无不为"而达成的"太极本无法，动即是法"；以"反者道之动"而达成的反先天自然之能的应敌方式；以"弱者道之用"而达成的"以柔克刚"的技术特征；以太极阴阳辩证法为指导而形成的"黏走相应"的基本技术手段；以"知人"、"自知"为追求，达到"人不知我，我独知人，英雄所向无敌皆由此而及也"的技击的最高境界。可以说，如果没有道家哲学与太极阴阳哲理，就不可能产生太极拳之类的武术体系。

不可否认的是，传统哲学的引入，同时也给传统武术带来了某些负面影响，其中最大的问题就是与实践相脱离、虚幻的夸夸其谈。本来，越是哲学融入深、整合程度高的系统，应该越是能够更好地引领实践。可在现实中，将哲学变成空谈是有历史传统的。所谓空谈就是说有些人一张嘴全都是高大的理论，微言大义、虚无缥缈、云山雾罩，多是无用的大话、美丽的空话、正确的废话，跟具体实践对不上，没有实践能力。王培生师爷曾经反复讲："只有理论与实践相结合，才是科学的东西。"因此，在太极拳学习过程中，对每个技术技法，都要首先明白其中的道理，然后通过实践感悟、印证这个道理，再将道理通过实践表现出来，从对理论与实践的循环认识中，达到理论与实践的统一。

比如"以柔克刚"是道家的一个理论。在太极拳学习、训练中，首先要明白这个理论的意义，理解柔为什么能克刚。进而结合太极拳的实践，理解在武术技击过程中，什么叫"以柔克刚"，什么情况下"以柔克刚"才可以实施，实现"以柔克刚"需要哪些基础，如何练习才能在实战中做到？这里的每一步都必须搞清楚，才能将这个理论与实践相结合。否则这个理论就是空中楼阁，谈理论就成为空谈。目前在太极拳界中，这类空谈十分普遍，明显的例子到处可见，这是当前太极拳乃至武术界必须正视的一个大问题。

# 第三章

# 太极拳的拳理

太极拳与其他拳法流派的最大不同之处就在于它有非常深刻、完整的理论体系，有大量高水平的拳论，这是其他门派所无法相比的。太极拳的发展似乎从一开始就有它的特殊性，传说张三丰创太极拳，无论是否属实，但反映了太极拳从一开始就有道家或道教人士加入其中，而且道家思想成为主导，是太极拳的思想基础。

　　中国传统武术历来理论不足，其原因与中国传统社会重文轻武有关。虽然传统中推崇"出将入相""文武双全"，但这里有关的"武"多是指军事指挥方面的才能，即所谓"万人敌"，而非是指关于个人的武术技能的"一人敌"。中国虽然有大量的历史文献，有修史的传统，但多是集中在立德、立言、立功等所谓不朽之事上，而武术作为个人修炼，却很少被详细记载。现在能看到、真正有价值的武术理论与技术方面的著作，基本上都是在明代之后的。另外，武术理论的形成是一个理论与实践相结合的过程，把技术实践加以总结并上升到理论，是一件很困难的事。这要求作者既要有很高的武术功夫，又要有很高的知识水平。过去很多文人虽然也习武，但总是认为武术是小学，只是修身、齐家、治国、平天下中有关修身的一小部分，因而对此重视不够，很少参与到理论著述之中。同时，多数练武之人文化程度较低，也是造成很多实践经验不能被提高到理论层次上的重要原因之一。因此，许多拳种门派几百年里只是在实践中打转，没有真正经历过理论整合。流传下来的拳谱、拳论等，多是一些技巧、经验的简单描述，在理论上没有建树。也有些拳种中有一些理论，但很多拳理只是一些空洞的教条、大话或玄虚之辞，并不能真地与实践相结合，指导实践，故此它们的整体理论、技术、训练水平没有大的提高。

　　太极拳与其他拳法流派的最大不同之处就在于它有非常深刻、完整的理论体系，有大量高水平的拳论，这是其他门派所无法相比的。太极拳的发展似乎从一开始就有它的特殊性，传说张三丰创太极拳，无论是否属实，但反映了太极拳从一开始就有道家或道教人士加入其中，而且道家思想成为主导，是太极拳的思想基础。显然这类人士不仅有文化的，而且是熟悉传统哲学、文化层次较高的人士。在哲学理论指导下发展起来的太极拳理论，脱离了单纯的技术描述，有更高的标准、更明确的追求，从而引领太极拳达到更高的境界。另外，正是这样的人士，才能不受世俗功利的影响，才能静心参悟。从现在可知、历史上的太极拳人物中也可以看到，在太极拳发展的各个时代，都有高层次文化修养、不追名逐利的人士加入到太极拳的修炼之中。这种客观事实是太极拳理论发展的基础。当然，文化修养并不等同于学历，现代的许多学历只能表示一些专业知识与技能的水平，并非高学历就有高层次的文化修养。

# 太极拳拳理与技术的理论纲要

　　学习太极拳必须理论与实践相结合，决不可偏废。缺乏理论学习，功夫练到一定程度后就很难有大的提高，这也就是常说的境界问题。另一方面，只学习理论而不下功夫，理论就变成了空谈。既认真学习理论，又下苦功夫，但是若找不到理论与实践相结合的桥梁，同样也摸不到太极拳的真谛。因此，理论是否能与实践相结合，这里既有学习方法，也要靠悟性。

　　太极拳的理论包括两大部分：第一，是以道家哲学思想为主的理论基础，即在前一章中所阐明的太极拳之基本形态与追求，说明太极拳是什么、为什么；第二，是以太极阴阳哲理为主的技击技术的指导思想，即常说的拳理，说明太极拳应该怎么做，也就是如何实现具体技术的理论。传统太极拳谱就是在道家哲学思想上，以太极阴阳哲理，对太极拳的拳理与技术所做的理论上的总结。在太极拳的学习训练中，要时时刻刻牢牢把握住道家哲学与太极阴阳哲理这两个理论基础，才能保证训练不脱离正确的轨道。

## 传统太极拳谱、拳论简评

　　太极拳被尊为中国传统武术最高境界的原因之一，就是存在众多高水平的拳谱、拳论。由沈寿编辑整理、1991年10月出版的《太极拳谱》

一书中，共选收了147篇古典太极拳理论文献，时间跨越三百多年，基本囊括了所有当时已知的经典。虽然其中也有一些遗漏，但仍是目前能见到的、收集文献最多的一部关于太极拳理论的著作。另外，在最近二十多年中也有一些新的发现，但并没有什么突破性。在这些太极拳理论文献中，对有些古典文献的创作年代以及作者是谁等问题，至今还存在一些争论。同时，由于早期文献的传承多是以手抄本形式，再加上保守等因素，造成不同版本的流传，因此对这些版本的考证中，也存在着不少争论。这些都不是我们这里所要讨论的，这里只需要明确的是，这些现存的拳谱已经全面准确地论述了太极拳的拳理与技术的理论纲要，是我们学习太极拳的重要依据。我们这里以沈寿的《太极拳谱》为基础，从内容方面，简明扼要地评述有关传统太极拳论，希望能对太极拳爱好者学习太极拳理论有一个简要指南的作用。

仔细认真地学习研究这一百多篇文献，可以看到它们中所讨论的问题不同，讲解问题的层次、角度不同，虽然都被称之为经典，事实上，其中水准参差不齐。大概可以将它们归类到四个档次。第一档，也就是最重要的，是王宗岳的《太极拳论》。此篇文章讨论了太极拳的核心拳理与技术原则，其中并不涉及任何具体的技术与训练方法，是学习太极拳的总纲。学习太极拳，必须常常以此文衡量自己，督统自身之演练。第二档，以武禹襄（著或修订）、李亦畬的大部分文章为代表，包括一些杨谱、牛谱、宋谱中的文章。这些文章，多以讨论太极拳中的理论、技术以及一些具体的训练方法为主，给出了许多训练中的心法要点以及练习时的心得体会。大多描述准确、细腻，是理论与实践相结合的典范，对太极拳的训练有重要的指导意义。学习太极拳，必须要把这些文章反复读透，在实际练习中细心揣摩、体会、验证。第三档，包括杨谱、牛谱、宋谱、陈谱中的部分文章，以及各家传抄中的部分文章。这些文章整体上可能不够精彩，虚词套句、老生常谈较多，但其中总会有几段出彩的句子，能准确地描述太极拳训练与技术应用中的要点、感觉、体会，其中不乏一些技术精髓、经典语句。读这些文章时，最初要靠老师指点，建立起分辨能力，对其中有价值的部分，要认真体会。剩余文章可归为第四档，其中或者大话、空话、废话太多，或者过于玄虚而脱离实际，对太极拳练习未必有很多直接的帮助，有时甚至会有误导。读这些文章，常常开始使人感到理论高深，但反复琢磨后，却找不到与实践相结合的地方。看着似乎是立意高远、微言大义，实际上则是空谈。事实上，这也是中国旧文风中的一大陋习。这类文章对于扩展理论问题的知识面方面有一定帮助，但自己千万不要受其影响，陷入夸夸其谈之境。毕竟太极拳不只是一个理论问题，而是理论与实践相结合的问题。

太极拳理论的学习与拳法技术的练习是一个相辅相成的过程，拳论中的很多话，表面上看，似乎不难理解，实际上常常是要经过几年、十几年的练习后，才能真正切身体会其中的真意。学习太极拳必须尊重传统、继承传统，但也不可迷信。既不可狂妄自大，什么都不懂，没有继承就想创新；也不可被传统所束缚，不敢质疑，盲目顶礼膜拜。王培生师爷常讲太极拳是科学的东西，必须能理论联系实际，没有理论就无法提高，但空洞的理论也没有实际意义。

### 王宗岳《太极拳论》评注

道家思想作为太极拳的思想基础，决定了太极拳的追求与发展方向。太极阴阳哲理是实现这种追求的技术理论基础。王宗岳的《太极

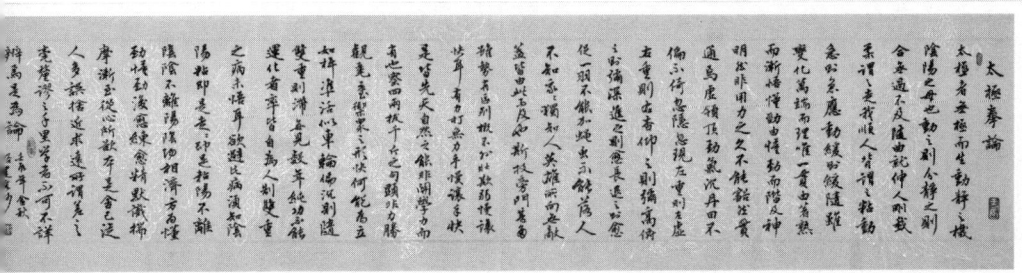

3-1 王宗岳《太极拳论》书法欣赏（骆建宏书）

拳论》就是以道家思想为基础，以太极阴阳哲理为核心，清晰准确地描述了如何将哲学理论与具体的武术技法实践相结合，是太极拳的正名之作，是太极拳技术的理论大纲。在众多的太极拳谱、拳论中，王宗岳的《太极拳论》历来被推崇为经典，故也有称之为《太极拳经》的，此文是检验是否是太极拳的试金石。任何学习太极拳的人，无论是否能准确地理解它，都应该首先把这篇文章背熟。这样才能在整个太极拳的训练过程中，不断地以此文衡量自己，同时也不断地加深对此文的理解。只有真正从实践中将此文理解透了，才能算是入门。

有关《太极拳论》（图 3-1）的作者一直存有争议，现在认为王宗岳是作者的主要原因，是由于在此文最早被传播、武澄清从河南省舞阳县所得、经武禹襄、李亦畬流传的盐店版本中所述。而在后来发现的宋书铭家传拳谱中，此文既没有标题，也没有作者名。因此，也就有了此文为张三丰所遗留之说。这里我们只按照习惯沿袭旧说，尊王宗岳为作者。我们的关注点在于文字的内涵，不做其他考证。从19 世纪末，有一些不同的版本流传，虽有争议，基本上大同小异，下面将流传最广的版本之原文录于此。

## 山右王宗岳太极拳论

太极者，无极而生，动静之机，阴阳之母也。动之则分，静之则合。无过不及，随曲就伸。人刚我柔谓之走，我顺人背谓之黏。动急则急应，动缓则缓随。虽变化万端，而理唯一贯。由着熟而渐悟懂劲，由懂劲而阶及神明。然非用力之久，不能豁然贯通焉。虚领顶劲，气沉丹田。不偏不倚，忽隐忽现。左重则左虚，右重则右杳。仰之则弥高，俯之则弥深。进之则愈长，退之则愈促。一羽不能加，蝇虫不能落，人不知我，我独知人。英雄所向无敌，盖皆由此而及也。斯技旁门甚多，虽势有区别，概不外壮欺弱，慢让快耳。有力打无力，手慢让手快。是皆先天自然之能，非关学力而有为也。察四两拨千斤之句，显非力胜。观耄耋能御众之形，快何能为。立如平准，活似车轮，偏沉则随，双重则滞。每见数年纯功不能运化者，率皆自为人制，双重之病未悟耳。欲避此病，须知阴阳。黏即是走，走即是黏。阴不离阳，阳不离阴，阴阳相济，方为懂劲。懂劲后愈练愈精，默识揣摩，渐至从心所欲。本是舍己从人，多误舍近求远。所谓差之毫厘，谬之千里。学者不可不详辨焉。是为论。

此文中并无具体的技术与训练方法方面的论述，而是从理论与实践上全面论述了太极拳拳理的基本思想，指明太极拳应该遵循什么样的技术原则，是太极拳技术的总纲。此文用词准确，寓意深刻，文笔流畅。可以看出作者既有很高的文化素养，也必有高深的太极拳造诣，是理论与实践相结合的典范。虽然现在对王宗岳的个人历史还不清楚，甚至于对于这篇文章的作者究竟是谁还有争论，但这些都无碍于此文在太极拳训练中的指导意义。

下面是关于王宗岳《太极拳论》的简要评注，重点是对拳理与技术原则的解释。前面章节中所讨论的道家与传统哲学的理论是这部分的理论基础，需要时常对照、融合。为了使读者能够进一步加深理解，在本书后面的章节中，我们会不断地引用这些拳理，并给出一些技术方面的具体应用例子，希望读者最终能够从实践中得到更深刻的体会。（在下面评注中的双人实践图片里，起始时位于左侧或穿浅色衣服者为甲方，位于右侧或穿深色衣服者为乙方。）

## 原文

太极者，无极而生，动静之机，阴阳之母也。动之则分，静之则合。

## 解释与评注

开篇明义，指出拳名太极者必循太极之理。这篇文章的第一句话，便指出了太极拳的本质特点，务必时刻牢记，并通过训练，将太极的原理应用到武术实践中。这点至关重要，是判定太极拳的准则。因此，任何不符合太极之理的技法，便一定不是太极拳的技法，尽管有些技法可能很有效。这里要特别注意的是，判定某一个技法是否属于太极拳，与此技法是否有用、有效是两回事，千万不要混淆。

太极中的"太"是很大、极大的意思；"极"即极端、极限。"太极"意为道，即最基础的、包罗万物的宇宙自然之理，其大无外，其小无内。这个基本概念被广泛地应用于中国的传统文化之中，所有事物的发展都须符合这个道。

无极的"无"是没有或不存在的意思。在中国传统的世界观里，宇宙的初始状态被称为无极。它所描述的是一种没有真实事物存在、或者宇宙万物诞生之前、万物浑为一体、混乱无序、虚空的原始浑沌（混沌）状态。按照中国传统的宇宙观，当宇宙的无极浑沌状态产生变化，被称之为阴与阳的两个最基本的特性（气）开始显现。随着无极的变化，这两个特征开始分化，产生出新的状态便被称为太极，即万物之源。所以说"太极者，无极而生"。只有当宇宙进入太极状态，才开始有实际意义。太极不是阴阳分开的两个实体，而是一个包含阴阳两种状态的实体。在这个太极状态中，动之则阴阳趋于分，静之则阴阳趋于合。动静就是太极中的阴阳产生与变化，所以说"动静之机，阴阳之母也"。在这个过程中，阴气（属阴的能量）与阳气（属阳的能量），从无极状态中产生并逐渐分离。清（轻）的阳气上升而成就天，浊（重）的阴气下沉而成就地，传统称之为"开天辟地"。天地立而万物生，宇宙的生命从这里开始，真实的世界才开始有意义。所以，太极阴阳是宇宙中的最基本的大道。

在无极生太极的过程中，"动静之机"是最玄妙之处。"机"表示一个是与不是之间的状态，意为事件的触发状态，是机会，是潜在发生的可能性，是引发事件的因素或倾向。它指的是一个事件即将开始，还没有完全形成时的状态。因此，"动静之机"指的是阴阳动静分合、变化的一种趋向。太极包含阴阳，更重要的是包含着阴阳变化之道。在早期的一些版本中，"动静之机"这句话并不存在，故有人认为它并非王宗岳的原句，而是后人所加。但是由于这句话强化了对太极概念的解释，使之更加完整、清晰，因此在许多版本中均被引用。

现在已经被普遍接受，作为标准版本中不可缺少的一句话。

在太极中，动表示运动或开始变化，意为不平衡、伸张、开展、扩充。静表示静止或保持静止，意为平衡、缩小、紧凑、回收。当太极处于动，即变化开始产生的时候，阴与阳开始分离，但并未分离为两个完全独立的个体。当太极趋于静，即阴与阳相合，但并非形成一个阴阳不分的混合体。这里可通过太极符号中的黑白两部分去想象（太极图常被称为太极鱼，白的部分为阳，叫阳鱼，黑的部分为阴，叫阴鱼），太极将这两部分包括在一个圆中。阴阳的存在相互为因果，中间以"S"形线将阴阳分开，这表明阴阳之间相互转换的趋势，并且转化应是平稳渐进的。当阴阳开始转换，称为动。这时阴阳之间，旧的关系被破坏，新的关系被建立。当阴阳趋于平衡，称为静，在这个新的静态中，阴阳相对的数量比产生变化，但质上保持平衡。在太极理论中，动静的概念被用于描述发展变化的规律。当事物中的阴阳不平衡或动时，阴阳的发展变化就开始了，矛盾与问题出现，阴阳趋于分离。在矛盾斗争中问题得到解决，旧的阴阳关系变为新的阴阳关系，一个新的平衡或静产生了。因此，这个发展变化的规律描述了事物发展过程中，平衡可以变为不平衡，而不平衡又可恢复为新的平衡，这就是动静的变化之理。

必须强调的是，在太极阴阳变化中，阴阳并没被分开成为两个独立实体。当阴阳被分成两个独立实体时，称为两仪，这时阴阳被认为是互相分离的。两仪再变化，则产生四象，四象变化产生八卦，八卦又生成六十四卦的组合（图3-2）。在这种模式下，宇宙从简单的初始状态，发展变化为复杂的世界。这便是传统的宇宙发展变化之理论。

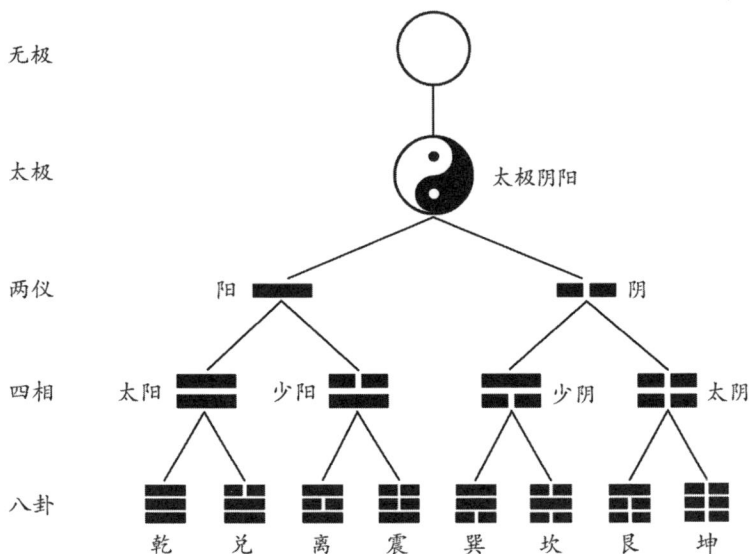

图 3-2 太极宇宙观

　　王宗岳的"拳论"将太极的原理应用到武术之中，而这种理论的起始是"无中生有"，即太极生于无极，它是阴阳之源。在太极拳实战应用中，与对手相对，开始时没有任何确定的意图或动作，即是无极状态。当对手向你进攻，你对此有反应，此时你将随着对手的动作而产生阴阳变化，即是太极。所有的技法也均要按照太极之理去做。因此人们常说，太极即是阴阳，万物皆源于阴阳的变化、转换与发展。明白阴阳之理，并能很好地将其应用于实践，是训练中至关重要的。

　　理解太极理论，最重要的一点是动静之间的潜在变化。动态是永恒的，又含有静；静态是暂时的，其中存在变化的趋势。因此，一方的存在总是意味着另一方的存在，这是需要认真理解的一点。正是由于这一点，使得太极拳与其他武术门派之技法有所不同。其他门派的技法中讲阴阳时，多是阴阳分开。多数人能理解阴阳被区分开的概念，但是对将这两个概念放在一起，即"动静之机"的概念难以准确理解。这种将阴阳合一的状态，常被称为中极，也称为中正，也叫玄。关于玄的概念有一个著名的句子："中极之玄，亦阴亦阳，非阴非阳"，所谓"玄之又玄，众妙之门"。

以太极命名的武术，在练习时必须遵循太极理论，这是太极拳的本质。要理解太极，首先是要理解阴阳，在太极拳实践中，阴阳有其自身特殊的技术含义。阴，意为着柔、实、静、开、被动、防守等；阳，意为着刚、虚、动、合、主动、进攻等。在练拳的开始阶段，一定要把阴阳概念分清楚。例如人们在练习时，常在身体上分阴阳，由此得到对阴阳的初步体验。为了能更容易理解，在拳架练习的开始阶段中，通常说承受体重的腿为阴，因为它是静或不可动的，是实的；不承受体重的腿为阳，因为它是可动的，是虚的。通过体重在两腿之间的转换，可以学习如何进行最基本的阴阳变换，这是重要的一课。在推手练习中，通常柔化的防守技法属阴，因为它被动相随；而攻守技法属阳，因为它是主动进取。在太极拳中，每一动都是一个太极或者说都是一个包含阴阳的圆圈，在这个圆圈里，阴阳相互转换，相互支持。从技法上讲，可以说每一个技法都是攻中有守，守中有攻，将攻守结合为一体。

动静之机，即潜在的转化与机会。应该明白，这意味着对于自己下一步的举动，不要做任何预想或计划，每个行为都应基于当时的具体感受。例如推手时，与对手接触前，从不计划要做什么，这就是无极，即没有任何预设的计划。当从接触点接受到了对方信息，可以基于当时的感觉做出进攻与防守的反应，这里攻防须是一体的，这就是无极生太极。要记得进攻中应包含防守的意念，而防守中也应包含进攻的成分，即阴中有阳，阳中有阴。

在大多数武术中，无论简单或复杂，在其技法上，训练与实践大致相同。训练的目的是将所练的技法更好地直接应用于实践。而在太极拳中，围绕着技法的训练主要是为了理解拳理。实践中，所有动作并不局限于这些技法，而是根据当时的感觉行事。因此，在太极拳训练中应当得到的是一种特殊的能力，即"太极本无法，动即是法"。太极拳中另一个不同点是攻防一体，而在其他武术中进攻与防守多为分离，甚至从形体上看可能是同时，但从内在联系上讲仍是分开的，这种攻防分离的方法是基于两仪原理，而非太极原理。理解太极拳的一个关键点，就是千万不要将拳理与技术中的太极阴阳做成两仪阴阳。

按照太极原理，阴与阳的技法相互包含，并可以圆活地相互转换。任何进攻技法中都有防守的成分。当防守成分逐渐增大到某一点的时候，技法就从进攻变换为防守；同样防守也可转为进攻。这种变换称为转化，它是一个平缓的过程。这种变化应该是在阴阳两方面同时发生，也就是说在阴转化为阳的同时，阳转化为阴。当阴阳之理被应用到太极拳中，转化是最重要的概念之一。要注意，在太极中，阴阳总是趋于平衡，而非从一个极端直接跳到另一种极端。那种如数字开关般的跳跃变化称为差异。而差异的概念是基于两仪之理，这在应用两仪阴阳的其他武术中是最常用到的。简单地讲，差异是那种使对手能轻易感觉到、并能容易理解的变化；而转化是那种使对手不易察觉到、并且难于理解的变化。转化的应用还是差异的应用，是太极拳与其他武术的一个关键不同之处。在实际训练中，以差异代替转化是最常见的错误之一。因此，理解太极理论，如下几点很重要，应当牢记。第一，太极是万物之源，因此它是宇宙的基本规律，古代人们称之为道。第二，太极是包含阴阳的整体，阴阳是宇宙的两个最基本的属性。第三，阴阳是对立的，又是统一的，它们相互支持，相互转化，阴阳的变化发展规律表示了万物的变化发展规律。第四，阴不是纯阴，含阳；阳也不是纯阳，含阴。第五，阴阳转化的关键点称为机，是存于动静之间的潜在的动机。

在太极拳实践中，强调更多的是内在的训练，而非外形上的训练。通常讲形体上的动作没有太多的限制，只要能顺其自然就好，因为它属虚，属无，能包含一切，即从无极到太极。当打太极拳时，心与意要静，但这种静并非绝对的静，而是静中有动，一触即动。太极拳中有许多变化，称之为动，但并非绝对的动，而是动中有静，在动中求静。这被称为"抱元守一"。关键点就是动静之机。

在太极拳中，我们所练习的就是如何保持自身的平衡状态、或者将自身从一个不平衡的状态转化为平衡状态；与此同时，将对手从平衡状态转化成不平衡状态。具体而言，当对方进攻时，对手试图破坏你的平衡，因此你需要通过阴阳转换去解决问题，从而获得新的平衡。在这个过程中，你还要同时去破坏对手的平衡。当自身获得了新的平衡，意味着对手的进攻已无效；而同时能破坏对手平衡，意味着对手的防守已无效；这样，一个回合的胜利便取得了。例如在推手或实战中，在对方进手之前，需要保持静，即有随机应变的能力，当进攻来到，平衡产生变化，即进入动的状态。化解进攻的同时，攻其弱点，使之失去平衡。在解决自身平衡问题的同时，给对手在平衡上制造麻烦。在这个过程中，阴阳的变化分离称为"分"，在自身建立了新的平衡的同时又破坏了对手的平衡。阴阳合为一体，称为"合"，这里的关键点是动静变化的时机，即前面所说的"动静之机"。

**原文**

　　无过不及，随曲就伸。人刚我柔谓之走，我顺人被谓之黏。

动急则急应，动缓则缓随。虽变化万端，而理唯一贯。

**解释与评注**

　　这一段给出了在道家学说与太极阴阳哲理的基础上，太极拳技击技术的基本原则以及基本要领。这个基本原则就是在道家不争、无欲、处柔、知足、无为、不为人先、顺其自然等理念下，根据"反者道之动，弱者道之用"的理论所形成的"以柔克刚""以静制动""后发制人"的技术原理；以及按照太极阴阳之理所实现的"走黏相应"之技。这个基本原则应始终贯穿于所有太极拳技法之中。

　　"人刚我柔谓之走"是说对方的进攻是"刚"，因其是主动、强势的，故为阳；我应以"柔"与之相应，因我是被动的、柔顺的，故为阴。以柔顺对应刚强，使敌我双方在接触点上不产生对抗，达到阴阳相合，因此在这点上，敌我双方形成了一个太极。这种技术称之为"走"，泛指一切以柔化的形式对应进攻的技法。

　　甲方（左）以左手主动地向前推，为阳；乙方（右）之左手在与甲方的接触中，被动地顺势柔化，为阴（图3-3）。

　　"我顺人被谓之黏"，是说我主动施展某种太极拳技法，能使我自身处于"顺势"，即舒服有利的状态；而同时能使对手处于"被势"，即困难和不利的形势。这里我因主动而为阳，对手被动而为阴，达到阴阳相合，也形成了一个敌我双方之间的太极。这种技术称之为"黏"，泛指一切能够给对手造成麻烦的技法。（在有些老版本中，使用的是"粘"字。由于"粘"字本身也可以读成黏，在词义上也与"黏"字

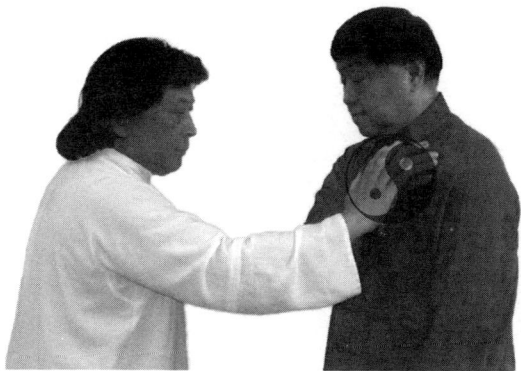

**图 3-3 人刚我柔谓之走**

有重叠，而且常常连在一起使用。这似乎表明在太极拳的早期，"粘"与"黏"在技术上的区别不大。将"粘""黏"从技术上做出清楚的定义，大约是在太极拳传到北京以后。这里我们使用"黏"，完全是按照现在对这个技术的普遍定义而言的。）

这里最关键的是我自身必须将"走"与"黏"同时实施，称之为"走黏相应"或"黏走相应"；即我自身是阴阳一体，成为太极。这是太极拳技法的首要基本原理，即走与黏要结合在一起。所有太极拳技法都基于这一理论。刚即主动之意，柔即被动之意。当对方进攻，其力作用到我身上，可视为刚。按照太极之理，应以柔对之，建立一个柔点，这意味着要保持放松并与对手的力及动作相随。因此，要在我与对手之间的接触点上建立了一个太极，这时我的"走"，意为与之相随而去，柔在这点上便发生了。无论对手做什么，只与他相随，当"随"能做得很好时，对手的力便对我没有效果，我即能真正地走开，或者说将对手的力化解掉，故走常称之为"走化"。刚是阳，柔是阴，对手用"刚"而我用"柔"，对手用阳而我用阴，这就是太极，如果以刚对刚，在这个点上敌我双方的斗争就会出现，这样力量大的一方就会赢。如此也就不是太极拳的拳技了。"黏"意为我进攻对手，但并非太过刚硬，而只是给对手制造一点儿小麻烦，并使这种麻烦总黏在他身上。这样做的时候，需要保持自身总是处于有利的状态，于内、

图 3-4 黏走与太极

于外都能舒服。意念静而专注，气能在全身运行流畅，身体保持放松，即"顺势"；同时使对手处于不利状态，即于内、于外均不舒服，使其精神不能集中，气不能流畅，身体处于紧张、失衡状态，即"被势"。当"走"——化解与"黏"——反击能够同时实施时，便形成了一个阴阳一体的太极，就是太极拳的技术。如果将化解与反击分开执行，就是两仪阴阳，就不是太极拳的技术。需要特别注意二者中的区别。

乙方（右）双手前推时，左手上的力更大，可视为阳；甲方在其右臂的接触点上放松并与乙相随，可视为阴；阴阳一体为太极。从整体上讲，甲方以右臂做走，为阴，同时左臂做黏，为阳；走与黏形成太极（图 3-4）。

为了能在自身上形成这个"走"与"黏"的太极，需要在自己与对手之间找到两个接触点。一是对自身来说是用于"走"，实际上就是对手给你找麻烦的点；另一个是通过"黏"去攻击对手的点，而这一点应当是他的弱点。在不同的层次里，这两点可以以不同的形式建立。在实践中，这两个点可以相距很近，也可能很远。一般来讲，两点的间距越近，分阴阳就越难做好。有时候黏点与走点非常近，以至于从外型上讲可能就是一个点，这时就需要从内在的意念上区分它们。而两点的间距越远，则阴阳点间的协调配合就越难做好，这就需要更高程度的全身整体性与协调性。

　　这个技术的关键要领，是在用劲与动作上要能达到"无过不及，随曲就伸"，在速度上要做到"动急则急应，动缓则缓随"。这些话阐述了太极拳技术中居要位的一个重要原理 ——随，它是所有太极拳技法的基础。无论是走还是黏，都必须做到这些。

　　"无过不及"描述的是在量的方面与对手的力相随，就是不争、无欲，既不要过分，也不能不足。这点同样可以用于描述太极拳的基本概念。当与对手接触时，从意念到形体动作上都应保持平衡，即使用合适的量，不能多也不能少，所谓"不丢不顶"。

　　"随曲就伸"是讲关于对手运动范围的。如果对手的动作为曲（即身体的某部分弯曲，如肘），便随着他的动作加一点劲，使其曲得更多一点。如果对手欲伸（即身体的某部分伸展开），便随着他伸，甚至促使他伸得更多一点。事实上这里的关键点就是，不管对方做什么动作都跟随他，不与对手直接对抗。如果不能与对手相随，反而与之相对、相争，应用的便是先天自然之能，而非太极拳原理。但是太极拳中的随并不是无条件地跟着跑，其中必须保持一点小的变化，使对手总感到有点别扭、不舒服。

　　"动急则急应，动缓则缓随"，是讲无论对手运动的速度如何，都应与之相随，只有能与之相随，太极拳的技法才有可能被应用。必须注意的是，这里讲"急应"或"缓随"都不是主动地去做。与对手的速度相合，是"随"中最难做到的地方，特别是对于快速打击而言。如果你想去做，那几乎是不可能的。因为你的反应，无论是从视觉还是从触觉上，总需要一个时间过程。因而当你的对手先动，而后你再想去随，总会存在一个时间差，你总是会迟一些。太极拳能做到"随"的关键点是，不要有任何想要如何去应对的想法，也就是"无为"，同时要使自己全身总保持放松的形态，似乎是你正在等待着对手的力去移动你。而由于处在放松状态，你随时可以很自然地随着对手的力而动。这样做就称为"舍己从人"，这意味着自己不要主动去做，而是让对手带着你动。这种相随的技术必须长时间练习，直到使之成为自然反应。太极拳中也有些技术可以帮助应对快速进攻，比如接手时的位置与方式。一般来讲，当一个进攻来到时，会有几个对你有利的接触点，需要认真研习哪一点最容易得到。理论可以使我们懂得应该做什么，技术实践则能让我们能够做得更加容易和有效。

"随"带来的好处是：第一，由于对方的力不能有效地作用到你身上，故你便能处于比较安全的境地。第二，你可以感觉到对手，但他却不能感觉到你。第三，能使你自己更容易放松，更灵活，可变化，而对手则很困惑。第四，可使你处于易于引动、控制对手，形成小力胜大力之形势。

在推手练习之初，应试着用最小的力去完成所需的动作。无论对手做什么，尽量与之相随，放松自己，同时保持接触点不变，以增强感觉能力，这是太极拳技法的基本功，每个技术都是建立在它之上的。若随不好，则总会产生对抗或丢失接触点。对抗则不能很好地保持放松状态，导致动作僵硬、缺少变化；而丢失接触点也就无从发展感觉能力，无法有效地控制对手。所以说，做不好"随"，其他太极拳技法便都无法做好。

为了能恰到好处地相随，有两种常见的情况应注意。一般来说在练习的初级阶段，多数人可能会做得太过，即太紧张或用力太多。而经过一定时间的练习，很多人有可能在意识上又过于注重放松，常见的毛病便是使松变成了弱或散。做得太过将引起接触点间由于对抗而产生僵硬，称为"顶"。而做的太弱或散，将引起接触点的脱离，称为"丢"。顶与丢是太极拳中最常见的错误。通常初学者经常会在这两点间来回摆动，即一时用力太过、一时又太弱。 其原因常常是因为意念上过于紧张或太想放松了。寻求平衡点，做到恰到好处，是练习的目的。否则，便无法学到太极拳的其他技法。为了能够掌握好这个基本技术，需要大量的基本推手训练，如四正推手、乱环手、粘黏劲等。练习时，万不可考虑输赢。这种练习需要时间（一般来说至少要三年以上的练习），许多老师不赞成学生在掌握此法以前去学习其他技法，因为如果此法掌握不好，其他技法肯定也做不好。想掌握真正的、高水平的太极拳技法，必须有耐心，无捷径可走。

在"走黏相应"的技术中，时间与方向的整合是很重要的。在时间上是说不要使走与黏分离，两者必须能同时做到；而在方向上就是讲这两个动作通常是在一个圆圈中彼此协调。由于在"走"点上是要随着对手而动，因此在动作方向的协调上，更多地是需要在"黏"点上主动地追求。如果其中任何一项做得不对，此技法就不能被正确应用。另一个关键点是在"走"点上要保持很少一点的对抗之力，也就是阴中要有一点阳，使对手觉得你还在那里，引导他保持从这点上对你的进攻，否则对手可能停止进攻。同时在自身的黏点上要保持松静，万不可刚硬，也就是阳中要有一点阴，否则对手将可以很清楚地感受到你的力，使保持持续的黏更为困难。在太极图中，黑白鱼中的白黑小点（或鱼眼）表示的就是阴中要有一点阳，阳中要有一点阴，这点在练习时要特别注意。

在太极拳中，所有复杂的技法都可分解成这个最基本的技术，也就是"虽变化万端，而理唯一贯"的意思。这个"一贯之理"就是在太极阴阳基础上的"黏走相应"之理。首先，要想象将对手与你自己形成一个太极图，意味着这里没有力的直接对抗。其次，想象每个接触点是一个太极图，这意味着如果你感到对手刚时，你要用柔；同时如果能够找到弱点就要进攻。最后，想象你的整个身体是一个太极图，这意味着防守与进攻要在同时发生，保持放松状态并总给对手制造一些小麻烦，同时又不被对手所控制，也不让其逃出你的控制范围，寻找对自己有利，而对对方不利的形势。走的关键是松柔，做好松柔的方法是忘掉（或忽视）自己紧张之源。黏的关键是整，也就是在协调之中的节节贯穿。为理解与掌握这个技术，必须经过长时间仔细认真的推手训练。

**原文**

　　由着熟而渐悟懂劲，由懂劲而阶及神明。然非用力之久，不能豁然贯通焉。

**解释与评注**

　　这一段给出了在太极拳训练中的三个阶段，即着熟：熟练掌握各种着（招）法；懂劲：理解在太极理论指导下各种劲的用法；神明：对太极原理的最高境界的理解，并能展现出超乎常人想象的技艺水平。

　　着熟：一般武术中的技法技术称为"招"，而太极拳中用"着"的本意是指接触性的劲法应用，也就是更强调技法的内涵。"熟"的本意是成熟、熟练，故这是需要通过一定时间的练习所能达到的。这里是讲在学习太极拳时，首先要花大量时间，将每一技法招式，从技术动作到实际应用通过肢体接触反复演练，从外在的形体动作入手，逐渐引申到内在的神意气劲等，直到能全部很好地掌握为止，过去叫"纯熟"。熟练才能从中产生感觉、发现掌握规律，才能让每个劲法很好地与思想意识相配合，使其应用成为身体的自然行为。"

懂劲："懂"即理解掌握，"劲"是指经过训练的力或用力方式，即不是简单的、未经训练的拙力。当经过足够长时间、在太极阴阳哲理引导下、内在的神意气与外在的形体动作练习后，身体将产生一些感觉。作为身体第二反应系统的训练结果，这时所有技法能在正确的意念引导下执行，也就是能明白、懂得如何按太极之理去做太极拳的技法。具体讲，懂劲就是基本掌握"走黏相应"的理论与技术。作为着熟的结果，懂劲的感觉可以启发你明白许多事情，并使身体的训练保持在正确的道路上。前面提到过，由于太极拳的特点，理解太极拳、或说懂劲是很难的一步，很多人练了一辈子也没明白。先须着熟，才有可能慢慢从中悟出太极拳的道理，真正理解掌握技法，逐渐地深化对太极拳的理解，才能开始将太极的理论应用到劲的使用之中。一般来讲，如果能达到这一步，才能说真正理解了太极拳的含义。因此，这里的劲是广义的，即表示真正的太极拳技法。懂劲通常也被用于描述一个人的太极拳训练水平是否达到了真正懂得太极拳的程度。因为太极是关于阴阳的理论，故劲的阴阳也在讨论范围之中。因此有时说懂劲，就是说懂得劲的阴阳，或简称懂阴阳。

神明："神"指精神或神灵，"明"指明白、清楚、光亮，故神明意为通过对太极理论最深刻的理解而有可能达到技术上的最高境界。神明的境界一般泛指不可思议、奇妙的，也许只有神仙才能做到的神奇之事；在这里专指那些高深的、使没有受过训练的人感觉神奇的技术。一经达到懂劲的程度，即对太极拳有了正确的理解，一般来讲就不会走弯路了。在这个基点上，就明白应该怎样做，进而才能一步一步地接近最高境界。而达到最高境界的道路只有一条，即长期刻苦地思索与练习。

练太极拳与练其他拳术不同，因为其他拳术大都基于人的自然本能，故其理论与技法能被大多数人快速而轻易地理解掌握，因而刻苦练习通常会直接带来直接的、显而易见的效果。太极拳则不同，其理论是复杂的，其技法也非基于人的自然本能，故有时人们常说太极拳是反自然本能的技法。因此，对大多数人而言，特别是初学者，不仅在口头上，而且在行动上真正理解太极拳是很困难的，需要很长的时间。在这个过程中，常见的情况是有时能做对一些技法，但又很难重复做好。另外一点，对于练太极拳来说，在真正理解它之前，长期刻苦的练习并不意味着就能取得更快的进步。甚至会出现练得越多，反而背离真正的太极拳技法越远的情况。

只有在达到懂劲的层次后，刻苦练习才可能更快地进步。如同开车在路上旅行，首先需要知道走哪条路，只有踏上正确的道路，有正确的方向，车开得越快才可能更快地到达目的地。如果道路不正确，车开得快也许意味着离目的地越远。这并不是说刻苦练习不需要，而是说正确理解和掌握方向的重要性。这里说从着熟到懂劲是一个逐渐领悟的过程，故应小心谨慎，以保证练习的正确性。达到懂劲就意味着已经找到了正确的道路，就是说对太极拳理论与实践都在正确的方向上了。在这种情况下，更刻苦的练习将带来更快的进步。只要坚持，就能一步步达到更高的境界，即所谓"阶及神明"。当然，刻苦练习也有限度，不能造成伤害，如同开快车不能出事故一样，否则有可能永远也到不了目的地。

　　在学习的过程中，有很多人喜欢说我能理解，但只是做不好，其实这种说法是不确切的。在大多数情况下，在没有切身体会的前提下，许多技术方面的东西不可能真正做好，也就不可能真正地被理解。经验告诉我们，对太极拳这类需要大量身体感觉与内心体验的技术，对它的理解只能是整体性的，即不存在对单一技术的理解问题，这是与学习其他拳术所不同的。在其他拳术中，人们往往可以将几个技术练习得非常好，而不管其他。太极拳学习中，"豁然贯通"就是整体性的领悟。在达成整体性理解之前，人们对它的理解感受必然是片面的。在训练中，总是通过许多单一技术的练习，从不同的方向去寻求整体理解。只有不断地刻苦练习去寻找正确的感觉，不断地以太极拳理论衡量自己，尽可能地让真正懂得太极拳的老师检验自己，从各种单一技术的练习中逐渐领悟其中的规律，才有可能最终达到对太极拳全面、整体的理解。学习太极拳中有一个常见的大问题，即有些人掌握了几个着法技术的应用，就轻易地自以为已经懂了太极拳；由于缺乏对太极拳的整体理解，其后果往往是将这几个着法技术逐渐变成了可以熟练使用的预设计技法，脱离了正确的方向。

**原文**

　　虚领顶劲，气沉丹田。不偏不倚，忽隐忽现。

**解释与评注**

　　这里首先说出了一个非常重要的概念 —— 中正，并指出了应该如何去练习中正。"虚领顶劲"中的"顶"是指头顶，以百会穴为准；"顶劲"是头顶向上提的劲；"虚领"的意思是指只用意念想象去做，而非实际的形体动作上的用力去做。所以这是一种用意念而非肌肉的力量向上提顶的劲，也被称为"提顶拔项"或"顶头悬"。要特别注意这里"领"字的意义，可以想象为将整个人体自头顶的百会穴处，被从上方提起悬挂起来，而全身的重量悬于此。这可以帮助放松并感受颈部伸直与身体的正直，同时使气下沉到丹田处，即在腹部肚脐上的神阙穴与后腰的命门穴之间三分之一处。这样做，意念向上升，而同时气向下降，即阳升阴降，这就形成了一个太极。只有把这点做好，才能保持身体的正直，保持其在中心线上的平衡。这样做有助于放松，使灵活性与稳定性相结合，并保持好平衡。这种状态被称为中正、中定或中气，它不偏向任何一方，不依赖任何东西去维持平衡稳定。中正是所有太极拳技法的基准，要永远保持中正，除了中正以外，任何东西都是可变的。中气是气功练习中的一个关键概念。如果能保持中正，中气才能被培养，才能达到太极拳中气功的练习目的。通过中正练习使身体达到稳定平衡，就是中定。在练习的不同层次上，中正也有不同的表现形式。开始阶段，必须保持形体上的中正，即身体总需竖直。到高级阶段，身体外形上的正直并不严格，允许有变化，只要能使意与气做到即可。

"气沉丹田"是所有气功与武术中最基本的气的练习中的第一步。气到丹田后要养，然后使其在身体内运行，所谓"气遍身躯不稍滞"。因为太极拳将气功包含在内，也称之为动功，即在运动中练习气功，是有形体运动的炼气法。它不同于另一种更为普遍的练习方法，即静功。静功炼气时，身体保持一种静止的姿势或只做非常简单的动作。在太极拳练习中，人们总需要保持松静，有时会导致过分松弛，以致进入欲睡状态。为了避免这种情况，便需要用顶劲来提起精神，这也

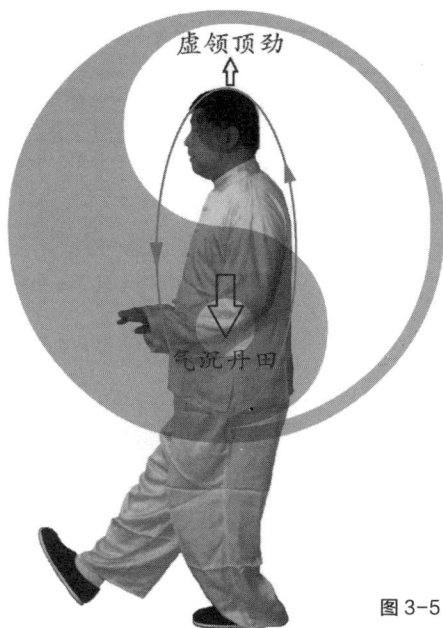

图 3-5　虚领顶劲，气沉丹田

同时使人能得到灵活机警的感觉。然而如果仅仅强调顶劲，"根"将会有所减弱，故要用气沉丹田去平衡它，这会使人得到稳定的感觉，使意念保持平稳。这样便使气更壮，腹部坚实。但是如果仅仅注意这个方面，动作将会有所迟缓，因此必须用向上的"顶劲"来平衡气向下沉之功。人们常说"顶劲"是上领但不要用力，气向下沉但不要硬务。当这两方面均能做好时，身体将能保持中正而达到中定（图 3-5）。

　　"不偏不倚"是说身体不能向某个方向倾斜或倚靠于何处，如果不能保持这种平衡状态，将引起身体的某些部位僵硬，气不能运行顺随、通畅。在推手中，如果身体倾斜于对手，即需部分地依赖于对手来保持平衡，那是很危险的。因此，需要保持自身独立的稳定性，于外应保持身体灵活性与稳定性的结合，而使身体正直；于内应保持兴奋与平静的平衡。这就是中正的意义。在练习中，一定要充分注意到这点，特别是对初学者，千万不要在初练时养成坏的习惯。保持身体形体上的正直很重要，正确的形体动作有助于更容易、更快地得到正确的感觉。对于高层次的练习而言，中正于内的意义远大中正于外的动作。因此形体动作就不是那么重要了。人们应很清楚地明白自身所处水准以及应该根据什么标准去练习。上领"顶劲"与气下沉是达到中正的途径，永不倾斜或依靠其他去保持平衡是为了避免错误。当这些都能做好时，全身可处于放松、稳定、灵活、多变、机警的状态，神意气劲将成为一体。

"忽隐忽现"是说当动作与劲在技术执行过程中快速轻易地变化，可产生一种飘忽不定、时有时无的感觉，可使对手迷惑。在太极拳技术中，当说到"忽隐忽现"，大多数情况下并非是指形体动作，而是指劲，也就是指劲在体内的变化。而劲的变化并不一定伴随着外部形体动作的变化（多数情况有一些微小的变化），例如，当你向前推对手时，你可忽然将劲减少或改变劲的方向，而引起对手的对抗之力落空，这样会使对手变得僵硬，并且失根，这时你就可以更轻松地往不同的方向上推他。外形上，手可保持向前推的运动形式，而内在之劲却已改变了许多次。如果这些能做得很流畅，使对手没有察觉，直到他真的遇到麻烦，使他感到你的前推之劲忽然消失，而变化之劲忽然出现。忽隐忽现的关键点就在于虚中实、实中虚，并且能使虚实的变化转换发生在不知不觉之中。

### 原文

左重则左虚，右重则右杳。仰之则弥高，俯之则弥深。进之则愈长，退之则愈促。

### 解释与评注

这段是讲太极拳技法中的太极阴阳之理，如何在左右、上下、进退等方面更深入具体的应用。"左重则左虚，右重则右杳"，是讲在推手中如何以阴阳虚实对应对手的进攻。这里"重"是指对手的进攻之力在身体上的感觉；"虚"或"杳"都是指虚空、柔、虚无，在太极拳的技术中就是"随"或"走"。而这里的左右是相对于旋转中心而言，在一般来说就是相对于自身的中心线。因此，这里的意思是说，不与对手在接触点上感觉"重"的位置上直接对抗，他实来、我虚接。但也不意味着逃离，还要保持接触。这是前面所讲的"走黏相应"的更具体化。无论对手如何进攻，在接触的一瞬间，首先要能分清阴阳。所谓接触点是指技击中敌对双方在形体上的接触位置，可以同时有几个。这里对于点并没有严格定义，一般是指一些分离的接触位置，比如你的左右手分别接触到对手身上的不同位置，就说有两个接触点。在这些点中，对手用的力量比较大的那个点，即你感觉"重"的那个点，是他的主攻点，为阳；而力量比较小的是他的阴。在对手主攻的阳点上，你要随着对手的力围绕旋转中心而走；在他的阴点上，同时要围绕旋转中心而做黏，就是前面讲的"走黏相应"。必须注意，在这句话里没有提及"黏"的问题，而是重点强调如何以柔和、被动以及相随的方式去对应刚硬、主动以及可变化的进攻。李亦畬在《五字诀》中有进一步的描述："两手支撑，一气贯串。左重则左虚，而右已去；右重则右虚，而左已去。"这里"已去"就是"黏"，而"一气贯串"讲的就是太极阴阳一体、"走黏相应"。因此讲"走"时，不可忘了"黏"。

不与对手的进攻直接对抗，应用太极之理使其阳力在你的虚点上落空，这也可称为以虚应实。身体的任何部位感到有力，这点就应成为虚，即内为虚，但外部动作可以不变。一个简单的、理想化的例子是：可以想象自己身体的左右两部分是天平的秤盘，腰是支点。天平能被正确使用，靠得是：第一是支点必须灵敏，即两边有微小差异时，天平均能发生倾斜；第二是秤盘下有空间，即当不平衡发生时，一边可以沉下去。保持腰的放松，如同使支点保持灵敏。当对手双手进攻时，当感到左侧的力稍重，不要与其对抗，而应随之，即使之虚空，因此你的身体将向左转动。反之，如右侧的力稍重，则向右转动。在实战中，身体的任何部分都可以是天平，可大可小，都能分阴阳虚实，而且可以有多层次。

有关接触点的问题必须仔细研究，比如在技击中，常常会出现只有一个接触点的情况，这时要注意，在实际中，所谓点不可能是几何中的理想状态的点，必然是有面积的。在这类有面积的接触中，不可能保证在接触面中各个位置都受力均等。只要存在受力上的差别，就可以分阴阳。比如对手只用他的右手抓你的左腕，这时似乎是一个接触点，但是如果你的感知能力足够好，应该可以感到其大拇指方面与其他四指方面的力的不同，并以此做出阴阳判断与对应。太极拳中对于感知的训练可以达到即使对手只用一个手指尖接触你，也可以感知到其中的阴阳，由此可以反映出太极拳技术之细腻。

"仰之则弥高，俯之则弥深。进之则愈长，退之则愈促"，这句话中以上下、进退为例子，描述了如何相随，即无论对手做什么，总能与之相随，并同时促其多做一点，即随中有黏。也就是说，如果对手向上，我应随之但比其高出一点；如果其下沉，我应随之但比其更低一点；如果其向前进手，要使其感觉有点够不着；如果其后退，要紧追而使其感到不适。这种方法，应当被应用到各个方向上的所有动作之中。

"随"为阴，即柔，被动。但孤阴、纯阴都不是太极，如果仅仅与对手相随，并不能产生任何效果。"随"本身只是一种基本功，从"随"中去得知对手想做什么和如何防守他。应当怎样做呢？这段话告诉我们无论对手做什么，都要随其动而动，同时促其多做一点。这意味着阴中要包括一点阳，即黏，这是太极中最重要的概念之一。总要与对手形成一个太极，这就是与之相随而不直接对抗。这样便不会被对手所控制，同时也不会失掉接触点。维持与对手的接触是可以感觉和控制对手的方法。从相随中推促对手多做一点，便很容易使其犯错误，从而给自己制造取胜的机会。相随而同时促使对手多做一点，是太极拳很常用的方法。"随"的技术做得好，可以使对手的用力失效，不能作用到你的身上；可以很容易地使对手失去平衡而使你省了许多力气；可以使对手僵硬，缓慢；而且这还是一个很难得的机会，即可以更容易地得到借对手之力去打击对手的机会。在相随过程中，略微改变动作方向可有效地使这个技术更好地运用。注意，改变方向的力应该用得很自然，并且尽可能地小，动作应柔和，因为此时相随仍是主要的，是主体。

**原文**

一羽不能加，蝇虫不能落，人不知我，我独知人。英雄所向无敌，盖皆由此而及也。

**解释与评注**

这段话讲的是关于身体的感觉以及在"松"的基础上的完美平衡。人们常说太极拳本质上是一种知觉运动，因此必须刻苦训练而获得敏锐的感觉。太极拳中所追求的感觉与一般意义上感觉有本质的不同，要求在与对手接触的一瞬间（初级阶段主要是身体接触，高级阶段常常只需是神意接触）就能感知到对手正在做什么与想要做什么。在推手与实战中，可以说胜负取决于你的感知水平。当感觉比对手好时，因为能了解其意图，就能动在其动作之前。由于对手不知道你的意图，便很难控制你，反之你却能容易地控制他。在对手能感知到你之前，你已感知到他，并由此产生变化。对手跟不上你，你却总能随着他。

"松"是取得灵敏感觉的基础，灵敏的感觉来自于松。要把全身各个部分都练得像天平一样。任何地方，任何微小的变化，都能触发平衡产生变化。相随的技术总能与这种变化相应。同时从这种变化中，应能察觉到对手的企图，知道其力的走向、大小、真伪及其弱点之所在，这样才是感知对手。这句话里谈到，身体放松，各个部分都能建立完美平衡，以至于添加一根羽毛的重量就可以破坏这种平衡；感觉必须如此精敏，以至于如蝇虫一样微小的东西落于身上都能被感知并与之相随，这是感知功夫的理想境界。

太极拳推手训练的主要目的之一就是获得这种超级灵敏的感知能力。在推手训练中，需要花大量的时间进行全身放松、轻搭、柔推的训练。只有这种练法才能提高人的感知力，达到"知彼"。如果从一开始就用力推，便永远不会得到精细的技巧。除了能很好地感知对手外，也要对自身有很好的感知，即能随时了解自身的平衡状况。运动时，应知道自己能做多少，万不可贪功。当与对手相随时，要知道能随多少。"知己"的能力最初是从拳架练习中得到的。经过了正确的拳架练习，就能加深对自身的理解。推手训练的目的之一就是要学习当有人给你制造麻烦时，如何能够仍然保持知己。

多数武术的技法是基于眼睛的观察，但有时这种做法很难真正预料即将发生的事情。因此，人们常常是预先设计好技法，凭想象预料对手可能的下一个动作。这种方式易学易用，但也容易出错。这种情况通常被称为"拳打两不知"。太极拳不只用眼，而且还用身体的感知，因此更加准确有效。这并不是说可以不用眼睛。有些人闭着眼推手，似乎是在集中精力感受对方，实际上这是不对的。在高层次的境界里，感知不只是形体上的接触与感觉，而且还包括神意气等内在的东西。因此眼睛的观察、以神带动技术动作以及对于对手神意上的引导，也是训练的一部分。太极拳不对技术进行预设计，而是通过感觉去即时感知对手，让对手告诉你什么时候你应该做什么，你只要"随"着做就行了。保持好的放松状态并有好的感知能力，就能体会到太极拳的确比其他拳术容易得多。训练中知己知彼是基础之一，通过足够时间的推手训练，只要一搭手，便能感觉所有的东西。能知虚实、真假、轻重、力的大小与方向等，能知道对手正在做什么和打算做什么。这样的感知也就等于对手告诉了你，攻击他的最佳途径是什么。掌握了这些技法，人将变得不寻常。因为这些技术的特殊性，以及高水平与高效率，能使人发生改变，其技术水平就可以达到非一般人可以理解的境界，也就是人们常说的，如果真正懂得太极拳，便总比别人多了一手。能成为所向无敌的英雄，正是按照这种方法训练的结果。

## 原文

斯技旁门甚多，虽势有区别，概不外壮欺弱，慢让快耳。有力打无力，手慢让手快，是皆先天自然之能，非关学力而有为也。

### 解释与评注

武术一道有很多门派，虽然各门派有不同的拳势与技法，但总体上讲，这些技法都在很大程度上是直接依赖人的体能的，因而无非都是强壮的能打败弱小的，手脚动作慢的抵不住手脚动作快的。从技法的本身讲，各种技术动作的设计也都是按照人们的自然反应能力所做的。因此从更高级的角度看，实际上这些技法只是基于人本身、先天自然的能力，与努力学习技术而后能有所作为的关系不大。这段描述明确指出了太极拳与其他拳术最关键的不同点。以前的拳术都是依照相同的概念去发展其技击技法，即按照自然本能方式去强化人的体能，进而使技术更为有效。技术的形成、发展都是自然的。在实战中，因为以人的自然本能为基础的技术技法都是基于力量与速度，也就是说这类技法的应用水平是基于力量与速度这类体能的水平。故这些拳术的训练也主要集中在力量与速度等体能方面的提高上。这里所说的不是有没有技术的问题，而是指技术所赖以建立的基础。而太极拳所追求的特殊点就在于如何最大限度地减少对人的体能的依赖，发展了一条新的取胜之道，一种新的、高效率的技击方法。太极拳看重的不是直接的力量与速度的对抗，不是绝对的力量与速度，而是相对的力量与速度；不是去直接使用人的自然本能，而是去改变它。这就是为什么太极拳有时被称为反自然本能的拳术。太极拳基于不同的理论，需要刻苦训练，从中得到与众不同、最高效率的技法，从而在格斗技击中获得巨大的好处，这才是我们真正追求的东西。

这里对所谓"先天自然之能"要做一点解释。在太极拳里，"先天自然之能"是指人在成长过程中逐渐自然形成的行为能力与反应能力。这个能力是通过人体的第二反应系统或称经验反应系统而得到。

第一反应系统是指生命的直觉反应，是本能，如冷、热、饥、渴、性等，是与生俱来，不可改变的。而第二反应系统是理性下的经验反应，是在第一反应系统的基础上，通过反复的外来刺激而逐渐建立起来的，是从经验中学习、积累之后的反应，因此也是可以通过经验刺激训练去改变的。比如人挨打会疼痛，这是个经验。因此，对于外来打击的刺激，人们学会躲避或者对抗，即反应。而且经验还可以让人知道什么样的打击可以对抗，什么样的打击只能躲避，就是说这种反应可以很细致。这个经验的学习是理性的，也就是说是有大脑思维参与的。当经验的学习、积累达到一定程度时，人对于外来打击的反应就会变成一种下意识的反应，即不需要通过大脑的思考而直接做出反应。人们大多数日常生活中的行为与反应都是基于此，比如自动化流水线上的工人操作，开始需要训练，这是个理性的学习过程，工作久了，多数操作动作都变成下意识的，或称为自然的了。当然操作的复杂程度越高，形成下意识的自然反应的时间就会越长，即需要更长的学习训练时间。人在自然成长的环境中，由肌肉、骨骼、神经系统、心理因素等先天条件所决定，从很小的时候就已经形成了一套自我保护、自卫御敌的行为能力与反应系统。比如对于外力来侵，肌肉会收缩以形成自我保护。这些自然形成的能力，就是太极拳中所说的"先天自然之能"，俗称"自然本能"。事实上，说"先天"①"本能"都略有

---

① 先天条件是指身体出生时就已经所具有的。有病例显示，有些小孩子出生时神经系统有毛病，无疼痛感。当孩子能自由行动时，危险性极大。疼痛感是人类用于自我保护的本能。由于疼痛，使人可以通过第二反应系统学习建立起躲避危险的能力。如果无疼痛感，则孩子在成长过程中就没有这种经验，也就无法自然建立起躲避危险的反应行为。

些不准确，应该是在先天条件下、在本能的基础上、后天形成的自然行为与反应能力。大概是因为在年龄很小时这种能力就已经开始形成，看似是先天固有的，所以就将它称为"先天自然之能"或"自然本能"了。当然在王宗岳的时代，还没有这种现代科学中的反应系统的理论，因此也就不能强求。在本书中，我们仍然按照传统习惯使用"先天自然之能"或"自然本能"这类说法，请读者注意其中的真正含义。重要的是人的自然行为与反应能力是在第二反应系统下通过学习训练而建立起来的，既可以通过学习训练而加强，也可以通过学习训练而改变，这一点正是太极拳之所以成为可能的科学基础。在后面的章节中，还有关于反应系统的更为详细的描述。

大多数武术门派，都是基于上述所谓人的自然本能和自然反应去设计技术技法，而训练就是强化，故技术水平的高低在很大程度上是由体能所决定。如果技术在很大程度上基于人的自然能力，那么人的身体素质自然是关键因素。因此，在提高技术的途径中，最重要的就是增加绝对的力量与速度，这点可以从它们的训练中清楚地看到。而太极拳技术上要寻求最高效率，即主动寻求减少对人的身体素质等体能条件的依赖，这是太极拳与其他拳法不同的根本。当然完全忽略身体素质条件也是不可能的，只是将依赖程度减到最低限度。道家哲学提供了一整套可行的理论，如以柔克刚、以静制动等，使这种技术在理论上成为可能；而太极阴阳之理，使这种技术在实践上成为可能。所谓"学力而有为也"即是讲通过新概念、新技术的学习而能有新的作为。

太极拳技术要求人们改变他们的自然本能而使用不同的方法，也就是要通过学习训练而建立起新的行为与反应系统。因为是要改变现有的、已成为自然习惯的系统，故在理解与练习上都是困难的。不过，这也正是我们学习的乐趣所在。正是由于这个原因，一些初学者会觉得太极拳的技法不可理解。因此，一定要有耐心、有信心，坚持训练。当人的自然本能有所改变时，道理就会变得清晰起来。从另一方面讲，初学者想真正理解太极拳几乎是不可能的。当一个初学者通过阅读或聆听其他人所言，便感觉自己已经理解了太极拳，那一定要当心了，因为你很可能已经走在错误的道路上。另一个重要问题是，虽然太极拳提供了特别的、能达到高层次的方法，这并不意味着一经学习太极拳，就会成为最好的或无敌的。太极拳只是提供了一种方法，它能助人，使其有可能学到最好、最有效的技击方法，使人自身的智慧、潜力及各种能力得到最充分的发挥。但这并不意味着其总体能力就一定能优于其他门派中更有才华的人。

**原文**

　　察四两拨千斤之句，显非力胜。观耄耋能御众之形，快何能为。

**解释与评注**

　　在描述这种太极拳技术时，有两个例子常被提到：一个是"四两拨千斤"；另一个是"耄耋能御众之形"。前一个是讲力量的大小，后一个是讲体能，主要侧重在力量与速度。太极拳与其他拳术明显的区别之一，就是在其训练中并不注重怎样去获得最大量的力量与速度，而是讲如何用最小的量去获得最佳的结果。"四两拨千斤"，是常用于描述如何用小力反击大力的表述。这只是一种比喻，不要将这里的数量绝对化。这句话中的重点是"拨"，即轻轻地挪动，其本意是"操纵""控制"。在太极拳中，并非是讲用小的力量可以直接抵御大的力量，而是讲如何用小的力量去操纵大的力量，这种情况只有在使用正确的技法时才有可能发生。

《打手歌》中有"牵动四两拨千斤"之句，有人甚至认为王宗岳在这里说的"察四两拨千斤之句"即是指对《打手歌》中这句话的不完整的引述，因此《打手歌》的成文应该早于《太极拳论》。其实引述是否完整并不重要，重要的是在技法的具体实施中，能否做到"四两拨千斤"的关键，是如何"牵动"，"四两"劲用在哪儿，怎么"拨"？过去常举的"牵动"例子，是一个小牧童如何可以驾驭一头大水牛，即牛鼻环的牵动作用，这是讲要发现对手的弱点。"四两"劲的本质是讲接触点上不能弱。常用"拨"的例子，是讲如何应用杠杆原理，即在力的相互作用时的支点问题。

这里还有一个问题需要搞清楚，有人认为太极拳是讲"用意不用力"的，进而认为如果讲"拨"，即使只有四两力也不对，这显然是对"用意不用力"的误解。任何技击行为最终都是在力的作用下实现的，这是自然规律。一般拳术都是研究如何直接用力。而太极拳所讲的"用意不用力"是说在意念引导下所产生的力的作用，并非没有力，而是不直接用力。这样才能在正确的时间、位置，以正确的方法，产生以小搏大、以弱胜强的效果。

当然，在太极拳中有关如何用力的方法在训练中有一定难度，主要是在量的掌握上。通常多数人在训练之初总会用比较大的力。这时，既要清楚地知道这一点，又不必太着急。在训练过程中，应用太极拳的原理时时检验自己，试着一点点地减少力量。如果能用比对手少的力量，便说明已经走在正确的道路上了。加强训练去减少应用中的力量，用的力量越小，技术水平越高。

"耄耋能御众之形"讲的是体能问题。"耄耋"是指七八十岁的老人。当人变老时，其体能下降，导致身体动作的速度将会减慢，运动时产生的力量会减少。因为太极拳技术技法在很大程度上并不依靠身体的绝对力量与速度，上年纪的人由于经验丰富常常可以把技术做得更好，可以以很高的技术水平来弥补体能方面的降低。因此，在总体的技术执行能力方面，仍然能够保持高水平。当年我们有幸经常亲眼目睹王培生师爷在七十多岁时，面对各种挑战，从容应对，很多国内外的高手都是粘之即起、搭手即出，尽显大师之风采、太极拳之魅力。同时可知拳论所言不虚也。

太极拳有关力量与速度的问题是相对而言的，同时也是一个综合问题。其中包括了整体可达到的放松程度、听劲——感知能力、技法的熟练程度等，当然还要有基本的身体素质为基础。对于这个问题的理解，不可过于机械，不可简单化、绝对化。


**原文**

立如平准，活似车轮，偏沉则随，双重则滞。


**解释与评注**

这是一个骈文体句，讲述在太极拳技术中应该如何做，以及什么是错误。开始两句先讲应该保持身体各个部分的平衡、稳定、放松、自如，如同一个非常灵敏的天平秤或者一个转动自如的轮子。敏锐与机警的感觉像天平一样，使得任何微小差别都会产生变化；也可像一个可以运动自如的轮子，全身放松，可以向任何方向随意转动。只有在与对手接触中，能够感觉到对手的细微变化，并且能保持放松与之相随的时候，才能继而在意念中应用太极的原理，才能很灵活地相随，阴阳变化才能产生。

在接下来的两句中先要解释两个主要的基本概念："沉"与"重"。在日常生活中，这两个字的意思基本相同。但在太极拳中，"沉""重"两个字有着不同的含意。一个用于表示正确的，另一个用于表示错误。"沉"的概念犹如某种沉重的物体在水中向下沉，由于浮力的作用，物体有上浮之趋势。因此，下沉并不意味着只是向下的死沉。在太极拳中，"沉"意味着下沉，同时也有向上的感觉，即"当气下沉时，神要上提"，简而言之就是"提顶"。沉是为了稳定，但其中必须有上提之意，才能同时有稳定与灵活的感觉，才能保证可以变化。而太极拳中所讲的"重"是指沉重而不能变化，俗话说"死沉"。它可以是稳定的，但不是灵活的。所以，在太极拳中"沉"是对的，因为它是沉稳中又有灵活可变的能力；"重"是错的，因为它是僵化、滞涩、缺乏变化的。

对于"偏沉则随"的解释存在两种截然相反的观点：比较普遍的观点是认为此句讲的是如果对手用力不均，使天平向一方"偏沉"，则我应与对手产生相随之势；另一种观点认为"偏沉"是一种错误，如果你犯了，将被对手轻易地随而控制之。第一种观点认为在"立如平准，活似车轮"的基础上，使对手的进攻之力走偏，造成偏沉，即一方沉于另一方，我即与之相随，阴阳变化产生，符合太极之理。而且与下面一句中的"双重则滞"的错误形成对比，符合骈文体。而第二种观点认为"偏沉"是太极拳中常常提到的一个错误。《太极轻重浮沉解》中说："偏者，偏无著落也，所以为病""偏浮偏沉，失于太过"。虽然沉是正确的，但偏沉是说在沉的过程中不能守住中正，或说偏离了中定，因而自身必然失衡，此时如果对手能随之，则必败。而且从写作风格上讲，四句话都是讲自身的行为。此句与下面一句"双重则滞"都是对错误的行为描述，"偏沉"造成"弱"，"双重"造成"顶"，正好与前面两句正确做法的描述形成对比，是典型的骈文体句。这两种观点各有道理，但也各有不足。比如在第一种观点里如何解释"偏沉"？这里的"偏沉"是否与《太极轻重浮沉解》中的"偏沉"无关？在第二种观点里如何解释"随"？是我随对手还是被对手随？事实上，如果独立地看这两种观点，它们都是成立的。问题只是具体在这里，哪种解释更恰当、更符合作者的本意。

事实上，这段话中最重要的是"双重则滞"这句话。"双重"现象是太极拳中的第一大错误，清楚地理解这一点，对于提高训练水平非常重要。双是指两边，重是指如上所述的错误。因此"双重"是指两边均重，故无变化可以产生。如同一个天平秤，如果两边秤盘里的重量相同，则平衡不产生变化，即天平是停滞不动的。太极原理讲究的是一对阴阳之间的变化与发展，双重则为两边均死重，没有阴阳之分，不能产生变化，这就违反了太极之理。因而双重是练太极拳时的最大错误，也是最常见的错误。但是必须小心的是"双重"也是自然本能的一部分。正因为属于自然本能的一部分，在其他门派中，双重现象并非被认为是错误，相反，却被大量地运用，譬如用有力的挡架去防守有力的进攻。一般来讲，双重有两种情况，一是对自己而言，另一是指自己与对手之间。对自己而言，双重就是不能在自己身上区分阴阳，产生变化。而与对手之间，双重指的是双方在神、意、气、劲、动作等方面均使用相似的方法对峙，一方与另一方在同一个地方直接对抗。双方在接触点上没有阴方与阳方，不能产生阴阳变化。

自己练拳架时，要理解自身的阴阳，总是要在自己身上建立起一个或多个太极，或者说多层次的太极。通常"阴"意味着实、静、被动，"阳"意味着虚、动、主动。最重要的练习就是如何用身体上的阳的部分去带领阴的部分共同运动，以及如何对阴阳进行转换。例如，意念应总是在身体阳的部分，去带领动作，这就是所谓"用意不用力"。当人动起来，阴阳部分将转化，阴转化为阳，同时阳转化为阴。所有训练效果均来源于这些变化。如果不能将这点做好，也就是说在练习中不能理解如何区分阴阳以及如何变化，就是犯了"双重"的错误。

推手练习中，对手的任何一个进攻都可视为阳，因为进攻是刚，是主动的。我方则应用阴，即以松柔与被动的方式去应对。做好这点，就能察觉到对方想要采取的任何动作，如此才能快速灵活。如果不懂阴阳，便只能是用自然本能去应对，即像多数人一样在接触点上用力量直接反击对手的进攻。当所用之力与对手之力大致相同时，双方便形成相持状态，变化就会很慢，以至停滞。在这种状况下，也就失去了应用高效率技术的机会。这时阴与阳不能被清楚区分，两人则处在双重之中。另外在推手时，我身上应该处处都如天平一般，对手的进攻之力都能被灵敏地分辨出轻重，并随之同时建立起我的阴阳并加以利用，从阴阳的变化中打击对方。可以说，如果哪里不能分辨阴阳、产生变化，哪里就是出现了"双重"。由于没有阴阳变化，违背太极之理，多数"双重"情况都是与对手之间产生强烈对抗。这种对抗将使技术动作迟缓、僵硬、呆滞，只能进行用力拉扯式的变化，也就是回到了自然本能之中。所以说"双重"就是不能按太极原理分别阴阳，不能以松柔的方式进行阴阳变化，犯了"双重"就不是太极拳。

### 原文

每见数年纯功不能运化者，率皆自为人制，双重之病未悟耳。欲避此病，须知阴阳。黏即是走，走即是黏。阴不离阳，阳不离阴，阴阳相济，方为懂劲。懂劲后愈练愈精，默识揣摩，渐至从心所欲。

### 解释与评注

这段话指明在太极拳训练中，许多人经过长期刻苦训练后，仍然不能真正使用太极拳的技法，其原因就是因为在训练中，没有真正理解"双重"这个最常见的错误。事实上，"双重"是我们身体的自然本能之一，人们总是自觉、不自觉地运用它，因此将它理解成为一种病并不太容易。同时，在训练中限制"双重"的使用也是很难做到的。这些都阻碍着人们对太极拳技术的全面理解与掌握。

由于"双重"与太极原理相违背，它是太极拳训练中的第一病手，它也反映了太极拳与其他武术之间的最大不同。在其他武术中，"双重"并不是病手，不仅是正确的，还被大量地应用。例如，当对手用力推你时，你也用力将他推回去；当他重拳打来，你还给他一个有力的挡架。这类技术对于多数武术门派来讲都是正确的，也是有效的，但是在太极拳中"双重"被称为病，是不对的。虽然"双重"这类技术有效，但是效率不高，而且很大程度上要依靠身体条件，违反太极原理，因此不应该在太极拳中使用。练太极拳时，必须克服大量的自然本能与反应，改变自身的自然本能而获得新的本能，是我们的目的所在。为此，仅仅刻苦训练是不够的，而是要理解，并需要长期、认真、深入地思考。

要避免犯"双重"之病，就必须懂得太极阴阳之理，即懂劲。简单地说就是要明白黏就是走，走就是黏，即阴阳一体。能做到阴不离阳，阳不离阴，阴阳相济才能达到懂劲的层次。也就是说必须懂得，阴与阳同处于太极之中，阴不能与阳分开，阳也不能与阴分开。阴中总会有一点阳，阳中也总会有一些阴，孤阴不生，孤阳不长，总是以对方的存在为自身存在的前提条件。这些理论必须应用到太极拳技术中。属于阴的，即防守的技术，如"走"，和属于阳的，即进攻的技术，如"黏"，必须一起做。可将它们看成是同一个圆中的两部分，一半是阴，一半是阳。这个圆须旋转自如，阴与阳能相互变化转换。只有当你做到这点时，才能说你"懂劲"，也意味着不再犯"双重"之病。

在学习任何东西的过程中，掌握正确的方向是第一位。只有掌握了正确方向，才能辨别真伪。方向不对，即使努力也不会有效果，甚至会更远地偏离目标。由于太极拳使用了反先天自然之能的理论，在实践中，无论是理论方面，还是具体的实做方面，都与人的本能有很大差距。因此掌握正确的方向很难。达到了懂劲的程度，才能辨别出什么是对的，什么是错的，才能真正体会什么是太极拳。此时才能保证以后的训练方向正确的（至少不易出错）。此后的训练才会高效率，才能对技术中的每个部分有很精细的研究。因此，"懂劲"是指一个层次，即真正懂得了太极拳的理论与实践。在达到这个层次之前，一个人恐怕很难确定自己是否行进在正确的方向上。

太极拳不只是一种艰苦的身体训练，它需要更多的认真思考，所谓"默识揣摩"。为了能完整地理解掌握它，需要学习很多东西，如哲学、艺术、医学、科学等。常说练太极拳的人需要博学，深入地思考，反复推敲、琢磨，练习刻苦，勤问问题，不忽视细节，有耐心与恒心。由于太极拳不是基于人体的自然本能，而是通过人的第二反应系统训练而形成的新的行为与反应模式下的技术，它不可能在短时间内被掌握。与其他武术流派相比，它是非常难于理解的，必须通过长期刻苦的训练，一点一点地改变先天自然之能，使自身能够逐渐建立起新的能力与技术体系。当这种非先天自然之能的能力转变成了新的自然之能，也就是说，当举手投足都能自然而然地运用这种新的自然之能，才是真正理解太极拳，并能随心所欲地应用它。

**原文**

本是舍己从人，多误舍近求远。所谓差之毫厘，谬之千里。学者不可不详辨焉。是为论。

**解释与评注**

这里直接指出"舍己从人"是太极拳技术的根本，而"舍己从人"正是道家无为、不争、以柔克刚、以弱胜强、以静制动、后发制人等思想的具体应用。因此，太极拳是建立在道家思想基础上，不懂得这一点，就不可能理解太极拳。

按照太极拳中最根本的道理，"舍己从人"的能力是所有太极拳技击技术的基础，是最本质也是第一要学习的。如果能理解并掌握这一点，就能更容易地体会其他技法。这是最直接也是最高境界的技术。但是，由于这种技术不是我们自然本能中的一部分，人们对于它的理解与应用都有困难。在实践中，人的本能是与对手直接对抗争斗。没有长期、刻苦、有意识的训练，人是不可能做到"舍己从人"。这里通过"用意不用力"的方法去转移注意力，是主要的训练方法之一，不理解这点，便是在费时绕行，最终也不可能理解太极拳。

"舍己从人"就是"随"，意味着要放弃自己的自然本能与自然反应，随着对手而动。只有放松，才能做到与对手相随；只有与对手相随，才能有感知；只有感知对手，才能有变化；只有变化，才能控制对手。因此说，随着对方而动是为了控制对方。若想学会以小力破大力，寻求最高效率的技击方法，必须先做到"舍己从人"，这是所有技术的基础。在多数其他武术流派中，人们设计了许多技法，通过刻苦训练来熟练地掌握它们。之后，在实践中能像在练习时那样将它们直接应用。而这些技术设计总是基于人的一般经验与想象中对手的反应。但以太极拳原理来看，这是一种很难做好的事。因为无论预先设计得如何周密，也不可能确定在实战中将会发生什么，故错误总是难免。而在太极拳中，我们认为最安全、最容易的方法是，让你的对手告诉你他正在做什么、将要做什么，以及你应该如何应对他。如何能做到这一点呢？答案就是"随"。如果能与对手相随，在相随的过程中，在与其接触点上的力量变化，将会实时、准确地告诉你他所做的、要做的是什么。"舍己"就是不主动去做，"从人"就是"随"。能"随"则能知道如何能简单、快速、并以最小的力去战胜对手。如果能自然地（新的自然）做到这点，就不需要设计任何技法。因此说"太极本无法，动即是法"。比较太极拳的理论与方法，其他方法无疑都是"舍近求远"了。

很多人在练拳时并不特别认真仔细，常常没有按照太极之理去练习，也没有听从老师的指导。他们也许练得很刻苦，但缺乏深入思考，因此，虽然花了很多时间，仍无法得到真正的太极拳技艺。太极拳学习是一个相当长的过程，从一开始就应集中精神，不忽略任何小的问题。因为任何小的错误都可能导致对太极拳的误解，从而阻碍达到真正理解太极拳的目标，这正是所谓毫厘之差，可以导致千里之误。每个人都应该认真学习这篇文章，试着去理解、详辨太极拳的真义；同时要刻苦练习；只有这样，才有机会达到太极拳技的高深境界。学习太极拳的人必须认真仔细去认识辨明这个道理，这正是这篇文章所要论述的。

## 《太极拳论》的整体结构分析

《太极拳论》是一篇非常精致、水平极高的拳论，是中国传统武术理论中的极品。从整体结构上看，全文可以分为几部分。

第一部分是拳法之立意："太极者，无极而生，动静之机，阴阳之母也。动之则分，静之则合。无过不及，随曲就伸。人刚我柔谓之走，我顺人背谓之黏。动急则急应，动缓则缓随。虽变化万端，而理唯一贯。"开篇即点明主题；拳名太极，即以阴阳转换为本、以顺随不争为用，实现以柔克刚，这是一以贯之的不变准则。

第二部分是拳法学习的步骤："由着熟而渐悟懂劲，由懂劲而阶及神明。然非用力之久，不能豁然贯通焉。"学习太极拳是一个长期的过程，步骤非常重要；这里既有刻苦努力，也需思考领悟；最终是一个整体上的改变。

第三部分是拳法能够制胜的技术原则："虚领顶劲，气沉丹田。不偏不倚，忽隐忽现。左重则左虚，右重则右杳。仰之则弥高，俯之则弥深。进之则愈长，退之则愈促。一羽不能加，蝇虫不能落，人不知我，我独知人。英雄所向无敌，盖皆由此而及也。"中正、放松、虚实、粘黏连随的能力以及超级灵敏的感知能力，是太极拳技击技术的原则。

第四部分是太极拳的特点以及与其他拳术的不同之处："斯技旁门甚多，虽势有区别，概不外壮欺弱，慢让快耳。有力打无力，手慢让手快。是皆先天自然之能，非关学力而有为也。察四两拨千斤之句，显非力胜。观耄耋能御众之形，快何能为。立如平准，活似车轮，偏沉则随，双重则滞。每见数年纯功不能运化者，率皆自为人制，双重之病未悟耳。欲避此病，须知阴阳。黏即是走，走即是黏。阴不离阳，阳不离阴，阴阳相济，方为懂劲。懂劲后愈练愈精，默识揣摩，渐至从心所欲。"太极拳以阴阳转换克服"先天自然之能"，摆脱了拳术中体能对技术的限制以及技术对体能的依赖，从而避免了在技击中拼体能的弊端，大大提高了效率。

第五部分是总结、是告诫："本是舍己从人，多误舍近求远。所谓差之毫厘，谬之千里。学者不可不详辨焉。是为论。"太极拳的本质是遵循道家哲学思想，是无为、不争、以柔克刚等思想的具体应用，对此不能产生任何误解。练习太极拳必须极端地认真细致，任何小的疏忽都可能导致劳而无功的结果。

## 《太极拳论》是太极拳的本质标准

王宗岳的《太极拳论》标志着太极拳发展的完善与成熟，具有重大的历史意义。无论其真正的作者是谁（在没有其他发现以前，我们仍尊王宗岳为作者），它都是太极拳理论中的经典。一个人是否在练习太极拳，不但要看其外在形式，如拳架、拳势，更要看其内涵，即是否符合道家哲学原理与太极阴阳之理。王宗岳的《太极拳论》从根本上论述了太极拳的定义、技术原则，是判定太极拳内涵的唯一标准。凡是在追求的目的上与之不相符的，都不是传统意义上的太极拳。所以说，练太极拳不是仅仅练一些动作招式，更主要的是要看是否遵循《太极拳论》中所讲述的原理。不符合这个原理、外在形式与内涵脱节的，不管你的动作练得多漂亮，也不管你的劲儿有多大、能把人发出去多远，你练的都不是太极拳。因此，所有练太极拳的人都要经常以《太极拳论》检视自己，保证自己不要偏离了方向。

　　这里也牵扯到传承问题。一般拳法在讨论传承时，往往只注重人物之间的关系，而太极拳的特殊性使得问题有些复杂，这里单纯的人物关系并不足以说明问题。一个人有没有得到传承，关键是要看他有没有得到并理解太极拳的原理。名家未必是明家，出名的因素可以有很多，特别是在今天这种信息畅通的时代里，出名是最容易的事。明家是要真能明白道理，但明家的传人也未必真的懂拳。成为明家，第一是要有传承，第二是靠后天的努力。讲传承不要迷信血缘关系，要明白血缘关系并不等于传承。武术技术技法这类后天训练的成果，是不可能带在遗传基因里的。人物的血缘关系只可能带来学习上的便利，而不能成为传承的必然保证。事实上，明家的后人偏离方向的也大有人在。惟有《太极拳论》是验证、判定太极拳传承的唯一标准。看一个人是不是练太极拳，要看他所说、所做的是否符合《太极拳论》。正是 "且记，无论用何等名目，拳法惟太极则不能两说也。若太极说有不同，断乎不一家也。却无论功夫高低、上下，一家人必无两家话也。"

## 太极拳理论的继承与发展

从 20 世纪初，随着各家之有关太极拳的理论文章、拳谱、拳论等陆续公开出版，太极拳在基本理论方面已经没有任何秘密可言。太极拳拳理、拳法的基本框架已然确立，内容也基本成熟完善。学习太极拳，首先就是要将这些已有的、成熟的理论继承下来。只有在全面准确地理解、掌握的前提下，才有可能有进一步的发展。从整体上看，今天太极拳理论的发展，主要应该是在太极拳的理论与实践相结合方面。当今还有很多传统的训练方法，练习与实战中的切身体会，技术要点与感受等，没有形成文字。对这些东西的整理并形成准确的文字记述并不是一件容易的事，这是今后太极拳理论发展的主要方向。

在近一百年里，有大量的有关太极拳的理论著述出版，这说明喜欢研究太极拳的人多了。但是一个普遍存在的问题是，许多著作、文章中大话、空话太多，脚踏实地、能与实践真正相结合的太少。就是"谈起理论来，说得天花乱坠，一动手，完全对不上。"太极拳的理论，不是单靠自己的想象力就能创造的，必须是在踏踏实实的继承基础上，以坚实的实践经验为依据，理论与实践相结合的科学的东西。因此，在太极拳理论的继承与发展上，要反对那种没有继承的所谓创新；反对那种缺乏坚实的实践基础的空谈；还要反对那种不把问题说得云山雾罩，不足以显示其高级、深奥的倾向。

# 太极阴阳变化之辩证哲理是太极拳拳理拳法的基础

　　所谓"太极即是阴阳，阴阳即是太极"，这是对太极与阴阳关系的一种简单、通俗、但又不太严谨的描述。阴阳是古代中国人对于日常生活中的事物进行观察总结后得出的一对抽象的概念。阴阳即是讲对立而又有联系的两组事物，或者一个事物的两个方面，也可以是一组相对应的概念。比如生物界的两性，就是既对立又有联系的事物。他们可以作为个体单独存在，但作为群体，则有相互依存的联系，也就是孤阴不生，孤阳不长。人们认识到每个事物都有正反两个方面，比如山坡上有向阳、背阴两面，人们就称向阳的一面为阳，背阴的一面为阴。有些事物是相对的、但相互间又有关联，比如向阳的一面比较温暖，背阴的一面比较凉冷，而这种冷暖关系是相对的、且相互关联的。又如上下、内外、左右、高低等都是一些相对应的概念，对方的存在是自身存在的依据。逐渐地当这些意识扩展到抽象思维的领域，阴阳有了各自的属性，比如阳是指主动的、刚强的、积极进取的；阴是被动的、柔弱的、随遇而安的。整体上看，作为抽象的概念，阴阳表示了一种对立统一的辩证关系。阴与阳分别表示对立的两个方面，两者互为对方存在的前提。将阴与阳分别来看，它们也可以是相互独立的，代表两种不同的属性，但之间仍有关联。在传统哲学中，当阴阳作为一个整体时，就是太极；当阴与阳可分别对待时，就是两仪。太极拳中讲的阴阳，即太极阴阳，就是要整体看待阴阳，是对立统一，阴阳互动，阴阳消长，阴阳转换。要时刻保持阴不离阳、阳不离阴，阴阳相济、相互转换，以及阴非纯阴，其中有一点阳；阳非纯阳，其中有一点阴。如果阴阳分离、或讲纯阴纯阳，就是两仪阴阳，而不是太极之理，应用于武术也就不是太极拳。分清太极阴阳与两仪阴阳之不同，是学习太极拳理论中的重要一步。在本书中所讲述的阴阳之理，都是指太极阴阳在太极拳中的应用。

## 太极拳拳法中的阴阳

当太极阴阳哲理应用到太极拳实践中，阴阳这对抽象概念，被具体化到具体的技法、技术当中。在杨班侯所传的《阴阳诀》中，对此有比较全面的描述。

### 阴阳诀

太极阴阳少人修，吞吐开合问刚柔。

正隅收放任君走，动静变化何须愁。

生克二法随着用，闪进全在动中求，

轻重虚实怎的是？重里现轻勿稍留。

在这首《阴阳诀》中，首先指出了这里讲的阴阳是太极阴阳，而后列出了十对太极阴阳在太极拳中之应用：吞吐、开合、刚柔、正隅、收放、动静、生克、闪进、轻重、虚实。事实上在太极拳中还有其他一些有关阴阳的应用，如：呼吸、张弛、松紧、进退、走黏、化打、攻守、升降、轻沉、主动与被动等。这些概念都是阴阳理论在拳术中具体技术上的不同应用，比如在讲刚柔时，多是侧重于讲劲力的应用。但是在传统教学中，这些概念从来也没有被严格定义，所以在使用时也就常有重复、重叠之处。在本书中，我们将以最常用的用法讲述这些概念。这些不同的概念在技术上相互之间有着一些联系，也有的是同一问题的不同说法，或者同一技术包含几个不同的概念，但都必须符合太极阴阳哲理。也就是说在每一概念中，对应的双方都是不可分的，比如开中有合、合中有开，刚柔相济、动静相间，走黏相应、化打同时等。

在太极拳里，所有这些阴阳的概念都是处于不断变化、相互转换之中。它们是互相对立的双方，又因一定的条件而共处于一个统一体中。这个一定的条件，就是各自的存在均以对方的存在互为前提。无独有偶，成对成双，互生互灭。对立的双方始终存在着相互转化的趋向。太极拳的训练就是通过反复演练，使这些变化、转换能自然流畅地进行，而太极拳的应用就是能自如地使用这些变化、转换去达到太极拳所寻求的技术效果。所以说太极拳技术的本质就是阴阳转换。

### 动静

动静是太极阴阳中的主要概念，王宗岳《太极拳论》中，开篇就讲太极阴阳与动静的问题。动静一般即指运动与静止，可以说是宇宙万物的两种最基本的运动状态。事实上，广义上讲宇宙万物总是处于不断运动变化的，因此运动变化是永恒的，静止只是相对的。当然，也可以把静止当做一个特殊的运动状态。在太极拳中所讲的动静是指显著的变动和相对的静止，它们可以应用在练习者自身的内在神意气上，也可以应用在外部的形体动作上。可以是内外相同，也可不同。"一动无有不动，一静无有不静"讲的就是内外相同；而"身虽动，心贵静"讲的就是内外不同。一般来讲，动为阳，为虚灵，是主动变化；静为阴，为实沉，是被动稳定。动静相间，稳中求变，变中维稳。比如在盘架子时，当一条腿完全承受全部体重时，它就是处于相对静止、稳定的状态；而这时另一条腿完全不承受体重，则是处于相对可变化的运动状态。当身体的重心在两腿之间转换，就是一种动静的转换。

"动之则分，静之则合""静如山岳，动似江河"讲的是内在的神意气。"一动无有不动，一静无有不静"讲的是周身一家，上下相随，内外相合。"视静犹动，视动犹静"讲的是阴阳对立统一而且存在着相互转化的趋向。在推手与技击中，一方面要做好自身的动静，另一方面要能洞察对手的动静。只有能够达到"静中触动动犹静"，才能做到"因敌变化示神奇"。所谓"彼不动，己不动；彼微动，己先动"，就是说要把握住对手，当其动意已现，但还未成势之际，准确有效地将形势向不利于对方的方向转换，也就是要抓住"动静之机"。早了，则无法准确掌握其意图，很难形成正确的对应；晚了，则必然增加对应的成本，很可能导致失败。

## 虚实

虚实是太极阴阳应用中比较复杂的一个，由于其在自然语言中的多意性与不严谨，在实际应用中，有几种不同的虚实概念常常被混淆或误解。在太极拳中，讲虚实时，有四个不同的意思需要分清。第一个，"虚"是指虚空、虚无；"实"是指实在、确实。这个虚实的概念，即是盘架子时所讲到的"虚实分清"中的虚实，也就是讲自身身体的重心或体重与支撑腿（或脚）的关系。所谓"虚实分清"，就是以一条腿支撑全部体重，被称之为实腿；而另一条腿则完全不承担任何体重，被称之为虚腿，也称为空。因为实腿承担着体重，是松沉的、稳定的，是处于被动的相对静止状态的，也就是处于从属位置，所以属阴。而虚腿不承担体重，是轻灵的、可变化的，是处于主动的可移动状态的，也就是处于领导运动的位置，所以属阳。这种状态称之为"阴实静，阳虚动"。在练拳过程中，体重在两腿之间随着各种动作不停地转换，而每次转换都要达到全部体重百分之百地转移到一条腿上，而另一条腿完全为空。"虚实分清""变转虚实须留意""意气须换得灵，仍有圆活之趣，所谓变换虚实也""究之周身，无一处无虚实，又离不得此虚实""虚虚实实神会中"等讲的都是这类虚实。在太极拳训练的初级阶段，这一条原则是十分重要的。正是通过这种训练，使身体逐渐真实地感受到虚实在体内的变化，同时灵活与稳定的身法、步法也随之发展起来，这是学习太极拳技法技术的基础之一。许多人练拳时不够认真，总是虚实转换不清，因此在很长时间里，体内都无法建立正确的虚实转换的感受，这是影响以后进步的一个重要原因。

第二个有关虚实的概念是在推手或实战中，敌进我应时的感觉。这里是讲把对手的主动进攻视为"实"，为刚、为阳；而我要以被动的"虚"相应，舍己从人，是柔、是阴。"实"是实实在在，"虚"是虚情假意。"左重则左虚，右重则右杳"讲的就是这种虚实概念，这里的"重"就是实在的进攻。这里以虚应实即是以柔克刚。

第三个有关虚实的概念是推手或实战中，我进敌应时的感觉。"虚"是说我感觉对方之虚弱，"实"是我感觉到对方之强壮。我应避实就虚，避免在对方的强壮之处与其发生对抗，而直击其虚弱之处。这种状态称之为"阴虚弱，阳实强"。在太极拳推手训练中所讲的"过与不及"就是这种虚实，虚成为弱，即是"不及"，实成为僵，即是"过"。如果对手虚弱，我可趁虚而入；如果对手僵实，我可粘黏。

第四个有关虚实的概念是推手或实战中，我与对手之间关于劲力的感觉。这时"虚"是指虚无，即是不确定之感。也就是说，不能通过接触点来确定对手的意图、或不确定自己是否能掌控住对手，俗话说"没摸着"。"实"是指确定，即能确定掌控了对手的状态，俗话说"拿实了"。当我与对手接触时，如果我能准确地感知并控制对手，称为"实"。也就是说我摸到实在的东西，掌握了主动权；而此时对手处于不能变化的状态，即其已成为被动状态，故也称为阴，这时我可以采取攻势。如果我不能准确地感知对手，称为"虚"，也就是说我摸到的是虚空的；而对手则处于可变化状态，无法对其行为进行判断，即对手仍然保持很大的主动性，故也称为阳，这时我应取守势。所谓"遇虚莫进，中实必发"，讲的就是这种虚实。这种状态称之为"阴实攻，阳虚守"。在推手或技击中，一方面要使对手摸不清自己的变化，即"虚实实虚手行功""实实虚虚攻不空"；另一方面要探清对手的虚实，即要做到"虚守实发掌中窍，中实不发艺难精"。这种敌我双方在虚实上的变化搏击，即所谓"虚实自有实虚在"。

可以看到虚实的概念不同、内涵不同，所对应之阴阳也不同。在太极拳训练中，遇到讲虚实的时候，一定要先搞清楚讲的是哪一种虚实概念之应用。比如一个常见的错误是把在第三点中的阴虚、阳实与第一点中的阴实静、阳虚动混淆了。这常常导致分不清身体内虚实变化的本质。另外在推手或技击中，第三点中讲的"避实就虚"与第四点中讲的"虚守实发"，也是经常会引起误解的地方，必须注意。

在实战应用中，上面所讲的虚实概念常常是混合使用。比如对手以强力进攻我一点，我不在这个力点（即他的实点）上与之对抗，而是以虚无、虚空之劲与之相迎；同时我以我之实力在对手的虚弱点上拿他。这时，对手身上的虚实与我自身上的虚实不是一个概念。对于我自身而言，与对手力点相迎的点是"走"，意念不可在此，是被动的"舍己从人"。这时我的意念应该放在做"黏"的点上，是主动点。从这个角度讲，被动点是实静，主动点是虚动。由于虚实的内涵不同，故讲虚实时，一定要分清具体情况、应用范围，不可混淆，所谓"练拳不谙虚实理，枉费功夫终无成。"

## 刚柔

在多数情况下，刚柔被用于形容劲力方面，刚劲为阳，柔劲为阴。"柔中有刚攻不破，刚中无柔不为坚"，讲的是劲中的刚柔相济。在拳理上，太极拳讲以柔克刚，但并不是只有柔没有刚。在实践中，太极拳讲松柔，也并非是只练柔而不练刚。"极柔软，然后极坚刚"讲的就是刚柔都要达到极致。

太极拳中讲的柔不是弱，而是如水之柔。水之柔的特征如下。第一，水可随形就势，无论外界给出什么形状，它就成什么形状，总是随势而行。第二，水向下流，凡讲柔必与松不可分，所以松沉如水下行。第三，水与外界的接触无间隙，而且是见缝就钻。第四，在水中的任意点上，其对周围所有方向上的压力均相等。第五，水虽柔，但是几乎不可被压缩，一方被挤压必然造成其他方面同等压强的反应。第六，水之柔中常常可以蕴藏着巨大的能量，这种能量的一旦聚集，就可以产生一涌而入、势不可挡、无坚不摧之势。通过太极拳训练，当身上具备这种水之柔时，与人搭手才能"舍己从人"，处处与人相随，同时又柔而不弱，这是做到走黏相应的基础。

太极拳中讲的刚不是僵硬，而是如橡胶棍子，绵里藏针，是使对手产生恐惧感的摧毁之力。由于太极拳中的松柔不好练，因此在最初练拳的很长一段时间里，只要求练松柔，而不刻意要求练刚，就是常说的要"一柔到底""一松到底"或"大松大柔"等。太极拳的刚是从松柔中产生的，只要能先练好松柔，刚劲则水到渠成，并非难事。这是因为刚劲的基础是全身的协调运动，松柔做得越好，全身的协调性就越好，那么刚劲就越容易练好。相反，如果过早注重于刚劲的练习，由于一般刚劲练习中，整体上的形体动作都比较大且粗糙，所以容易形成动作过于粗犷而且有较大的惯性，这样则可能会导致既练不好刚，需要极为细腻练习的松柔也基本无望了。

现在很多人练太极拳过于注重所谓发劲练习，这是一个常见的误区。其根源是对太极拳的理解有误，本质上还是想靠"先天自然之能"、以力取胜。要克服这点，"极柔软，然后极坚刚"这个训练步骤必须清楚并坚持。另外，开始时追求"极柔软"，不可久而久之忘了"极坚刚"，这也是一种常见的错误倾向。由于平时练拳大都比较平和，推手时多似游戏。往往以化拿为主要练习，常常是拿而不发。因此，刚劲的应用比较少，以致很多人误以为太极拳只有柔，没有刚，当需要刚柔相济时就会出现问题。还有一点应该懂得的是，在太极拳的实践应用中，刚劲的发放主要不是指单纯力量的大小，而是讲在"得机得势"时的一种顺势而为的刚毅、果断之意。因此，刚劲的发放更注重的是发放的时机、方向、打击的部位，以及如何借对手之力。只有真的挨过高手打的人，才能对太极拳中的"极坚刚"有所体会，这不仅仅是肌肤之痛，而是心理震撼。

## 吞吐与开合

在多数情况下，吞吐与开合被用于形容肢体动作的内在感觉方面。吞吐主要讲前后纵向，开合主要讲左右横向。当然纵中有横，横中有纵。有时，当使用吞吐时，更强调内在；使用开合时，更注重形体。吞或开是身形上的舒展、展开、开放、吞入、蓄存的感觉，是紧而轻，为阴；吐或合是身形上的紧凑、整合、聚合、吐出、发放的感觉，是松而沉，为阳。所以说开如拉弓，是吞，多用于化、引、拿等技法；合如放箭，是吐，多用于发放技法。

无论是吞吐还是开合，都要符合太极阴阳之理。吞中有吐，吐中有吞，开中寓合，合中寓开。吞吐、开合最忌分得过清，相互间没有联系，常见的错误就是将吞吐（或开合）当成两个独立的技术动作去练。在推手时，吞中无吐、开中无合，则过于弱；而吐中无吞、合中无开，则易僵。这些都是需要认真体会的。

在技术应用中，有时讲吐或合时，有内向、外向之分。内向是说内气之松柔、团聚、鼓荡，多是与引、化等技法相应的。外向是说内气之松沉、贯串、外放，多是与打、发等技法相应的。在实践中，常常是与对手一接触即先做内向之吐或合，是引、化；随之即开，是化、拿；再做外向之吐或合，是打或发放。这里需要注意不同的吐或合在应用中得到区别。

在讲开合时，还有一种说法，如李亦畬在其《五字诀》中"气敛"一节中讲的："吸为合，为蓄；呼为开，为发。"这里的开合是指以呼吸气带动内气运行、进而引领劲的蓄发。在呼吸之吸气时，带动内气内敛，"务使气敛入脊骨"，这里将"敛"称为"合"，即是蓄劲。呼气时，气遍周身，行于指尖，是内气激荡，称为"开"，即是发劲。因此，这里讲的开合与前面讲的不同，在训练与应用中要注意其中的区别。

### 张弛

张弛是指身体的紧与松以及与力量的关系，这里多是指肢体行为方面的，与后面要详细阐述的作为习拳状态的松与紧不同。张弛里讲的张或紧不是绷紧僵硬，弛或松不是松懈软弱，张弛的本质是弹性问题。张与弛本是用于形容拉弓射箭的意思，拉弓或者说张弓时，称之为张。拉弓弦使弓背弯曲，弹性势能存于弓背内。拉得越开，弓背弯曲度越大，存储的能量就越多。松弓弦或者说放箭时，称之为弛。这时弓背伸展、松弛，释放存储的能量。弓弦松得越快，瞬间释放的能量就越大，放出箭的速度、力量越大。所以张弛之间的关系就是劲的蓄发。

在太极拳中，身体上所有可弯曲的关节处都可以视为一张弓，关节的曲伸就是弓的张弛。所谓"曲中求直，蓄而后发"讲的就是这个道理。拉弓的目的是使身体在松的基础上保持弹性，一张一弛，松而不泄，紧而不僵。在具体训练与应用中，以"节节贯串"的作用将全身连接起来，将一些小关节上的小弓，贯串成大弓，由此可以在全身形成许多不同层次的弓。比如常讲的身备五张弓，就是指以所有脊椎骨贯串成的背弓，以两侧肩、肘、腕、指等关节贯串成的两张臂弓，以及以两侧胯、膝、踝、趾等关节贯串成的两张腿弓（图3-6）。事

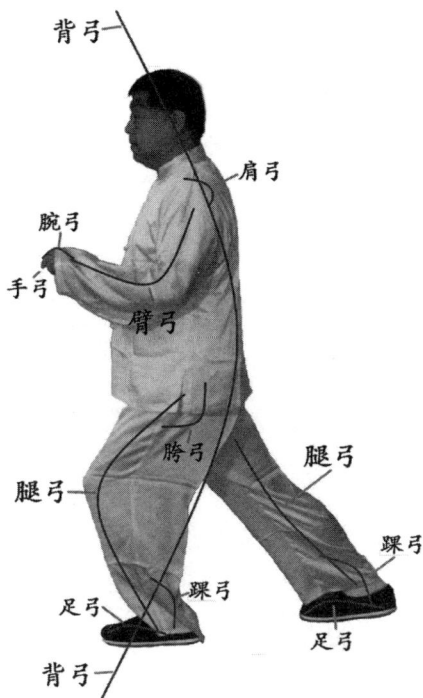

图 3-6 全身一些不同层次的弓

实上，五张弓的说法比较笼统和概括性，在实际应用中需要精细得多。在不同的技法技术中，核心问题是这些大大小小不同层次的弓的张弛，必须能够协调一致。在做一个技术动作时，有些弓可以是张，而另一些可以是弛。在同一张弓上，也可以张中有弛、弛中有张。比如在很多情况下，背弓与臂弓在应用时的张弛是相反的，即背弓张时臂弓弛，背弓弛时臂弓张。如果想要达到曲中求直，力量通畅，旋转运行使力量既能够不断地变化、又可以保持速度均匀，那么在一张一弛的过程中，全身必须始终保持放松的状态。在肢体动作方面，要避免直来直去，不要有凹凸、缺陷、断续等不顺随的状态。这样才能满足太极拳技击技术的原则要求。

张弛与吞吐开合是密切相关的，全身不同层次的弓之张弛，形成不同的吞吐开合。比如与对手一搭手，背弓一"合"、臂弓微微一"开"，即背弓一松、臂弓一紧，出一问劲；背弓一"开"、臂弓微微一"合"，即背弓一紧、臂弓一松，则为拿劲；紧接着再做"开""合"转换，是蓄劲、发劲。要能够分清主次，总体上，开是外紧内松，身形舒展而内劲蓄足；合是外松内紧，身形紧凑而内劲松沉，专注一方。在实际运用中，由于是全身运动，张弛的行为会复杂得多，外形的吞吐开合与内力的张弛就不一定都相符了。所以人体上的张弛不应以外形为准，而主要是以中气或劲力为准。劲和气是不可分割的，气在哪里劲就在哪里。练拳中一吸一呼，中气催动的便是吞吐与开合，内力上就是一张一弛或一蓄一发。所以蓄劲时不论身形吞吐或者开合，都称吞劲或开劲，同样的，发劲也都称吐劲或合劲。开时如离中虚，外实内虚；合时如坎中满，外虚内实。

在训练中，如何掌握张弛的幅度与均匀程度是个重要问题，一方面要追求张弛的最大幅度，另一方面要保持力量的均匀分布。练拳的基本目的，就是为了要改进幅度与均匀的程度。幅度决定了存储力量的大小；而越均匀，则承受能力越强。对于一个人来说，他张弛时的幅度和均匀程度是可以变化的。在练拳中，常常是增加了幅度而破坏了均势，故需再取得均势。练拳的过程就是这种幅度的不断增长与均匀程度再建立的过程。太极拳讲发劲"如百炼钢，何坚不摧"，是指力量的强度，其背后的重要原因是力量的蓄发均匀。

张即是紧，弛即是松，张弛也是使身体富有弹性的重要练习。要注意的是，用拉弓来形容张弛的练习只是形容一种身体内的自我感受而已，以此来形容身体整体上的一些体会。事实上，人体的生理结构是不可能真像弓一样工作。关节弯曲时，并不能真地存储了能够使关节自动伸直的弹性势能。人身体上的所有形体动作，都是由附着在骨骼上的肌肉运动达成的。在每个关节处，都有一组肌肉负责这个关节的屈伸运动，比如对于肘关节而言，以肱二头肌为主的一组肌肉群是用于使肘关节弯曲的，以肱三头肌为主的一组肌肉群是用于使肘关节伸直的。在无外力作用时，手臂做弯曲动作，肱二头肌群紧张收缩、肱三头肌群就需放松舒展；伸直时相反。因此当完成一个形体动作时，总是有一部分肌肉紧张，另一部分肌肉放松。当全部肌肉放松时，也可以借助外力使关节弯曲或伸直。这个外力可以是对手的力，也可以是自身的重力。

## 主动与被动

在太极拳的阴阳变化中有主动与被动之分。所谓主动就是指在自己主观意念指导下的行动，一方面是指自身训练时的主观行为，另一方面是指技击中的按自己意愿所进行的攻防行为；在阴阳矛盾的对立统一中处于主导地位，属阳。被动是说在没有自己的主观意念直接指导下的行为，一方面是指完全是由于自身运动的协调性而被引动、带动的行为，另一方面是指在技击中完全随着对手的力而动的行为；在阴阳矛盾的对立统一中处于从属地位，属阴。因此，一般而言，无论是训练还是实战、进攻还是防守、对抗还是躲避，只要是有意识地去做，都属于主动行为。更进一步讲，只要思想意识所在的地方，就是主动的。在先天自然之能的反应状态下，当出现外界刺激时，人的主观意识总是被自然地放在被外界刺激最强烈的地方。从技击角度讲，外界刺激最强烈的地方就是对手给你造成最大麻烦的地方。比如当对手以其双手分别攥住你的两臂，而在你左臂上施加的力量更大，也就是说，你左臂上的麻烦更大。这时你的主观意识会自然地更加关注在左臂上。在训练中，当我们说"接触点"或"麻烦点"时，多是指这个点，即是在先天自然之能的反应状态下，主观意识所关注的点。当你在你的主观意识所关注的点上做出直接的反应行为时，这个行为就是主动的行为。

太极拳技击中讲的"舍己从人"就是在对手给你制造麻烦的点上，化主动为被动，既不对抗，也不躲避，而是随其而动，即以己之阴对他之阳，就是"走"。因此，在这点上，双方的主动与被动形成一个太极。同时，要通过主观意念建立一个主动点，去给对手制造麻烦，即以己之阳对他之阴，就是"黏"。被动点与主动点同时作用，"走"与"黏"相应，在自身上又形成一个太极。这就是所有太极拳技击技术背后最基本的太极阴阳之理。在具体的技法训练中，主动点建立在哪里，是一个很复杂多变的问题，需要在实践中，具体问题具体分析，相机决定。同一种情况下，可能会有多种选择，我们总是尝试要在其中找出最佳的选择，即效率最高点。

在讲主动与被动的阴阳关系时，最常见的错误就是在对手给你制造麻烦的点上，主动地相随，或者说主动地去做放松、柔化等，以为这样就是以柔克刚。事实上，这种主动地对应会造成双方的意念在接触点上产生对抗，虽然不是力的直接对抗，但仍是双重之病的一种变异。在这种对抗中，由于对方的意念在先，必然导致你的松柔成为弱。在实践中常常可以看到，想松柔的，往往过于弱而输手。

在太极拳训练中，以拳架为核心的"体"之训练是从主动中寻求被动，而在以推手为核心的"用"之训练是从被动中寻求主动。开始练拳架时，都是按照要求，在意念的指导下，主动地去做每个动作。这时意念与动作行为是直接的关系，比如想抬手就抬手。这时就是所谓"有意皆是假"的状态。经过长期训练，由于身体对动作的记忆，很多行为逐渐成为下意识的自然行为。在这个过程中，自身运动的协调性被逐渐建立起来，直接指导动作行为的意念就不需要了。这就进入了所谓"无意方为真"的状态。而后在训练中新的意念被引入，这时意念与动作行为不再是直接的关系，而是间接的关系，即动作行为是被动的、被引动、带动的行为，比如左手上提引动右脚向前迈步。这就达到了所谓"有意无意是真意"的状态。所以说，拳架训练是从主动达到被动的练习。而在推手训练中，开始就是要练习以"舍己从人"为目标、完全被动地与对手相随。从被动相随的训练中，逐渐掌握知己知彼的能力。而后才能学习理解阴阳相济、相互转换中的阳的使用，也就是主动的意义。"机由己发"讲的就是技击中的主动性。所以说，推手训练是从被动达到主动的练习。

## 转换与差异

从哲学概念上讲，转换与差异都是阴阳变化的形式。所谓转换就是指它是一个逐渐变化的过程，比如将一块冰放在温度高于零摄氏度的地方，它就会逐渐融化成水，即完成由固态到液态的转换，转换的速度与周围环境的温度有关。当然这个例子只是讲从固态到液态的单向转换。太极阴阳是一对矛盾，讲太极阴阳转换是指对立的双方都向自己的对立面逐渐转化，最终成为新的对立面。这个过程是平滑、渐变的，可快可慢。在太极哲理中，阴阳之间的变化或矛盾转化就是转换。无论如何变化，阴阳总是存于一体。在太极图中，以阴阳之间的 S 形曲线来表示转换的含义。一方面阴逐渐增加，或者说阳逐渐转化为阴；另一方面阳逐渐增加，或者说阴逐渐转化为阳。用曲线表示了转换的平滑与渐变性。在两仪理论中，阴阳是分离的两个个体，所以阴阳间的变化是突变，阴变阳，阳变阴，称之为差异。所谓差异就如同搬键开关，是跳跃性变化，在理想状态下，不存在中间过程。从传统哲学上讲，差异也是矛盾，但与转换有本质上的不同。在转换过程中，阴阳同时存在。在差异里，阴阳可以分别独立存在。在现实生活中，转换与差异这两种变化形式常常会被混淆。

在太极拳技法中，阴阳的变化是以转换为主体，在一些极特殊的情况下才会使用差异。而在多数也讲阴阳的武术门派技法中，阴阳的变化是以差异为主体，其间或自觉不自觉地使用一些转换。因为在人的先天自然之能中，大多数行为动作都是分离的，因此差异是自然的。太极拳训练就是要用太极拳阴阳之理去改造先天自然之能，也就是要变差异为转换。这一点务必请读者细心琢磨。

建立在差异基础上的技术是武术各流派中的主体。在技击中，比较典型的例子是：先用力将对手向一边扳，当对手反抗，两人之间形成对峙后，突然改变用力方向，将对手扳向相反方向。如果这个相反方向的力正好与对手的反抗之力相合，就正好能以自己之力、再借助对手之力将对手扳倒。这是一个常见的有效技法。其要点是，首先要做到在第一个方向上的力真实、强大，使对手不得不尽力反抗；第二是变化方向时的速度要快，使对手来不及跟着变化、防范。也就是要尽快地从一种状态变为另一种状态。要想做好这两点，一是要反复练习技术动作，二是要尽可能增加自身技法动作的力量与速度。这类技法多是预先设计好的，在应用时需要采取主动姿态。由于差异技法本质上是建立在快速有力的基础上，在变化的瞬间，身体肌肉必然处于高度紧张状态，所以在使用期间，任何非计划内的改变、调整几乎都是不可能。一旦实施，成败与否，就是"拳打两不知"，任何其他变化，只能是在此方法的技术动作全部完成之后才有机会实施（图3-7）。

**图 3-7 摔跤中使用差异概念的"插闪"技术**

a. 甲方（左）以左手抓乙方（右）之右小袖，并向左侧拉拽，吸引乙之注意力。

b. 甲突然上右步至乙身前，同时将右手从乙之左臂下迅速插入至乙之背后，随之用力向左侧搬，同时左手向左肋下拉拽。左、右手快速协调用力，身、腿助之，使乙之身体向其右斜下方拧翻。插入之力必须快、猛、有力，要真有能将对手掀翻之势，使其不得不用力抗衡。

c. 如果乙方用力对抗，甲需突然向右后撤右步，同时向右拧身，使身体右侧以及右臂上与乙的对抗之力突然闪开、撤回。这可以使乙之反抗力落空，造成其身体向其左前方失衡。侧闪必须快，使力的方向变化突然。

d. 甲借助乙自身由于失衡而向其左前方倾倒之势，左手向右侧推，同时右手向怀里拉拽，使乙之身体旋转，并向其左前侧拧翻跌倒。

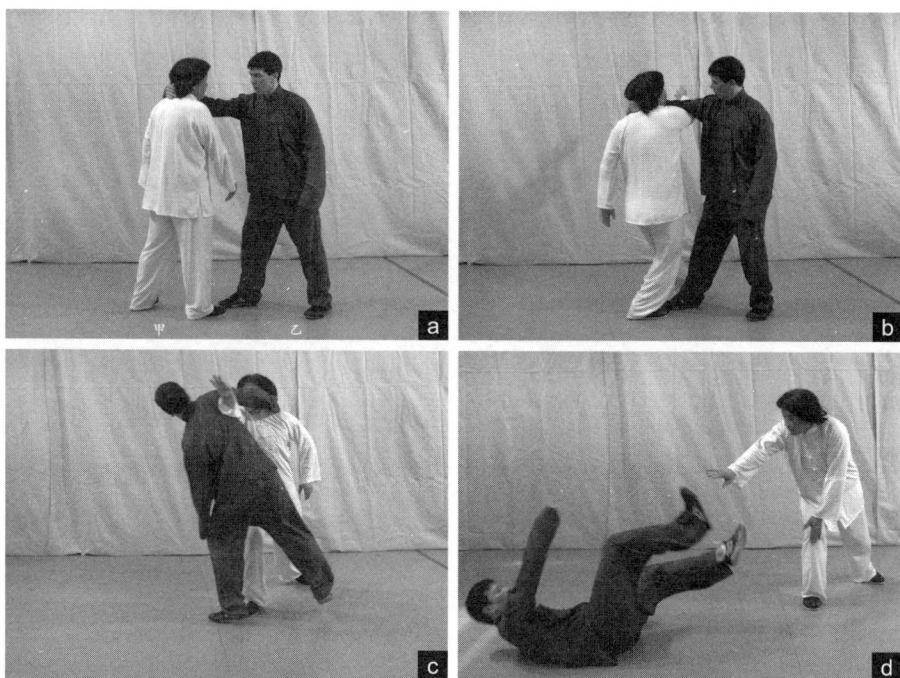

图 3-8 太极拳中使用阴阳转换概念的"云手"

　　太极拳技法讲的是"舍己从人"，即不与对手的力相对抗，所以自身可以总是处于放松状态。太极拳技法中的形体动作多是以弧线为主，当需要进行变化时，可以很容易地以渐进的方式进行，在对手不知不觉的情况下完成。太极拳技法中的变化多是顺势而为，是"因敌变化"，所以多不是主动地先发制人，而是被动地后发制人。比如对手用力将我向我的右侧扳按，我不与之对抗，而是顺其力右转。我用一点力使对手感到有个与之对峙的力点存在，在以后的转换过程中，这一点点力就会逐渐转化成控制对手的力。在我顺势右转的同时，逐渐改变力的方向，使其身体发生侧旋而失去平衡，并向右侧倾倒。在这个过程中，我的力从顺其势，即阴，逐渐转化为控制对手的力，即阳，这个阴阳的变化就是转换（图3-8）。

　　a. 乙方（右）以右手搬住甲方之颈，向其左前下方用力。甲方不与乙之右手上的力对抗，而是随之略向左转，使乙之右手之力落空；同时顺势黏其右手腕，使乙之身体向其右前方偏移。甲方通过其颈部的"走黏相应"化解了乙方之力，并达到对乙方的初步控制。

b. 甲方顺势上步，以右臂从乙方之右臂下穿过，轻轻粘住。这时甲乙双方之间的力点仍在甲方的颈部。

c. 甲需将其黏住乙之右手的阳转换为阴，即与乙方相随；同时以其右臂为阳，黏住乙之右臂，并向右后翻转。

d. 甲之右臂保持与乙之右臂的黏，并继续向右后翻转。当乙方完全失去平衡后，甲方将右臂上与乙的接触点转换为阴，即与乙之失衡之势相随；同时将意念放在右手指尖，形成主动引领之阳，指向乙方失衡的方向；阴阳相合，使乙跌倒。

现在在太极拳推手或实战应用中，一个相当普遍的误解就是以差异技法代替转换。差异技法一般比较容易理解掌握，在一定程度上，其有效性也是很明显。但是无论其如何有效，这都不是太极拳所要追求的技法。太极拳的转换原理是更高层次上的技法，虽然更难，但效率更高。

## 太极阴阳圈

太极的图像形式是一个圆形中包含着阴阳两部分，所以也可称之为太极阴阳圈或太极圈。圆形或圆圈的形式表现的是一种和谐、完美、均衡的势态。练太极拳，就是把太极这个概念，一方面应用到自己身上；另一方面，在技击时，也运用到敌我双方身上。也就是说，自身上要有太极阴阳圈，同时自身与对手之间也要有太极阴阳圈，即以阴阳转换实现黏走相应之理。在实际应用中，太极是动态的、随机的，不可能是简单、完美的圆圈，也不是两维的平面，而是随着时间变化的三维球体、弧面、曲线，即是多维、多层次的时空系统，但是我们仍习惯于用太极圈这样的称呼。

　　练拳时，太极圈的应用有两大类，一是形体上的，称之为形圈；一是意念上的，称之为意圈。形圈在三维空间中是可以扭曲、变形，可大可小，可以多层嵌套的；再加上时间的变化，就是动态的，每一个圈都有自己运行的时空范围。意圈是指用意念控制的圈，与形圈相关，但运行轨迹可以与形圈相同、也可以不同。在实际应用中，这些包括形圈与意圈的时空范围，常常需要多重、或多层次的嵌套，也可以称之为多个多维空间。在应用时，首先是圈，无论是形圈还是意圈，都要转起来；其次是要在各个圈的旋转过程中，实现各自的阴阳转换。这时最重要的就是必须能分清它们的层次，才能保持内在的协调一致。

　　在形体上，小的太极圈的运动范围不能超过大的太极圈。比如手臂上表现出来的形圈，其运动一定是要符合身体的整体运动的太极圈。一般来讲，形体上的圈应该越练越小，而意念上的圈应该越练越大。所以功夫水平越高，形体动作就越小，意念就越大。形圈与意圈的协调是练拳的一大重点，也就是神形合一。在应用中，关键是要让各个层次的太极圈转起来，所有的转换都是在运动中完成的。从旋转中所产生出的有关切线、螺旋线、偏心圆、轮与轴等技术应用，必须认真体会。图 3-9 显示几种多个多维空间中的太极圈的建立。

图 3-9a　多维空间中的太极圈

　　a. 当乙方( 下 )用双手推甲方( 上 )时,如果乙的左手上的力量更大,甲方可以按"左重则左虚,右重则右杳"的原理,建立起一个大太极圈与之对应。即以其右臂为阴,是随着乙方的劲走;而同时以左臂为阳,去黏住乙方;走黏相应。在意念上,这是一个全身的大太极圈。

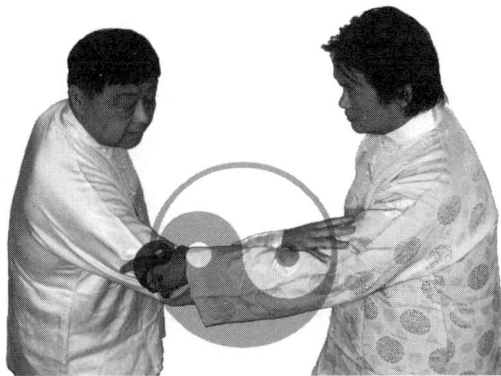

图 3-9b　多维空间中的太极圈

　　b. 如果只考虑一侧,当乙方( 右 )用左手推甲方( 左 )之右臂时,甲方在右臂上随着乙方的手走、为阴;同时以右手去黏住乙之左臂、为阳,形成走黏相应之太极圈。在接触点上,甲方还可以随着乙方之左大指、食指走;同时去黏其无名指、小指,形成一个小的太极圈。这个接触点上的小太极圈的意念、动作,均要在右臂上的太极圈的时空范围之内,并与之协调。

图 3-9c  多维空间中的太极圈

　　c. 当乙方（右）用双手推甲方（左），而且左手上的力量更大，甲方可以结合上面两例，建立起三层嵌套的太极圈以应对。大圈是以甲之身体左右分太极，右臂为阴是走，左臂为阳是黏。中圈是在甲之右臂上分太极，右臂上与乙之左手相接处为阴是走，右手为阳是黏。小圈是甲之右臂与乙之左手的接触点上分太极，随着乙方之左大指、食指走；同时去黏其无名指、小指。在这三层嵌套的太极圈中，要求小圈中的意念与动作要服从大圈中的，即小圈的意念与动作要随着大圈走，其时空范围均不能超出大圈的范围，不能影响、破坏大圈的协调性。

## 懂劲是太极拳理拳法的核心

　　简单而言，懂劲就是能将太极阴阳之理正确运用到拳法的技术之中。拳论上说"能黏能走方为懂劲"，懂得"走"与"黏"的太极阴阳变化之理称为"懂劲"，是理解掌握太极拳的最核心、也是最重要的一步。广义地讲，在太极拳中，走与化意思相近，都属于防守，是被动，为阴；黏与打是不同的技法，但都属于进攻，是主动，为阳。因此，在讲太极阴阳哲理的具体应用时，走黏、化打、攻守也是经常提到的。

"走"是指能与对手的进攻之法相随，无论对手做什么，既不与之对抗、也不与之脱离，总是如影相随。"黏"是指在对手的薄弱之处与对手相随，在随的过程中，总是连续不断地给对手造成一些小的麻烦，常说"要让他总感到别扭，但又甩不掉"。在走的过程中，以柔的方式对对手的进攻之力进行化解，称之为化，或走化、柔化。最常用的是在顺其势情况下微微地改变力的方向，使其逐渐落空。为了使化做得更好，还可以在其中加一点引，也就是阴中要有一些阳。在黏的过程中，当给对手造成的小麻烦积累到一定程度时，可以加上打，即比单纯的黏更强的进攻手段。但是一定不能太过了，所谓"歉含力蓄使，粘黏不离宗"，也就是阳中要有一些阴。总之在太极拳中，所有技法技术都要求以懂劲的方式，走黏相应，化打同时。从太极拳理讲，就是阴不离阳，阳不离阴，阴阳相济，相互转换。这点必须清楚地理解、掌握。

# 内功中的基本概念

太极拳是内家拳，前面我们讲过内家拳与外家拳的区别，这里专门讨论内家拳或太极拳的"内"是什么。在太极拳的理论与实践中，"内"与"外"的概念十分重要。一般来讲，"内"是指人体内的东西，是不易被直接、明显地观察到或摸得到的东西，如精神、意念、气、体验、感觉等。"外"是指人体外在、形体上、实实在在能被直接、明显地观察到或摸得到的东西，如肢体动作或直接的用力过程等。从整体上讲，"内"与"外"在太极拳的训练中是不可分的，必须做到"内外相合""内外兼修"。"内"的东西是通过"外"来运作，"外"的东西是在"内"的指导下练习的。"内"的训练也常常被称之为"内功"，即内在的功夫；指导内功训练的方法被称为"内功心法"，因为这些方法多是"全凭心意用功夫"。太极拳的"内功"包括技击与养生两部分，这章先重点讨论技击中的"内功"。

## 太极拳的内功

太极拳的"内功"训练包括两大部分。一部分是讲人体固有、并能被人所直接控制运用的内在的东西的训练，比如神、意、气。这类东西人人都有，可以通过训练被强化或改变，也可以通过训练得到特殊、更有效的应用方法。"以意导气"是说如何使用意念引导气的练习。能达到"气遍周身"就是讲气的运用被强化了。另一部分是讲通过训练在人体内部产生出来的一些体会、体验、感觉等东西，是太极拳技击技术中至关重要的部分。这些都不是人体上自然显现的，也不是人所能自然地直接控制运用的，是需要经过训练开发出来的新东西，比如有关中气的感觉等。第一部分由于是人体固有的，所以所有的人都基本相同。因此，在练习运用中就可以比较容易理解，也可以相对一致地完成，比如老师说以意念引导右手画个圈，学生一般都能做到。因此，对于练习者而言，第一部分的内功训练虽然很难，但毕竟还是有章可循。第二部分是通过练习才能在个体内部逐渐产生。对于学生而言，由于练习的方法大多是基于老师的个人感觉，是间接、内在的，很难清晰描述，所以练习的过程也很难把握。特别是当学生的基础还不够好时，往往根本不知道老师说的是什么。因此，练习的结果也常常模糊。比如对中定的感觉，在练习前，没有这种感觉，对于老师的形容、描述也不可能真地领会到。当通过练习产生了感觉，但是开始并不知道对不对，还需通过实践检验，不断地比较、思索。因此，对于练习者而言，第二部分是完全新的、以前没有体验过的东西，所以极难把握。而这些新的东西正是内功训练所期望的主要成果，是太极拳技术的基础。

## 太极拳中内功的难点

一般拳术，多是以形体动作所表现的技法技术为主，老师可以清楚地示范，学生可以直观地学习模仿，老师也可以很直观地检验学生做得对不对。从教与学的角度看，基本上没有交流方面的困难。而对于内家拳而言，由于其中的"内"多是不易被直接、明显地观察到的东西，因此"内功"的学习、训练都不容易。一个最常见的难点，就是师生之间如何交流的问题。在教学中，老师所说的，与学生所理解的、以及模仿而做的，不一定是一样的。比如老师根据身上经过几十年练习所得到的一些体会去讲要如何去放松，这些都是老师自身的一些体验，是其个人的训练成果。学生听了，也认为懂了，并按照自己的理解去照着做了。那么学生做得对不对呢？学生自己并不能确定，事实上，几乎没有人能在初学时就能做到放松，做不到就没有体会，因此对老师所讲的就不可能有真的领会，也无法判定自己是否练对了。由于放松这类身体状态的东西，常常没有明显的形体动作，学生可能什么也没从老师身上看到，而且学生身上也还没有老师说的那种体验，所以他实际上只能是猜想应该如何去做。那么老师是否能知道学生做得对不对呢？即使是有经验的老师，也很难保证有准确的判断。特别是为什么学生做不好，老师常常也只能靠以往的经验去猜。这个教学中的难点，经常导致学生练了很长时间而没有什么进步，想到应该做些调整，往往也不能对症下药。由此，在练习太极拳内功的过程中，出现偏差是必然的，而是否能尽快地发现并及时调整是关键。由于这个难点，作为学生来讲，练太极拳内功必须要能静下心来，很多时候是要靠个人的体会与悟性。必须十分认真，而且要有耐心，任何急于求成的浮躁心态都必须改正。作为老师来讲，应该结合自身的经验体会，从多方面讲解。要多与学生搭手，通过接触，帮助学生找感觉。师生互动，相互摸索，老师要口传心授，切忌只是讲大话、套话。

## 太极拳中的心理学

心理学或心理作用都不是传统武术中的术语，在传统训练中，只是直接应用神、意等术语，其实它们背后的道理是一样的。在现代训练教学中，加入心理学的理论，可以使整体概念上更加清晰。因此，在讲解内功原理之前，先简单介绍心理学的一些基本道理。

在太极拳的"内"或"内功"的训练与使用中，都包含了很多心理学方面的应用。当杨露禅带着看似松软无力的太极拳初到北京时，有人问他这样的拳能否打人，杨露禅回答说除了铁人、木人、死人，其他人全能打。这里他暗示了他能打的是活人，其中包含两个意思：第一是讲，活人才会有重心位置的变化，这是控制对手的基础；第二是说，太极拳在应用上，要利用只有活人才具有的心理作用，才能应用引进落空、借力打力等技击法则。心理作用就是指人的心理因素对其行为所产生的影响。在太极拳训练中，通过心理因素的指导、影响，对练习中的各种细节发生作用；在太极拳的技击实践中，通过影响对手的心理，使之产生负面的生理变化，比如心理上的紧张，会造成生理上的肌肉僵硬；这些都是太极拳中的心理作用。

从心理学角度讲，心理作用主要是通过心理暗示形成的。在人们的生活中，到处都存在着心理暗示，而且心理暗示有时会起到很大的作用。所以，在此有必要先认识什么是心理暗示。心理暗示是心理学中的一个称谓，是人们日常生活中最常见的心理现象。它是人或环境以非常自然的方式向某一个体发出信息，个体无意中接受这种信息，从而做出相应的反应的一种心理现象。心理学认为：暗示是人类最简单、最典型的条件反射。从心理机制上讲，它是一种被主观意愿所肯定的假设，不一定有根据。但是由于主观上已肯定了它的存在，心理上便会自然地竭力趋向于认同这项内容。

心理暗示分"自我暗示""他人暗示"两种。"自我暗示"是指用自己相信的某种观念，对自己的心理施加某种影响，通过情绪与意志而发生作用。比如人们在困难临头时，会不自觉地使用各种暗示的方法减轻心理压力。面对困难，有的人会自我安慰："不要慌，没事的"，从而减少痛苦。又如人们在追求成功时，会设想当目标实现时的非常美好、激动人心的情景。这个美景就对人构成一种暗示，它为人们提供动力，提高对挫折的耐受能力，保持积极向上的精神状态，比如在武术技击比赛中的夺冠心理。"他人暗示"是指从其他人发出的、使你自己能相信的某种观念。人都会受到他人表情、情绪、眼神、语言、观点等方面的暗示。比如当武术比赛进入胶着的艰难时刻，教练常常用语言暗示他的队员："对手已经不行了，如果你能够坚持攻击他的头部，很快就能取胜。"在这句话中，"攻击他的头部"是具体的技术指导。而"对手已经不行了，很快就能取胜"这部分言词就是由教练所给出的观点方面的他人暗示，给其队员增添信心、愉悦心情、增强意志，从而使队员调整身体状况，增强战力。在"他人暗示"中，发出暗示者的身份很重要，专家或被信赖的人的话往往更容易起作用。

"心理暗示技术"是指心理暗示方法中的一些比较系统的技术方法。自古以来，世界许多地方都有一些心理暗示技术。比如宗教中的冥想、瑜伽、气功、打坐等，都包含着大量的心理暗示技术。它们通过一些特殊的、更为系统的方法，使人更容易接受心理暗示。在西方比较著名的就是所谓"催眠术"，催眠大师通过对人实施催眠技术来进行心理暗示。

太极拳中的心理学，就是通过特定的心理暗示技术进行训练。其中包括自己练拳时大量的自我暗示；学拳时老师对学生的他人暗示；以及交手时，对自己的自我暗示，与对于对手所实施的他人暗示等。

在训练中，大量的所谓意念的应用，都属于自我暗示的范畴中。比如盘架子时，将意念放在肩井穴上，以此暗示沉肩。因为主观上相信这种练习方法，所以肩部周围的肌肉群会相应地处于放松状态，从而达到肩部松沉的训练目的。由于人体的穴位是感觉比较敏锐、反应比较大的地方，因此在训练中将自我暗示放在穴位上，效果更明显。而在与他人交手中，对自己的自我暗示可以提高自身能力。比如在练习推手时，学习如何对应对手的来力时，要告诫自己不要用力顶，放松即可战胜对手。这样可以有助于解除自身的紧张，有利于放松。而多数对于对手所做的他人暗示，是通过神或眼神的运用而形成的。比如当你的神能做到先内敛、而后突然"专注一方"，常常会徒然增加对手的心理压力，使其产生恐惧感，从而导致身体紧张、变化滞慢。

在现代训练教学中，加入心理学的理论，可以使内功训练的整体概念上更加清晰。王培生师爷在将现代科学观念融入传统教学的实践中，做出过杰出的贡献。其中很重要的一部分就是阐述了心理学在太极拳的教学与实践中的作用，清楚地解释了以前许多似乎是很玄虚的东西。这是现代科学与传统相结合的一个很好的例子。

## 神与意

神与意都是指精神、思想、意识等层次上的东西，但也离不开物质基础，即大脑与中枢神经系统等，它们在太极拳训练与应用中都起着至关重要的作用。与外部的形体动作相对应，在行拳时，神与意都是内在的，属于"内"或"内功"的范畴，而且在太极拳中，它们都起着主导作用。特别是心理作用中的"自我暗示"与"他人暗示"，基本上都是通过神与意的训练实现的。神与意的训练不是虚空的，都是需要通过一定的形体动作的训练相配合才能达到。"内外兼修""内外相合"等，就是讲通过训练使身体内外的"神""意""形"发生变化，达到符合太极拳要求的最佳状态。要想提高训练质量，首先要明白它们各自的定义、内涵、行拳时的作用，其次要理清它们在训练中的相互关系，然后要认真努力地按照特定的训练方法练习。

在太极拳中，有关"神""意"都包含两部分——训练与应用。训练是为了应用，其中有相同、相似之处，也有很大的不同之处。因此，在拳法研习中，必须对此有清楚的认识。需要明白的是，当我们谈论太极拳中的神与意时，有其特定含意，与日常生活中、甚至其他武术门派中所说的有所不同。这是因为在太极拳发展过程中，对神与意的认识都更加深入，产生自己特有的专门或专业的定义。

## 1. 神

这里"神"不是指神灵、神仙、神迹等一类超自然的力量。而是一个与人的内在精神、意念、思想、感觉等有关的、属于大脑意识范畴的概念，也与神经系统有一定关系。它是中国传统文化中所特有的概念，在西方文化中就没有这种概念，因此在英文等主要西方语言中，也就没有一个与之完全相应的独立词汇。即便是在中国传统文化里，"神"也是个比较模糊的概念。似乎人人都知道，但也都说不清楚，只可意会，不可言传，从来也没有准确、严谨的定义。在不同地方，"神"的使用，其表达的意思也可以不同，比如"炼气化神"中的"神"就带有脱离肉体而有独立的生命力与感知力的意思。这里我们只讨论"神"在太极拳中的应用，重点是技击中的应用。从技击训练来讲，"神"是精神上的东西，是对外界刺激的回应中的一部分；它与意念、意识有关，又不完全受意识的支配；它表达的是一种心思或注意力，又带有表情或情绪的意思；它的存在与使用，必然是与生命、活力、能量有关的，任何死的东西都没有神。

在太极拳技击中所讲的"神"主要是"动机"之意，它重点强调的是在外界刺激下、从第一反应中所产生的动机。所谓"动机"就是一种反应冲动，即有要做事的意向。它包括内、外两部分。于内，常常被称为"心"，即所谓"心神"。拳论中讲"先在心，后在身""心为令，气为旗" 等，就是讲神的内在的动机表现。于外，一般就称之为"神"，它常常可以通过人脸部特征而表现出来，即面目表情可以表达人的心情、心态等。而面目表情中最重要的是眼睛，所谓"眼是心之苗"，就是讲神的内外联系，在行拳时就是眼神，包括目光与视线。故以眼神所表现的外在的"神"与内心的"动机"是一体的。太极拳训练的重要部分，就是通过有意识的对"心""神"的控制训练，使"心"与"神"在行拳应用时起到领导作用。因为它是人体中反应最快的，也是能够对应范围最大的。"身虽动，心贵静，气须敛，神宜舒"讲的就是在应用时"心""神"与身体行为应该如何去做。在太极拳中，有关"心""神"的应用有两个方面，即内敛与外放，也叫收、放。内敛强调的是神与心合，心静神收，是由外向内；常说的拿人时要用眼神将对手吸过来，就是内敛的一种应用。外放讲的是心与神合，心动神舒，是由内向外；所谓发人时神需远放，要以心意去追眼神，就是外放的一种应用。在技击中，正是这种"心""神"的交互作用，带动了技术中的阴阳转换。"心"与"神"对外部刺激的反应形式是可以通过训练来改变的，而这种训练与改变又与意念有密切关系，是内功训练的核心。

## 2. 意

太极拳中的"意"有一些不同的含义，比如意念、意向、意境等。意念一般是指行拳、推手练习中比较具体的思想意识，比如在练习外三合时想肘与膝合。意向则带有较强的精神作用，主要是讲实战中的意，比如在练习高级内三合在技击中的作用时，想以意追神。而意境强调的是更高级的、比较虚无的精神境界的东西，比如在达到顶级阶段后，练拳时寻求行云流水、潇洒飘逸之感。在达到顶级阶段之前，行拳中讲的意，主要是指"意念"，是指导动作的思想行为，有两个方面。第一是训练中具体行为、行动的指导者。无论是"神"的训练，还是肢体动作的训练，都需要明确的意念指导。因此，对于不同层次的训练内容，所应用的意念可能是不同的。第二是技术实际应用过程中的协调者。它与神相配合，并调动体内的气、劲运行，带动肢体运动，最终完成技术；这时的意念中已包含意向。这种意识与能量之间的关系，已经在某种程度上被现代科学所证实。第一种意念用于"练"，第二种意念在于"用"。第二种意念是经由第一种意念训练、培养起来的。在实际中，这两种意念常常混杂在一起，界限并不清楚，常使练习者困惑。

当人受到外界刺激后，首先产生的是"神"的反应，即有要做事的"动机"。随后，几乎是同时，产生的是"意"，即指导如何做事的思想行为。这种思想行为或意识，会对外界的刺激做出判断，并指导形体动作上的具体反射或反应行为。从生理学讲，当人受到外界刺激时，神经传导会以极快的速度，可达每秒100米以上，将信息传达到大脑。由大脑皮层进行分析综合，再通过传导系统对外界刺激进行及时适当地反应。在太极拳中的一个神与意的综合活动过程也是如此。

其中"意"的部分指的是意念的应用，即具体的反应或说具体反应行为的指导思想，这是可以通过意念指导下的训练来控制、培养的。又由于人体的记忆功能，这种训练控制可以被保持。也就是说，经过一定时间、一定量的训练后，对于特殊刺激、经过训练的特定反应，就可以成为一种自然的、无需经过大脑分析综合的直接反应，即下意识反应。这时意念的训练任务已完成。比如在推手时，对手推我，我的先天自然之能的反应是身体紧张，同时与之对抗，这是一种自我保护的下意识的行为。练太极拳就是要改变这种先天自然反应，每当受到对手推我这种外界刺激时，我用意识强行指导我自身的行为，保持放松状态，并与对手的推力相随。如果能保持这种有意识地指导下的反应行为，经过足够长时间的训练，这种反应行为就可以逐渐成为新的下意识反应，而无需经过大脑的意识指导，也就是"久而久之出自然"之意。这个训练过程，开始必须在很慢的运动状态下进行，只有"慢"才能把意识指导中的每一步都做清楚、做到位。当新的自然反应状态被培养起来后，第一种有关训练的意念被第二种关于应用的意念所代替，太极拳中就不存在所谓"慢"的问题了。这种经过训练后产生的、下意识的自然反应，在现代科学中称之为在"第二反应系统"下建立起来的行为模式。这个原理就是为什么通过训练太极拳能够改变先天自然之能的基础，也是传统太极拳是符合现代科学原理的一个证明。从这里可知，为什么传统太极拳中的有关"神"与"意"的训练特别多，其中"意"训练又占主要部分，而且被反复强调。

当然在实际情况中，这种以意念改变先天自然之能的方法是复杂的，比如一个很常见的情况是，有些人推手时做得还可以，可是一到实战时，太极拳的技法就不灵了，还得靠本能的力量与速度与他人应对。这是因为新的自然反应系统下的行为模式还没有完全、彻底地建立起来，在紧急情况下，旧有的自然本能还会被使用。明白这个道理，就会懂得应该坚持什么，千万不要因为几次失败就丧失信心。由于不明道理而不能持久，半途放弃了追求的人很多。

### 3. 神与意合

"神"或"心"是对外部刺激的第一反应中的"动机"，也就是想要做什么。"意"或"意念"是指导反应行为的思想意识，也就是如何去做。这主要是指前面说的有关应用时的神与意念。太极拳训练中的一个主要任务，就是使"神"与"意"两者有机地结合起来，叫做"心与意合"或"神意贯通"。因为心神总是会在意念之前一点点，所以是"心为令""以心行意"。其实在许多竞技运动中，也都有类似的以心神引导意念的情况。比如打篮球时，当进攻球员持球，防守球员逼近时，对于进攻球员来说，防守球员所站的位置以及防守形态就是一个外部刺激。进攻球员的第一反应，或说感觉，是他内心中根据以前的经验所做出的是传球、过人、还是投篮的动机，这就相似于心神的活动行为。如果第一反应是过人，紧接着的意念就是做什么假动作、从哪边过，这就是心意相结合。由于大多数运动与人的先天自然之能无矛盾，这里的心意相合已经是很自然的行为，所以训练都不难，主要是如何把已有的行为做得更好。因此，严格地讲，大多数情况都不是本质性地变化，而是在原有基础上的强化。而太极拳训练的不同之处在于，要将人的先天自然之能彻底改变，建立起新的行为与反应模式。这样就必须在训练中，十分明确地强调如何使用神、意来引导训练。当在第二反应系统基础上形成的新的、非先天自然之能的行为与反应能力完全建立起来以后，作为指导训练的意念的作用就开始降低了，因为人的行为记忆可以使得新的行为与反应模式成为自然；同时，作为应用的意念就开始工作了。传统上说，就是意念已经可以自然地跟着神走了。所以在最终的实战中，只需要神动即可。

神与意这两者之间既有区别、又有联系，有时界限也不清楚。这两个概念都带有很强的中国传统文化的特征，它们在太极拳的训练与应用中都起着至关重要的作用。在太极拳的训练与实战中的心理作用，如"自我暗示"与"他人暗示"等，基本上都是通过神与意的训练实现的。

### 4. 神、意的训练

太极拳训练的重点是要培养新的技击意识，就是改变先天自然之能的下意识行为与反应模式。因此，最终都要落实到形体动作上来。太极拳中的所有训练，都是在准确的意念指导下进行的形体动作训练。神与意的概念在太极拳的训练与应用中有很多变化，在训练的各个阶段可以是不同的。比如盘架子中的意念，对于同一个动作，在练内三合时的意念与练外三合时的意念是不同的，在讲技击时又不一样。在传统教学中，由于方法与系统的保守与不完善，很多东西都讲得很笼统或不清楚，因此在训练中常常给学生造成混乱与误解。比如在盘架子时的"神意不同时"的练法，这只是在练习内三合过程中的一种训练方法，并不能作为一个通用的道理，应用到其他所有地方。本书在后面几章有关盘架子、推手等具体训练的描述中，特别强调了不同阶段中神与意训练的区别。为了提高练拳的质量与效率，练习者应该在每一个阶段的训练中明确自己的目标以及练法，准确地运用神与意的练习，使训练达到最佳效果。

在神与意的训练中，有些概念应该特别注意。比如"神宜内敛"，简单地说就是不让"神"向外而形于色。因为神有外在表现的特征，因此在练拳时要对此进行控制，不让内部的反应动机从外部表现出来。从训练角度讲，这样能使内心更加专注。从实战技击角度讲，就是不让对手从你的神里察觉到你的动机，所以要"内固精神，外示安逸"。另外在技击时，通过"他人暗示"所产生的心理作用，在很大程度上是通过神进行的。太极拳中讲的"神接"就是指技击双方神上的接触，一方以神干扰对方，使其出现精神紧张、注意力偏差、反应迟钝等现象。另一方通过"内敛"的训练达到"内固"，也就是说自己要避免干扰。但是这种训练决不是像有些人那样闭上眼睛练拳，眼不但要睁，还要通过眼神引导动作，也就是常说的从"神舒"的训练达到"神聚"。这种对于神的训练，为的是在应用时能"精神贯注"，神能收放自如。收时内固，放时至远。内固时，能达到对外"视而不见"，不受干扰，只专注于自身的内功行为。舒展时，能聚焦目标、发放至远，对外能干扰对手，对其产生巨大的心理影响。这种神意的作用能够稳定自身，引导气、劲的运行，是全身协调相合的标尺，特别是神所贯注的方向，多是劲力发放的方向。

在不同训练阶段中，有关神与意的训练与应用不同，所以训练方法也不同。因此，必须明确自己处在什么阶段，应该使用什么方法。比如在盘架子中的内三合训练，一种有效的方法是王培生师爷总结的"神意不同时"。即在盘架子时，有时是神领着意，意带着动作，几乎就是动作追着神走，这时就是"神舒"；有时是形体动作挡住了神，这时神是"内敛"，以意领气而动，似乎是神跟着意动。当这两种情况交替出现时，就形成了一种神、意相互追逐之形式。赶上了就超过去，只有瞬间的接触，如同擦身而过，但是永远不重叠在一起，"神到意到，意到神离"。这样在整体上就能产生轻灵活泼之感，同时还能增加气魄，最终从神与意相合中达到内三合。能敛能放，能内固也能外聚，收放自如。经过如此训练，再使内三合与外三合结合到一起。以此为基础，在实战技击中，才能做到一切运动行为都归结为神的引导，神动则全动。所谓神到、意到、气到、劲到、形体全到。以内之神、意导引外之形体，由此产生出技击所需的能量。能如此，以神接手、以神打人也就都不是虚言。

### 5. 神与意对形产生的作用

在太极拳训练中，当使用意念时，总是说"意念想某一点"，或"意念想做什么事"，以此来形成暗示或诱导。虽然这种意念的行为是假设性的，但是是被主观意愿所肯定。由此所产生的条件反射，以及与之相应的、经过第二反应系统所形成的行为模式的功效，将逐渐按照主观意愿对身体行为进行改造，使之形成太极拳所需的能力。太极拳中几乎所有训练都是在这种意念的暗示或诱导中进行的，也就是常说的"用意不用力"。必须明白，这里"不用力"并不是说没有任何力量，而是说不去直接用力或者不要去想如何用力；是通过意念引导行为，使应该用的力自然产生、形成劲，并通过形体动作发生作用，即意对形的作用，导致劲的应用。另外在太极拳练放松时也常说"不用力"，同样这也不是说没有任何力量，而是说不用拙力、不用多余的力。在太极拳训练中，"不用力"这个词是一种口语化、不十分严谨的用语，有时会给练习者带来困惑，必须注意。

　　当这种意对形的作用成为自然以后，需练习神与意合，就是通过训练将意念转化为神，即通过神来引导意对形产生作用。比如在已经"得机得势"的状态下进行发放，只需眼神向应该发放的方向远望，意追神而催动身形，则发放之劲即可自然产生。

　　意对形的作用是通过意念的暗示或诱导实现的，这也被用在许多传统的修炼中。比如道家修炼中常用的"静观"与"玄览"。"静观"就是一种意念假借的"自我暗示"。练习者通过"立意"，用意念的假想，使自身与外界事物相互作用。在这个过程中，需要静静地观察、体会、检验自身身体中所发生的相应变化，逐渐使这些变化的感觉固化，成为自身自然的一部分。比如练坎卦桩时，可以想象两臂环抱着一棵不断增长的大树，假想树一变粗，两臂就变长，总能将这棵树将将抱住。这种意念假想下的人与树的相互作用，可使两臂逐渐放松，体会到气在两臂中运行，感受到指尖微涨并且有劲。"玄览"是通过意念进行内视，是用"守意"的方式进行自我观察。用意念引导，对自身从外到内，如毛发、皮肤、肌肉、筋骨、经络及穴位等，认真体验它们之间的变化与联系，因此也属于"自我暗示"。比如练拳时，使用"玄览"的方式，通过穴位相合来观察、体验劲力的作用。"静观"与"玄览"也是太极拳内功修炼中的主要方法。

　　在进行技击训练时，一方面对自己要有某些"自我暗示"，同时又要对于对手进行"他人暗示"。对自己的"自我暗示"中最重要的就是如何把意念从与对手的接触点中麻烦最大的那点上移开。也就是训练中常说的"忘掉接触点"。这里的"自我暗示"就是想别处，或说用意念去想做其他的事。比如对方以掤手进我，其主劲在我肘上，这时如果我的意念在肘上，无论是想化、还是想松，都不对。因为无论怎么做都是主动的，其结果无非是丢或者顶，都不是太极拳技法。这时应把意念放到其他地方，比如想用食指尖划眉。这样做可以使肘处于被动的、舍己从人、与对手相随的自然状态，就可以轻易将对手捋起来。这种方法说来简单，但对初学者而言却十分困难，必须通过长时间的意念训练才能达到。需要知道的是，这种"自我暗示"也常被称之为意圈，其使用时的范围有时可以非常大，比如常用的所谓"天罗地网"就是一种要把对手完全包括在内的意圈。

对于对手的"他人暗示"是说引导、分散对手的注意力，使对手在心理上产生错觉，进而导致在行动上做出错误的选择。这里自己的"意"与"神"的结合对于对手的影响特别大，是"他人暗示"中的关键。比如你可伸手向对方胸前轻轻一点，同时神往对手身后一看，意念追神，似乎你的手指如枪，可以穿透对方胸膛。如果神、意、动作等能协调配合得恰到好处，你可以在非常放松、几乎不用力的状态下，使对手感到一股似乎无法抗拒之力。也就是说在你的暗示下，使对手相信你的力量将给他造成巨大的麻烦。这会使他心理紧张，心理的变化也常引起生理变化，使得肌肉紧张、反应迟缓，自然产生反抗之力与你对抗。由于这时你自身仍处于放松状态，所以你可以轻松地借助对手自己的力量将对手提起、或空起来。这时可以说，意对形的作用是通过神的引领而实现的。做好这种常见的太极拳技法并不易，其中主要原因就是意与神的协调应用不好掌握，因而对于对手造成的心理暗示可能不够，也就是说你的神意不足以使对手紧张。另外常见的是"名人效应"所自然产生的"他人暗示"。即当与名家交手时，常常会自然地认为对手的功夫很高，俗话说气势上已经输了，已经给自身造成心理上的压力。王师爷常讲"惧敌必败"，就是说要减少这种"他人暗示"的影响。

当讨论神与意对形产生的作用时，还有神、意与势的概念。太极拳中的"势"有两种意义，一是指具体形体动作方面的，是有形的；另一种是精神上或感觉方面的，是无形的，也就是有时说的"气场"。这种无形的"势"是通过精神、意念的放大作用，取得在气势上压倒对手的心理优势。这里面的"自我暗示"方面可以增强自己的信心，同时"他人暗示"方面可以使对手感到巨大的压力。与人交手，可想自己身高过丈，而发人时神、意需放得很远。这种方法的训练，常常是用意念想自身与大自然的关系，使自身放大融入到大自然之中成为一体，如练习时要想自己有顶天立地之势。而正是由于这种意念与神的直接关系，造成为什么人们常常喜欢在山上、海边等开阔处练拳的原因。因为那种地方的自然环境，可以自然地形成一种天人合一的"他人暗示"，可以使人心旷神怡，容易激发人们内在气魄之波澜起伏、宏伟至远的感受。而这种感受可以对身体内的气血运行、劲力运用以及形体动作有很大的促进作用。

神与意的作用最终是通过形表现出来的。太极拳以神领军，通过意念导引，带动内气的运行而产生出能量，即劲；最终形成超乎寻常的物质运动能力，完成太极拳所追求的技术效果。

在太极拳实践中，神、意对形体动作的作用是特殊的、至关重要的，也是以现代科学方式研究太极拳时往往被忽视的。在以先天自然之能为基础的拳术中，由于神意与动作行为是一体的，所有的技术行为都可以使用三维物理空间加时间来描述，即四组参数，有时称之为四维空间。而在太极拳中，由于神、意在技术训练与应用中的特殊作用，比如在同样的形体动作中使用不同的神、意指导，会产生不同的技击效果，因此使用四维空间去描述一个技术行为就不够了，需要把神、意的作用加入。这样至少就需要有六组参数，即六维空间，习惯上称之为多维空间。一个完整的技击技术往往是多个技术行为的组合，这里又需要更高层次的神、意协调，即内三合。把这些因素与技术行为都放在一起考虑，即传统中所说的周身六合，就是所谓多个多维空间的协调性问题。如何建立起多个多维空间的模型，是今后太极拳科学研究的基础。在现在能见到的有限的研究之中，由于多数研究者并不真正懂得太极拳，本能地以先天自然之能的方式思考，导致几乎所有的研究设计只是在四维上做文章，因此只能是在直观的动作行为里打转。由于看不到太极拳的特殊性，设计中存在盲点，这样的研究方式必然无法得出正确的结论。

## 气

气是中国传统文化中的一个独特的概念。现在所发现、最早的有关炼气记载的实物，是战国时代的青玉"行气铭"纹饰。它记载了比较详细的行气锻炼方法，已有两千多年的历史。由此可知，有关气的概念的形成应该是在更早的时候。在历史上，气的概念及其应用，几乎浸透到中国人生活中的方方面面。可以说，凡是与生命有关的地方都有气的影子，其中对中医、气功、养生功、武术等学科影响最大。这其中有大量的理论与实践，气是这些学科的重要基础之一。

传统中，有关气的概念有三个方面：呼吸气、内气、元气（有时以"炁"专门表示元气）。在太极拳的训练与应用中，主要讲的是内气。因此，在本书中凡是讲到气的地方，如无特别说明，都是讲内气，简称气；当然内气也不可能与呼吸气及元气完全割裂开来。那么，具体地讲什么是"气"？中国人对气的认识，主要是通过个体自身的直接体验、感受，是经验的总结。没有经过特殊训练的人，是很难理解其他人所讲的有关气的感觉的。

传统的气的理论与现代科学的理论还不能完全融合，有许多方面，现代科学的理论还不能对气给出完整、准确的解释。其主要原因是：第一，传统中"气"的解释方面有不确切的地方。由于对"气"的描述主要是基于个人体验、感觉，所以很难准确表述。同时由于传统语言对于"气"的功能、生理机制等方面的论述是在其独特的范围内，与现代科学之间的对应中还有很大的间隔。第二，现代科学理论是建立在西方文化传统之上，它强调客观实验与逻辑推理。因此，对于气这个东方文化传统上的概念有很多误解，导致整体上现代科学在这些方面的研究重视不够、投入不足。虽然这些原因使得我们还不能以现代科学概念去完整、清晰地解释"气"，但是现在还不能解释并不等于不存在，中国人几千年的经验证明"气"的真实性与实用性。因此，这里我们先不必讨论如何以现代科学的观点去解释气，而是按传统理论来简单地讲解气的原理以及其在太极拳中的实际应用。

首先，"气"一定是与生命有关的。无论是人身体内的气感，还是外表气质、气魄等，以至于说一幅画有生气，讲的都是与生命的关联。没有生命就没有气，或者说没有气就没有生命。对于人体来讲，气被用于描述人体的强壮程度、健康状况、各种功能之间的关系，以及生命之源。因此，可以把气看成是一种生命或能量的表现形式。在太极拳训练中，气有精神的与身体（物质）的两个方面的意义。通常人们常讲练太极拳可以改变人的气质、气魄等，这些都是讲气在精神层面的作用。这种精神上的东西，往往也能产生巨大的物质力量。而气在身体方面的作用是比较具体的，比如行拳时，身体内会有很明显的气感。这种身体方面的气，通过练习，具体应用在技击与健身方面，起到至关重要的作用。在太极拳中，是以练习身体上的具体的气为主，逐渐达到对于精神层面上的气质进行改造与强化。所以说练太极拳不但能增强身体健康，提高技击水平，还能改变人的气质，提高人的精神境界。

虽然我们不清楚气的概念在最初是如何形成的，但是从气这个名称可以看出它与呼吸之间有一定关系。早期的导引术就是通过对呼吸气的引导来锻炼身体，气功中对于呼吸气的控制使用也很多，这些都导致人们常常对呼吸时的气息与内在的气之间有混乱不清之处。在太极拳中，一般常把呼吸之气叫做"外气"，把体内运行的、能产生特殊感觉的气叫"内气"。在训练中，当说起"气"，绝大多数情况下，不必特别指出，都是指内气而言。按照传统理论，气是在血管壁外运行，从而推动血液循环，故气血总是联系在一起。无论此说是否正确，但足以说明人们所能感受到的气的运行与血液循环系统有密切关系。因此，从人的感受上理解，可以说气在人体内总是处于运动状态的，这种运动有气体流动的感觉，而且可以运行达到体内的每一处。通过训练，人对体内的气的感受会越来越强，并且能够越来越自如地控制气的运行。《太极拳论》中有许多关于气的描述，如"行气如九曲珠，无微不到""气遍周身不稍滞""气宜鼓荡"等，都说明前人在练拳时对气的客观感受。这些感受中有一些特点：一是气的感觉可以遍及全身；二是气总是处于运动或流动状态；三是气可使人强壮；四是气与能量有关，即劲力的应用。在太极拳里有关气的训练都是围绕这些进行的。由此，呼吸、气遍周身、节节贯串、鼓荡等都必须在训练中认真体验、做好。

太极拳中关于气的训练有两个方面，第一是继承传统的气功、养生功的原理与方法，通过训练使人体内之气得到培养，使之强壮，这是太极拳健身作用的基础。传统理论认为，人自出生时，体内有从父母方面继承下来的原气或元气，这是生命之源，是生命最初所具有的原始能量，称之为"先天之气"，意为出生时所具有的，是受之于父母的。在人的成长过程中，元气被不断消耗，当其耗尽时，就是生命的终结。根据这个理论，健身养生的基本原理就是要一方面减少消耗，同时另一方面要加以补充。减少消耗元气就是要戒掉日常生活中的种种不良行为，如酒、色等。加以补充是讲如何通过练习，以"后天之气"补"先天之气"。作为补充的后天之气又分为"天气"，即呼吸之空气；与"地气"或"谷气"，即各种食物、水分营养等物质。而各种气功讲的都是如何通过对体内的气的控制与运用，达到健身的目的。养生功讲的是，如何控制减少对原气的消耗，同时更有效地转化后天之气以补充先天之气，从而达到健身长寿的目的。由于至今仍然没有找到彻底改变人体耗散结构的方法，因此元气最终被耗尽是不可避免的。所以说，有健康长寿之法，无长生不老之术。

有关气在太极拳训练中的第二方面是，通过加强对气的感觉、控制气的运行方式，其中最主要的是贯串与鼓荡，进而利用气在身体内运行时所起的特殊作用，将气的功能与技击中所需要的动作、劲力相结合，从而发展了独特、有奇效的技击方法。后面会讲到，在太极拳技击中的各种劲，都是讲如何以气催动。讲太极拳的技击作用离不开劲，讲劲离不开气。气与劲密切相关，也是人的精神意识与行为之间的纽带，即"以心行意，以意导气，以气运身"。

　　当我们讨论气时，主要是讲内气。但是现代科学对内气的物理与生理机制还不能给出清楚的解释，因此在训练中，只能以经验为主去体会。这里有一个误解需要注意。由于内气在身体内有流动、鼓荡之类的感觉，而且用的是"气"这个字，所以很容易让人误解，以为"内气"是一种存于体内、有如气体般性质的物质。在这种观念下，由于从现在人体解剖中看不到这种物质，有些人常常以此认为气的说法没有实验根据，因此是不科学的，因而否定气的存在。将"内气"想象成类似于气体的物质显然缺乏证据，这种批评似乎有道理，但实际是片面的，没有看到本质。事实上，传统中所说的"气"其实只是一个概念，这个概念主要是说具有"气"的特性或功能，是身体内一种具有近似于气体特性的感觉，比如流动感、膨胀感等。这就如同在五行的应用中说"金"时，并不是指具体的金属物质，而是指金属的特性。这也是中国传统文化中一种常用的描述事物的方式，即以类比的方法描述不直观的概念，现代人往往因为不理解古人的思维方式而对传统产生误解。在实践中这种"气"的感觉的存在已被无数人所证明。正是因为这种感觉的特征，人们以"气"来命名，也许最初人们确实以为是有这种特殊物质存在。在上千年的实践中，人们实际上并没有真地去研究气的物质性，而是将研究重点放在这种感觉对身体的影响与作用上，这也是我们讲太极拳中的气的重点；而有关气的物质性不在我们讨论的范围内。我们知道引起感觉的因素是多方面的，其中以神经系为主，现代科学对此的认识仍不全面。近几年来，国外有关筋膜的最新研究发现，筋膜的功能与作用远比以前人们所知道得多。筋膜的许多特征，比如其几种神经系统的反应与中医中的经络、穴位大部分重合，其功能作用也与传统中的有关气与劲的描述很相似，这些新的研究成果值得我们关注。"内气"的组成到底是什么，也许是身体内多种系统功能的综合反应，这些都还有待于更深入的研究。在有准确结论之前，我们只须关注对于气在训练中的感受与实际应用。

## 呼吸与息

呼吸是一种生理现象，是人生存的最基本条件。呼吸作用就是生物体中的细胞把有机物氧化分解并产生能量的生物化学过程。细胞内，完成生命活动所需的能量转换，都是通过呼吸作用实现。吸入的氧气与呼出的二氧化碳，经肺部进行转换，氧气通过血液达到细胞，与经过食物转化带来的葡萄糖相结合，产生能量。这种以现代科学概念描述的能量形式与传统中所讲的"后天之气"的概念基本一致。"后天之气"中的所谓"天气"，本质上就是呼吸气中的氧气；"地气"本质上就是食物中所产生的葡萄糖。

中国人自古就注意到了呼吸作用与身体健康之间的关系。从早期的导引吐纳术，到后来的气功、养生功法，都是以调整、运用呼吸为基础，从而达到健身效果。呼吸作用在太极拳中是很重要的一部分，有自己一套独特的训练方法。太极拳在很大程度上直接继承了传统道家气功、养生功法中的精华，但是与一般气功、养生功不同的是，太极拳中的呼吸不仅仅用于调节气息，从而达到健身的目的，而且在技击技法中也起着重要的作用。

与大多数气功、养生功相同，太极拳中所采取的呼吸方式是"逆呼吸法"，称为"逆"是因为这种方法与人的正常自然呼吸方式有所不同，甚至有相反的地方。人在正常自然呼吸时，吸气将空气，即"天气"或"外气"，吸入肺部，这时肺叶扩张，因此胸腔会随之产生一些膨胀。而呼气时，胸腔会有一些收缩。当进行剧烈运动时，呼吸的频率加快，出入的气息量加大，这种胸腔的膨胀与收缩的程度也加大。对于这种呼吸状态，人的自我感觉是，气息的出入是在胸腔中。这种呼吸与"内气"无关，只是单纯地讲"外气"的出入。而在太极拳中，经过意念引导的长期训练，逐渐形成一种不同的呼吸方式。这种呼吸方式是以"外气"，即呼吸之气，为工具，引导"内气"的运行，形成一种新的气息出入的自我感觉。这种新的方法并没有改变"外气"出入肺部这一事实，但是呼吸时"外气"的运行被忽略，取而代之的是"内气"或简称为"气"的感受。在吸气时，"外气"经过鼻、口吸入肺，不去管它，而是结合吸气这个生理过程，用意念引导，使"气"或"内气"沿身后的督脉上行至头顶。在呼气时，"外气"经过鼻、口呼出，不去管它，而是结合呼气这个生理过程，用意念引导，使"气"或"内气"沿身前的任脉下行至腹部。虽然呼吸时出入的气息仍然是在肺部中进行交换，但体内运行的"气"或"内气"的感觉已与之无关，而是如同气功中所讲的气感。这种气感是身体内的一种特殊感觉，如前所述，由于现代科学对此还没有足够的研究，因而还没有明确的科学上的定义，但是实践证明这种感觉是存在的，而且可以通过训练强化，也能被控制与应用。

在太极拳训练中，使用逆呼吸法对于正常呼吸的控制、引导，使气感逐渐加强。在逆呼吸状态下，吸气时，身体腹部微微收缩，整体上是松而轻的感觉。呼气时，身体腹部微微膨胀，整体上是松而沉的感觉。似乎在整个呼吸的过程中，气息的转换是在腹部中进行的，所以有时也称之为"腹式呼吸"。这种呼吸方式与正常呼吸时身体的状态、感觉相反。在正常呼吸中，吸气时，气息由鼻口入肺，感觉是下行的；呼气时，气息由肺至鼻口出，感觉是上行的。而"腹式呼吸"时，对自然呼吸或"外气"的感觉减弱到几乎可以完全忘记的程度，而气息的感觉主要集中在"内气"上。这时吸气，身体的感觉是收缩，气是上行的；呼气时，身体的感觉是膨胀，气是下沉的；因此称之为"逆呼吸"。这时表现的是外气的呼吸，而实际上是内气的运行。与正常自然呼吸的另一个不同之处是，这种方式可以使呼吸的频率减慢，气息量加大，整体上变得缓、深、长、匀、通透。即使是在剧烈对抗的技击中，仍然能保持这种呼吸状态，这是太极拳技击中，身体能时刻保持放松的基础之一。在气功与养生功中，这种一呼一吸的周期总称为一息，是小周天功法的基础。在行拳时，要以意念控制引导，吸气时，意念在肚脐上的神阙穴；呼气时，意念在后腰、两肾之间的命门穴。呼吸之间的转换即是意念在神阙穴与命门穴之间的转换，也就是说对呼吸的控制并不是直接想呼吸。

在太极拳技击中，"吸则提得起，也拿得人起；呼则放得下，也发得人出"。拿与发的技法是与这种逆呼吸方式相结合。拿人时，自然成吸气，使身体有轻松之状态，"引进落空"等技法可以顺势而成。发人时，自然成呼气，使身体有松沉之状态，则劲能一往无前，无坚不摧。这是外气操纵下的内气运行。与人交手时，瞬息万变，不可能以固定、或自认为合适的呼吸状态去拿发。也就是不能以拿发去配合呼吸，若如此，必然常常会有赶不上点的尴尬。拳谱讲"全身意在精神不在气，在气则滞"，就是说不能用技法去配合呼吸。相反，要练成以呼吸自然而然地去配合技法。技法中需要吸则吸，需要呼则呼，自然形成。那么如何才能做到这样呢？在太极拳的训练中采用的是"无为"之法，即在行拳过程中的大部分时间里，不去想呼吸而使正确的逆呼吸法自然形成。

有些人在练拳时，把拳势按呼吸分解，以每一动作配合一呼或一吸，这种机械的练法是一个常见的误区。这样做似乎是强调了动作与呼吸的关系，加强了呼吸的练习。但形成习惯后，很容易在实战中遇到一交手时赶不上点的困难，也就是说时间上可能会差那么一点点。另外这种方法也很危险，其原因是这种做法会造成动作的节奏太大、太明显，给对手造成可乘之机。常说"打人的呼吸"就是针对这种情况。

正确的呼吸训练方法是在每次盘架子时，只是在最开始的"起势"中，在肢体运动之前，对呼吸进行引导、调整，称之为"调息"，使呼吸按"逆呼吸"的方式动起来。而在接下来的行拳过程中都不必再把意念放在呼吸上，使呼吸逐渐自然地与各个动作相配合。这种配合不是固定的，同一动作可能是呼，也可能是吸，还可能是进行了几次呼吸转换。每次盘架子时也可能不同，比如有时快、有时慢，配合的节奏就会不同。总之，无论架子怎么盘，调息以后都不必再管呼吸。经过长时间训练，这种逆呼吸法就能自然而然地与拳势中的动作有机地结合起来，这种结合不是死板、固定的，而是可以因敌变化、按需所行的方式。使外气之呼吸能自然地配合内气去带动技术动作与能量的应用，在实战运用中才能拿发自如。最后在"收势"时，再对呼吸略做调整，使内气的运行完整、顺遂、平和，否则练完拳后，体内会有不通畅、不舒服的感觉。

另外还有一点需要注意的是，有些人认为应该以呼吸带动气在体内运行，即运气。这种观点认为在技击时，哪里需要，就可以把气运到哪里。这种"现用佛、现烧香"的练法，大概是受到某些硬气功练法的影响而产生的误解。事实上太极拳讲的是"气遍周身不稍滞"，就是说气在任何时候都能遍布或者说充满在全身的每一个地方，哪里需要，气已经在哪里了，不必运气。只有这样的气才有可能在实战中被运用。因此，太极拳中所谓运气，只是通过意念，使身体上的某一点对气的感受更准确、更清楚，是为了能量释放。在行拳时，呼吸只是起催动作用，让内气循环运行起来。如同全身的血管里已经充满了血液，心脏的跳动是使血液循环动起来。

上面讲的是"逆呼吸法"中的"腹式呼吸"，或叫"胎息法"，因为是以意念引导，使气息出入于腹，这是太极拳中初级与中级阶段的主要训练方法。当气息能够以后上前下的方式运行起来，就是小周天。当进入高级阶段后，通过加大自然呼吸的深度，以意念引导，吸气时，使内气由足跟，即踵，上行至头顶；呼气时，使内气由头顶下行至足底，这时的一息就形成了一个大循环，所谓"由脚踵直至头顶，一气呵成"。这种呼吸法称之为"踵息法"，也叫"仙人息"，是大周天功法的基础。此法中，吸气时的意念在眉宇间的玄关处（与祖窍穴合）；呼气时的意念在脑后的玉枕穴。过去气功养生功中常说"仙人息自踵"，认为能做到踵息，是得道成仙的基础。在太极拳的训练中，讲的是要能一松到底，直达涌泉；同时一提到顶，直达百会，保持顶头悬（图3-10）。也就是要彻底松透，"翻江搅海""全身透空"。在技击运用时，这种呼吸是与神的变换自然结合。神敛则吸，松轻、空透；神聚则呼，松沉、专注。拿、发已在不经意间完成。这种境界需要数年功夫方可领悟。

## 精气神与丹田

老话说太极拳是起于道，成于医，也就是说练太极拳要符合中医

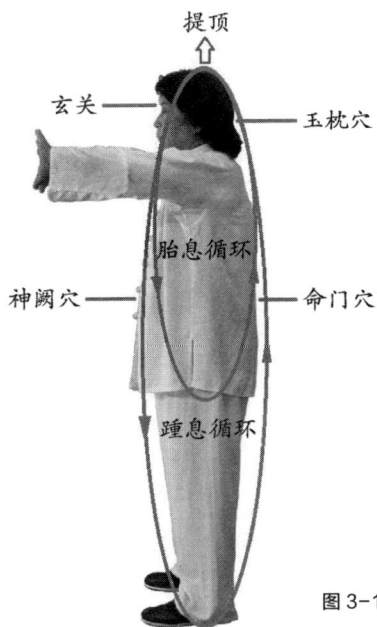

图 3-10 逆呼吸法之胎息法、踵息法

的道理。中医对于生命存亡的认识中，一组关键的概念就是所谓精、气（内气）、神。太极拳的内功训练里，也是以这些内容为基础，与其原理相符合。

中医学认为精是人体生命活动的基础；气是人体生命活动的动力；神是人体生命活动的体现。这三者的盛衰存亡，都关系到人生命的生死，所以精气神是人的生命之根本。在古代讲究保健养生的人，和现代参与传统健身实践的人，都把精气神称为人身之宝。如人们所说："天有三宝日月星，地有三宝水火风，人有三宝精气神。"精是后天水谷之精微所化生的物质；气是水谷之精气以及所吸入的大气（天空之气中的氧气）所合并而成的。精和气是人体一切生理活动的主要物质基础，是能量来源；神是人体一切精神、思维活动的概括。从实际生活中可以看到，精足的人往往身体强壮（性欲强是一种明显的外在表现）；气足的人往往精力充沛；而身体强壮、精力充沛自然也就精神旺盛。所以只要精足、气满、神全，各种生理机能必然运行良好，自然能够祛病延年。人体血气精神的相互作用，即是奉养形体。它们可以遍及全身，用以维护生命，是保持生命的根本物质。因为精气神在人体中这样重要，所以古人对这三方面的调护、摄养极为重视。

五脏藏精，精为神之宅舍。有精才能有神，所以"积精"，才可以全神。精伤了，神就无所舍，是为失守。这是精与神的关系，也就是精为体，神为用。精不但为神之宅，又为气之母，精虚则无气，人无气则死。《素问·阴阳应象大论篇》说："精化为气"（精可产生动力），这是精与气的关系。同时气也能生精，如在同一篇又说："气归精"（气又可以充实转化为精，没有气的动力，精也就无所生）。总之，"精气神"，三位一体不可分，存则俱存，亡则俱亡。因此，古人有"精脱者死""气脱者死""失神者亦死"的描述。所以精气神三者，是人体生命存亡的关键所在。

在太极拳训练中，关于精气神的练习与多数养生功不同。首先，它基本上是采取了"无为无不为"的方式，也就是说并不是刻意去追求，而是通过拳架、桩功等练习，使之自然形成。这种方法虽然可能见效比较慢，但是更安全。各种养生功、气功的训练中，出偏差常常是一个大问题，有时甚至会很危险，而太极拳训练可以避免这些。另一个不同的是，太极拳中有关精气神的训练、应用，不只是为了健身、养生，都与技击技术密切相关，是一体的。讲精气神就必然包含技击作用，而且必须都是在非常自然的状态下使用，而这种状态必然需要长时间的训练。

在有关精气神的训练中，丹田的概念很重要。丹田一词是从外丹术中借用的，指炼丹、结丹之地。在内丹功中，是指体内练功时的关键点。因为丹田并不是人体内的某个具体器官，故而各家功法根据自己的实践与感悟，形成自己对丹田位置的定义。在我们的传承系统中，认为下丹田在会阴处，是藏精之所；上丹田是百会穴垂直向下、玄关

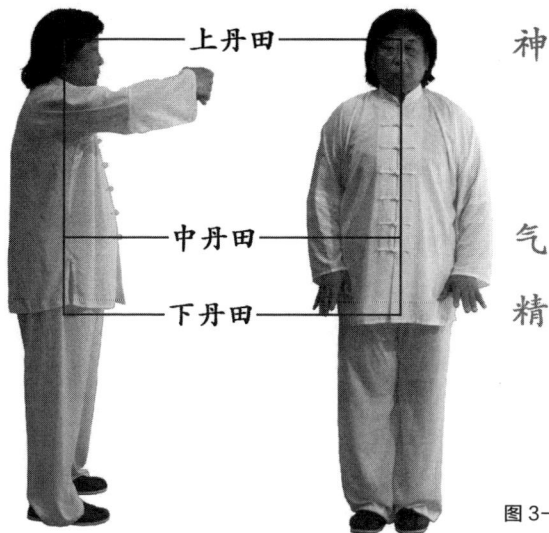

上丹田

中丹田

下丹田

神

气

精

图 3-11 上、中、下三个丹田

处直接向内的连线交汇点上，是藏神之所；中丹田在腹内神阙与命门的连线上、与上下丹田垂直连线的交汇点上，是藏气之所。在太极拳中要求"立身中正安舒"，为的是使上、中、下三个丹田处于一条垂直线上，称之为"三田合一"，也可称之为"乾三连"，属阳。与三丹田密切相关的是所谓"周身六球"，即与上丹田相连的两个眼球，其应用在开合；与中丹田相连的两肾，其应用在旋转；以及与下丹田相连的两睾丸（女子为两乳），其应用在升降；也可称之为"坤六断"，属阴。六球围绕三丹田有分张与合抱，这种分合可以与肢体动作相联系。开始时可以练习两眼球之分合与两手、两足相连；两肾球之分合与两肘、两膝相连；两睾丸之分合与两肩、两胯相连；而后可以练习各种组合，最终可以自然运用。当训练进入高级阶段后，六球之分合与神意气劲相连系，其表现为身体在神意指导下的开合、旋转、升降，其中的阴阳关系是内功练习的关键，也是高级技击法中的阴阳转换的精髓所在。当然，这种六球变化之应用是需要经过长期内功训练后才能体会到，不是简单的肢体动作可以解释的。练内家拳，必须明白周身六球之理（图 3-11）。

# 太极拳拳理的重要意义

　　太极拳与其他武术拳种的根本区别在于，要通过训练建立起一个新的、与"先天自然之能"截然不同的体能系统，从而获得最高效率的技击能力。对于练习者而言，可以说这是一种脱胎换骨式的变化。因此，在整个学习训练的过程中，绝大多数以往的经验都无用处，甚至往往有副作用，这正是学习太极拳的难度所在。在缺少直接经验、许多技术技法无法直观演示的情况下，如何能够在训练中把握住正确的方向至关重要。这里除了老师的作用，很重要的一点就是学生需要认真学习太极拳的拳理，刻苦训练与理性思考不可分。王培生师爷过去常说："下功夫、但是不动脑子的，动脑子、但是不下功夫的，两者都成不了。"理论需要在实践中检验，实践必须有理论上的支持。

　　所幸的是，先贤们给我们留下了丰富的拳谱、拳论，这是其他门派所无法相比的。其中很多内容需要反复学习领会，要逐字逐句地分析体会。必须明白，太极拳拳理不是一门简单易学的功课，很多理论都不仅仅是字面上的一般含义，而是包括很深的内涵，而这些内涵往往与练习者在训练中的自身感觉和切身体会直接相连。因此，对于拳理的真正理解领会，必然是阶段性的，即在逐渐深入的实践中，慢慢领悟而后达到；其中有渐悟、也有顿悟。在训练的初级、中级、甚至高级阶段中，对拳理、拳论有不同的理解、甚至出现偏差或错误都很正常，练习者必须要克服学习中的惯性、惰性，要有随时纠正错误的心理素质与心理准备，"自知者明，自胜者强"。

在学习太极拳拳理时，既要避免空谈大话，也要避免死抠细节。必须明白，对很多拳理的理解都是需要坚实的实践基础。如果身上没有感觉，谈理论就是讲空话。有很多功夫，如果身上有了感觉，理论上一点就透；如果身上还没有感觉，死抠理论也理解不了，还常常会导致错误。

第四章 ● 太极拳的技击原理

太极拳训练即是通过对各种具体技术的练习，从劲的使用层面上认识掌握太极拳的技法，进而形成新的、遵循道家哲学思想、符合太极阴阳哲理的技击能力。

　　太极拳是以道家哲学为理论基础、太极阴阳哲理为技击指导思想而建立起来的武术系统。它具有自己独特、完整的技击原理，以及与之相适应的特殊训练方法。这些常常被称之为太极拳拳理的原理与方法，与人们对武术技术的一般认识有很大不同，甚至有本质的不同，学习太极拳必须首先要明确认识这点。这里我们先重点讨论在这些思想理论指导下的具体的太极拳技击原理与技术技法的原则。

　　一般来讲，技术是指一个比较具体的武术技击中的技巧运动，或者说是一个攻、防手段。而技法是指一类均有相同目的或符合相同原理的技术。比如拿法是一个技法概念，是指一类以手的抓握而达到控制对手为目的的技术；而叼、捋、缠等，是这类技法中的具体技术。在讨论太极拳技法时，其内在核心是有关劲的应用。因此可以说，太极拳训练即是通过对各种具体技术的练习，从劲的使用层面上认识掌握太极拳的技法，进而形成新的、遵循道家哲学思想、符合太极阴阳哲理的技击能力。

　　由于太极拳的特殊性，在太极拳技法中有许多比较特殊、复杂的概念与技术。因此，在讲述太极拳训练方法之前，有必要先将这些技法概念与原理以及它们的技术基础，给出较为详细的解释与分析。

# 太极拳技击技法总则

在讲太极拳技击技法总则时，有两个层面：第一，是道家哲学思想指导下、对技击的总体追求，如"无为""不争""以柔克刚""以弱胜强"等，这是太极拳产生、发展的方向；第二，是在太极阴阳哲理指导下、对技击技术实施的总体追求，如"阴阳转换""黏走相应"等，这是太极拳技击技术的形成与发展的基本原则。第一个层面是全局性的，如同发展战略；第二个层面是具体技术性的，如同战术研究。两个层面相辅相成，在太极拳训练中，要时刻牢记并把握住这个总则。

## 道家思想指导下的武术技击发展

从力学角度讲，武术技击就是参与技击的双方在力的作用下，一方使另一方受到伤害、失去平衡或者丧失攻击能力的过程。以外家拳为代表的大多数拳术系统，其技击的基本思想都是从直接的对抗中，强者胜，这是人的生物本能的表现。因此，在这种技击系统中，都是以主动地向对手施力为主要的技击手段，也就是在太极拳理论中被称之为"先天自然之能"的方式。由于是主动地直接施力，所以对自身技术动作的运动速度，以及力量的大小、方向、作用点等，都能有较好地掌握控制；但是对于对手的反应，却常常是间断、滞后、不清晰的。如果技击双方都采用这种方式，则双方不可避免地会产生对抗；

而对抗的结果基本上就是"有力打无力，手慢让手快"。在这种原理下，经过上千年的研究发展，各种技术已经近乎完美，提高技术效率的空间已经不大。因此，人们提高技击能力的主要途径，首先就是提高体能，追求的是更快、更强。但是体能的提高程度会受到先天的限制，也会受到年龄等的极大影响。现代搏击比赛可以通过体重分级去控制，将体能基本相同的人放在一起比赛。但是在现实生活中的实战技击中，体能、年龄等，都是不可选择的因素。因此，如何面对这个体能与技术的关系问题，成为人们探讨武术发展方向的一个重要部分。前面讲过，作为最具中国特色的内家拳之一的太极拳，其发生发展的最原始动力，就是要在武术技击里寻求建立起一个新的体系。在这个新的技击体系中，人们能够最大限度地减少对自身体能的依赖，同时能够在最大程度上开发人体潜能，最终能够以最高效的方法进行技击格斗。这种新的技击体系中的思想与行为，是源于人们对传统的、建立在"先天自然之能"基础上的技击体系之局限性的认识与批判。因此，从内家拳到太极拳的发明、发展，标志着古代先贤对于武术技击有了全新的认识。这种认识促使他们在武术技击中追求尽善尽美的状态，而非眼前简单地输赢胜负，从而达到最高境界。我们每个太极拳的修炼者，都应该从这个高度上认清太极拳在武术中的地位。必须从理论上真正理解问题的本质，这里与某些个人的技击能力、水平无关。

包括太极拳在内的内家拳能够在中国出现，完全是因为中国产生出了独具特色的道家哲学思想。也许是这种哲学思想与新的技击体系所追求的目标不谋而合，也许是这种哲学思想促成了新的思维而导致了新体系的形成。总之，道家哲学思想成为了这种新技击体系的指导思想与理论基础，故可以说太极拳是道家哲学在武术实践中的具体应用。

　　道家思想中最重要的理论之一就是"弱者道之用"，特别强调弱道守柔，守柔曰强；弱之胜强，柔之胜刚。再加上"无为""不争"等理论，反映到太极拳的技击概念中，就是常说的"以柔克刚"，以及由此衍生出的"舍己从人""以逸待劳""以慢制快""以静制动""后发制人"等一些技法原则。有关这些理论在太极拳中的应用，在前面的章节中已有论述，不再重复。这里只需要强调的是，在道家思想指导下的太极拳技击，不应该与对手进行直接的体能对抗，而是寻求如何减少对抗，寻求如何能够以更加柔和的方式提高技术效率，从而控制对手并击败对手。这是太极拳与以"先天自然之能"为基础、其他武术技击完全不同的原则概念，是太极拳与众不同的本质，也是太极拳技击中的基本原则。

## 太极阴阳哲理指导下的技击技法原则

　　太极拳技击技法的总则是最大限度地减少对体能的依赖，追求技法的最高效率。因此，太极拳在理论与实践中，发展出一条与其他武术系统完全不同的路径。在这条新的路径上，以道家哲学为指导的太极拳技击基本原则，就是要避免与对手直接进行力的对抗，不主动向对手施力；同时引导对手犯错误，自己给自己制造麻烦；并在此基础上实现对对手的控制，以及控制下的打击。因此，太极拳的技击过程，实际上是一个破坏对手正常用力的过程。当一个力对一个物体发生作用时，有大小、方向、作用点这三个要素。因此，如果能在对手正常用力时，破坏其中的某一项或多项，就能使对手的力不在我身上发生预期的作用，甚至相反，对他自身发生副作用。

　　在具体实践方面，符合这些太极拳技击基本原则的技术，都是在遵循太极阴阳哲理的原则下运行的。太极阴阳哲理就是阴阳对立统一、相互转换的道理。前面讲过，太极拳的所有技法、技术都是在太极阴阳转换的理论下，围绕着"引进落空""牵动四两拨千斤""借力打力"这三条主要技术原则进行的，也就是高效率的用力方法。其中，第一条讲的是自己如何能够不用力而使对手失去平衡；第二条讲的是自己如何能够少用力而达到控制对手；第三条讲的是如何能够借用对手的力去打击对手。这些高效率的技击方法，实际上就是讲如何在对手施力的时候，在力点上进行阴阳转换，使对手失误；使对手所施之力，不但不能起到应有的作用，还会直接给对手自己造成麻烦。总而言之，都是根据太极阴阳之理，在对手用力的过程中，寻找如何才能使自己少用力或不用力的方法，从中达到控制对手的目的，也就是取得"得机得势"的状态。太极拳技击技法的本质，就是如何能以最高的效率去控制对手。能够控制，就可以达到"以柔克刚""以逸待劳"，打、发都是水到渠成的事。

在讲太极拳技法技术时，千万不要忘记，所有这些技术的实施原理都是建立在太极阴阳哲理之上的，是在阴阳相济、阴阳转换基础之上的懂劲，这是太极拳技术区别于其他武术系统的根本。如果不能清楚地理解这点，训练将会返回到"先天自然之能"的老路上去。在太极拳训练中，非常常见的误解是将太极阴阳与两仪阴阳混淆。因此，必须加强理论学习，并且在训练中要时时刻刻提醒自己，不可大意。

## 引进落空

在日常用语中，所谓"引进落空"就是引诱对手落入陷阱，即因脚下踩空而跌落。这里第一要素是说"引"，而不是强拉硬拽。而且说"引"，其中就必然含有带吸引力的利益。第二要素是说隐蔽性与突然性。能造成"落空"的，必然是隐蔽的行为，并会很突然地发生，而且一旦发生就无法逆转。这样才能让对手毫无心理准备，故可以给其造成恐惧、恐慌的感觉。广义地讲，在没有预兆的前提下，当任何行为不能达到其预定的目的时，都可以被称之为"落空"。

在大多数武术技法中，在做"引进落空"时，有两类形式：一个是形体运动方面的，另一个是用力方面的。形体运动方面是说，引诱对手向不利于自身平衡的状态运动，使其自行跌倒。比如在实战中，先做出与敌对扑之势，让其感到必须猛扑才能取胜。当对手真的扑过来时，突然快速闪开，使之扑空而跌倒。在用力方式上，当做一个单一的技术时，多是采用在单一方向上的用力。用力越大，对自身平衡的影响就越大。因此，常常需要通过在作用点上的反作用力来维持平衡。所以，这种"引进落空"就是先引诱对手发出能够影响其自身平衡的力，然后又使其力落空，即其力没有能在我身上找到发生反作用的作用点，则预期的反作用力没有发生。当"用力"及"力用空了"这两种情况同时出现时，对手就会处于一种失衡的状态。如果这种状态能够存在一段时间，而对手又无法进行调整，则对手因失衡而跌倒的情况就会发生。当这种失衡状态发生得比较突然时，就是典型的"落空"状态。一般而言，在技击中，用于维持平衡的力点上突然失去支撑，而导致身体突然失衡，就是"落空"。形体运动与用力这两类"引进落空"的技法形式是相关的，常常是一同发生、混合使用。在太极拳中，以使对手之劲力落空为主，因此在技术执行中，往往会出现在形体动作上并没有与对手脱离接触的情况下，使对手之劲力落空而失衡。老话儿常说："要让对手摸得着，可是用不上劲。"能够做到这点，需要的是懂得阴阳相济、相互转换，不能阴阳分离。

在许多拳术中也都有这两种"引进落空"形式的混合应用，其最重要的特点是快速变化，其中的阴阳是分离的。比如在摔跤中，常常是先用力向一侧按压对手，引诱对手反抗。当对手向相反方向的反抗之力足够大时，突然改变用力方向，使对手的反抗之力落空，而后可顺势将其摔倒。这里，开始的按压之力越大越好，改变用力方向的速度越快越好。

在一般拳术中，"引进落空"是讲引诱对手进入到落空的状态。所以"引进"作为一个词，是引诱、引导对手前进或进入之意。从技术层面上讲，"引进"就是一个技术，就是给对手一个可见的诱饵，而自身做好使之落空的准备。比如当对手向前推你时，你可以先顶住，诱使他用力；当他的推力足够大时，你可突然闪开，使其前推之力落空而向前失衡；这时如果你能向后带他一下，或者向下按他一下，都可以很容易使其跌倒。做好这个技术的基础是，需要先能顶住，即有足够的力才能将对手"引进"；再需要能闪开，即要足够快，快了才能做到隐蔽、突然。注意，在这种通过先顶住再突然撤离而实现的"引进落空"中，"引进"与"落空"是分离的，即是一种阴阳差异的变化。很常见，也有效，但仍属于"先天自然之能"的变化，不是太极拳所追求的太极阴阳转换。在使用这种方法时，对体能的要求比较高。如果对手的力量比你大，则你用于引进的力的效果就会较差；如果对手的反应与运动速度比你快，则闪开就很难实现。

在太极拳所追求的少用力、不对抗的原则中，"引进落空"有更深层、独特的意义。在太极拳的实践中常常将"引进"解释为，一边"引"、一边"进"，即两个分开的字或技法。也就是说，要一方面引诱对手，是阴；另一方面自己要进，是阳。阴阳相济，引中有进，进中有引，形成太极之理。如果只讲"引"而无"进"，则为纯阴而易趋于弱。如果只讲"进"而无"引"，则为纯阳而易趋于顶。比如推手时，遇到对手用大力前推我胸部，如果只是想着以柔化引其进，则必然成为"弱"，导致被人追着打的被动局面；如果只是想顶住对抗，则必然变化不灵，以致化不开，也离不开；这些都是实践中最常见的错误。正确的方法应该是在胸部以柔化去引诱的同时，以其他点，如手臂、腹部或腿脚等前进，形成阴阳相济之势。因此，太极拳中的"引进落空"是在这种阴阳相济、即引即进的转换过程中，逐渐形成落空之势的。懂不懂"引""进"，是太极拳与其他拳术的根本区别之一。不知前辈是无心插柳、还是故弄玄虚，总之这个在有些人看来似乎有些牵强的解释，正是能否做好太极拳的"引进落空"的关键。另外，在太极拳技术中，"落空"的情况往往也不是由那种突然的变化所产生的，而是使对手在不知不觉中，逐渐从"摸得着"达到"摸不着"，因此也是阴阳转换。

很多人一讲到"引进落空"，就想着能够直接把对手一下子"空"个跟头。其实在具体技术实施中，真正能做到这种使对手完全失衡跌倒、称之为"大空"的机会并不多。因为对手也不是傻子，很多人的平衡能力、自我控制与自我调节能力都很强。因此，单就此技术而言，实战中的所谓"落空"往往只是一瞬间的事，可能只是使对手的脚跟下微微一晃、造成平衡不稳，但这应该已经足够了。这里也要遵循太极拳追求最高效率的基本规律，刚刚够就好。因此，要想做好"引进落空"，必须有很好的感知能力，能感觉得到、并能抓住这个短暂的失衡瞬间去控制对手，继而施展其他技法。

　　需要注意的问题是，在训练中，总是希望能够把"落空"的情况做得更清楚些、延续的时间更长一些，目的是为了使练习者能够更好地掌握如何使对手"落空"的技术，以及体验"落空"发生时敌、我双方身上的各种感觉。因此，常常会在对手落空后并不立刻施以打击，而是给予对手通过跳跃等方式进行调整的机会，然后再使其在调整的过程中再次落空。这种在训练中常使用的方法，往往会造成使对手持续跳跃的现象。能够保持对于对手的控制，并使其持续"落空"，这是训练中追求的高境界。而在实战中，如果自身没有绝对的控制能力，不要试图去做这类持续控制，否则可能会给对手造成机会，给自身造成危险。

　　在训练中，使对手"落空"后，不发劲打他、或只是顺势轻发，多是出于安全考虑。但是在实战中，除非自己有绝对充分的把握，否则应该在对手出现"落空"时，迅速予以打击，所谓"机不可失"，要分清训练与实战的不同。从技术角度讲，如果"落空"后不马上发放，本质上讲就是技术没有被完整完成，"引进落空合即出"是一个完整的过程，"出"即是发放出去，这点应清楚地认识到。将训练中的一些习惯带到实战中，有时是很危险的。另外，使对手"落空"后的发放，应该是很轻松自如的状态。"引进落空"后的"合即出"，这是个十分轻巧的描述。合即是松，身体内外、上下只要一合，即可将对手发出，常常无需什么大的力量与动作。"引进落空"的目的是为了能够自己不使力、或只用很小的力，而轻松地发放制胜。当然在性命相搏的实战中，当对手已处在"落空"的状态而顺势发放时，同时将自身很大的力量叠加上去，也未为不可，犹如落井下石，对于对手的伤害会很大。

在太极拳实战中，"引进落空"只是一个技术原则，而非固定技术。多数情况下，技击应用的是多种技术的随机组合，没有固定的方法。所以"引进落空"这个原则的应用，都贯穿于具体技术的使用过程中，是与具体技术相互配合、共同发生作用的。必须注意的是，任何按照"引进落空"的原则所设计的具体技术，都不是太极拳的技术。从这点上看，太极拳不是先挖好个陷阱，再引人往里跳；而是在应敌的过程中，在"引进"的同时，"因敌变化"，随时随地制造陷阱。比如推手时，可以通过黏与走而形成"引进"之势。其中在"走"点上是"引"、也可说是阴，是"舍己从人"跟着对手的劲走，一定要让对手感觉他可以在这点上给你持续制造麻烦；在"黏"点上是"进"、是阳，即顺势对对手的运动状态和用力行为进行轻微改变。在这个"黏走相应"或"引进"的过程中，使对手在几乎没有感觉的情况下，被引入到失衡状态。而这时由于接触点上的附加支撑，对手还没有完全失衡。将对手控制在这种状态，直到最佳的打击时机出现。而在使用打法之前先用"摘钩"的方法，即将附加支撑突然撤走，使其完全失衡，就是一种典型的"落空"的技法。这里"摘钩"就是将被动的相随转换成主动的撤离。当然并不是在所有情况下都需要在形体上做出"摘钩"这个具体动作，往往劲的落空并不需要形体上的完全脱离。

可以说"引进落空"这个技术原则存在于几乎所有太极拳的技术技法之中，每个技术中都会或多或少地对其有所应用。当训练进入到懂劲阶段以后，这是需要时刻注意追求的原则。能否将此做好，是整体能力提高的一个重要标志。

### 牵动四两拨千斤

在武术的技术理念中，自古就有"一力降十会"与"一（以）巧破千斤"之说。"一力降十会"是说当参与技击的双方在力量上的悬殊过大时，力大的一方可以不必应用很强的技术手段，而仅凭借力量就可以直接以力取胜。能因力大而降人固然好，但是这往往是有很大的先天因素起作用，身大力不亏是自然规律。"一巧破千斤"是说即使技击双方在力量上有较大的差别，通过应用巧妙的技法，力小的一方仍然可以战胜力量比自己大很多的对手，就是以技术弥补力量上的不足。当然这两者都不是绝对的，都只能应用在一定范围内。因此，从总体上讲，武术在技术上的发展趋势是从"一力降十会"到"一巧破千斤"，虽然并没有哪个门派绝对应用哪个理念，但是倾向性很清楚。

太极拳显然是遵循"一巧破千斤"理念的，而且将此发展到了极致，在拳论中的具体说法就是"任他巨力来打我，牵动四两拨千斤""察四两拨千斤之句，显非力胜"，即是指如何以小力破大力，也叫以弱胜强，还可以演化出以柔克刚的技术理念。这里以"四两"与"千斤"来形容力之大小差别的量级，而非具体的量值。小力是不可能与大力直接相抗衡的，这是客观规律。所以，以小力破大力，必然不是对抗之力。太极拳中讲的"牵动四两拨千斤"，就是通过使用较小的力去引导、控制、操纵对手，使其较大的进攻之力不能正常发挥作用，同时使其整体上进入到不利的状态。这个技法的基本原则在于"牵动"与"拨"。

"牵"有牵动、牵引之意，而且是指以比较小的力量去做；"动"是说要让对手动起来。"牵动"就是讲以很小的力量牵引对手，使之动起来。比如过去放牛，在牛鼻子上做个鼻环，这样一个小孩子就可以轻松地将一头大牛牵走，即以小力牵动大力。在太极拳技法中，"牵动"就是讲如何在对手薄弱的地方顺势而引动，其中主动的成分比较多，是其中有一点阴的阳。虽然其中以主动的成分为主，但是仍然要注意顺势而动的原则。牵牛时，虽然有鼻环，但也不能生拉硬拽，必须柔和，否则可能把牛鼻子拉豁而失去控制。事实上"牵引"是讲除了用小力牵外，还要带有一些引诱、诱导的因素，使对手更自然地向不利于他的方向移动。需要注意的是，在很多时候，人们总是简单地讲"四两拨千斤"。作为一般口语讲述中使用，也可以，但是严格地讲，这种说法不准确，因为忽略了"牵动"，很容易引起误解。在技击中，只有在对手被引动起来后，才有以小搏大、以弱胜强的机会。如果没有"牵动"，"四两拨千斤"是难以实现的。对手如果不动，就要想办法牵动、引动，但是不能直接用力去撼动。所以无论怎么说，都不能忘了"牵动"。

"拨"是讲在大力之运动方向的侧面，以横向随势、用"四两"小力改变"千斤"大力的运动方向。其中以顺势为主，不是硬搬，不是强行改变。在顺着对手劲力运动的过程中，逐渐加入"拨"力，是柔顺中的变化，不能使对手有明显的感觉，是其中有一点阳的阴。比如铁路上的扳道岔。这是太极拳所追求的如何提高用力效率的原则。

按照太极阴阳之理，"牵动"与"拨"必须同时进行，阴阳相济、相互转换。在实践中，"牵动"与"拨"常常需要相互转换。这样的"牵动四两拨千斤"才是符合太极拳原理的技法原则（图4-1）。

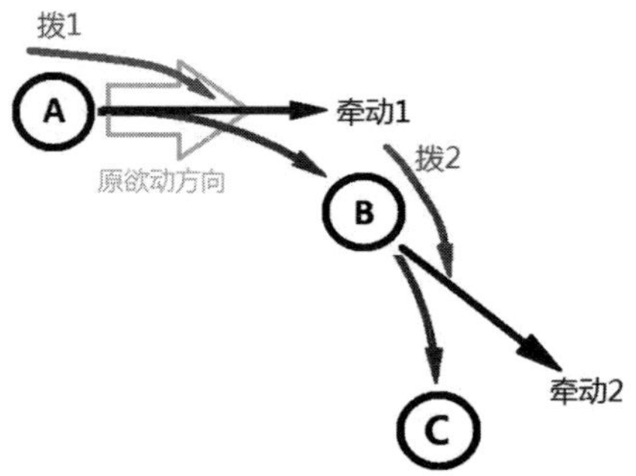

**图 4-1 牵动四两拨千斤**
在顺着对手的动作劲力的方向做"牵动 1"，同时逐渐加入"拨 1"，
逐渐改变对手动作劲力的方向，使之从位置 A 移动到位置 B。
随之，"拨 1"转换为"牵动 2"，同时"牵动 1"转换为"拨 2"，
使对手动作劲力的方向持续改变，从位置 B 移动到位置 C。

　　人们常常以简单力学中的杠杆原理来解释"牵动四两拨千斤"的应用，虽然以这种方式解释太极拳的技术会显得过于简单、粗疏，可是很多技术中也确实包含了这个道理。比如当手臂与对手接触而形成力矩时，将做"拨"的点放在脚上，形成一个从手到脚的长杠杆。这样只需脚下轻轻一转，即可以很轻易地从手臂的接触点上将对手移动。需要明白的是，在实际应用中，这类杠杆大多不是以真实的直线形式工作的，而是以虚拟延长线的形式发生作用。当整体的协调性达到较高水平时，这种杠杆的作用甚至可以通过意念形成，比如将接触点忘掉，以意念想一个大圈之运动。从某种意义上讲，这些都是杠杆原理之以延长力臂去达到省力效果。但是更多的时候，讲"牵动四两拨千斤"时，其中更注重的是顺势牵动。

　　在具体技术实施中，"牵动"与"拨"，即顺势的引动与横向的拨动，形成一个弧形，也正好符合太极拳的运动原理。比如对手右手来攻我前胸，我可用左手轻轻黏住其右小臂外侧，顺其势走一向右偏的弧形，使其力偏于原来的运动方向而无法发挥效能。这里"牵动"的势与"拨动"之劲相合。"牵动四两拨千斤"不是力量的对抗，而是控制、是操纵。搞清楚从哪里去"牵动"、把"四两"劲用在哪里去"拨"，是实践中需要认真研究的关键。在太极拳的实战中，这个

技击原则是被应用最多的，常常是很多小的组合被应用到一起。在应用中，一个重要的点是，无论是"牵动"还是"拨"，都必须柔和、顺遂。不能刺激对手去做主动的变化，否则就很难达到省力的效果。

## 借力打力

"借力打力" 是讲借助对手的力，去给对手自己造成麻烦。在技击中，一方跌倒，必然有一个力的作用发生。太极拳不用力与对手直接对抗，那么使对手跌倒的力从何而来？大多数情况下，是利用了对手自身的力。所以真正懂太极拳的人，不怕对手力量大，常常是希望对手越用力越好。

太极拳追求不用力或用小力，当需要大力的时候，从对手处借。这就是"借力打力"的原理。比如截劲就是一个典型的借力的例子。打截劲时，在适当的时机、在接触点上进行调整，实现阴阳转换，形成对手反推自己之势，如同对手向前推你而却被反弹回去。这样，对手用的力越大、越快，被反弹打出去的效果就越好。

"借力打力"有几种常见的形式，比如顺势、吞吐、反弹等。顺势即是要顺着对手用力之势而为之。这里，一是讲要顺势借力，即顺着对手用力的方向借力，造成其力在其运动方向上持续前行，不能停止，以致失控，所谓"进之则愈长，退之则愈促"，当然在整个过程中对手的用力目标需要移动、变换（图4-2）；二是说在对手用力的点上，顺势改变方向，使其用力的角度发生变化，造成其力不能够落到其目标点上；当然目标也可以有移动，同时使其自己的力给他自己造成麻烦。这里，顺势与改变是一种阴阳转换。顺势改变方向是指以柔和、缓和的方式逐渐产生变化，一般都是走弧形（图4-3）。

图 4-2 顺势借力

图 4-3 顺势改变

图 4-4 顺势吞吐

　　吞吐，即俗称"打回头"，是讲当对手向你用力时，先要顺势随着他的力走，即吞；当他感觉所用的力使用不利、需要撤回时，借其返回之势随而击之，即吐。一来一往，仍是顺势而为（图 4-4）。需要注意的是吞吐之间的转换也是一种阴阳转换，而且是一个圈。

　　反弹，即常说的截劲，是讲对手刚一发力，此力被截回去成为打击他自己的力，正是"于彼劲将发未发之际，我劲已接入彼劲"。此劲打得好时，会使对手有一种用力按在弹簧上，而被反弹回来悠荡的感觉。这时还可以顺其被反弹之势而加力送之，常常可以有将对手打得双脚离地、被抛出很远的效果。打好截劲的关键是接触点上的阴阳转换。

　　应用"借力打力"的原则，其中的技术关键，第一是时机，第二是方向。时机就是与对手之力发生接触的时间点，不同的应用需要不同的时机。比如以顺势而为的形式借劲时，最好的时机是对手用力的峰值刚刚过。早了，对手容易变化；晚了，可能借不到足够的力。又比如以反弹的形式打截劲时，最好的时机多是在对手发力之最大值将要到达之时。正所谓"又要提起全副精神，于彼劲将发未发之际，我劲已接入彼劲。恰好不先不后，如皮燃火，如泉涌出。"早了，对手可能终止发力，因而也就无从借力；晚了，则易被对手之力侵入，造成被动，无法借力，只能以其他方式解脱。技术关键中第二点是与对手接触点上的角度，也就"借力"的方向，这是能否有效借力的关键。方向正确，可使对手的力反作用到他自己身上，完成借力；方向错误，则可能会借不到力，或使对手的力给你自己造成麻烦。"借力"的方向有两类，顺势与逆行。顺势是说基本上按照对手用力的方向借力，这里时机更重要。逆行是讲借力时，我之动作和用劲的方向与对手用力的方向相反，使其力量发生变化，这里角度更重要。可以看到，掌握正确的时机与方向是自身训练的重点。"机由己发，力由人借"讲的就是在"借力打力"的技法应用中，自己要能掌握控制发放的时机与方向，而发放所需的劲力则来源于对手。

在讲"借力"的方向时，有一个"势"的问题必须注意。"势"是讲在双方对战时，通过一些非直接的用力行为所形成的优势。比如当对手向我身上用力时，我在接触点上顺其力微微变换一点方向，使其开始发力时手腕的角度产生变化。这个手腕上的变化，可以造成对手发出的力在传输过程中扭曲，这种扭曲之力会反作用到对手自身，对其平衡造成破坏。这时我并没有做直接反推对手的行为，却可以达到借助对手之力去给他自己造成麻烦的效果。图4-5是打截劲的时机、方向、力量之变化示意。图4-6是打截劲的一个具体例子。

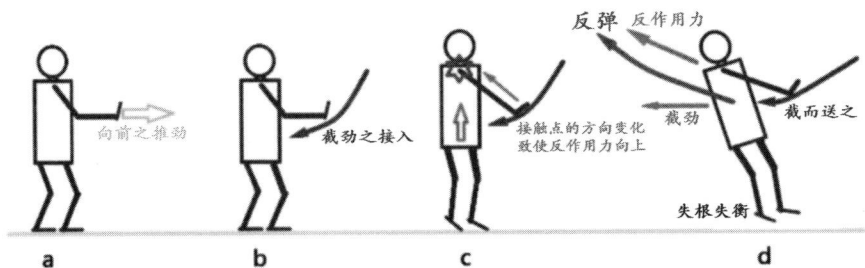

**图 4-5 使用截劲时的时机、方向以及力量的变化**

a. 对手站稳，向前方发出前推之力。

b. 在其推力尚未达到最大值时，我之截劲从对手的前下方接入。

c. 当我之截劲与对手接触时，略向下、前行，使其手、臂、肩的形体动作发生变化，造成其腕、肘、肩均被挤住，使之僵硬，无法变化；这时对手的持续推力可造成反作用力，先使肩部上升，而后造成身体重心上升，根被提起，进而失去稳定。

d. 这时对手处于失根失衡的状态，我之截劲只需向前方送出，与对手自身的反作用力一起形成一个反弹的合力，使对手被反弹出去。整个过程需在保持松柔的状态下，一气呵成。

**图 4-6a 使用截劲时对手发力与我之接入**

我之截劲与对手接触后的形体动作变化，造成身体重心上升、失去稳定。

**图 4-6b 使用截劲时对手发力与我之接入**

我顺势向前方送出，与对手自身的反作用力一起形成一个反弹的合力，使对手被反弹出去。

    李亦畬所著的《撒放密诀》是对"借力打力"原理的精彩描述，以借力、蓄劲、脱钩、发放这四个过程，给出了此技术中最基本、最通用的方法，应该认真研读。

### 《撒放密诀》

    擎：擎起彼劲借彼力（中有"灵"字）。

    引：引到身前劲始蓄（中有"敛"字）。

    松：松开我劲勿使屈（中有"静"字）。

    放：放时腰脚认端的（中有"整"字）。

    擎、引、松、放四字，有四不能：脚手不随者不能，身法散乱者不能，一身不成一家者不能，精神不团聚者不能。欲臻此境，须避此病；不然，虽终身由之，究莫明其精妙矣！

在实战中，"借力打力"与"引进落空"和"牵动四两拨千斤"
这些技术原则有着十分密切的关系，它们往往被混合使用。比如在"引
进落空"后，借力打回头；在"牵动四两拨千斤"中，顺势借力之发放。
另外，在具体运用中，所有技术都离不开粘黏劲、离不开粘黏连随。

## 以逸待劳

上面讲的以道家"以柔克刚"的思想发展起来的太极拳技击原理，
通过太极阴阳哲理实现高效率的技击技法，也常常用其所能达到的最
直接的效果"以逸待劳"来描述，这是太极拳技击的特点之一，也是
理解太极拳技击的重点之一。所谓"以逸待劳"就是说使自己尽量少
做，而让对手多做。这里主要指力量、速度、以及技术动作几个方面，
即如何以小力胜大力，如何以慢制快，如何以最小的、最简化的动作
取得最佳效果。在力量方面，如上所述，太极拳研究的是如何在对手
最薄弱的地方、最危险的地方用力，如何能节省自己的力而尽量借助
对手的力。在速度方面，太极拳研究的是如何在局部范围内以更小的
形体运动的距离、更灵敏的感知能力，去获得相对速度上的优势。比
如"以轴惯轮"的技法，就是使自己处于轮轴中心的位置，使对手围
着自己转。在技术动作方面，太极拳追求的是自己身上的任何点都可
以使用，所谓全身无处不翻板、不钩竿、不弹簧，对手挨我何处、我
即从何处打。尽可能地减少、避免大的或复杂的技术动作。比如若对
手抓住我手欲施以擒拿之术，这时我不必使用复杂的反擒拿法去反制，
而是顺其势，在他拿我的点上做阴阳转换而将其轻松反制，其间形体
动作的幅度很小，常常小到许多人都看不出来。所谓换劲不换手。

如果从一般的武术对抗角度讲，小力胜大力、以慢制快都是很难

以实现的。如果是直接对抗，几乎是不可能的。虽然在各派拳法中都有一些关于省力、提高效率的技术技法，但都不是整个系统中的主体部分；唯有太极拳将此作为最基本的技法原则，作为最高的追求。也只有太极拳，由于其理论与训练方法，可以以最高的效率去实现这种追求。因此，作为太极拳技击技术的基本原则，"以逸待劳"的思想需要始终贯彻在训练与实战中。理解太极拳，就要能认真体会王培生师爷常讲的"懂了太极拳，人就变懒了"这句话背后的真正意义。

### 得机得势

在技击中，太极拳就是按照其技术原则，追求高效率的用劲方法。这些技术技法在实战中是否能够做到、做好，其中的基础就是"得机得势"。也就是讲在技击中，要能把握住时机、并且能控制住敌我双方的势态。

"机"是时机、机会。"得机"就是在瞬息万变的技击过程中，抓住对自己有利的时机，机不可失。比如将对手拿起后，突然有"重里现轻"之感，这时就是发放的时机，必须马上发放"勿稍留"。能否抓住时机，首先要懂得什么是"机"，其次要靠得是高度灵敏的感知能力，这是太极拳中最重要的基础之一。

"势"是讲技击中的敌我双方相对应的势态。"得势"就是占据有利于自己的势态，不打无准备之仗。比如自己正处于稳定、舒服、放松的状态，而使对手处于不稳定、不舒服、紧张的状态。"得势""不得势"是一对矛盾，其中最重要的就是平衡稳定的趋势，所谓"知己知彼"就是要能够感觉到这种趋势。

"得机得势"也俗称为"火候"，理论上说起来简单，而在实践中是身体上的感觉，需要明师从直接的肢体接触中传授，并需要从大量的实践中去体会。过去有些老师保守，传技术、不传火候，导致学生虽然技术纯熟，但在实战中却总也使用不好。无论是在推手训练还是在实战技击中，都要不断地寻求自己能"得机得势"的优势，而同时使对手处于不"得机"、不"得势"的劣势，就是传统中所说的要使自己舒服，同时让对手不舒服，这是能最终控制对手、实现高效率技术手段的基础。能"得机得势"，继而才能在实战中做到当堂不让步，举手不留情。而"有不得机得势处，身便散乱"，也就无法正确、准确地实施技法。太极拳技击中，最忌的是不懂得"机"与"势"，既不知人也不知己，仅凭运气瞎打。

# 用意不用力

　　"用意不用力"是如何实现太极拳技击技法总则中的最重要的概念之一，可以说离开了这个概念就不是太极拳。然而，对于这个概念的理解，却存在着很大的误区。很多人只是把它当成一句俗语，不分场合的来讲，从而引发出许多混乱，直接影响了训练。比如当看到有人在实战、或近似实战的推手中，用力与对手对抗。这时常会有人批评说：太极拳是"用意不用力"，用力与对手对抗就不是太极拳。这种批评似乎很有道理，可是问题是这时如何用意呢？严格地讲，这个批评是不准确的，因为在实战中，"用意不用力"的问题并不是真实存在的，在实战中，用意往往太慢了，根本就来不及。要正确理解这个概念，首先是要明确这个概念的应用范围；其次要搞清楚什么叫"用意"，什么叫"不用力"。

## "用意不用力"中的意与力

　　从应用范围上讲，事实上，"用意不用力"这个概念只是用于训练，而非实战。正如前面讲过的，到了真正实战阶段，用意已经太慢了，一切都是神的引领，意只是与神自然相合，也就是高级内三合中的"心与意合"。因此，从本质上讲，实际上"用意不用力"是太极拳训练中的主要手段，而非技击原理；或者说太极拳的技击能力是来源于

"用意不用力"的训练成果。要想获得太极拳的技击能力，即新的、非先天自然之能的技击能力，必须通过大量的、以意念为指导的训练，即"用意不用力"的训练。当这种新的能力建立起来，作为训练指导的"意"就不必要了。在实战中，这种新的技击能力会随着神自然地表现出来。所以是以"用意"的训练，达到不用意的效果。由于这种"用意不用力"的训练是长期的，特别是在推手与技击训练中被反复强调，而且一般的口语教学也不够严谨。因此，很普遍、自然地误解是，认为"用意不用力"应该被应用在所有的地方，甚至在实战中也是如此。

人的意念是很强大的，意念可以改变人的行为方式。以意念为指导进行训练是几乎所有运动项目都使用的方法，武术也是如此。但是在以先天自然之能为基础的武术技术中，使用意念指导如何运动，本质上就是讲如何用意念指导去加强原本的直接用力方式；简单地说，就是作为指导的意念与所需用的力是自然一体、不可分的。而太极拳中所讲的"用意不用力"是一个与众不同的概念，就是说不是用意念直接指导如何用力，而是通过意念引导而间接产生力的作用，即作为指导的意念与所需用的力是分离的。这是由于太极拳技击技法中有关力的使用的特殊性，只有通过这种训练方法才能达到。拳论中讲"先在心，后在身""意气君来骨肉臣"，就是说在太极拳训练的各个阶段的所有训练中，都必须以意念引导动作。这里"用意"仍是指意念的指导作用，但是指导的不是如何用力。比如在盘架子中，需要手臂上提时并不直接去做，而是用意念想以中指尖上的中冲穴去摸掌心上的劳宫穴，这个意念会引起手臂自然上提之势，动作随之完成。又比如在推手时，如果对手抓住你的左臂用力推拉，不要在这点上与之对抗，而是用意念想其他点、如右臂，使左右两点形成一个阴阳太极之走黏相应之势。这些例子中都使用意念，但都不是用意念去直接指导如何用力，即意念与力的分离，也就是分阴阳。经过这种长时间的意念指导下的训练，使身心内外都能自觉按照太极拳的技术要求去做，改变"先天自然之能"的用力方式，在第二反应系统下建立起新的行为与反应模式，并以此为实战技击的基础，最终使新的行为与反应模式能达到一切都成为自然的状态。因此，太极拳中所说的"用意"并不是一般意义上的，说"意念转换"可能更清晰些。

前面讲过，技击是一个双方接触的力学过程，除非有魔法存在，否则其间必然有力的作用。太极拳中所谓"用力"，是特指以"先天自然之能"的模式与对手直接对抗、主动的用力方式。这种用力方式在太极拳中常被称之为"拙力"或"本力"，即没有经过太极拳训练的用力方式。因此，"不用力"并不是说没有力，而是说不使用拙力，也就是不主动、直接地用力，不按"先天自然之能"的方式用力。太极拳中所使用的用力方法，是通过意念转移而产生的间接、自然的方式；比如向前推人时，不要按自然反应在与对手接触的前手上直接用力，而是想后手回採，使前手自然地产生一股柔中刚的劲，使对手极难抵抗。在技击中，作用力是客观存在的。当太极拳中说"不用力"，实际上还包含着不用"多余的力"或"无谓的力"的意思。比如人们常说"不用一点儿劲""一点儿劲不费"，这些都是说不用任何一点儿多余的力。太极拳的训练中以意念为指导，一方面使得应该使用的力以间接、隐蔽的形式发生作用；另一方面尽可能地限制自身所产生的无谓的力，减少技术所需的力，并尽量借助对手的力。这种所谓"不用力"或者说特殊的用力方式，是必须且只能通过"用意"的方法训练出来。因此，这种特殊的训练方法也就常常被称之为太极拳技击技法的特点，成为与其他拳术不同的重要原因之一。

"用意不用力"是一个广义的说法。在实际训练中，有很多种不同的"意"。不同的阶段、不同的训练内容，所用的"意"经常是不同的。过去由于教学系统不完善，再加上保守等因素，常常把不同用途、不同层次的"意"混在一起讲，甚至混为一谈，使学生产生混乱、困惑、甚至误解。把本来并不是很难的东西，搞得很神秘。

### 用意念引导训练：拳架、桩功

首先，"用意不用力"是针对训练而言的。"势势存心揆用意，得来不觉费功夫"，讲的就是通过意念控制去指导训练，使身体能够按照预先设计好的方向产生变化。人的所有行为都是有很强的惯性或惰性的。要想学习掌握太极拳这种非先天自然之能的运动与反应模式，就需要在训练中以更强的意念干预去克服以往的惯性，"凡此皆是意，不在外面。"这就是为什么"用意不用力"这个原则要被反复提及。这种训练方法，最开始应该是应用到从拳架与桩功之类的自我练习之中。由于在这类训练中基本上没有外界干扰，所以对于意念的控制与运用相对比较容易。一个比较重要的问题就是对意念大小的控制，所谓"勿忘勿助""顺其自然"是关键。在训练初期，使用意念指导常常会产生混乱，不易理解掌握。因此，会使用一些假借或虚拟的方法，比如用意想以中指尖摸掌心，比如用意想抱着一棵大树等，这些虚拟的想法可以使"用意"的方法更加直观、简单。

一般在桩功训练中意念的运用比较简单，大多数情况是用意念守住一点即可，也有时是在几个点之间交换、循环。盘架子时的意念运用比较复杂，常常身体上多个"点"相互作用。这里的"点"可大可小，比如说可以说意在左掌或者说意在左掌心的劳宫穴，显然说左掌就比左劳宫穴范围大。在传统教学中，这些常常是不统一也不系统的，多是因人而异。王培生师爷对太极拳训练的一大贡献就是对训练中的意念应用进行了系统化、规范化。他根据传统的传授以及自身的经验，把训练中所有意念的运用都与具体穴位结合起来。因为穴位处一般会更敏感、可以更好地使意念集中、更容易体会到意念的作用，所以训练的效果更好。由于穴位都是与经络相连，在穴位上应用意念自然会对经络有影响，即所谓推动作用，这可以使得技击作用与健身效果都更加明显。

由于在盘架子与桩功的训练中，形体动作基本上固定，所以在初级、中级阶段的训练中，运用意念的训练基本上可以按照一个相对固定的路线进行。要注意的是，在不同的训练阶段，训练的目标不同，意念运用的路线可能不一样，比如练外三合时就与练内三合不同。这是教学中经常被搞混乱的地方，必须能够认识清楚。另外需要懂得的是，这种意念引导的练习，越是往高级方面发展就越灵活。当训练进入到高级阶段以后，意念的应用完全是即时的感觉问题，不需要按照某些死的规定方法进行。

在这种以意念为引导的盘架子或站桩的训练中，具体的做法就是用意念想去做某件事，进而引动、带动身体之内外变化，"意气君来骨肉臣"就是讲这种关系，但是必须注意其中的度。比如意念想左肩与右胯合，这时只是将意念放在左肩井穴上，想这点落到右环跳穴上即可。如果真去做使两点物理距离上的相合，那动作就太大了，就是"用力"了。这种以意念为引导的训练开始是比较粗的，比如身法形态、外三合等，感觉可能也不明显；而后越练越细，感觉越清晰，比

如内三合、劲的应用等；到最后是越来越自然，而且最终是要能够将
意念的运行逐渐忘掉，达到意与神合。

### 用意念指导推手与技击，意念刺激性训练

在推手与技击训练中，使用"用意不用力"的方法是太极拳的重
要特征。在推手训练与某些实战训练中，只有通过"用意不用力"的方式，
才能够理解掌握太极拳的技击原理与方法。这里的"用意"主要就是
指意念转移。面对对手的进攻，自身需使用意念控制自己的行为，强
迫自己不按"先天自然之能"的方式反应。"不用力"就是指不按照"先
天自然之能"的方式直接用力与对手较量、对抗，主要就是指不在有
麻烦的接触点上与对手较劲。因此，"用意"与"不用力"这二者是
一体的，目的就是要改变"先天自然之能"的技击能力。这种改变是
很难形成的，必须使用大量的"意"去实现意念转移以及控制如何使
用"力"，就是"始而意动，继而劲动，转接要一气串成"的意思。

在太极拳技击中，同样的形体动作能够产生不同的劲力，打出不
同的技击效果，其内在原因就是意念上的应用不同。因此，意念在技
击训练中的应用，可以说是变化多端。在实战中这些变化都是"因敌
变化"，但是变化后面的道理是相通的，所谓"虽变化万端而理为一
贯"。这个理就是太极阴阳之理，具体说就是"黏走相应"之理。简
而言之，就是在应敌时，要把意念从双方接触中敌方主动在我身上施
力的地方移开，使自身在这点上不与对手对抗，而是舍己从人、自然
相随。这就是俗话说的"忘掉接触点"（不是所有的接触点）或"忘
掉麻烦点"。同时使用意念引导动作，即以"用意不用力"的方法，
对敌之薄弱环节施以技法。在人的先天自然之能的反应系统中，越是

有麻烦的地方,越是意念集中的地方,说忘掉谈何容易?因此必须在训练中,大量地、有意识地使用意念去刺激改变自己的反应习惯,形成使用新的意念、在第二反应系统下形成的新的行为与反应模式。也就是说,通过使用"用意不用力"的意念刺激训练,达到的新结果。

在一般人而言,当身体的某一点上与外界发生接触,通过神经系统将对外界的感知传送到大脑,经过大脑分析,向接触点发出应变指令,接触点随之而动,即反应。这里有两件事,采样与反馈。在人的成长过程中,日常生活经验所形成的反应就是太极拳中所说的先天自然之能。这种先天自然之能的反应有一个特点,就是采样与反馈都在同一点上进行。比如有人推你一下,你的先天自然之能就会指使你在接触点上产生顶住或者躲避的反应。而太极拳的训练就是通过意念引导,使采样与反馈在不同点上进行,使二者形成一个太极。比如有人推你的双臂,左边的力量更大,即左边的危险性更大,因此你的注意力会在左边,从左臂上采集被推的信息,包括力量的大小、方向、虚实等。当这些信息被送达大脑分析后,通过意念的引导将如何应对的反馈信息送右臂去做"黏"的技法。这时左臂上的接触点就被"忘掉"了,即成为随人而动的"走",是阴;而右臂上的"黏"就是主动的阳点。采样与反馈点分离,就是太极拳中经过训练而建立起来的新的行为与反应模式的本质。相对于旧的"先天自然之能"的行为与反应模式,这种新模式是脱胎换骨式改变,是没有经过如此训练的人所无法理解的,也就是"人不知我,我独知人"。经过长时间训练后,根据第二反应系统的工作原理,这种新的行为与反应模式可以成为自然的、下意识的行为,即所谓新的自然之能。这里的"自然"就是"应物自然"中所讲的自然。这时对新模式的运用就不必使用所谓意念指导。

由于讲"意"的作用时离不开"神"的应用，故"用意不用力"的训练总是与神相合，最终达到"此不用浊力，纯以神行"。在训练之初，总是以意念为主导；随着训练的深入，神的作用逐渐加大而最终成为主导。能做到这一步，才能真的将这种新的行为与反应模式应用到实战中，这时也就不存在所谓"用意"的问题了。所谓"周身往复，精神，意气之本，用久自然贯通，无往不至，何坚不摧也！"

### 技击中的意念

"用意不用力"是太极拳训练中的重要方法，目的是为了在技术层面上控制训练能够按既定路线进行。这是用"意"指导训练，不要把它也套到实战技击中。当一个人的太极拳训练能够达到实战技击的程度，"用意不用力"的训练应该已经完成，一切均处于新的反应状态下的新的自然行为方式。实战中无需"用意"，也来不及"用意"，一切都归于"神"所引导的新的自然反应，即"神为主帅，身为驱使"。这时所有在"用意不用力"指导下的技术动作都是自然的。

实战技击中有时也讲意念，但已经不是技术训练层面上的。这时的意念多是应敌策略层次上的，与"用意不用力"训练中如何使用技术的"意"不同。在实战中，谈技术层面上如何"用意"，没有任何实际意义。比如一个人在实战技击时，仍然用力与对手对抗，只能说明他还没有达到太极拳所要的实战能力。这时如果跟他说"太极拳是用意不用力，请把意念放在某某处"，而希望他能马上有所改进，是完全不可能发生的，只能使他更糊涂。因为这种"用意"的方法，对于实战而言太慢了。事实上，他所要做的应该是回去进一步加强训练。而在应敌策略层次上的意念多是与实战经验有关，需要从实战中体会、总结、提高。

# 懂劲与双重之病

　　太极拳通过阴阳转换的方式实现不与对手直接对抗、高效率的技击原理，就叫"懂劲"。或者可以简单地说，"懂劲"就是懂得如何在技击中应用太极阴阳之理去用劲，就是指能够使用正确的太极拳技法。前面讲过，"懂劲"的核心，第一是要做到在与对手的接触点上既不对抗也不逃跑，即不丢不顶之阴阳相济；第二是要建立起阴阳之对立统一，即"黏走相应"之阴阳转换的技击模式。"懂劲"的方法是非先天自然之能的，所以与其他在先天自然之能基础上的武术原理与技术追求有本质上的不同，这是必须经过特殊学习训练才能达到的。这导致许多看似合理有效的技法，在太极拳中是错误的；而太极拳中所要求的技法，又是难于理解、难以做到，这是太极拳难学、难懂的重要原因之一。

## 何为双重

　　太极拳中讲"立如平准，活似车轮"，就是说全身处处如同天平一般，保持着非常灵敏的平衡状态，如同车轮一般，可以旋转变化自如。当技击发生，外来的任何一点微弱之力都可以造成天平的倾斜、或车轮转动，也就是产生变化。如果对手加力，自己也加力对抗，如同天平的两边虽然越来越重，但是没有产生变化，就叫"双重"。在太极拳中，懂劲与双重是一对矛盾。懂劲就是知道阴阳变化、阴阳转换，也就不会犯双重；犯双重就是阴阳变化、转换失灵，就是不懂劲。

"双重"这个术语是太极拳中所特有的，但"双重"这个现象却在武术中常见，不同的武术流派对于它的态度是不同的。在多数以先天自然之能为基础的拳术中，双重常常是它们技击技法中的基本原则。这类双重技法的应用有两大类：第一是在双方以"双重"的形式形成对抗后，使用比对手更大的力，直接击毁对手。第二是先与对手之间形成"双重"之势，再通过破坏"双重"取胜。无论哪种方法，都包括了"双重"这种力的直接对抗。而内家拳十分强调避免"双重"，太极拳则特别把"双重"列为技击技法中最根本的错误。因为双重必然产生对抗，是与太极拳追求最高效率的技击总则相违背。

在太极拳中，"双重"一般泛指所有使用力量与对手进行直接对抗的行为；而按照比较严格的说法，即是特指那些不理解、不应用太极阴阳转换原理的技击行为。"双重"在太极拳中被称之为"病"，就是说它会影响到太极拳的正常训练、以及技术的正常发挥使用。如果对于这个"病"没有充分清醒的认识，不能正确地对待、修正，那么就不可能真正学到太极拳。

常说犯"双重"之病是因为不懂劲，或者说懂劲后才能不犯"双重"之病。所以"双重"与"懂劲"是对立的。一般来讲，在技击中的"双重"是指两种情况。第一情况是指敌我双方之间的状态。这里比较狭义地讲，就是指技击双方在同一个点上形成力量上的对抗。而在这种局部范围内对抗的情况下，能产生较大力量的一方可以取胜，也就是常说的强者胜或力大者胜。在太极拳中，一般将主动向对手施力的行为归为阳；而将舍己从人、顺着对手的力走化的行为归为阴。如果双方在同一点上形成对抗，即双方都是阳，形成竞争；而这种力量竞争所体现出来的是接触点上沉重的、难以变化的状态；故而称之为"双重"。如同一个天平的两端的重量相同，天平不会产生倾斜变化。太极拳在技击中要应用太极阴阳转换之理，其中最重要的就是要有阴阳变化转换。就是要在与对手接触的施技点上，与对手形成一个阴阳关系，即一个太极。如果对手是阳，即主动用力进犯，则我应为阴，即舍己从人、随之走化，也就是说，不要形成"双重"的状态。从更广义、更深层的意义上讲，敌我双方之间的"双重"状态不仅仅是指力量上的对抗，也包括意念、甚至心神上的对抗。所谓意念上的对抗是指在与对手技击时，在与对手的接触点上，瞬间以自己的意念指导、做主动的应对，无论是对抗还是躲避，都是"双重"。因为双方的意念都在一个点上指导行动，产生意念上的对峙。而心神上的对抗是说敌我双方有相同的心思，虽然可能还没有产生具体的行动，但是已在意念上产生迟疑、犹豫。

"双重"的第二种情况是说自己身上没有阴阳变化。在技击中，仅能够以单纯的阳，即顶，或者单纯的阴，即丢，去应对，也就是阴、阳分离。由于是阴阳分离，就无法形成阴阳相济、相互转换的太极阴阳的变化形式；只可能有差异性的突然变化，即两仪阴阳。这样做，显然不符合太极拳之理，无法实现太极拳所追求的高效率的技击方法。

综合上述两点，太极拳技击时，与对手的直接接触点上要有阴阳，有时称之为小阴阳；自身在与对手的整体相对应中要有阴阳，有时称之为大阴阳。无论哪个做不好，都会造成"双重"。其结果是阴阳转化出问题，使整体变化不顺畅，偏离了太极拳的原理。

"双重"是先天自然之能的反应，是大多数人正常的、自然的自我保护行为。因此，在应用先天自然之能的一切拳术中，使用"双重"就不是错误，甚至于大量地利用"双重"。比如在摔跤技法中，常常先用力向一方搬按对手，当对手产生对抗时，再突然改变用力方向，向相反方向用力。这就是典型的利用"双重"的方法，即先建立起"双重"形式的力量均势点，再突然以差异性变化破坏这个均势。使用这种方法，首先是要主动建立起对抗，即需要有足够的力并能坚持足够的时间。而太极拳是要建立起非先天自然之能、减少对抗的技法能力，所以"双重"就成为了太极拳中的最大问题，成为"病"。从理论上讲，"双重"就是在对应中没有阴阳之分，因此与太极阴阳理论直接对立。"欲避此病，须知阴阳"，学习太极拳就要以太极阴阳之理去认识并克服"双重"之病。

在中级与高级阶段的训练中，"双重"的问题大多表现在双方用力的接触点上。而到了顶级阶段，"双重"常常是意念上的，甚至是神上的。也就是说，不一定是有形体上的接触也会产生"双重"。这种神意上的"双重"将造成意念上的迟疑，以及行动上的犹豫、滞缓，俗话说是被人拿住神了。在训练中，"神宜内敛""心静意专"等练习，都对避免这种神意上的"双重"有很大帮助。

本来太极拳中的"双重"是指没有遵循太极阴阳之理，在技击中与对手形成力或神意上的直接对抗。为了认识并克服"双重"之病，在训练中有一些特殊的练法。比如在自己盘架子时，要求虚实分清，即总是以一条腿承受全部体重，而另一条腿保持完全虚空的状态，并以此为参照，在全身分出阴阳虚实。所以也有人常常将这种在训练中自身虚实不分清楚的称之为"双重"。这种对于"双重"的理解只是阶段性的，是不全面、不准确、不严谨的。必须明白，形体上虚实分清的训练，有更高级的意义。以这种方式来避免双重，只是整个太极拳训练中的一小部分，是初级与中级阶段中需要特别注意的。虽然很重要，但只是学习如何克服"双重"之病的前奏。到了高级阶段，各种变化都是内在的，形体上已不重要。这时讲"双重"，只是讲与对手之间的阴阳问题，与自身站立的方式没有直接的关系。因此，在训练中，对此千万不要机械地理解、执行。

## 理解双重、克服双重是学习太极拳过程中最关键的一步

根据太极拳的原理，在技击中自身要保持"立如平准，活似车轮"，以避免"双重"，即不与对手直接对抗，不对抗就会发生变化，就可以产生转换。而在实践中，克服"双重"之病不是一件容易的事，"每见数年纯功不能运化者，率皆自为人制，双重之病未悟耳。"主要原因是很多人为了避免"双重"去追求柔化、而成为弱；而一弱怕输，马上又成为顶。即练习避免"双重"，可是往往又导致回到"双重"。必须真正理解为什么"欲避此病，须知阴阳"。这里首先要运用的就是"阴中有一点阳，阳中有一点阴"的原理。简单地说，"阴中有一点阳"就是在柔化过程中，使对手有顶的错觉；"阳中有一点阴"就是在黏时让对手有不确定、不能争之感。第二就是"阴不离阳，阳不离阴，阴阳相济方为懂劲"；也就是除了在力点上要柔化，即走，一定要同时建立起一个黏点，使这两个点形成一个太极，而且这两点须能够"活似车轮"般地转动。如果只单纯追求柔化，则必然而成为弱，能否理解掌握这点是学习太极拳过程中最关键的一步，能做到，就是懂劲。

既然"双重"是指与对手形成力的直接对抗，那么当对手犯了"双

重"之病时，是否意味着自己也处于"双重"状态呢？如果从表面上看，确实如此。所以以前在练习定势推手时，王培生师爷总说："如果你觉得对手用力了，那就正好说明你自己用力了。"因此，在训练过程中，首先要学习如何尽量避免与对手的力进行碰撞；而后在推手与技击训练与实战中，要学习如何使对手出现"双重"，而自身能避免出现"双重"。比如有时可以先使对手先有"双重"的错觉，而后使其用于"双重"点上的力落空，也就是以太极阴阳之理应对，进行阴阳转化，有"双重"之形式而无"双重"之本质。这里把意念放在哪里，对避免出现"双重"非常关键。这就是我们多次提到过的"忘掉接触点"的问题。

　　"双重"本是许多拳法中所使用的方式，而太极拳却要反其道而行之，形成了一套与其他拳术完全不同的新的理念。因此，对于非太极拳或内家拳的对手而言，由于太极拳的对应方式完全超出了他们的预期，在实战中，常常可以造成对手心理上的落差而极度不舒服。这是太极拳中所追求的"人不知我，我独知人"中的一部分。这也是许多外行人看不懂、不理解太极拳的原因之一。另外需要指出的是，有很多人练习太极拳很多年，但是思维方式仍然没有改变，对"双重"的认识也很肤浅。比如他们认为太极拳的核心问题是内劲，而当涉及对内劲的应用时，他们所说所做的却依然是在先天自然之能基础上的"双重"方式。

# 基本状态：轻重浮沉

太极拳的训练是要建立起新的、以太极理论为依据的技击方法。其背后更深层的意义是技击中的身体状态。通过训练，使身体在整体状态上产生脱胎换骨式的变化，这是所有具体的技击方法的基础。

## 练太极拳的状态：轻重浮沉

轻重浮沉是传统太极拳理论中有关身体状态的描述。其中，重与浮是指没有练习太极拳之前、自然的身体状态；轻与沉是经过太极拳的训练而形成的、符合太极拳原理要求、新的身体状态。在传统太极拳论中有一篇《轻重浮沉解》，为杨家所传，但是作者不详。其中的主要论述，就是有关轻重浮沉在练习与应用中的各种状态，如偏轻、半沉、双浮、双重等。应该认真研读。这里我们对这几种状态做一些更进一步的归纳与解释。

轻：是轻灵、活泼、整体、贯串、圆柔，轻中有稳。比如与人一搭手，马上能与对手粘黏连随。既能使对手感觉不到你有力，而你又能与他不即不离，使之无法摆脱。能轻才能松、能活、能变，即"轻灵活泼求懂劲，阴阳既济无滞病。"同样，能轻才能得到超级灵敏的感知能力。故轻是训练所追求的状态。

浮：是轻飘、零乱、散漫、无根，飘浮不定。比如与人一搭手，或丢或顶，脚下不稳；对手感觉你很轻飘，脚下虽总有蹬踹之力，但是并无根基。故浮是训练中所要克服的状态。

沉：是松而整、活而合，是灵动，沉中有腾挪之意，如水漂木。比如与人一搭手，自己能一松到底，脚下有根，稳中有变。既能随对手而动，又能让对手感觉撼不动。"静如山岳，动似江河。"故沉是训练所追求的状态。

重：是僵而散、死而懈，是呆板，滞重无变。比如与人一搭手，全身僵硬，以直力对抗，不能放松，变化迟缓、生硬。故重是训练中所要克服的状态。

太极拳的训练就是要克服或改变固有的"浮""重"状态，得到新的"轻""沉"状态。练"轻"以克服"重"；或者说，通过练习将"重"转化为"轻"。练"沉"以克服"浮"；或者说，通过练习将"浮"转化为"沉"。人们身体所固有的"浮"与"重"状态是分离的，而新的"轻"与"沉"的状态是一体的，轻中有沉、沉中有轻，成为太极阴阳。可以说在太极拳训练过程中，很大程度上就是这两个转化过程的训练。

在这四种状态的训练中，还有所谓"半""偏""双"之说。"半者，半有着落也"。"半"是不足，是说仍在规矩中，练习的方向正确，但是功夫还没练到家、仍在半途，所以不是错误。因此，"半轻半重不为病"。这是说轻是主导，练轻但做得还不够好，由重到轻的转化只进行了一半，还没有完成。"偏"是说偏离了规矩，练功出现了偏差。"偏者，偏无着落也"。因此，偏轻、偏沉等，都是病。"双"是指自己身上任何一个平衡点的两侧，比如身体中线之两侧。"双轻""双沉"是正确的，既轻灵活泼，又沉稳有变。"双浮""双重"是错误

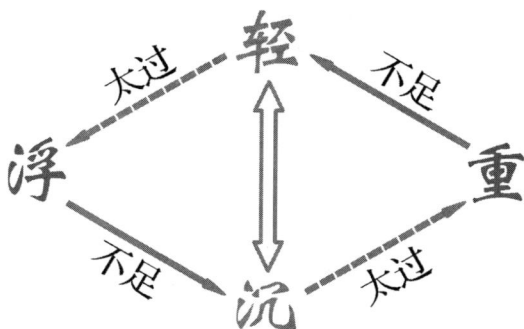

图 4-7 轻重浮沉的转换关系：
实线表示正确的训练方向，可能存在"不足"；
虚线表示由于"太过"而产生的错误倾向。

的，既漂浮无根，又呆滞无变。

## 轻重浮沉的转换

练太极拳就是要将身体状态从"重"转化为"轻"，从"浮"转化为"沉"。练重到轻，不足仍为重，太过则偏而为浮。练浮到沉，不足仍为浮，太过则偏而为重。不足即是半，虽然不够好，但方向无误，属于正确的练功过程，应该坚持。太过即是偏，属于练功方向上有误，必须终止。最终要达到的是没有"浮"与"重"，只有"轻"中有"沉"，"沉"中有"轻"，"轻"与"沉"之间的平衡。

# 基本技法：粘黏连随

　　粘黏连随是太极拳技击中的基本技法，代表了太极拳技击技术的基本特征，可以说所有太极拳中的技术方法都是建立在此之上的。从现存的一些老的拳谱文献中可以发现，与之相似的技法技术概念在许多门派中都存在。现在所知的太极拳门中最早的文字记录是王宗岳传的《打手歌》与宋书铭传的《八字歌》。一般认为《打手歌》成文是早于王宗岳《太极拳论》的，其中的最后一句为"粘黏连随不丢顶"。而宋书铭传其祖上宋远桥之《八字歌》的年代可能更早，其中有"粘连黏随俱无疑"与"果能粘黏连随字"两句。这些都说明在太极拳的形成早期，这四个字已经被用来表达太极拳的基本技术特征。

　　从本质上讲，在太极拳中所讲的粘黏连随不是具体的技术，而是能力，是通过特殊训练而得到的新的运动行为与反应模式，是时时刻刻都存在着即所谓"上身"的功夫。在技击中，只要与对手发生接触，这种能力就会马上自然地表现出来。在所有的具体技术应用中，都包含着对粘黏连随能力的部分或全部的应用。

　　在传统教学训练中，有关粘黏连随的练法、用法都有很丰富的内容，但是没有比较清楚的文字论述，甚至口语教学中还有些混乱之处。比如当说"粘黏劲"时，在训练中，多数情况是指"连随"的能力；而在实战中，多是指"粘黏"的能力。在杨家传的老谱中，有"粘黏连随"与"顶匾丢抗"两篇短文，给出与之相关的定义，但是比较简单、笼统，意义也不明确、不够完整，对训练帮助不大。为了以后的叙述能比较清楚，这里我们先给出比较清晰的技术定义。

## 粘黏连随

粘黏连随这四个字在字面意义上有些相似重复，或者说都具有一些相同的特点、内涵。总体上就是讲能与对手粘黏在一起，并能与其动作相连相随。能粘黏即是讲能与对手保持接触，并进而控制对手，能保持接触自然也就包含一些连随之意。能连随即是讲与对手的接触过程中，不与对手产生对抗，这其中也就有了一些粘黏之意。为了能够深入理解掌握，从拳法上给出更细致的区分与定义是有意义的。注意，在讲这四个字时，都是讲与人交手时的状态。

连：从字面上讲，连是连接、连续、连环的意思。在太极拳中，主要是讲与对手保持接触，特别是指当对手欲要离开，而我仍能与之保持相连、跟着走。强调的是与对手的接触点不脱离开，不管他去哪儿，我都能跟着，有对手甩不掉我之意。这种保持接触不是简单生硬地抓住对手，而是要能够无阻碍地与其动作相连随。比如对手发拳后，撤回手时，我可与之保持相连状态而跟进。太极拳技击的最大特点是要能够充分感知对手，而"连"的能力就是保证能够有效地使用感知的最后保障。

随：从字面上讲，随是随同、伴随、跟随、服从的意思。在太极拳中，主要是讲与对手保持接触，特别是指当对手欲要对我施以手段，而我可与之保持相随。其中强调的是不与对手相对抗，随着对手的力量变化，有对手的力拿不到我或有劲用不上之意。比如对手使用拿法，要让其力在我身上找不到力点而无法发挥，不得要领、处处落空。"随"也可称之为"走"。由于技击中，多数情况是对方一接触就要进，我则需要以随相应。所以常常说，"随"是太极拳接手时要做的第一件事，能"随"即是"舍己从人"。

从一般字义上讲，连与随，没有太大区别，都是指自己能与对手在形体动作上（在顶级训练阶段后，也可以是在神意层次上）趋于一致，如同身影相随。在双方之间的接触点上，要求不丢、不顶、不滑动，保持平稳状态。总是将对手的运动视为主动引导，自己是被动地相连相随。如果关注其中的不同，那么可以说，连更注重在不丢，随更注重于不顶。在实践中，对手的动作无非是进退，因而，连、随就是相对于一往一来，很少分开使用，连中必然含有随，随中必然含有连。故在日常口语教学中，也很少严格区分。

在做连或随时，如果与对手之间的接触点脱离了，就称之为"丢"；如果与对手的劲力产生对抗了，就称之为"顶"。在实践中，做连时易丢，做随时易顶。无论是连是随，重点是不能主动，在保持放松的状态下，与对手保持接触，不丢不顶。这是一种经过长期特殊训练后得到的、非先天自然之能的能力。在与对手接触时，只要有主动之意，即以先天自然之能的方式应对，则必然会产生丢、顶现象。同时应该注意的是，这种与对手的连随不应该让对手有一种轻飘无物的感觉。在接触点上，应该使对手感觉到一种柔和之中带有鼓荡、沉稳之意，说无力却有冲击之感，说有力却又柔顺无物，也就是其势如水的感觉。

黏：从字面上讲，黏是指黏合、黏带、贴近等意思。在太极拳中，是指在与对手相连随的过程中，增加一些主动性，就是总给对手制造一点小麻烦，让他有点不舒服，但是又甩不掉。有点像俗话说的，黏上你了，或者跟你犯黏糊的意思。比如，"进之则愈长，退之则愈促"，就是讲顺着对手用力的方向再加一点力，或者顺着对手用力的运动轨迹，微微地改变其运动方向。这种麻烦不需要太大，也不可以太突然，必须柔和。虽然让对手有点不舒服，但是不要让其感到太大的威胁，并因此产生反感而进行较大的调整。"润物细无声"，在不知不觉中，将麻烦积少成多，逐渐增大，最后不可收拾。因此，黏的使用过程，就是从连随着对手而动，到完全控制对手。当然在实战中，这个过程可以是很快的。在做黏时，其中的控制是一个动态的过程。开始有一些主动性，但是整体上讲还是以被动地与对手相随为主体，就是阴中有一点阳；而后主动性逐渐增加，阴阳转换，最终达到对于对手的完全控制。黏是后发先至原理的具体应用。

粘：粘本是一个多音、多义字，可以读 zhān，或者读 nián。读 nián 时与黏字同音、同义。因此，这里应该读 zhān。从字面上讲，粘多是指使用有黏性的物质，比如胶水，将东西粘合起来，所以有两者一体的意思，也有一物将另一物粘起、带起的意思。在太极拳中，粘是指在与对手接触的过程中，增加一些主动性，使对手不自觉地随我而动，似乎是被粘在我手上或身上，或者说是被我粘起来了。粘的原理主要是根据对手心理反应而产生的反作用力，是借助对手的力，不是自己去硬拉硬拽。做粘必然要有黏、连、随的基础，只有先能与对手相连随，黏住对手，才有机会做好粘。粘是太极拳基本技法中的最难也是最高的，其贵在轻。只有能粘，才能将对手的根真地拔起，使其彻底丧失稳定性。"引进落空"这类技法的应用，必须有粘的功夫才能做好。在实战应用中，多数情况下，粘的形体动作都很小，只要能使对手心里一慌，脚底下一飘，就足矣。由于粘的效果多是使对手失根，所以常常会造成其身体有一点向前、向上的移动之意，这就是为什么用"粘"这个字来描述这个能力。从技术上讲，能做好粘必须要有极好的感知能力，能够准确地感知对手，并与之相合；必须要有极好的身体协调能力，因为与对手接触的粘点与做粘时的自我意识的主动点是不同的，这两点必须能协调运动；特别是必须要有极好的对于"神"的控制应用能力，即能通过神向对手做出强大有效的心理暗示。从某种意义上讲，粘是一个综合能力，反映了一个人的整体技术水准。所以能真正做好粘，必然是达到高级阶段、懂劲以后的事。在训练中，对于粘的能力练习不可强求，应顺其自然，水到渠成。

这里还要注意的是，现在有些人在这里用"沾"字代替"粘"，而将黏字写成"粘"。结果"粘黏连随"就变成了"沾粘连随"，这里可能有使用简化字所带来的误解。从字义上解释，用"沾"是说与对手轻轻相触。从技术上讲，这样的沾即是连随的初始状态，将其单独区分出来显然不妥。在现在所能见到的老谱中，没有发现在这里使用"沾"的。以"沾"字代替"粘"是不懂太极拳的表现。

## 顶匾丢抗

顶匾丢抗是针对粘黏连随而言的几种常见错误。顶与抗都是讲自己用力与对手的力进行直接对抗。"顶"一般是指用力保持自己的状态，而"抗"则带有抗争或改变对手之意。所以说，抗比顶在程度上更强烈些。匾与丢都是讲不与对手所用的力进行直接对抗，而是希望能与对手相合、相随，但是在执行中做得有误。"匾"一般是指在接触点上过于弱，由于弱而被对手欺凌，但是接触点还能保持。典型的情况就是想松柔而成为弱，被对手跟进后处于劣势，这是许多练太极拳的人的通病。"丢"一般是指与对手的运动速度或运动范围相差太大，无法保持接触，即接触点丢失了。所以说，匾比丢在程度上略好一些。

如果要将顶丢匾抗与粘黏连随相对应，一般可以说：做粘的时机没掌握好，就容易犯顶的错误；做黏时的柔和渐进没掌握好，就容易犯抗的错误；做连时不足，就容易犯丢的错误；做随时太弱，就容易犯匾的错误。这些都只是为了便于理解的一些说法。事实上，对于粘黏连随中的任何一个，都有可能犯顶丢匾抗的错误。

本质上讲，顶丢匾抗都是人在对待外界刺激时的先天自然之能的反应。太极拳要改变先天自然之能，故要以粘黏连随这类新的能力取而代之。只有能够做好粘黏连随，去掉顶丢匾抗，才能建立起太极拳所需要的基本能力，才能在此基础上发展太极拳的技击技术。

## 粘黏连随之应用

粘黏连随的能力是太极拳技法技术的基础，也可称之为基本技法。在应用方面，有三大部分。第一是粘黏劲，其含义有两层，一是讲连随的能力，而其中也有与对手粘黏在一起的意思；二是讲粘劲与黏劲配合使用的方法。在训练时讲粘黏劲，主要是强调其中的连随能力。在技击中，要与对手保持相连随，即对手若离，则与其连之；对手若进，则与其随之。这种连随又如同与对手胶合粘黏在一起，不丢不顶。连随做得好才能与对手保持接触，从而发挥感知能力，才能知己知彼，太极拳的所有技术都是基于此展开的。过去王培生师爷常说："如果粘黏劲还没练好，说其他的东西也是白说。"在技击时讲粘黏劲，主要是强调其中的粘劲与黏劲的配合使用，即粘不住则黏，黏住即粘，粘中有黏，黏中有粘。

应用的第二部分是连随与黏的结合。这种结合形成太极原理在太极拳技术应用中的核心，即"黏走（随）相应"，也称懂劲。连随启动后，黏必须能几乎同时跟上，造成"黏走相应"之势，黏为阳，走为阴，形成太极。这里黏的动向应该先与走相合，而后再顺势逐渐变化。在黏走相应基础上产生的变化，才是符合太极阴阳哲理的太极拳技术。比如"牵动四两拨千斤"就是在黏走相应基础上所产生的具体应用效果。

应用的第三部分是粘，或者说是黏连随应用上的进一步发挥。粘只能发生在黏走相应的基础上，当对手能被控制，其为了摆脱困境所用之力能我所借用，从"舍己从人"达到"从己"的转换，粘的效果才会显现。"引进落空""借力使力"等，都是粘的具体应用。

以太极阴阳的理论看，连是几乎完全被动地与对手保持接触，是阴；随是在被动相随中给对手一点反应力，引诱其继续，故是阴中有一点阳；黏是主动地给对手麻烦，但仍需保持相随，故是阳中有一点阴；粘是几乎完全主动地控制对手，是阳。因此，当随与黏一起做，就成为阴阳一体，阴中有一点阳，阳中有一点阴的标准太极。这就是为什么"黏走相应"是太极拳技击的基本原理，即懂劲。而单独做连，孤阴不生，故不会产生直接的技击效果；单独直接做粘，是孤阳不长，也不可能做好的。在实战中，连是对黏走相应的补救，黏走相应出了问题，需要以连保持接触，再找机会。所以说连只是技术间的过渡，并不能单独起作用。粘是对黏走相应的补充、发挥，黏走相应做得好，再以粘加强，达到完全控制。所以说粘必须有基础，是不能单独直接使用的，把对手直接粘起来是不可能的。

在实际应用中，粘黏连随的使用过程中也常常会有相互转换的情况发生。常用的转换是在做黏走相应时，黏点与随点之间的转换，即黏点转化为随点，同时随点转化为黏点。从拳理上讲，这种转换就是太极内的阴阳转换。还有的转换是说粘黏连随之间的，比如在做粘时，对手有变，粘不住了，则应马上转换为连；就是说即使粘不起来，也不让其逃脱；而后将连转换为黏，再加入随；从这类转换中，重新建立起太极阴阳。正是由于这种转换，所以也有人更喜欢用"粘连黏随"这个次序。还有技术上比较常用的是将粘黏配合应用，即在做粘时其中有黏劲，粘不住了，则马上黏住，能黏住则又去粘。所以粘黏往往被放在一起使用，也放在一起说，也就是第一部分说的粘黏劲的第二层含义。虽然在文字上我们可以对粘黏连随分别叙述，但是在实战中，它们是不可分的，只是在具体情况下，某些使用得更多或更少而已。

　　能力是技术的基础，没有能力，技术就无法实现；而能力的水平又决定技术所能达到的程度。比如打出一记直拳的技术，其能力基础是体能，具体讲就是胳膊上的肌肉的运动能力。肌肉越强壮，打出的拳越快速有力；如果肌肉萎缩了，则根本就无法打出一拳。粘黏连随的能力就是太极拳技击技术的基础，这个能力水平决定了技术水平，因此在太极拳技击训练中必须首先学习训练这些能力。而这些能力的获得与提高，则需要长期、耐心的训练。松与感知是基础，在训练中也总是与粘黏连随的能力相伴随，相辅相成，相互促进，共同提高。

# 舍己从人

　　"本是舍己从人，多误舍近求远，学者不可不详辨焉。"这是王宗岳《太极拳论》中的最后一句话，点出了太极拳技击原理的本质所在。不要"舍近求远"，而要找近路，就是如何提高效率的问题。而能够"舍己从人"就是最近的路，是太极拳技术的核心，是根本。在推手或实战中，"舍己从人"就是在与对手接触的瞬间，不做主动对应，而是以柔和的方式与对手的力以及运动相随（图 4-8a）。在这个相随的过程中，以极灵敏的感知能力，得到对手身体状态的全部信息，其中最重要的是能够准确地知道对手维持平衡的最弱的点在哪里，即从哪里、在哪个方向上，最容易破坏对手的平衡状态。感知力越强，得到所需信息的相随过程就越短，而得到其弱点的位置与方向就越准确（图 4-8b）。如果在接触点上有自己的意念，与对手的力做主动的对应，无论是与之对抗，还是要躲避，那么都不能与对手自然相随。如果相随不顺畅、接触点不稳定、接触点上的对抗之力太大或者接触点有所脱离，则感知对手的能力就会大打折扣。"舍己"是为了能知敌，"从人"是为了最终能"从己"。太极拳的技击过程就是从"舍己从人"开始，而后达到使敌"从己"而获胜。

**图 4-8a　舍己从人**

如果对手抓住我之右手、右肘，欲反拿我之右小臂，我需以柔和的方式与之相随。

**图 4-8b　舍己从人**

对手以左手控制我之右肘，同时以其右手向我右后下方拧按推压我之右手、右小臂，以反关节之势，欲锁住我右肩、右肘或右腕等处。我需全身放松，与对手相随，勿使其力在我右臂关节上发生作用。在相随的过程中，我需以感知能力得到对手身体状态的全部信息。

　　"舍己"就是常说的忘掉接触点,"从人"就是与对手相随,即走。当能够从"舍己从人"中得到对手的弱点时,技击就变得很简单了。因为无论对手使用什么技法,他都同时实时地告诉你他的弱点在那儿,你只需要在那里轻轻补一下即可,也就是黏。这一随一补,即是走与黏;二者协调即是"黏走相应",也就是太极拳的基本原理(图4-8c)。在具体实战中,从"舍己从人"达到"黏走相应",从而实现对于对手的控制,这时可以很容易地使用发放技术,完成整个技击过程(图4-8d)。能如此,你也就不必要事先去预设任何破解对手的技法,也不必在意任何突发状况,只需等着对手自己将如何战胜他的最简单、直接的方法告诉你即可。太极拳讲"因敌变化",怎么变?靠的就是对手给出的实时通报。而这个概念、这种能力是太极拳所独有的,只有经过太极拳中的特殊训练才能得到。所谓太极拳永远比对手多一招,就是这招。所谓"太极本无法,动即是法",就是这个法。

　　"舍己从人"是太极拳技击中最重要的原则,也是最难理解、最难练的。难理解是因为这不是我们日常生活中所经历过的,没有任何经验可言。难练是因为在与对手接触时,做主动地对应是我们自身最顽固的"先天自然之能",极难改变。也正是因为难理解、难练好,一旦掌握,就会在技击中得到极大的优势,所谓"人不知我,我独知人,英雄所向无敌,盖皆由此而及也。"从另一方面讲,如果以预先

**图 4-8c　舍己从人**

我以右手腕与对手右手之拧按推压之力相随，身体也需随之而动；同时以我右手腕外侧黏其右手指；进而应用"黏走相应"之理，将对手向我右后侧下方引带，使其身体前倾，平衡失控。

**图 4-8d　舍己从人**

在以太极之理实现对于对手的控制后，可以使用发放技术来完成技击过程。这时可以很轻易地将对手向我身后掷出；也可以在发放的过程中突然变向，向其身体左侧打一横向劲。

设计的招法对敌，无论这些招法被练得多熟练、使用起来多有效，都不是太极拳。与太极拳所讲的技法相比，这些都太费力气，存在着太多的不确定性，都是绕远道。练太极拳最忌被所谓简单实用的招法所吸引，而忘掉了对于太极拳本质的追求。

# 太极拳中的快与慢

　　太极拳中一个常常被人们质疑的问题就是行拳的速度问题。一方面是由于在训练中，拳架练习的运动速度相对较慢，人们怀疑如此速度，可否用于实战。另一方面是由于大多数人对于武术技击的思维都局限在先天自然之能的框架内，因而无法理解太极拳拳论中的"斯技旁门甚多，虽势有区别，概不外壮欺弱，慢让快耳。有力打无力，手慢让手快。是皆先天自然之能，非关学力而有为也"这样的句子，故对由此而引出对太极拳可以"以慢制快，后发先至"的质疑。人们的疑问、质疑都是正常的反应，如果没有这些问题，那么太极拳也就失去了其特殊性。

　　关于拳架的慢练问题，练太极拳不是为了慢而慢。慢练的根本原因是因为在拳架训练中有太多的东西需要认真体会、理解、掌握。而这些东西中的大部分又都是比较精微、复杂、非先天自然之能的，故必须在练习中加入大量的意念引导。因此，必须、也只能通过慢练，才能将这些东西一点一滴地练习到、真正体会并上身。这种训练中的内在练习，外人是看不到的，这是引起其他人对行拳速度产生疑问的原因之一。所以凡是对此提出质疑的，大都是没有真正练过太极拳的人。事实上，通过训练，当所需要的东西都能上身以后，行拳就无所谓快、慢，完全是根据实际需要和自己的感受。这些在后面有关具体训练的章节中，有比较详细的论述。另一方面，人们一般认为，练快而快，岂不知慢练至快。通过慢练而使身体先达到充分放松，而后可以得到并保持最优的协调性，这时身体的运动速度可以获得大幅度提升。因此，要明白慢练的原因，并能看到背后的道理。

有关技击中速度问题，太极拳中讲的"以慢制快，后发先至"，这并不是简单、单纯地比较绝对速度，而讲的是相对速度问题。就是研究在什么情况下，如何有可能以比较慢的速度制约比较快的速度。一个典型的例子就是"以轴惯轮"的原理。"以轴惯轮"讲的就是，当我与对手发生接触时，如果能使我处于圆心的位置，以自己为中心，即车轴；而将对手置于圆周上，即车轮。自己总是走里圈，让对手围着自己转、走外圈。那么在相同的旋转角速度下，对手需要的运动线速度要比我所需要的快得多才可以。太极拳所追求的最高效率，在很多方面都是讲这种相对原理。对手的绝对速度可能更快，但是如果他的动作幅度比我大，就可以在局部范围内，形成我的运动距离比较短，故相对速度更快，形成所谓"以慢制快，后发先至"的态势。这就是过去常说的"走近路"或"弓弦、弓背"的意义。

事实上在太极拳技击中，所谓快慢的速度问题本质上包括两个方面：第一是在形体运动中如何捕捉到接触点；第二是内外相合的问题。在形体运动方面，太极拳技击的主要特点之一，就是通过接触去控制对手。其中的控制能力是经过大量的推手练习得到的，而如何产生接触是太极拳技击训练中的重点。捕捉第一接触点的训练方法有很多，比如各种顺势而接的方法，所研究、追求的大都是如何能够做到"以慢制快"。另外，很多以先天自然之能为基础的拳法中，技术动作的幅度大、力量大、速度快，因此惯性也大，变化必然慢。太极拳技术中使用阴阳转换原理，使得在技术实施时，通常不必使用大幅度的攻防技术转换，也不必使用特定的攻防技术。可以通过在接触点上做很小的阴阳变化去控制对手，就是说哪里与对手接触就从哪里打他，走捷径，因而能够最大限度地减少了肢体动作，减缓运动惯性，使得可以更快、更易地变化。比如对手抓住我的手腕施以拿法，我不必使用任何解脱之法与之对抗，而只需顺其势，在其抓握在我手腕上的接触点上，做外形很小的走黏之阴阳转换，即可借助对手自身之力，破解其拿法并同时反制他。这样就可以最大限度地减少我自身形体动作的幅度，就是自己少做事，而让对手多做事。这些都是太极拳能够"以慢制快，后发先至"的基础。

在内外相合方面，首先，通过训练，肢体动作与劲力都是跟着内在的神、意、气而动的。这种内外相合可以得到神到、意到、气到、劲到、身到的效果，因此太极拳虽然强调相对速度，但是在绝对速度方面也并不差。其次，在更深层次的内外相合方面，基于敏感的感知能力，在太极拳技击中，常常可以在对手刚有欲动之势时，就已知晓、先行防范，即在对手真正动起来之前，已触发了我之动机。就是拳论中讲的"彼不动，己不动；彼微动，己先动"。在技击中，这种由感知能力所带来的先知先觉是太极拳能够比其他拳更快的基础，这种快大多不是从明显的肢体上表现出来，而是在接触点上劲力的微小变化，常常可能只是手指尖随着神意轻轻一指。

在具体应用中，太极拳技击讲求的是"动急则急应，动缓则缓随"，这是拳论中形容速度的描述。必须注意的是，这里强调的不是自身的运动速度，更不是反应速度，而是讲能够与对手相合相随。如何能做到这点呢？如果看到对手快，你就跟着快，对手慢，你就跟着慢，那么你永远也跟不上对手。因为，如果你的主观意识是跟着对手跑，那么你就永远处于滞后状态，不是赶不上，就是由于过于主观而做得太过分。经常可以看到有些人总想能够与对手相随，可是结果却总是丢丢顶顶，其原因就是太主动地想做好相随。要想能够真正与对手相合相随，首先要放弃自身的主动性，在全身彻底放松的基础上，以粘黏劲与对手之间做到连随。这样无论对手快慢，你都能自然跟着而不丢不顶，并从中以阴阳转换产生克敌制胜之势。

　　所以，如果说太极拳慢，除了因为训练所需要的之外，是说在技击中有形的、大的形体动作方面，或者说一般人们认识范围内的慢。而事实上，太极拳比其他拳都快，快在神、意的引导，快在超级灵敏的感知，快在技术的精微。

# 太极拳技击技术的完整过程

从理论上讲，完成一个完整的单一太极拳技击过程需要包含五种技法，传统上说是五个劲，即听、引、化、拿、发。由于其中听劲的特殊性，有时人们在讨论技击技术时，并不将其包含在内，而只讲引、化、拿、发。这里为了解读技击过程的完整性，听劲也应该作为技法而需包括在内。在学习太极拳技击技术时，首先要理解每个具体技法，在练习中认真体会，并通过实践熟练掌握运用。在实战应用中，要协调运用，随机灵活变化，但万变不离其宗，即太极阴阳哲理。

## 听、引、化、拿、发

"听"是指听劲，即是"感知"，这是太极拳中的特殊专用术语，也是所有太极拳技法的基础。技击最终是要通过双方的肢体接触而发生的。太极拳就是要在与对手接触的霎那间，通过这种经过特殊训练的感知能力，达到知己知彼。太极拳中讲的"听"不是用耳朵听声音，而是从"凝之于耳"这种感受中借鉴而来，特别用来形容触觉的，是说从与对手的接触点上很认真地感知对手，是一种对神经系统的训练、强化、改造。

太极拳中的"感知"包括两部分，第一是"感"，即感觉。是指通过神经系统，去感觉对手。感觉，人人都有，各类拳法也都有对感觉的应用。但是太极拳中所说的感觉，要比其他任何拳法都敏锐、细腻得多。这种感觉要求能够准确掌握对手的现实运动状态，以及其后继的意向，即他正在做什么，以及他准备要做什么。这种运动状态包括对他身体的重心位置、平衡状态，他所用的劲力大小、方向、虚实等。特别是要能随时掌握他的思想意识状态，即他想要做什么。这样才能做到人欲动而我先动。与此同时，"感"还包括能够清楚自身的运动状态，比如自身的平衡等。"感知"的第二部分是"知"，即知觉。是指由"感"而触发、经过训练、基于太极拳原理的神、意、气、劲等的反应。也就是说，要知道在什么样的感觉触动下，按照太极拳的原理应该做什么样的对应。由感而知，"感"要极灵敏，对于对手任何动作上的微小变化，或者意念上的一丝不同，都要能及时敏锐地捕捉到。"一羽不能加，蝇虫不能落"，就是形容"感"的灵敏度。"知"要清楚，任何时候都要能分清自身、对手以及自身与对手之间的阴阳关系，都要能以太极拳的原理做出正确的对应。好的听劲，能达到"感""知"一体，成为自然反应。这是能做到"人不知我，我独知人，英雄所向无敌"的根本。"听"是太极拳中一个很独特的能力，是建立在严格的推手训练之上的。好的"听"劲能力，需要明师从接触中引导，并从大量的推手训练中得到。不经过严格、按部就班的推手训练，就不可能理解、掌握真正的太极拳技击技术。对听劲的训练，是太极拳能够在最大程度上开发人体潜能的一个重要方面。

　　"引"是引劲，有引诱、引导之意。即在技击中引诱对手犯错误，做不该做的事；或者引导对手产生错觉而按照我的意愿行事。"引"中也含有"问"之意，称为问劲，就是给对手提个问题，看他如何回答，然后再根据他的回答去引导。"引"总是要给对手一点看得见、摸得着的利益。但给多少，要恰到好处。常用的引劲包括：引起对手身体上某些部位僵硬、无法变化，引诱对手向不该用劲的地方用劲，或者引导对手向不利于他自身平衡的方向运动。引劲的具体做法，必须是神与劲相结合。功夫越好，神的作用越大，用的劲越小。"引"必须做得隐蔽、自然，常常需要外形与内在不同，特别是要让对手在心理上产生迷惑。"引"不是盲目的，必须有明确的目的，而这个目的是源于对手的，即是从对手那里"听"来的。能知道对手的动向，顺势引之为最佳。因此，要想引得好，先要听得准。既然是"引"，就不是去强行改变对手的运动状态，而是以自然、渐进的方式进行的。所以"引"必然是建立在随的能力之上，在随的过程中"听"而"引"之。

"化"是化劲，是说将对手施于我身体上、给我造成麻烦的劲力化解掉。"化"取溶化之意。也就是说，这个化解是一个柔和、平缓的过程。所以"化"也常被称之为"柔化"。化劲不是一个强硬的行为，不是简单地靠力量速度与对手脱离接触，或者强力推挡、拦架等。应该是在与对手保持接触中，使他的劲在不知不觉中被逐渐化解掉。所谓化于无形，如同将盐放入水中。这种化劲的特点是：一方面，使对手的劲力不能危及到我的稳定状态；而另一方面，却要使对手感觉到其劲力可以施于我身，可以在我身上起作用，使其继续用劲。讲"化"，其中也含有变化之意，主要是指阴阳变化。化劲必然是一个需要不断变化、调整的劲，因此其中必然要包括听劲；听得准才能知道怎么化。做好"化"的关键是能与对手自然相随，能"舍己从人"。这里对自身身体放松的要求最高，松不开就化不开。所以在太极拳中，松、柔、化是一体的。而在训练中，最主要的问题是要防止"化"成为弱，需要的是松而不懈。

　　"引"与"化"是不可分的，引而化之，化而引之，即引即化，即化即引。引诱对手使力，而又将其力化掉；将其力化解后还继续引他用力。在实际中，如果对方的来力比较直接实在，则可以先化后引；如其来力比较虚，有试探之意，则可以先以问劲引之，使其出实力，再化。为了取得好的效果，引化、化引可以反复多次。"引"是使对手犯错误，"化"是保证自己的稳定，引化反复进行，最终的目的是要造成"我顺人背"的"得机得势"之势。

　　"拿"是拿劲，也就是控制、管制对手。如同将其拿在手中，可以随意摆布。这种控制不是指如同一般擒拿技术所做的强力控制，而是指能以尽量小的力，在适当的时机、方向上，使对手总是处于一种极不舒服或失去平衡的状态。太极拳中的"拿"本质上就是控制对手的平衡，即所谓拿他的重心或中心。从技术上讲，拿法的核心是使对手失衡，并因此对你产生依赖。所谓拿得稳、管得住，就是说对手完全在你的控制下，不得不随你而动，而且你还不必用太多的力，不是生拉硬拽。拿得严，就是说使对手没有任何反抗或逃脱的机会，老话叫"入榫"，是严丝合缝。与其他拳术中所说的拿法不同，太极拳中的"拿"不是直接使用比对手大的力气，主动地将其拿起来或管住，而是通过听劲，发现对手的弱点，再在其弱点上破坏对手的平衡。要让对手对你产生依赖，为了维持平衡而不得不听你的话、受你控制。在太极拳的拿法中，虽然反关节等擒拿技法也有应用，但不是主体，也不追求。在实战应用中，很多时候，只需将对手"拿"起一个瞬间足矣。因此，一般不需要复杂的技术动作，常常是在外形动作上都看不出来。而在训练中，强调与提倡的则是要能拿的时间长，拿得稳。也就是说，要学会如何长时间地、有效地控制对手；特别是要学会如何借助他的反抗之力，使其陷入更困难的境地，从而使他无法摆脱你的控制。懂不懂"拿"，是检测太极拳技法水平的一个重要标志。

"发"是发劲，有两大类。一类叫发放，就是说将对手推、扔或者摔出去。有很多方式方法，可以是远放，可以是直接倒地。另一类是强力打击性技法，通过直接打击性技术，将对手打伤，或者打出去，踢打摔拿均可使用。太极拳中的"发"与其他拳法不同，它主要不是使用自身之力将对手直接发放或打击出去。"机由己发，力由人借"，即是尽量借助对手之劲，寻求在最好的时机、最合适的方向，以最小的力取得最佳的效果。显然，寻求这种效果离不开听劲这个基础。太极拳所追求的最高效率，最终是从"发"的效果中体现出来。因此，"发"的技术也是最难掌握的。在技术方面，由于发放比直接打击性的技术难得多，而伤害性却比较小，因此在训练中，多是练习发放而非打击。即使是使用直接打击性的技术，太极拳所强调的是"拿"好了再打，打出高效率。当前太极拳中最大的误解之一，就是许多人苦练所谓发劲，即练习如何能从自身发出更大的爆发性力量。然后在实战中，以这种自身的功力、以主动的形式将对手直接击出，而根本不管效率或太极拳的原理。虽然从直接效果上看，这种方法常常简单有效，可完全背离了太极拳的原理。如果只是为了争眼前一时的胜负，当然也无可厚非。但是如果坚持这种方法，永远也不可能真正理解太极拳的境界。练出强大的爆发力并无错，关键是怎么用、何时用、用多少。

"拿"与"发"是密切相关的。从理论上讲，能"拿"住对手时，其已经失衡、被控制住了，"发"的最佳时机与方向均在掌握之中，"发"只是个随手而就的问题，如同落井下石。所以说能"拿"好，"发"则很容易做好；而"拿"不好，则"发"肯定费力，往往也难以奏效。从具体的技术实施上讲，"发"的时机与方向，即"火候"，是发放效果的关键，需要认真体验、琢磨。过去说有些拳师保守，不传功夫，主要就是说不传"火候"。"火候"这种东西是身上的感觉、体会，在很大程度上是经验总结，如果基础好，有明师搭手，一点就透；如果靠学生自己琢磨，费时费力，效果还不一定好。所以过去人们很重视传承，希望能够充分继承前人的经验，多是指这类东西。一般而言，发放时的"火候"是指当对手失去平衡而刚开始要调整时，这时自身与对手的接触点、在一个方向上会有一种从重向轻转化的感觉。这就是正确的"火候"，要马上发放，即"重里现轻勿稍留"。当"拿"的水平高了，这种"发"的"火候"可以反复出现，成为可以控制的。这时可以拿稳了再发；可以即拿即发、拿发同时；也可以拿而不发。就如同射箭，弓已开满，箭已瞄准，放箭只是个简单的撒手问题，一松即可。所以高手常常可以是拿而不发，胜负已知。

## 听、引、化、拿、发中的太极之理

从太极阴阳之理讲，懂劲的核心是能够做到"黏走相应"，阴阳一体，走是阴，黏是阳。"引""化"即是"走"；"拿""发"即是"黏"。走、黏同时，阴阳相合为太极。再进一步细分，"引""化"形成太极中的阴的一半，而其中的"引"就是阴中的那一点阳，因为做"引"时，总会有一些主动的成分。在"引""化"中，"化"是主体。化中有引，是阴中有阳、是柔中刚。如果纯化无引，就会成为纯阴。即只想着放松柔化，就会趋于弱，这是许多人练太极拳推手时的通病。"拿""发"形成太极中阳的一半，而其中的"发"就是阳中的那一点阴。因为做发时，必要有被动、随人之势的成分。在"拿""发"

中，"拿"是主体。但纯拿易成为纯阳，则趋于僵硬。"拿"中的一松即是"发"，"拿"中有"发"之意，是阳中有阴、是刚中柔。引、化、拿、发形成太极阴阳，阴阳一体。与人一接手，太极已成，引、化、拿、发俱在其中。将它们合为一体的是"听"。"听"是贯彻始终的，没有听劲，任何技术都不可能做好。太极拳之所以细腻，其中最主要的原因是每一个技术技法，甚至是极小的技术动作，都是在"听"的基础上完成的。所有的技术都要根据听劲随时调整，因敌变化。即使是在发放的瞬间，也可以进行调整。练拳架、练推手，就是练如何能将这些都紧密、有机地结合在一起，并能够自然地运用。

从理论上讲，在引、化、拿、发这个过程中，引、化之阴与拿、发之阳在时空中应该是一体的，即在一个太极之中。但在具体实践中，各个技术之间可以有一些时间或空间上的差异、交错。比如在做"引"与"化"时，常常可以将"化"略做延迟。即在开始引时并不做化，引了一段以后再将化加入，但不能分离。在做"拿"与"发"时，常常可以"发"在"拿"之后，甚至可以有断续，即拿稳了再发。在绝大多数情况下，"化"与"拿"总是同时的，能使对手脚底下一飘即可。没有"化"的"拿"，或者没有"拿"的"化"都不是太极拳。而"引"可以先于此，但必有重合；"发"则可以是与"拿"做有重合之延后，也可以是完全在拿之后。但无论哪种情况，所有技术之内在联系必须是一体的，即一气呵成。有时为了讲解方便，也可以将引、化、拿、发按顺序分别讲述，如引而化之，化而拿之，拿而发之。练习时也常常可以分开练习。但是一定不能忽视它们的内在联系，不能忘掉它们之中的太极阴阳之理。

### 技击应用中的技术问题

在听、引、化、拿、发的过程中，有一个称之为"拐杖"的技术概念应该特别注意。王培生师爷常说："不拿别人当拐杖，也不给别人当拐杖。"拐杖就是指自身之外、为了维持身体平衡所需要的附加支撑。当人失去平衡，并且自身已无法终止其失衡状态时，都会自然地去寻求附加支撑。对此附加支撑点用力，以取得支撑点上的反作用力来维持平衡。太极拳的推手训练就是研究如何保持自身的平衡，同时破坏对手的平衡。因此，在推手双方之间的力有两类：一是破坏对手平衡的力，另一类是维持自身平衡的力。"不拿别人当拐杖"就是说要保持自身平衡，不要将自身的稳定性建立在对手身上。"不给别人当拐杖"就是说当对手失去平衡时，不要让他能借助你来维持平衡。

"引""化"就是使对手开始失去平衡，"拿"就是使对手处于持续的失衡状态，"发"就是在对手失衡的状态下，再给他加一点力，使其平衡被彻底摧毁而倒地。"不给别人当拐杖"的基本做法，就是当对手需要维持平衡而在你身上寻求附加支撑时，他在那里用力，你就在那里放松，使其力落空，从而使他无法获得用于调整平衡的反作用力。当然对手也会产生变化，为了达到能彻底控制对手，一个常用的技术就是给他一个虚假支撑，即一根假拐杖。这根假拐杖的特点就是摸着有，用则无；若他不想用，则又递到他手上去。也就是说，要让对手持续地感觉这根拐杖是存在的、可以用的，这是"引"；而当他真要用时又不得劲，这是"化"。这样就会使对手的失衡状态不但得不到维护，反而越来越差，直到完全无法挽回。"拿"就是促使对手对这个假拐杖的依赖，由此进行控制。"发"就是在适当的时候，将这根假拐杖突然撤走，使对手突然感到扶空了。这个空，要有悬崖边上一脚踩空的感觉。这时的失衡会使之心惊胆战，产生震撼作用。这就是为什么太极拳高手打人，常常是没用什么劲，也没伤人，但对手挨打后会感到很害怕、心生恐惧。这种突然撤走拐杖的方法，有时也叫"摘钩"，即在发放前突然与对手脱离接触，瞬间与对手之间形成无接触，或只有无力点的接触，使之在失衡状态下，没有任何可依赖的支撑点。

"发"的方式可以有很多种。在一般的推手训练或较技时，只需使用发放之技使对手明显失衡即可，最多是使对手跌倒，而不必以任何打击性的技术使对手受到伤害。但在实战中，根据具体情况，有时需要使对手受到比较重的打击。这时就要在一般发放的基础上增加一些打击力度，比如使用爆发力，这时外劲就会被经常应用。另外，打击的部位也有很大关系，伤不伤人，多基于此。必须要特别注意的是，千万不能盲目地使用爆发力型的外劲。必须充分理解掌握在太极拳发放原理基础上的打击技术。在发放的方向上，如果是顺着对手失衡的方向，以轻柔之劲将对手送出去，一般不会使对手受到伤害，对手甚至还会觉得被摔得挺舒服。但是如果在发放的瞬间突然改变方向，比如在与对手失衡方向的垂直交叉方向上发放，会使对手在心理上完全没有准备，丧失了任何补救或自我保护的机会，则打击效果会大大提高，特别是心理上惊恐会造成非常难受的效果。"发"的技术也被称之为"打法"，拳论中有一些基本要领、法则，需认真学习体会。最重要的是，各种打法应能够因敌变化。

## 技击技术中的内外相合

在听、引、化、拿、发的完整应用过程中，是以内外相合而贯穿始终的。具体地说，就是内景之神、意、气、劲与外形之肢体动作相合，这是技击训练的主题。从人的能力上讲，神是最快的，肢体动作是最慢的。因此，技击训练的过程就是练习从肢体动作开始，一步一步地往劲、气、意、神上合，最终达到在实战应用中，只需以神领导一切。所以，练习时是由慢往快上合，能自然合了，就可以把慢的一方忘掉，再往更快上合，最后只剩下最快的神。这样才能在应用时以快领慢，慢也成为快。就是前辈们所说的"神到、意到、气到、劲到、身到、（手脚）一起都到"。通过训练，功夫越进步，外形就越小、越不重要；而内景就越大、越敏感。因此，在顶级阶段讲技击时，就只须讲神的运用。

# 太极拳技击的应敌状态

　　以上有关太极拳技击的原理、原则、实施过程等的描述，给出了太极拳技击技术的基本框架。而在技击中最根本的是要从内到外，建立起新的、非先天自然之能的应敌状态。这种应敌状态的核心，就是以"球"的原理实现太极阴阳转换。

　　有关技击时的应敌状态，李亦畬在其《走架打手行功要言》一文的最后写道："胞弟启轩常以球譬之：如置球于平坦，人莫可攀跻，强临其上，向前用力后跌，向后用力前跌。譬喻甚明，细揣其理，非'舍己从人''一身一家'之明证乎？得此一譬，'引进落空''四两拨千斤'之理，可尽人而明矣！"这里讲的就是要使自身达到"周身一家"而成为一个球的状态，即是一个完整的状态。当对手之力作用到球上，会引起球的自然转动而使其力落空，即是以"舍己从人"之理实现"引进落空""四两拨千斤"等技击原则。王培生师爷曾经常讲"水中浮球"的道理，比较李氏所言，其理更加深入、清晰、完整（图4-9）。

　　"水中浮球"之理是说，当一个皮球漂浮在水上，如果想用一手指将皮球按入水底，必须能准确地找到着力点，即下按之力能够保持垂直通过球之中心，并能始终保持对这点的控制。虽然从理论是讲，这是可以做到的。但是在实际中，以人力而言，这几乎是不可能的。

图4-9 "水中浮球"原理

这是由于下按的力只要有一点偏差，水中漂浮的皮球会在被按下的过程中产生旋转而翻起，导致着力点上的力失去控制而落空。这里有三个内在的要素和一个外在的要素决定皮球是否可以翻转起来。三个内在要素如下。第一，皮球内有足够的压力，或者说充满气。如果其中气不足，一按就瘪了，那么这个球就可以很容易被下按之力控制住。第二，皮球是置于水中，由于水的柔和性质，使皮球可以在其中上下浮动、自由旋转。另外皮球一动，水就会晃动，而这种晃动会使皮球处于更加不稳定状态，进而引起着力点的变化。如果将水换成粘稠的泥浆，那么球被下按时就比较容易被控制住，很难翻转起来。第三，皮球自身没有对外用力，而是先随着下按之劲下移，又随水的晃动使下按之力偏离而翻转。而外在要素就是在下按的过程中，用力的手不可能保持绝对的稳定。这些内外因素决定了被动的球很难被主动的力所控制。

在技击时，想象自己进入一种全身形成一个大球、脚以下是水的状态；将技击对手的进攻视为欲将我身球控制、按下之力；应用"水中浮球"之理去应敌。具体而言，这个原理应用中的三个内在要素如下。第一，接触点上不能弱或懈，需有掤劲。如果接触点上弱，则很难摆脱对手的控制。很多人因为追求松而犯弱的毛病，一压就瘪，推手时的表现就是越想松就越被动，被对手追着打。第二，全身放松，"上如行云，下如流水"，达到轻柔，神气鼓荡；脚下虚实转换、闪展腾挪；在中气晃动、丹田旋转中，能够如在水中"触之则旋转自如"。第三，不主动在接触点上做事，既不抗争，也不躲避；能"舍己从人""随曲就伸"。而应用中的外在要素就是对手用力时的稳定性。任何人在用力时都不可能达到完全的稳定、均衡，且持续不变。另外，在实际应用中，我还可以在对手用力时，以"黏"的方式影响其用力的稳定性，形成"黏走相应"之理，在旋转中完成太极阴阳转换。当整体功夫达到高级阶段后，应敌时，自身可以形成多层次、大小不同的球，比如接触点上是一个小球、全身是一个大球，每个球都能够随着外力自然翻转。在实战技击中，需要能够做到时刻自然地保持这种状态，这是其他所有技术手段应用的基础。

无论是"置球于平坦"还是"水中浮球"，其中的道理是清楚、易懂的，但是在实践中并不容易做到，因为人体不可能真地如同一个球般地转动、滚动或浮动。事实上，在实际应用时，所谓球之转动，在形体上往往只是非常小的平移、或者说漂移，而主要是神意引导下的气与劲的感觉，比如所谓中气的晃动，这些需要在训练中认真体会。

在练习开始时，可以想象球的一半在水中，而后越练越轻，整个球几乎都在水面上。身体上的放松、轻灵，与气、劲上的鼓荡之感相结合，再配合提起精神、心静意专，使全身内外都处于一种非常机敏的状态，才能体会到什么是"舍己从人"、阴阳转换，什么是"触之则旋转自如，无不得力，才能引进落空，四两拨千斤。"

近身打法之
应用演练

# 太极拳的技击

　　太极拳是建立在道家思想基础之上的武术，其技击技术是以太极阴阳之理论为核心，寻求最高效率的方法，达到最佳的技击效果。偏离了这些，就不是太极拳。在具体实践太极拳的技击技术中，时刻做好太极阴阳转换、防止双重之病，是所有技击技术的根本；保持放松是身体状态上的最重要的基础，能放松才能体会并发展出太极拳所需的特殊变化能力；协调是所有形体动作的基础，是所有技击技术能够准确执行的保障；感知是与对手接触过程中所需要的最重要的基本能力，知己知彼由此而成；舍己从人是与对手接触时的基本原则，从人最终是为了能从己；各种以提高效率为原则的技法是基本追求，是以柔克刚理念的具体展现；粘黏连随是最基本的技术基础，是太极拳技术能力的具体表现；而引化拿发是每个具体技术应用中都要包括的基本成分。这些都是太极拳技击原理的组成部分，必须"仔细留心向推求"。

　　太极拳追求最高效率的技击方法，从而导致一些特殊的训练方式。这常常使人误解，以为太极拳技击只是推推手、听听劲一类的游戏，没有快速强力的打击，必然缺少实战能力。追求最高效率并不是说不能有打击类的技术，而是说高效率会导致有更强、更准确、更致命的打击。只要经过全面、正确的训练，高效的实战技击能力就可以获得。

从本质上讲，太极拳技击所追求的境界与其特殊的能力，都是建立在非先天自然之能的体能基础之上的。所以太极拳的训练过程就是改造固有体能，建立起新的、遵循太极阴阳哲理的行为与反应模式。太极拳技击就是能够自然地以这种新的行为与反应模式去应敌。

第五章 ●

# 太极拳技击技术的基础

太极拳训练本质上是建立起一个新的、以太极原理为指导的、特殊的运动与反应能力。之所以说是「特殊」的能力，是因为与我们身上已经具有的所谓「先天自然之能」不同。这种能力就是所有的太极拳技击技术的基础。

　　前面几章讲述了太极拳的拳理，以及技击技术的基本原理与法则。太极拳训练的核心是其技击技术，要掌握这些技术，练习者需要具备这些技术可以顺利实现所需的能力基础。所以太极拳的训练，首先就是围绕这些技术的能力基础进行的。由于太极拳的技术是在非先天自然之能的前题下实现的，故太极拳的技击技术要求与一般拳术完全不同的、特殊的基础。所有的技击技术都是建立在这些基础之上，其重要性是显而易见的。没有扎实的技术基础，具体技术的学习必然会事倍功半。在日常训练中，常常能见到有些学生对某些技击技术总是做不好，这时学生常常会将注意力集中在技术本身的执行方面，比如动作方面，而忽视了基础层面上的问题，比如身体的放松程度、协调能力等。因此，在学习具体的技术，特别是技击技术之前，必须清楚地理解什么是太极拳技击技术的基础，如何训练、掌握之。

　　太极拳训练本质上是建立起一个新的、以太极原理为指导的、特殊的运动与反应能力。之所以说是"特殊"的能力，是因为与我们身上已经具有的所谓"先天自然之能"不同。这种能力就是所有的太极拳技击技术的基础。这种能力包括六个大的方面：身体的运动能力，保持放松状态的能力，维护平衡稳定的能力，气的感应与控制应用能力，感知能力，劲力的使用能力。它们都是通过以明确的意念指导下的训练，而得到发展提高的；又是通过身体的各种活动，从技击过程中所表现出来的。

　　本章中，我们重点讨论作为太极拳技击技术基础的基本能力，其中有些内容、概念在前面的章节中已有所介绍，这里我们将从新的角度重新归纳，这是后面介绍具体训练的基础。这些能力没有主次之分，它们之间多有联系、缺一不可，共同支撑着太极拳技击技术的实现。

在训练中，这些基本能力并没有严格的次序，大多是相互重叠、互有影响。只是在训练的不同阶段中，可能会有不同的侧重。因此，能否将这些内容、概念以及它们之间的关系理解清楚，对后面的训练至关重要。有关这些基本能力的具体练习方法，在以后的训练章节中会有详细介绍。

# 身体运动能力的外与内

　　太极拳的技击技术总归是要通过人体的运动形式表现出来。当通过训练使这些运动形式形成较为固定的模式时，就成为能力，称之为身体的运动能力，其中包括"外"与"内"两个方面。太极拳中所讲的"外"专指人体实体范畴的东西，也就是人体躯干、四肢、五脏六腑等。而"内"是专指思想意识、精神范畴的东西，就是练拳时所说的神、意等。另外还有一些功能性的、与内外相联结的，如气、劲等，由于不是明显可见，一般也将它们归为"内"的范畴。太极拳被列为内家拳之一，其中一个主要原因就是以"内"引导"外"、以"外"带动"内"的练习方式，使"内"与"外"均发生改变。其中"内"占了主导地位，常被称之为"内功"，也就是常说的精神的主导作用。

## 基本体能

　　在太极拳所说的身体的运动能力中，包括一般意义上的基本体能，如力量、速度等；以及经过特殊训练的特殊运动能力，如身法、步法以及协调性等。所谓一般意义上的基本体能，是指武术技击运动中必不可少的运动能力，比如爆发力、耐久力、弹性、协调性、柔软性、灵活性、身体的移动能力，出手迈步的运动速度、反应能力等；另外身体的抗击打能力也属于基本体能。作为一种技击运动，太极拳离不

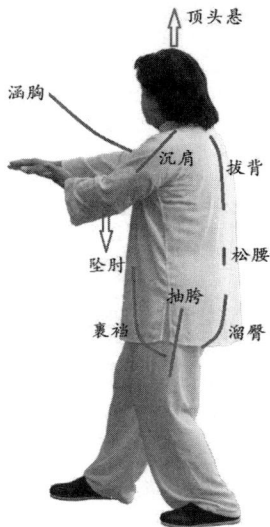

图 5-1 身法九要

开这些基本体能，因此太极拳训练中，必然要包含对于基本体能的训练。以为太极拳只需要松柔，而不需要这类体能，是一种片面、有害的理解。

对于这类基本体能，太极拳与其他拳术的不同之处在于：第一，太极拳对这类基本体能的练习中，更注重的是特殊的协调能力的开发，而非单纯地追求力量或速度的绝对量值；第二，在应用中，太极拳追求的是对体能最合理、最高效的应用，而非单纯地追求直接效果；第三，在训练中，要注意避免对建立太极拳所需要的特殊运动能力产生负面影响，比如力量练习对放松练习产生负面影响。因此，如何能够全面理解，并且合理有效地安排基本体能训练，是十分重要的。

## 基本身法

在太极拳所需要的特殊的身体运动能力中，最基本、也是最重要的是要保持身法的正确性，所谓"身形腰顶岂可无，缺一何必费工夫"。有关身法的训练有很多，其中最主要的是要求做到"身法九要"：沉肩、坠肘、涵胸、拔背、裹裆、溜臀、松腰、抽胯、顶头悬（图 5-1）。太极拳中的所有运动都必须按照这九个要点去做，其中任何一点做不好，都会对技术产生负面影响。这些之所以被列为要点，就是因为它们不是人的一般自然行为，是需要经过训练而逐渐建立起来的。必须通过足够长时间、在明确意念指导下训练，使这些要点都成为自然的下意识行为。也就是说无论做什么动作，这些要点都会自然而然地表现出来。

在这九个要点中，沉肩、坠肘、涵胸、拔背是有关上肢活动的要求。其中沉肩、坠肘的主要作用是为了使两臂放松，使气血流行畅通、自如。由于劲力的使用与气感密切相关，而两臂又是技击技术中使用最多的身体部位，所以沉肩、坠肘对技术的执行就异常重要；特别是坠肘，是非常容易被忽略的要点。涵胸、拔背的主要作用：一是使气的上行下沉更为流畅，增强身体的稳定性与灵活性；二是使上身保持一种有弹性的放松状态，使对手施于我身上之力不能集结而造成麻烦。这里特别要注意拔背与下肢的几个要点之间的协调关系。裹裆、溜臀、松腰、抽胯是有关下肢活动的要求，而下肢活动的关键是腰、胯、裆的作用。因此，这几个要点之间的关系十分紧密、不可分。裹裆、溜臀是为了保持整个盆骨处于端正、稳定的状态，也就是将身体的重心端稳。向上，通过松腰与上身成为一体，完成气的完整循环；向下，通过抽胯实现轻灵稳定的步法。顶头悬是所有要点的总领、总纲，是准星，"顶如准，故云顶头悬也"（图5-2）。

顶头悬是立身中正的关键点，是身体保持平衡稳定的参照物。通过顶头悬使精神上提，保持中正、轻灵；同时气沉丹田，使身体下沉，达成放松且稳定，就是所谓"虚领顶劲，气沉丹田""尾闾中正神贯顶，满身轻利顶头悬""精神能提得起，则无迟重之虞，所谓顶头悬也"。而顶头悬又是既能保持身体整体相合，又能变化自如的关键，所谓"有准顶头悬，腰之根下株，上下一条线，全凭两手转""上下相随，内外相合"。以这种上下内外的结合，达到身法上各个要点的协调统一。

图 5-2 顶头悬
虚领顶劲，气沉丹田

图 5-3 上下一条线与中线

这里的"上下一条线"就是从百会穴到会阴穴的垂线，是冲脉之理，也就是"三田合一"；映射到身体正面就是以鼻尖、与承重腿的膝盖尖、脚尖，三尖相照的中线（图 5-3）。这条中线是以后所有技击技术的基准参照，所以训练中要求立身中正、顶头悬，就是为了建立起这个基准参照。

需要注意的是，虽然在各个流派中，对身法要点的具体描述上可能有所不同，但其中所包含的基本内涵应该一样，否则就无法得到太极拳所需要的基本能力。甚至在内家拳的各门派中，这些要点也基本一致。

## 外三合

外三合是许多武术门派中都使用的概念，但是定义可能会有所不同。在太极拳中，外三合是形体训练的一种方法，其目的是为了使全身的肢体运动能够按照太极拳的技术要求协调一致，避免"身法散乱"。所谓"合"就是合作、协调、相互配合。外三合既是一种肢体协调运动的训练方法，也是指肢体协调运动的效果。具体讲，就是以身体两边相对的肩、肘、手与胯、膝、足形成三组相互配合的协调组合。也就是左侧的肩、肘、手与右侧的胯、膝、足相合；或者是右侧的肩、肘、手与左侧的胯、膝、足相合。动作的协调性就是活动关节之间的运动关系。任何运动都有其自身的运动规律，也就是肢体运动与技术要求的协调性。不同的技术对肢体运动有不同的要求，比如打篮球与踢足球需要有不同的协调性。在大多数武术运动中，协调性的重点是如何用力的问题。而在太极拳中，虽然也讲劲力使用中的协调性，但是更强调的重点在于身体放松时的协调合作问题。这是其他拳术中很少讲，也很少做的。

在做形体动作时，距离越远的两点，协调就越困难，比如左手与右脚，因为它们之间可活动的关节太多。而太极拳的外三合训练就是通过意念指导，从身体上相距最远的两点开始练习，在运动中逐渐提高它们之间按照太极拳技术要求的协调性。常说"手到脚不到，或脚到手不到，都叫瞎胡闹"，讲的就是协调性的重要性。这种协调性的训练并不容易，因为太极拳技术所要求的常常与我们自身已具有的习惯不同，这就是为什么形体训练需要很强的意念指导。

这种训练是从站桩或盘架子开始，一般需要非常认真专注地练习相当长的时间。开始应该按照前辈们已经设计好的路线练习，而后逐渐细化并增加灵活性。这种协调性不能是死板、固化的，应该是自然地存在于举手投足间的所有动作之中。在训练开始，先要学习如何用意念引导、一步一步地去做外三合。比如在练野马分鬃之"左掌回捋"这个动作时，先分别做肩与胯合、肘与膝合、手与足合，当然顺序也可以相反。而后需要在每个动作中，使与之相应的外三合能够一起达成。在训练中，还要逐渐从如何练上升到为什么这么练，其中最重要

肩与胯合：
右肩井穴找左环跳穴

肘与膝合：
右曲池穴找左阳陵泉穴

手与足合：
右劳宫穴找左涌泉穴

图 5-4　野马分鬃中的外三合示意

的就是肢体动作与身体内的劲力之间的关系。当身体对一个动作的协调性有了感觉后，就要细心去体会这种协调性在技击中的意义，这其中包括对于劲力的使用。但是必须注意的是，去体会如何省力远比体会如何发出更大的力重要得多（图 5-4）。

外三合的训练是一种手段，当按太极拳技术要求所需要的肢体运动的协调性建立起来后，全身可以时时刻刻、自然而然地处于这种协调之中，也就不必刻意追求了。这时外三合训练的目的已达到，而这种训练效果也叫外三合。

## 内三合

内三合是讲内在的神、意、气、劲等内功元素之间的协调一致。太极拳中的内三合是"心与意合，意与气合，气与劲合"，也即是"以心行意，以意导气，以气运身"，就是讲这些内在的东西能按太极拳的技击技术要求协调运作。

内三合的"合"与外三合中讲"合"略有不同。外三合中讲"合"主要是身体各个部分之间的相互配合、协调，一般无固定的主次之分。比如同样一个形体动作，有时可以用手引导，有时也可以是脚引导。

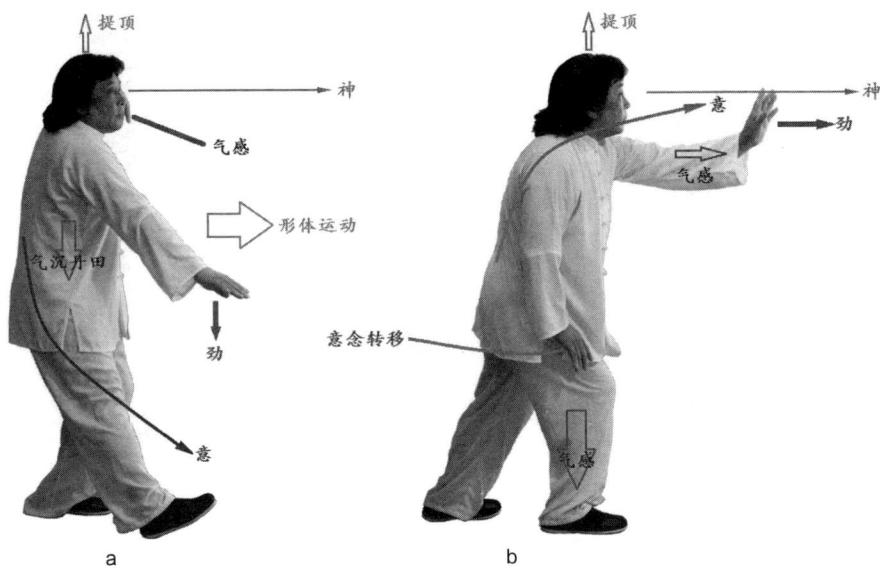

图 5-5 搂膝拗步中的内三合之示意

在练习中，更是灵活多变，没有定式。而内三合中讲"合"时，更强调一方为主导，另一方是协从；讲的是主导方如何使协从方与之相合。比如讲"心与意合"时，"心"是主导，"意"是协从；心有所感，就要意有所动；是以主导的"心"去操纵协从的"意"，使作为协从的"意"与作为主导的"心"相合，即"以心行意"。因此，内三合的"合"是：心领意动，意动气随，气动则催身动，即引领劲动。

因为"内三合"中所讨论的各个要素的内涵不同，比如心神来的就比意念要快，而意念又比气快得多。相比较而言，劲是最慢的，却是最终发挥作用的。所以内三合训练的本质就是一步一步地使较慢的追上较快的，或者说使协从的能够追上其主导的，并与之相合。这样在技击中才能做到所谓神到意到、意到气到、气到劲到，也叫"精神团聚"，即所有要素都往神上聚。由于这些内在的东西都是在体内运行，是体内的感受，而且练习方法很灵活，因此很不好练。必须借助一些意念上的模拟假设、配合一些形体动作作为引导（图5-5 a、图5-5 b）。

a. 以心行意，百会穴提起精神，气沉丹田；待左手无名指尖之关冲穴有气感时，神向正前方远望，视而不见，意念在命门穴，想尾闾找前脚跟，右掌劳宫穴有下按、回採之劲；待左手中指尖之中冲穴上有气感时，意念想以中指尖追眼神，带动身体向前移动。

b. 保持神向正前方远望而内敛，意念引导左手中指尖追眼神，左臂有松沉之感，左掌向前推出，并带动身体向前移动。当体重全部落到前脚时，向上想百会穴提顶、向下松沉至前脚之涌泉穴；神向正前方远放，意念追神；随着意念，左臂有被气催动之感，左手立起，掌心劳宫穴向前出按劲；神内敛，意念转移到右掌心之劳宫穴。

传统教学，内三合训练中使用的意念引导，有时被称为内功心法，但常常是既不明确、也不系统，再加上保守的因素，欲言又止，常使学生感到十分困惑。王培生师爷对此进行过比较全面系统地总结，主要方法有：以身上的穴位为基点，结合经络，在盘架子与推手训练中，练习神领意追，意变神随，神意相交错而不同时固于一处；以意想穴位而导气，以穴运身而气劲相合。这些方法在实践中有明显的效果。

## 周身相合

传统武术中的"周身"说的是身体上的各个部分，而太极拳中的"周身"，除了外在的肢体部分，还包括内在的内功要素。这里"周身相合"即周身一家，也叫六合或周身六合，讲的是外三合与内三合之间的协调合作，即内外相合。这时内是主导，外是协从，以外三合去配合内三合而产生技术效果，所谓"意气君来骨肉臣""心为令，气为旗，腰是驱使，手是先锋"。在训练中，一般是先练外三合，再练内三合，然后再将它们合而为一，成为六合。最终的目的是使周身内外全部能够按照太极拳的技术要求协调配合，成为一体。就是"神到、意到、气到、劲到、全身一起都到"。这里"到"是到达，就是协调一致的意思。

从身体运动方面讲，外三合是物理空间的运动。以三维坐标标记一个静态的点，再加时间，标记点的运动状态。所以，外三合本质上就是身体各部分肢体运动在四维时空中的动态关系。由于在大多数武术技术中，人的意念与其整体运动是一体的，因此都是以外三合为主的四维运动。太极拳的运动并非是简单的物理运动，内三合讲的就是神、意在其中的作用，这种作用往往很大、甚至是决定性的。比如在不同的神、意引导下，相同的肢体动作可以产生不同的劲、带来不同的技击效果。如果把神、意的运用也以坐标参数标记，那么每个动作就需要一种至少六维以上的参数系统来标记，习惯称为多维空间。因此，每个技术都是多个多维空间中的运动问题，所谓"周身六合"就是以传统的语言讲述技术运用时，全身多个多维空间之间的协调性问题。必须清楚地理解，太极拳的身体运动不是简单的物理运动，不是知道怎样伸胳膊、踢腿就可以；而是要有神、意加入的复杂运动。虽然多维空间是现代科技中的概念，但是它正好可以用于准确地描述"周身相合"这个传统技术问题。近些年来，看到一些以现代科技的方法对太极拳的研究，其中一个很大的问题就是研究者不懂太极拳的原理，实验设计往往只是集中在四维空间里的肢体动作方面，完全忽视了太极拳中神意等内功因素的作用。这种将太极拳等同于一般体育运动的研究实验，只能得到一些很肤浅、没有说服力的结论。

要注意的是，当说起"合"时，很多人常常会有"心往一处想，劲往一处使"的潜意识。实际上这种想法是按照"先天自然之能"的思维模式下的反应，是一个对太极拳中"合"的最常见的误解。太极拳的技击技术是复杂的，不是可以直观理解的，常常需要"心往别处想，劲往反向使"。因此，必须特别提醒，太极拳中所谓的"合"讲的是协调性。不管心往哪儿想，劲往哪儿使，都必须协调。而这个协调性就是太极拳自身的运动规律，是技击技术的基础。就好像一台运行中的汽车发动机，其中各个部件的运动状态都是不同的，有的上下运动，有的旋转运动，但是都必须按照发动机的工作原理去运动。如果各个部分都能够保持所规定运动状态，就叫协调，否则发动机就会出故障。在太极拳中，就是要通过"合"的练习去理解、掌握太极拳的运动规律，从内到外，使自身的所有运动，最终都能自觉、自然地按这个规律协调进行。

## 节节贯串

外三合是讲形体运动中整体的协调性，而"节节贯串（或穿）"是讲形体运动中，以内在要素为主体、点到点运动的协调性，是从另一个方面讲解太极拳技术中特殊的身体形体运动与内在要素之间的协调性。拳谱中"行气如九曲珠，无微不至""其根在脚，发于腿，主宰于腰，形于手指。由脚而腿、而腰，总须完整一气""周身节节贯串，勿令丝毫间断"，都是形容这种协调性。"节"是指在肢体运动中，固定、不能变的部分，比如大腿、小臂等。任何一个技击技术，都是由身体上的一些相互连接的"节"组成。"节节贯串"就是讲这些"节"之间通过内在的神意气而贯串协调。其中内气的感觉是训练中的重要依据，而最主要的效果是内劲的运用。所以，虽然"节节贯串"看似是形体动作之协调性训练，但实际上与内功训练是不可分的（图5-6）。

在太极拳中，如果做一个技术动作时，形体动作达不到太极拳所要求的协调性，就叫"散"或"散乱"，就是说身体各个部分间的联系出了问题。由于太极拳中强调放松，特别是初始阶段中需要做大量的肌肉、肌腱、筋膜、骨骼等肢体上的放松，这种放松练习很容易导致"散""懈"的问题。"散乱"会导致身体僵滞，反应迟缓，劲力不畅，立足不稳，甚至引起精神上的恍惚、紧张。也就是在与人对抗中，处于不得机、不得势的位置。"节节贯串"的练习就是针对"散乱"，为的是要达到"松而不懈、紧而不僵"。需要注意的是，虽然"节节贯串"讲的是身体各个部分间的联系，但不是简单地将它们固定到一起。因此，这里强调的是协调性与灵活性，比如手脚分离就是例子，既要能手动手、脚动脚的，又要能保持手脚之间的协调一致。

## 形与意

太极拳包括形与意，或者说外与内。形是指肢体的形体动作，是太极拳训练的外在表现形式。意是指意念等一切行拳过程中包括神意气等内在的活动形式。形与意有着同样重要的意义，太极拳要求内外兼修，不可偏废。如果只注重外形而不知内在，那就是没有内涵，即没有内家拳——太极拳所应该具有的特点。没有内涵的训练就是常说的"空架子"，训练就不可能达到预期效果。如果只能把内涵讲得天花乱坠，可是不能真正地懂得如何与形体训练相结合，或者形体动作达不到标准，那所谓内涵也就起不到任何作用，变得毫无意义，只是"空话""嘴把式"而已。在现实中，这两种情况都不少见。

在实际训练中，由于内的训练不直观，比较难，所以常常会被过分强调，以至于造成有些人认为外或形的训练不重要。事实上，正确的训练方法是先要把外的基本形体动作做好，比如手抬多高、往那个方向去，立身是否中正，虚实是否分清等。正确的外部形体动作是产生正确的内在感受的基础，而错误的动作只会带来错误的感觉。比如，关冲穴"得气"

图 5-6 扑面掌中的节节贯串之示意

图 5-7 搂膝拗步之左掌前推中的
"以意导气，以气运身"

如果形体动作上不能做到柔、慢、轻、匀，那必然会造成体内气的运行不能流畅，进而导致内劲的发展、应用出现问题。如果虚实不能分清，则不可能产生中气晃动、丹田旋转的感觉，也就不可能正确地运用太极拳所追求的推手技术。正确的训练过程应该是在外部肢体动作能做好的基础上，逐步加上内的训练，其中以意念为主，即在意念的引导下练拳。要注意的是，这种作为行拳指导的意念并不是凭空想象的，而是基于经由正确形体动作所产生的感觉的基础上的意念引导。比如在盘架子中做搂膝拗步的左掌前推时，意念应在左手无名指的指尖，即关冲穴，由其引导左手臂前行。但是在动之前，一定先要有左手无名指尖微微的发胀与蠕动感，俗称"得气"。而这种感觉必须是经过长时间的沉肩、坠肘、中正安舒、全身放松的训练后，才能得到。只有在有了这个感觉以后所做的意念引导下的动作，才能达到"以意导气，以气运身"的训练效果（图 5-7）。

当能够做到身法正确、周身六合、节节贯串、内外兼修时，一种符合太极拳原理与技术要求、综合的身体运动能力就建立起来，这是所有的太极拳技术的基础之基础。

# 松与保持放松状态的能力

"松"或"松柔"是太极拳训练中被提及最多的一个概念，是太极拳技法中最重要的基础之一，同时也是最难理解的概念之一，因此也是最难练的能力之一。由于太极拳技击的根本在于能"知己知彼""舍己从人"，能"因敌变化"、以柔化的方式对应进攻，这些都要求自身能保持放松。因此，可以说松的能力是所有太极拳技术的基础。练太极拳的人都在谈松，但总是做不好松。很少有人能说清楚什么是松，怎么样练松。关于松的讨论中，存在着许多混乱不清、误解与错误。另外，对于这个如此重要的问题，古典拳论中却很少直接提及。这说明有关"松"的问题主要不是理论问题，而是实践问题。在讨论这个问题时，首先要明白，太极拳中的"松"与其他拳术中所讲的"松"有很大不同。太极拳中所讲的"松"更复杂、精细，包含了更多的内涵，有些概念也是其他拳术中所没有的。

## 松的本质

作为所有的太极拳技术的基础，太极拳中所讲的"松"包括两个主要的层次：第一个层次是在个人训练方面，强调的是行拳时的行为；第二个层次是指技击方面，强调的是在与对手接触中的一种状态。第一个层次是基础，第二个层次是应用。既要分清它们之间的不同，又要明白它们之间的联系。

在第一个层次中，有关"松"的个人训练包括三个方面，即身体的运动能力、运动能量的使用以及心理状态。首先是身体运动的能力方面。这是指通过抻筋拔骨之类的抻拉锻炼，将肌肉、肌腱、筋膜、骨关节等拉开，加大活动范围；使身体上的各个部分，都能在尽可能大的范围内柔和、无阻碍地自由运动。这就是拳论中所说的"筋骨要松""松肩坠肘""体松气固神要凝""沉着松静"中的"松"。这个练习可以直接操作，比如"抻筋拔骨十三势"就是直接有效的练习方法。这类训练在几乎所有拳术门派中都基本一样，属于基础训练。在太极拳中，需要注意的是，这种形体上的放松筋骨的练习应该以柔、缓的方式进行，其中特别重要的是在练习中不要忘了整体上的协调性。

其次是身体运动能量的使用方面，就是要求将自身运动所需要使用的能量降到最低。人的一切运动所需要的能量，简单地说就是力量，都是通过肌肉与筋膜的紧张与放松而产生的。太极拳的理论强调以最高的效率用力（完全"不用力"是不可能的），因此在这个层面上的"松"就是讲如何省力。王培生师爷曾反复说："松就是不用无谓的力，或不用多余的力。"这就是"松"在这个层面上的严格定义。那么，什么是"无谓的力，或多余的力"呢？这就是指在维持基本运动状态所需要的力量之外的力。如果达不到"维持基本运动状态所需要的力量"，则运动就不能完成，也就是做不了应该做的事。在我们日常生活中，这种"无谓的力"被大量地使用而不被我们所察觉。在越是需要小的力量的运动中，"无谓的力"用得就越多。比如当需要拿起一支铅笔或一张纸时，很少会有人轻轻地、小心翼翼地使用最小的力去做；大多数人都会很自然地使用比所需要的力大得多的力去拿。这种做法会使身体内需要参加运动的肌肉组织过于紧张，即超出所需要的。同时许多不需要参加运动的肌肉群也处于紧张状态，增加能量消耗。另外在缺少专门训练时，人们在做绝大多数的习惯性运动时，自身内部的消耗都比较大，也就是说，由于协调性不够，体内会有许多能量没有被合理利用，甚至于相互抵消。大概先贤们正是认识到武术技击中体能上的浪费，才创造了要求提高效率，节省体能，追求最合理、最优化的用力方式的太极拳技术。

运动所需要的力是由练习者自身肌肉与筋膜所产生的，因此在太极拳自我训练中，基础层次上的个人放松训练，主要是讲如何通过协调，可以使用最小的力来控制自身运动。从而在做各种运动时，身体自身内部的内耗减小，能够更加自如地运动。太极拳的技术要求全身各处如天平一样灵敏、如车轮一样灵活。这就要求各个肌肉群（指受意识操控支配、用于运动的随意肌）与相应的筋膜，除了维持基本运动状态所需要的最小力量外，要时时刻刻注意克服习惯性行为方式，使身体处于充分放松的状态。由于使肌肉与筋膜的放松是可以控制的行为，因此，与第一个方面相同，这个方面的放松练习也是可以直接操作的，比如盘架子、站桩等训练中的主要目的之一，就是这个方面的放松练习。而与第一个方面不同的是，在其他拳术中，几乎没有这个方面、近似太极拳所要求的放松练习。这里需要充分理解太极拳的特殊性，大多数拳术都是练习如何通过协调、放松而产生更大的力，而太极拳讲的是如何通过协调、放松而达到只用最小的力。这种放松也与感觉有密切关系，"一羽不能加，蝇虫不能落"就是讲在超级感觉下可以达到不用丝毫多余的力。必须注意的是，虽然这个方面的放松练习可以直接操作，但也非常容易被忽视。因此，在训练中必须要

"刻刻留意""势势存心揆用意""仔细留心向推求",认真地改造种种习惯性的运动方式,使这种个人放松能达到极致。

有关"松"的个人训练的第三个层面是心理状态,是指要保持内心平静、和谐。人的心理活动对生理活动常常会有很大的影响,比如心理上的紧张,常常会在生理上导致肌肉紧张、动作变形、技术失常,这点在许多以形体运动为主的体育比赛中可以清楚地看到。不同运动项目对心理因素的依赖程度不同,比如射击比赛与马拉松比赛对心理素质的要求就处于完全不同的层面上。对于太极拳而言,由于技术上对"松"的要求更高,故对心理放松的依赖性更大;因此,与其他拳术相比,在实战技击中,心理紧张所产生的负面影响也会更大;这也是太极拳技击的难点之一。太极拳需要先从个人训练中寻求心平气和,从柔慢轻匀的形体动作中细心体会,这也是可以控制的行为,这个层面的放松练习也是可以直接操作的,比如盘架子、站桩、推手、技击等训练,以及各种比赛等。但是由于心理素质在很大程度上包括个人的先天因素,所以训练的效果往往因人而异。

需要注意的是,以上有关"松"的个人训练的三个方面,都是属于行为上的"松"。这种"松"的能力的培养虽然不容易,但其训练过程仍然是可见的,能够理解、模仿的。训练主要是通过基本功练习、盘架子练习、站桩等辅助练习、基础推手练习、竞技推手与实战练习等训练方式直接进行。这些训练都可以在自我意识控制下直接模仿、直接操作,关键是要有正确、准确的意念指导,以及耐心、细致、持久地练习。

"松"的第二个层次是指技击中的一种状态,它包括两个方面,即个人状态与技击双方的对应状态。在第一个方面,"松"描述的是技击中个人的自身状态，有内外之分。于内，是精神层面上的状态，是一种境界。只有在精神意念上都能放松，不受外界的干扰，有能超脱的感觉，才能在与他人的对阵中潇洒自如，才能追求太极拳所寻求的高雅、玄妙的技击境界。这种内在的松的训练，一是要领会"无为"的思想，一是要能做到"看破、放下、自在"。通过锻炼，特别是需要有足够的实战经验，消除心理紧张，减少心理压力以及与此相关的生理变化的影响，达到心静、意专、神聚。于外，是体能层面上的状态，主要是各个关节与肌肉、肌腱、筋膜在有外力干扰时的放松。也就是说，要将第一个层次里的个人训练中所得到的"松"，应用到技击中。太极拳的技术首先要求形体动作能够变化轻灵自如、随人而动，放松使各个肌肉群处于可随时变化的状态。太极拳的技术更要求极为灵敏的感觉，达到知己知彼，而保持放松是获得这种感觉的基础。

在技击状态的第二个方面，"松"描述的是技击双方的对应状态。即当存在外界干扰时，什么是松、如何放松的问题。这里也有内、外之分。于内，是讲在太极拳技击中，如何能在思想上真正做到不与对手直接对抗。在推手训练中，很多人总是对输赢、得失斤斤计较，导致在推手与技击中精神紧张，不敢松，也不愿意松（不是在口头表述上，而是说在实际行为上）。如何在训练中改变这种状态，是一个内在精神境界的修养问题。于外，是讲技击中肢体如何保持放松状态的问题，即身体上是否能够自然地处于"立如平准，活似车轮"的状态。能够保持放松状态才能柔化，这是能够做到"舍己从人"的基础。这是太极拳训练中最不容易理解的问题，也是太极拳与其他拳术不同的重要标志之一。

技击中与对手对应时，所谓"松"或"放松"，不是讲一个放松的行为，而是讲身体上所处的一种状态。这种状态的背后，常常表现的是与用力有关的情况，因此这时的松并不是单纯意义上的放松，而是松中有紧，松紧转换。在技击层次中，运动所需的力是参与技击双方的合力，因此放松主要是讲如何在对抗的合力中，最大程度地减少自己方面所用的力，同时最大程度地利用对手的力。这些说来容易，正确运用很难。由于技击过程千变万化，因此"松"是一个动态的、与对手相应的过程。不用"无谓的力"就是指自己只用最小的力，而这最小的力不是一个常量，而是一个动态的、根据对手的情况而定的量。因此，如何能做到因敌而变是关键。要特别注意的是，由于力是矢量，有方向性，如何节约用力、如何化解对手的力都与此有关。

在实践中，很多人想松，但总是一松就弱，怕弱就顶，陷入到丢丢顶顶的循环中。这里的问题就是把"松"当成了一种行为去做了。事实上"松"不是去做一个"放松"的行为，而是使自己处于"松"的状态。以正确的状态应敌，无论对手如何变化，都能自然应对。前面提到过的王培生师爷常举的"水中浮球"的例子，可以比较形象地描述了这种应敌状态。"水中浮球"即是用手指下按一个在水中漂浮的球，球总会略沉、旋转、上浮。在这个过程中，球本身并没有主动地做任何相应的运动，而是处于一种特殊状态，即漂浮在水上。由于水的性质是柔，故可以随，也就是松，因而球也就处于这种随与松的状态。如果这个状态改变了，比如把水换成黏稠的泥浆，则结果将会改变。使自己处于"松"的状态就是说，自身是一个浮在水上的大球，其中又包括许多小球。无论对手的力在哪里，哪里就是一个浮在水上的球，而后面的其他部分就是水，要求如水般的松柔。保持这种状态，就不必做如何特别的放松行为。能如此，无论对手如何用力，都能自

图 5-8 赵泽仁讲解推手时的状态

然相随，进而将其力化解掉（图 5-8）。当然这个原理背后有许多具体的技术问题，需要认真研究。

　　个人所做的"松"的行为与技击中"松"的状态是两个不同的概念，其中又有密切的关系。太极拳中讲的"松"，就是通过对可控行为上的放松训练，达到"松"的高级状态；或者说，个人行为上的放松训练的成效，决定了技击中"松"的的状态的程度。个人行为上的放松训练是一个缓慢、细腻、逐渐领悟累积的过程，能否掌握正确的方法是关键。对于初学者，最大的困难是没有清晰可见的量化标准，只能靠个人的体会去领悟。在技击中的任何一个时刻，个人可达到的"松"的状态是以往训练的结果，不可能临时改变，不是自己想放松就能达到的。技击中"松"的状态的训练，只是为了能在最大程度上，将已有的最好能力、状态表现出来。

　　还有一点需要注意的是，一般人们常说松就是不用力，或者不使劲。这种说法作为一般口语来讲，还算勉强可以理解。但严格地讲，这种说法很不准确，很容易在理解与训练中造成混乱。因为在事实上，所有运动都离不开力的作用，主动的行为必然就会有主动的用力。无论是健身还是技击，太极拳都是要通过运动进行的，运动就是一个通过肌肉与筋膜的紧张与放松所产生的一个力学过程。如果不用力，别说练拳、推手，就是站也站不住。所以，只要是有运动形式存在，就不可能使全身的肌肉与筋膜都处于放松状态。太极拳中的"不用力"一是说不用拙力，即不以先天自然之能的方式用力；二是说不主动用力与对手直接对抗，也就是说不要有主动的行为，要随人而动，舍己从人。而这种对应方式又仅仅是用在对手的主动进攻点上，以己之阴应对其阳。反之，在己之阳点上，要有主动的意识，引起主动的行为，也就有主动的用力，就是"黏"。这种经过训练的力或劲一般都很小，小到将将够用，而且不是对抗之力。随着技术水平的提高，即使是这非对抗性的"黏"劲，在整体上也会呈现出下降的趋势。所以在训练中说"不用力"往往是提醒练习者要尽量减少"黏"劲这类主动的用力。类似"不用力"这种不严谨的技术用语，在传统的口语教学中有很多，这是造成学习太极拳困难的重要因素之一，必须能有正确的理解。

## 松的意义：自身有松灵之感，对手摸着是松柔、是空

从应用角度讲，松是一种状态，在行为上就是"不用无谓的力"。在训练中，它是一种很难直接描述清楚、很难量化、相对的感觉。要特别注意讲松都是相对的，没有绝对的松。因此，事实上在讲松的时候，多数情况下，只是讨论松的程度或趋向问题，而不是松没松的问题。对于松这种无法量化、模糊的目标，在太极拳中会经常给出一些假借、模拟、间接的描述，使练习者能够从尽可能多的角度去了解、体会其真正的含义。比如在需要松肩时说想肩井穴。在这些不同角度的描述中，自己的感觉与对手的感觉是最主要的。而感觉是很难具体描述清楚，只能练习者自己在训练中认真体验，并求助于高明者相互印证。

在太极拳训练中，有一点需要注意的是，由于有很多内在的东西不能够被直接演示明白或描述清楚，因此人们常常会用一些比喻去形容，比如"静如山岳，动似江河"。这些形容一方面可有助于理解体会拳中的要点，但是另一方面也会造成很多虚无的空话、大话被漫无边际地使用，使初学者更加困惑。所以在放松这类基本能力的学习训练中，如何辨别真伪是重要的。

在实战中，松不是你个人的问题，而是你与对手之间的关系状态。一方面是在外力作用下，你自身如何能保持放松状态，达到只用最小的力去完成所需要的动作；另一方面是技术应用上，如何能以最小的力达到最大的效果，即寻求技术使用中的最高效率。

在古典拳论中，关于松的直接描述并不多，有些简单的如："筋骨要松""发劲须沉着松净，专主一方""腹内松静气腾然""似松非松，将展未展""松开我劲勿使曲""每一动，惟手先着力，随即松开""体松气固神要凝"等。认真研究太极拳中主要技法原理可以看到，身体的放松是所有技术的基础，几乎无处不在，松的程度也往往决定了技术运用的程度。比如太极拳中的感觉问题，越松，感觉才能越灵敏；松不了，感觉就练不出来。因此，常说"松"不是一个理论问题，而是一个实践问题；说起来简单，做起来不易，需要从实践中一点一点地找。在训练中，必须时刻提醒自己放松，有意识地控制自己，从精神到体能内外两方面，逐渐地提高放松的程度。要细心体验，如果训练有效，那自身就会渐渐地有轻松、轻灵、舒畅、鼓荡、平静、和谐、专心、从容的感觉，称为松灵之感。在推手训练中，则可以很自然柔和地随着对手而动，使对手感觉极柔软，有空的感觉。

绵、绵软，柔、柔和，都是用于形容松的练习在身体动作上反映

出来的效果。通过训练，希望全身处处都能达到极绵软、极柔和。这
种绵软或柔和，一是表现在自身肌肉的放松与各个关节的灵活性，二
是表现在与对手相随的能力。"极柔软，然后极坚刚"，只有在达到
极柔软的前提下，才能练出太极拳所需要的刚。"极柔即刚极虚灵"，
只有在达到太极拳所需要的刚柔相济时，才能使全身极轻松、灵敏、
活泼、虚空。

## 松沉 — 松净，松轻 — 松空，松灵 — 鼓荡 — 松柔

除了一些体能层次上的放松练习，在高层次上，没有可以直接练
松的练法，因为这时的松本质上是一种无法量化的动态的状态。所有
练习高层次上的松的状态的方法都是间接的，也就是通过对一些可以
被控制的行为的练习，来达到练松的目的。高层次上的松的训练，大
致可分为松沉、松轻、松柔三个阶段。虽然在实践中不可能将它们完
全区分开，但是充分完整地理解它们的各自含义是必要的。

首先是利用重力的练习方法，这是最基本、也是最直接的方法。
在训练时，以身体的自然下沉来带动身体放松练习。由于地心引力的
作用，人体的各个部分都自然向下沉坠。因此，为了维持身体运动，
人体的肌肉要有自然上托身体的力，比如要将胳臂举起来，为克服胳
臂本身的重量，就需要肩上的肌肉紧张用力。由于是自然的，这些力
往往过大而不被我们注意到。在练习松时，可以利用这一点，有意识
地减少这种上托之力，这样就会使身体有向下沉的感觉。进一步讲，
在练拳的运动中，应当有意识地减少运动所用之力，追求体能上的放
松，会使体内逐渐产生下沉之感，犹如水向下流，称之为"松沉"；
有时也称"骨肉分离"，是说练习时感觉骨架子被从头顶向上提起，

而全身肌肉则都坠落下来。这种运动就有助于提高身体的放松程度，也就是间接达到了练习放松的目的。当松沉的程度逐渐提高，身体上会有比较明显的感觉。当到达比较高的程度时，会有脚向下沉坠，犹如插入地下三尺深，有"如树植地生根"之感，也就是常说的感觉松到脚底下了（图 5-9）。

从松沉的练习中，慢慢地会有"松净"的感觉。也就是说，感觉再松就无法维持正常运动了，已经松干净了。随着整体水平的提高，这种松沉、松净的感觉会有循环交替，而每一次循环应该是在更高的层次上。这种练法的具体做法有很多种，比如"虚领顶劲，气沉丹田"；双脚入地，气贯指尖；骨肉分离；盘架子时形体动作需柔、慢、轻、匀等。"虚领顶劲"是以意念提顶，保持身体中正，而同时全身最大程度地放松下沉。"气沉丹田"是以呼吸气息带动内气运行，以内气下沉引导身体的松沉。双脚入地是感觉全身的重量已经下沉到脚，并推脚深入地下。气贯指尖是整体上微微沉而膨胀，使指尖强壮有力。"骨肉分离"是讲通过"提顶"将骨架子微微撑起，感觉全身肌肉可以从骨架子上分离下落；所有的动作都是提着骨架动，而肌肉下沉；这是典型的利用重力原理进行放松练习。盘架子时以柔、慢、轻、匀等方式运动，可以使动作所需要的力减到最小。当然在实际训练时，这些可以分着练，也可以合着练，但是最终都要合在一起练。在练习时，一方面要寻求以最小的力维持基本运动状态，又要保证不松散、不滞缓，越练体会越深，比如感觉自己胳膊很沉，指尖膨胀有力等。开始从盘架子里面找，然后在推手中体验，要达到在外力的干扰下，仍能自然而然地做到这种松沉。练松沉无止境。

松沉、松净的练法属于比较整体性、肢体与意念的放松方法。而

图 5-9 单鞭中的松沉

图 5-10 "松轻"或"松空"之感

更进一步、更细致的练法是全身所有骨节一一拉开的方法。所谓"筋骨要松",筋就是肌腱,包括筋膜,骨就是骨节。骨节放松就是使各个关节活动范围更大、更灵活,活动时的阻力更小。骨节放松与肌肉放松有直接关系。骨节都是与肌腱、筋膜相连的,如果骨节周围的肌腱、筋膜不能放松,骨节的活动自然受限制。所以训练时要先着重练习肌肉放松,再练习骨节放松。这种放松练习都是在肢体经过充分抻拉后,再以很强的意念引导下进行的。具体练法有几种,比如从两足脚趾关节开始,想每个关节对拉,一节一节地向上,由脚而腿而腰,再沿脊椎而上,再分至两臂到两手指指尖,这是自下而上的方法。反之,也可以自上而下。在这种训练中,重要的一点是总要保持"顶头悬"之意,就是想从头顶百会穴处将整个身体提起来,使脚下悬空。这样可以逐渐在自身体内产生一种轻飘、空灵的感觉,常称之为"松轻"或"松空"之感,即"满身轻利顶头悬"。有了这种感觉,脚下会觉得很轻,有可以在水面上行走的感觉(图 5-10)。

从太极阴阳角度讲,"松沉"属于阴,全身有沉稳而又轻灵活泼之感。一般与呼气相合,意在命门,是弛、是合、是伸、是发放。"松轻"属于阳,全身有轻松灵活而紧凑之感。五心要空,一般与吸气相合，有掌心吸气回缩，引导全身轻灵而紧凑坚实。意在神阙，是张、是开、是缩、是拿。无论是"松沉"还是"松轻"，最终都要能够保持能张能弛，能进能退，能拿能发。

当训练达到一定程度，松沉与松轻相结合，阴阳一体为太极。这时体内会有轻松、灵活、柔和之感，常称之为"松柔"。同时全身会产生与内气相呼应的弹性，即鼓荡之感。这时推手才能达到能松、能沉、能空、能忽隐忽现、能舍己从人的状态。让人感到很柔和、感觉摸不到东西。所谓"摸不到东西"是太极拳中的俗语，并不是说摸不到对手的身体，事实上是能触摸到身体这个实物，但摸不到对手的劲路、重心，摸不清对手的变化，不知应如何去控制对手。这时如果向对手身上用力进攻，则会失去着力点而使进攻之力落空，而这种力的落空可能会导致身体重心偏移而失去平衡。因此，在推手中，松总是与柔、空联系在一起的。先从松沉练到松净，再练松轻而能感到松空，有了松灵与鼓荡之感，最终能达到全身松柔的状态。

松柔如水，水的特性第一是可随形就势，被外力随意改变形状。应用于太极拳，就是能随外力而动的"舍己从人"。水的第二个特征是不能被压缩，即柔而不弱。这个特征可以使压力向各个方向传递，应用于太极拳就是能随外力而形成"黏走相应"。水的第三个特征是柔中刚，在柔和顺遂的外表后面，蕴藏着巨大的能量。因此，说松柔是太极拳技术的基础，练习松是一辈子的功课，骆舒焕恩师曾说："练力有限，练松无限。"

### 松与紧

与"松"相对应的是"紧"，松与紧是人体运动的两个必不可少的状态。如果只有松，没有紧，则不会产生任何运动状态。当人体对外用力时，直接力量的产生是由肌肉收缩而产生的，比如举重；而间接力量的产生可以是由于肌肉松弛而产生，比如砸夯的劲。作为与运动相关的肌肉群而言，对于每个运动，总是有些肌肉紧张、有些松弛。比如屈臂提物时，肱二头肌紧张，肱三头肌就松弛；而伸臂举物时，就是肱三头肌紧张，肱二头肌松弛。人体肌肉的最佳工作状态，是能在最大程度上做松与紧，并以最快的速度进行松紧之间的转换。这种松与紧的转换也常被称之为弹性。作为太极拳技击技术基础的肢体运动，核心问题就是关于松与紧这两个状态的关系应用，特别是全身性的协调工作。最新的研究表明，肌肉弹性在很大程度上与包裹在肌肉表面的筋膜有关，而且由于覆盖全身的筋膜之间的内在联系，全身整体协调的松紧状态，与筋膜的训练有直接关系。

武术技击的目的就是以有效的方式将对手打倒、打伤或控制，有许多技术方法可以使用。从本质上说，技击就是一个力学过程。由于施力的对象是一个活人，也就是说这个力学过程可能会很复杂。最简单的方法，是用足够大的力量与速度产生足够大的冲量，将对手直接击倒、击伤。当然打击的部位、方向，对打击的效果会有一定影响。以这种方式打击，当力量与速度达到一定程度时，甚至不必考虑对手的反应，老话叫作"一力降十会"。当然这是十分有效的方法，而以这种形式对战，结果必然是"有力打无力，手慢让手快"。但是这里存在一个问题，即如果对手比你更强壮，你怎么办？实战技击不是搏击比赛，不可能总是遇到体能相近的对手。因而太极拳不主张使用这样的方法，太极拳追求的是"一巧破千斤"之类的高效率的方法，就是如何用尽量小的力量将对方击倒。这样就需要特别关注力量的使用问题，要注意打击的部位、角度、时机、位置等，特别是对手的反应、平衡状态。其中最重要的就是自身与对手之间的相互作用，也就是合力问题。而且这里就不单是力学问题了，还要有心理作用。杨露禅所说的"铁人、木人、死人打不了，其余全能打"，这就包含了要利用心理与精神作用打活人的意思。正是这种追求，使得太极拳在训练上与其他拳术不同。

太极拳在推手、技击中所追求的松有两个方面：首先要求全身肌肉、筋膜等能够极度松弛，所以在训练时总是不断地强调松，这种放松也叫大松。其次，要特别注重松紧之间的协调转换，一是要快，二是要清楚、不含糊。大松之松与松紧转换之松有区别：大松更强调的是静态的放松状态，而松紧转换更强调的是动态的行为状态。这就好比一张弓，不用时处于静态的放松状态，松中略有一点紧，保证弓弦处于可使用状态。使用时拉弓是紧，放箭是松，是在运动中的松紧转换。太极拳训练中要求的尽可能彻底的松，即大松，以及松紧之间的转换，这些都是在人的自然本能中特别缺少的。由于大松是松紧转换的基础，而人体本身又缺少这种能力，所以在训练中，大松常常被不断地强调。以至于在形式上造成错觉、误解，似乎太极拳是只讲松，不讲紧。事实上，有松紧才有弹性，只松不紧，或只紧无松，就什么也做不了。另一个常见的误解是有关松与紧的范围与幅度，这在训练与应用中常常是不同的，训练时往往是越大越好，而应用时却是越小越好。大多数太极拳技术在应用时，不是全身范围的大松大紧。按照太极拳的原理，全身应尽量放松，以最小的力维持基本运动状态；而在技术需要时，只在尽量小的局部范围内做紧，而且程度上一定是要最小的，或者说将将够用即可。推手中常见的错误是，一说松，只知道大松，而不知紧，松就成为懈，结果是造成弱；一说紧，就是大紧，紧就成为僵，结果是顶。就如同上弓弦，太松、太紧都不行。从本质上讲，懈与僵都会造成无弹性，所以"松而不懈，紧而不僵"是关键。

太极拳是在松的基础上进行松紧转换。所谓松的基础，就是说永远要遵守使用最小的力或者说不用多余的力的原则；所谓松与紧的转换，是讲具体肌肉群的收缩与放松行为，要根据具体情况而转化，是"因敌变化示神奇"。从训练上讲，要先练松、后练紧。由于人的自然本能，松比紧要难练得多，或者说紧更近于自然本能的行为，所以要先练松。太极拳中所要求的松与一般日常生活中所说的松不完全一样，甚至与多数武术拳法中所讲的也不同。往往见到有些人讲松，只停留在对肌肉的抻拉层次上，比如用抡胳膊的方法去松肩。这只是最基础的体能训练中的松。太极拳里对松的要求要远远高于其他门派，不仅仅是自身体能上的松，更是讲在与对手之间有力的作用时如何松。由于松的训练很难量化，也很不直观，所以训练难度很大。唯一的方法就是以意念为指导，有许多意念假借，必须非常小心、仔细地去体验。"刻刻留心""仔细留心向推求""挨何处，心要用在何处，向不丢不顶中讨消息"等经典语句必须时刻牢记。松能达到一定程度后，一般应由老师的感受而定，才可以加入紧的训练，最终达到"极柔软，然后极坚刚"。必须注意，这时练的紧也不是一般所说的紧，不是紧张、僵滞，而应是轻灵、富有弹性、其中充满变化的，而最重要的是协调性。紧往往只是身上的一种微微收缩或膨胀的感觉，比如掌心微微一空，可以引起腕臂微微弯曲而产生拉弓之紧的感觉；或指尖轻轻一指，可以引起手臂微微一紧的掤劲之感。必须再次强调，松与紧的行为是在松的大原则下进行的。另外，当技法实施时，绝大多数情况下都不是全身一起松、一起紧，而是有的部分松、有的部分紧。因此，能松能紧，身体各个部分之间的松与紧的协调转换，是技法应用的关键。

拳架训练中的拉弓之法，是常用的松紧练习法。训练时，以意念引导，以拉弓为张、为开、为紧，放箭为弛、为合、为松。在初级阶段与中级阶段，身体上可以有较为明显的、形体上的张弛运动，与吞吐、开合相结合。经过训练，逐渐形体动作越来越小，频率越来越快。另外，在技击中的紧，多数情况都不是全身紧，而是局部的紧，比如在与对手的第一接触点上的第一瞬间。紧在一点上，常常只是瞬间的事。紧后即松，"每一动，惟手先着力，随即松开。"在所需要的另一点上再进行松紧转换。当进入高级阶段以后，松紧常常只是神意气劲层次上的。于神，外放时是松，内敛时是紧。于意，变化时是松，专注时是紧。于气，即为鼓荡；一松，则气内敛，一紧，则气外充于肌肤。于劲，即为刚柔；松是柔，紧是刚。这时所谓周身六合即是全身的松紧转换，在训练中常常是借助六球为控制，所以有时也称之为周身六球。重要的是，在讲解时说一松一紧，但在实际应用时是松中有紧，紧中有松；刚柔相济，绵里藏针。

## 松与整

太极拳中最重要的基础之一就是"松"，而高质量的"松"里面必然有"整"，或者说"整"是"松"中不可缺少的部分。"整"的本质是讲统一性、协调性或协调能力，主要讲的是技击中，在身体放松的状态下的从内到外的协调性，即参与技术运动的各个肢体部分之间的最合理的时空运动，以及与神意气等的协调一致。在实际训练中，练"松"常常会导致"散""乱"。"散"是说参与运动的肢体各部分之间缺少相应的联系；"乱"是说参与运动的身体内外各部分之间没有按照应有的形式协调运动。为了克服僵硬与一些自然的运动习惯，练"松"时出现"散""乱"的问题是正常的，要以"整"来纠正。

在肢体运动中，"整"是说当身体需要运动或用力时，全身动作要协调一致。比如，举重运动员的训练除了增加肌肉力量外，在技术上，主要就是在单一运动方向上，全身协调用力，在瞬间爆发而达到最高极限。同时，所有参与运动的肌肉保持良好的协调性，以保证杠铃上升过程中的平稳，以及运动员自身的平衡。在我们日常生活中，当需要的力量越大时，全身自然参与协调的能力就越强。比如当推一辆汽车时，全身大部分肌肉都会自然参与用力；而当去拿一张纸时，大概没有人的腿上肌肉也会自然地用力。太极拳的技术则要求，在放松状态下，即使只需要用很小力量的时候，也能达到全身协调一致。所以太极拳中的"整"，也常称之为"合"或"周身相合"，"贯串"或"节节贯串"，就是要求在任何时候、任何运动状态下都能做到全身内外的协调一致。如果练不好"整"，必然会造成身体的局部过于紧张或松弛，影响技术的正常发挥。

任何运动都不可能只由一块肌肉完成，总是一组肌肉协调工作。为了增加运动效果，提高效率，一方面希望全身各个肌肉群中的每一块肌肉都能最大限度地收缩与放松，并能以最快的速度进行收缩与放松的转换。另一方面，每一块肌肉都能以最协调的方式参与到运动中。事实上各种运动训练都是这样的，只是由于目的不同，侧重的方向不同，强调的内容不同，训练方法不同。比如举重训练就更加侧重于肌肉群收缩时的协调性，以及瞬间所能产生的最大力量。

太极拳中的"整"有时也称为"整劲"或"劲整"，是一种身体状态。必须注意的是，当讨论外劲发放时，也常常使用"整劲"或"劲整"的说法，指的是一种用劲的方法。要明白两者之间的不同。在讲"整"的协调性时，很少讲单一方向上的运动协调。有些人认为拳论中所说的"其根在脚，发于腿，主宰于腰，形于手指。由脚而腿而腰，总须完整一气"，讲的是全身往同一方向用劲，这实在是误解。这种误解造成很多人认为，"整"或"整劲"就是单一的、爆发性的外劲。当然这种外劲不是不能练、不能用，而是说它不是太极拳技术中的主体部分。如果将注意力过多地放在这里，那么整体上就会对训练产生很大的负面影响，甚至于造成方向性错误。这种"劲往一处使"的"整劲"，多是基于先天自然之能的武术技法中的原理，这种原理的背后，仍是寄希望于能以大的力量取胜。太极拳讲的是在合理的范围内少用力或不用力，身体的各个部分常常需要所谓"各干各的"，都有自己的时空运行轨迹，还经常是相反的，即"有上必有下、有前必有后、有左必有右"。手向前推时，不一定要蹬脚助力。因此，太极拳中的"整"，重点讲的是全身各个肢体之间的、结合神意气劲的、多个多维空间的协调问题。这里的"整"是在前面讲的周身相合或六合的基础上的、更高层次上的能力。

在太极拳中，松与整必须是相辅相成。对于肢体动作而言，松不能散，要保持"周身一家"。太极拳的技术要求放松，但仍有一些必需的力用于保持必要的运动状态。整可以将所需要用的力，即便很小，分配到尽可能多的肌肉群中，并保持它们能以最好的状态协调工作。参与的肌肉群越多，每部分所需提供的力就越少，肌肉就越能保持更好的放松状态。如果练不好整，必然会造成身体的局部过于紧张或松弛。太极拳的技术要求阴阳一体，也就是说，身体的不同部分需要在不同状态下协调一致，这也是"整"。比如在"黏走相应"的技术中，"走"的同时要"黏"。这时"走"是被动的，要求随着对手而动，所以这里"松"是主体；而"黏"虽然有主动性，但也必须能与"走"相协调。绝大多数太极拳的技击技术，都是这种需要多点之间协调的技术，即所谓"阴阳相合、相济"或"阴阳转换"，故这里"整"的能力就至关重要。许多人对黏走相应的理论能理解，但在实践中总做不好，其主要原因之一就是身体的整体协调性不好。当技术水平越高，阴阳的层次越多，对"整"的协调能力就要求越高。

太极拳的技术要求全身处于正确的协调性下的放松状态，就是要同时做到"松"与"整"。但在训练中常常会出现矛盾，即练松易散，练整易僵。也就是说，在练松时身体常常会失之于过于松散，各部分失去联系，因而失去了整，或说破坏了整；而练整时身体常常会失之于过于僵硬，各部分的联系太死板，因而不能放松，或说是破坏了松。散与僵是"松"与"整"训练中常见的错误，必须小心克服，时刻保持松与整之间的协调平衡。

整就是合，或协调性。各种运动都有其自身所要求的协调性，这种协调性一般与身体各个部分的肌肉与骨骼等，特别是筋膜有关。不同的运动，比如篮球与足球，对不同的肌肉群有不同的协调性要求。运动天赋中，很重要的部分就是先天的、对某项运动的协调性。这种协调性是可以通过训练增强或改变的，而训练的效果与训练方法又有很大的、直接的关系。太极拳所要求的"整"就是拳论中的"周身一家""上下相随，内外相合"等，这些都是建立在松柔的基础上。因此，在训练过程中，多数情况下都是要先练松而后练整。从训练方法上看，练松的难度更大，所以也应该先练松、后练整。如果能松，练整就能水到渠成。只有从真正的松中，才能够体会到真正意义上的整。如果先练整，反而会增加以后练松的难度，使松更不好掌握，同时也会因为基础不好，整也练不好。所以训练总是先要把注意力集中在松柔上，松柔有了一定基础，再练整。当然这里的先、后不是一刀切的。事实上，松与整的练习不可能完全分开，所谓先后只是相对的、在一个过程中更强调哪方面而已。

## 松与弱

练习"松"时，常常出现的问题是"弱"，这是很多太极拳练习者的通病。所谓"弱"是指在推手时太软弱、懈怠，面对对手的进攻之力总是躲避、逃跑，而对手的进攻之力却总能追着打。也就是说，从双方的接触点上，如果你弱，则对手就能够摸清你的劲路、重心、变化，因此总能给你持续制造麻烦并控制你。

在推手时，当对手施力于你身时，先天自然之能的反应是在接触点上用力直接对抗，或快速躲避（多是以迅速脱离接触的方式）。这种对抗或躲避在太极拳中称之为"顶"与"丢"，是自然形成、几乎每个人都具有的自我保护方式。而太极拳的技术要求是不顶不丢，是以松柔的方式在接触点上与对手之力相随，进而达到舍己从人，引进落空，黏走相应。松是基础，能松柔才能做其他。因为"顶"是先天自然之能中一个非常强的习惯，练松就必须先克服"顶"。为了克服顶，练松时往往矫枉过正，过分强调不顶而出现了偏差，使松成为或者近于"弱"了。"弱"一般是指还没有完全脱离接触的情况。"弱"做大了就是"丢"。这种现象的出现很自然，几乎所有推手练习者都会经历过"一松就弱，怕弱就顶"这一阶段。正如我们前面所说，松很难理解，也很难练。有问题不怕，关键是要能认识问题、解决问题。

从理论上讲，太极拳中讲的松柔就是不顶不丢，也就是顶与丢之间的平衡点。对初学者，开始平衡点找不好时自然会往两头跑，甚至有多年修为的，也时常会出这个问题。常见的情况是：计较输赢时容易犯顶，追求技术时容易犯弱；情况紧急时容易犯顶，从容对应时容易犯弱。虽然顶与弱都是问题，都必须改正。但是从训练角度上看，相对而言，宁弱勿顶。因为犯弱多是由于过于主动地放松而造成的被动，是在训练的大方向正确的前提下的问题；而犯顶往往是由于先天自然之能的反应而造成的主动行为，常常会导致训练出现方向性错误，必须防范。但这并不是说弱的问题可以忽视。解决弱的问题，关键在于要有充分的认识。很多人犯弱多年，其中一个主要原因就是训练中缺少对抗性。这里不是说以力与对手相对抗，而是说，要以真实实战的力量和速度与对手相对，进行练习交流。观察一下常犯弱的人，他们的训练常常仅限于同道之间听听劲、摸摸手，自娱自乐，自我陶醉于所谓高级的技术之中。他们一般拒绝与其他他们认为不懂太极拳的人交流，如此长时间，就会造成对外来力量、速度缺乏应有的理解与反应，同时对于自身的问题也没有正确的认识。事实上，在今天练习太极拳的人群中，这个问题很普遍。由此带来的一个后果，就是使很多人认为推手只是一种游戏，太极拳不能用于真正的技击。

练习松而导致弱是推手中常见的问题，说明对松的理解有偏差。松是说在不使多余的力的情况下与对手自然相随，而弱是因为主动放弃。从理论上讲，因为不理解太极阴阳之理，把松当成纯阴来练了。"松而不弱"正是阴不离阳，阳不离阴，阴阳相济的结果。

## 松中的掤劲

为了追求高效率的技法，松柔是太极拳中最重要的基础之一。松柔的目的，一是为了化解对手的进攻，二是为了自身能变化自如。松要一松到底，柔可舍己从人。能松柔才能发展出超级的感觉。"一羽不能加，蝇虫不能落"，说的就是在极松柔的状态下的感知能力。所以，所有练太极拳的人都十分重视松柔的练习。然而这里最常见的问题就是弱。弱就是指主观上过于追求松而导致松柔过度，因而被对手的力量所压迫，既化解不开，又不能变化。太极拳中的松并非是松懈、松散之意，柔也不是柔弱之意。太极拳中虽然讲的是松而不懈，柔中有刚，但是由于追求松而造成弱是普遍现象。从理论上讲，顶是纯阳，弱是纯阴，所以都不对，不是太极。松应该是阴阳相济，练松成为弱就是走向纯阴，要想纠正这个问题，就要加一点阳，具体讲就是所谓"掤"或"掤劲"。

掤是个古字，现在基本不用，以至于《现代汉语词典》里都查不到这个字。掤的本意有几种，做名词时，意为箭壶的盖；做动词时是勉强支撑之意。在太极拳里，掤正是"勉强支撑"这个意思的应用。所谓"勉强支撑"就是最小的支撑，所以"掤劲"是最小的，或说恰恰够用的、可以维持技法所需要的变化的那点劲。从掤字的本意上看，说明"掤劲"必然是动态的，也就是说它的大小、方向都是因对方来力的情况而随时变化的。"彼有力，我亦有力，我力在先；彼无力，我亦无力，我意仍在先"。练太极拳的人应该能够以松柔应敌，但是并不容易做到。一方面常常会欲松而成为弱，即被对手的力量压迫而无法变化。究其原因，是不懂掤劲，或者说用掤劲不够。另一方面还

图 5-11 掤劲

掤劲练习：甲（左），右臂圈抱如同抱球。乙（右），双手用力前推。

甲需全身放松，提顶、涵胸、松腰、沉气，有双脚入地之感。

甲不在接触点上与乙抗争，即使乙突然撤回推力，甲也不会因顶空而前倾。

有与对手对抗的，特别是怕手弱的，即顶。由于顶时双方的力量相互抗衡，变化也会很困难。究其原因，也是不懂掤劲，或用掤劲太大。只有正确使用掤劲，根据对手来力的大小、方向，在保持松柔的基础上，以恰如其分的劲，保持身体各个部分能够灵活地变换自如。而所谓恰如其分的劲，就是说要不断地随着对手劲力的变化而调整、大小与对手的劲"相应"的劲，但不是"相等"的劲。只有能随时变化的劲才是掤劲，反之就不是掤劲。所以说掤劲是一个动态的适应过程，而不是一个静止的用力状态。

因此，广义地讲，能维持松而不懈，或柔中的一点刚就是"掤劲"。这点劲就是在全身松柔时，身体内的一种沉稳灵活的劲，它保持了松而不弱，是能维持技法所需变化的劲，"过与不及"都不对，这就是"掤劲"的本质。身上有"掤劲"就如同一个可以随时充气的皮球，球内的气压可以根据外面的压力随时调整，保持将将不被外力按瘪即可。身上有"掤劲"又如同水一般，可以柔和顺遂，但不可被压缩。有了掤劲，松柔才有意义，否则松柔只能变成被动挨打（图 5-11）。

许多人望文生义，将此"掤"字与"膨"相混淆，造成很多困惑。从原意看，在使用掤劲时，确实有一点膨胀之意，即所谓支撑，以保证关节等周边肌肉不被压死。但这里更强调的是动态的呼应，而非静

态的缺乏变化的量值。所以一定要认真体会"勉强"的含义。常见到
有人以"膨"的概念比试掤劲,用此来展现其功力,谁的劲大谁更棒。
更离谱的是以大步幅、低架势与对手之间抗衡。对于训练而言,偶尔
这样做虽然不能说是全错,至少是容易使人产生误解。如果常用此法
练习,则会造成掤劲的变化不灵敏,对真正意义上掤劲的应用是有伤
害的。最重要的是千万不要以此为太极拳的正法,不可追求这种能力,
否则就彻底偏离了太极拳的追求。

　　"掤"或"掤劲"在太极拳中的重要性源于"松","松"中必
须有"掤"。这里"掤"是一种内劲,是与"松"这种状态密切相关
的,或者说是"松"的特性之一,而与具体动作无关。在基本八法中
有"掤"法,练习时是一个具体的技术动作,这是将"掤"或"掤劲"
的练习具体化。常见的、理解上的问题是认为做这个八法中的"掤"
时,要产生很大的、主动进攻的劲,能推、能发。事实上,在这个"掤
劲"的技术中,虽然有一点主动性,但本质上仍然是动态的、与对手
之劲相合的、将将够用的劲,与"松"中的"掤"没有本质上的区别。
只是"松"中的"掤"在外形上表现得不明显;而八法中的"掤"不
但有具体的技术动作,还柔和了一些其他的技术,比如可以加入一些
向前的发放之劲。一个常见的误解就是将这个后加入的发放之劲当成
"掤"的主体,因而造成主动地用力去"掤"。在正确的"掤"或"掤
劲"的使用中,由于是被动地与对手相应,一个关键是不要将意念放
在与对手的接触点上,即不要放在需要放松、柔化等的点上。也就是
说,不能主动地直接去做"掤"。

## 保持放松的状态

"松"或者保持放松状态的能力，是所有太极拳技击技术的基础，其作用是多方面的。只有能够在技击中时刻保持放松状态，即使"松"成为身体的自然状态，不必去想，不必刻意为之，才能实现"舍己从人""以柔克刚""因敌变化""后发先至"之类太极拳所追求的最高效率的技击境界。对于放松的理解与练习是多层次的，需要理清其中的关系。许多人对"松"的理解仅仅停留在个人行为上，只注意形体动作方面的练习，并以此来对待技击中有关松的状态问题，这是太极拳训练中最常见的问题之一。需要认真领会"松是一种状态"这句话的意义。

# 中——维护平衡稳定的能力

　　太极拳中所说的"中"，本质上就是平衡稳定问题。人必须在保持身体平衡稳定的状态下才能进行正常的活动。一旦处于失衡状态，首先会对人的心理产生巨大的影响，如紧张、恐惧等，这种心理影响会直接对人的生理状态产生改变，如大脑空白、反应迟钝、动作僵硬等。因此，"中"就是一种保持稳定平衡的状态，以及由此产生的一种感觉。太极拳中说"失中"或"丢中"，就是身体失去平衡的意思。

　　太极拳训练的重点之一，就是要通过练习去增强自身维持平衡稳定的能力，同时能够在技击中破坏对手的平衡稳定。因此，"中"就是太极拳中最重要的基础之一。对于习拳者自身来说，要能够时时刻刻都保持"中"，失了"中"就一切免谈。对于技击技术而言，就是要使用各种方法，使对手总是处于失"中"状态。这种保持自己的"中"而使对手失其"中"的竞争，称之为"争中"。所以人们常说，太极拳技术讲的是变，但万变不离其"中"；而技击的核心，本质上就是"争中"。

## 平衡问题

　　失"中"就是失去平衡，失去平衡也就失去了稳定，因此平衡与稳定是一回事。当人失"中"时，其本能反应中第一件要做的事就是

**图 5-12 支撑面与重心**
**人体失衡的原因是由于重心超出支撑面。**

调整、恢复平衡。对于以站立技术为主的技击系统，如果没有特殊训练，在平衡被恢复之前，几乎无法做其他事。这也正是太极拳主要技法中之所依赖和利用的，即先使对手失"中"，再在其调整平衡的过程上做文章。

所谓失去平衡，就是说人体重心，或拳术中所谓中心，超出了身体的支撑面以外。人有自身调节平衡的功能，比如身体前倾时会使用后腿向后坠，或者前脚前移的方式去调整平衡。后腿向后坠的作用就是使部分体重后移，也使支撑面积加大，从而能够调整重心，进而去调整平衡。前脚前移的作用是去改变支撑点的位置，或者说移动支撑面，从而维护重心，达到再平衡（图 5-12）。在多数拳术中，一般自然的维护平衡的方法无非是降低重心，或增加支撑面积。很多人将此直接应用于太极拳，就是常见的在推手时将身体下蹲，或将步幅加大。这些做法在定步推手，或有限的动步推手中有一定的效果。但从整体上讲，这都不是太极拳所要的技术。使用这种技术会带来的直接负面影响如下。第一，是造成一种直接与对手对抗之势。凡是用此法的，都是想用力顶住对手的进攻，同时必然也是想用力将对手推出去。第二，这种方法必然造成步法的迟缓，甚至于僵滞。因为使用此法，腿部就无法放松，步法不能灵活。第三，上肢的技术动作只能在脚下顶住时才能实施。因为此时脚下不敢放松，无法灵活移动，上肢的放松就变得极为有限，很难做到舍己从人、因敌变化。在实战技击中，步法的移动必须十分快捷、灵活。因此，这种维护平衡的方法，在实战技击中是很难应用的，对于太极拳技术整体上的提高十分有害。甚至可以说，长期使用这种方法练习，是造成很多人不能理解太极拳技击技术的根本原因。

物体失去平衡是因为在运动中重心的变化超出了一定范围而造成的。对于一个球体而言，无论如何运动，其重心的相对位置不产生变化，因此就不会发生失衡，称之为随遇平衡。在太极拳中，正确的维护平衡的方法，首先是要在身形、身法上保持中正，提顶，全身能一松到底；同时以意念维持全身内外多层次的太极圈，使自身处于一种近似于球的状态，从而能达到一种近似于随遇平衡的状态。如此才能达到既能保持平衡，又能保持放松，各种太极拳的技法才能随意发挥。在推手或技击中，当平衡受到威胁时，通过虚实转换使身体能够如同球之滚动状态，以此来调节体内中线、重心等，再辅以形体动作方面的身法移动、动步、改变支撑点等方式，维持平衡稳定。重要的是，在维护自身平衡的同时，要去破坏对方的平衡，即太极拳中的阴阳相济。单纯被动地维护自身的平衡是不够的，也是不符合太极拳原理的。

要注意的是，这里我们所讲的平衡问题，都是针对于站立技术而言，这是最常见的真实的技击形式。而近些年开始流行的、以柔术为基础的所谓地面技术中，关于平衡的理解有很大不同。比如，很多时候他们会以主动失衡方法将对手拖倒，然后在地面上的翻滚中寻找制胜的机会。虽然传统太极拳中没有这类地面技术训练，但是我们必须对此要有充分的了解，有必要的应对能力。

## 中正、中定与中心线

"中"的问题就是维护平衡稳定。细分"中"的问题可以包括中正、中定与中心线。在传统教学中，这些问题讲得不系统、不清晰，因此这里需要先做一些基本定义。一般来讲，"中正"强调的是外在身法上的状态与内在平衡状态的结合。"尾闾中正神贯顶，满身轻利顶头悬"，这里"尾闾中正""满身轻利"都是指外在身法上的状态；而"神贯顶""顶头悬"都是指内在神、意的状态。在训练中，外在身法在形体上保持中正、端正、不偏不倚，是建立内在神意状态的基础，也是有关"中"的训练中的第一步。因此，在达到训练的顶级阶段之前，"中正""提顶"或"顶头悬"一类的概念会反复讲。

"中定"强调的是形体上的稳定平衡与内心的平静。在形体"中正"的基础上，通过放松等训练，使身体产生下沉的感觉。开始是气沉丹田，而后是双脚如树植地生根，与上行之气相结合，得到的是一种重心下降到脚的随遇平衡状态。因此，"中定"就是通过对"中正"的训练所得到的稳定。这时无论外界的干扰有多大，需要以身体的放松、内心的平静去保持这种状态。

"中心线"强调的是应用中的变化，"上下一条线，全凭左右转"。从身体的形体角度讲，中心线即是百会穴与会阴穴之间的连线，是应用冲脉之理。在此中心线上，连接上、中、下三个丹田，形成"三田合一"。在实战应用中，"中心线"包括从冲脉向身体前方、经任脉辐射向前的面，常常以身体保持中正时鼻尖正对的方向为准。从内在感觉上讲，这时"中心线"就是一种感觉，是几乎所有技击技术的标杆、准星。无论攻防，举手投足，各种劲力的应用，都是以中心线为

图 5-13　中心线
三田合一，上下一条线，全凭左右转。

参考。"中心线"的感觉是在中正、中定的基础上建立起来的；是通过长时间对拳架、推手训练中每个动作细节的认真研习而得到的；这点非常重要，但却常常被忽视。保持中正就是提顶，使中心线保持垂直，即三田合一，从而达到中定。因此，这些问题的本质一样，不同的说法只是侧重不同而已。

一般讲"中正"时，其重点是训练，是练习的要求，更多地强调形体动作方面；讲"中定"时，强调的是"中正"训练的效果，是应敌时的状态，更多的是讲内在感受；而讲"中心线"时，多是讲技击技术的具体应用标准，是具体技术实施时的标尺，是内外相合的应用（图5-13）。

太极拳中的"中"是平衡稳定，但是这种平衡稳定不是静止的，而是动态的。在技击中，保持中定状态，并不是简单地说让对手推不动，而是说无论怎么推、怎么动，都不失衡。中心线的使用也是要在运动中求，要能做到"静中触动动犹静"，才能"因敌变化示神奇"。

在有关"中"的训练中，最重要的就是提顶，即拳论中反复强调的"提顶拔项""虚领顶劲""神贯顶""顶头悬""不丢顶""喉头永不抛"等，都是从不同的方面讲提顶。这点必须时刻提醒自己，最终要能达到自然。

## 守中与争中

在推手训练中，一方面要保持自身的平衡稳定，另一方面要破坏对手的平衡稳定。也就是要守住自己的"中"，而不让对手守住他的"中"。在技击中，虽然可以使用直接强力打击的方式制胜，但这不是太极拳所追求的高级境界。太极拳所要的是先使对手失去平衡，再在其薄弱环节上进行打击，也就是高效率。因此，虽然技法技术多种多样，但所有训练的核心是如何保持自身的平衡并破坏对手的平衡。常说"技击的本质就是争这一条中线。你能守住中线，使对手偏离而失中，则胜；反之，自己偏离而失中，则败。"

在守中与争中的过程中，太极拳所追求的不是与对手直接对抗，而是放松。只有能放松，才能使自身如同球一样，形成随遇平衡。从技术层面上讲，最关键的地方是百会、尾闾与鼻尖。百会穴是提顶，是使全身能一松到底的总机关。百会一丢，必然失去平衡。尾闾是舵，是控制，使对手之力无法找到并追踪到我的重心。鼻尖是准星，是感觉，是控制对手重心的标尺或中心线的参照物。这些关键点都必须先从拳架训练中慢慢找，逐渐形成自然。再从推手中认真体会，在实践中反复应用，最终成为一种非常敏感的感觉。这些东西都是说来简单，实则非常细腻，实用并不容易，常常是"差之毫厘，谬之千里"。

## 中气

中气是当训练进入到高级阶段后，身体内部所产生的一种感觉，可以从脚跟直达头顶。中气的感觉是从拳架子训练中的形体动作之"中正安舒"中发展起来的，是以冲脉为基准、与身体的平衡稳定性密切相关的感觉。有点类似于钓鱼时用的鱼漂，保持竖立在水中，虽然总有点飘忽不定、上下浮沉的感觉，但是不倒。所以有时称这种感觉为"中气晃动"。当这种中气晃动的感觉比较清晰后，所有技击技术中的虚实变化就可以由此而实现。再进一步，中气有聚于丹田的感觉，并有丹田旋转而达于四肢的感觉，即"以轴贯轮"。能如此，所谓动态的平衡稳定之能力才能真正建立起来。这时如果对手推你，他就会有既推不动、又推不着的感觉。太极拳技击中所追求的"忽隐忽现"，就是基于这种感觉而成的。这种中气感觉的建立，最初是从拳架训练中的"虚实分清"开始的，这是一个长期缓慢的训练过程。很多人练拳多年，但是对此关注不够，这是影响进步的重要因素之一。

## 根

"根"是传统武术中的技术术语，是说当站立时，脚下如同树一般生长出根，深入地下，是借助树根来形容描述实战对抗时的平衡与稳定性。当一个人能够在与他人对抗时保持平稳，就说他有"根"；当平衡与稳定性越好，就说"根"越深。当平衡稳定被破坏，就说丢根、拔根、根断了等。当然在现实中，谁也不可能真地把脚插入地下。所以"根"的本质是脚与地面之间的关系，是经过训练后的特殊感觉。太极拳中也常使用这种说法，提顶与松沉是中正的保证，从"中正"到"中定"可以说是"根"的建立发展的过程。所以说讲"根"离不开"中"，即"定之方中足有根"。"根"的感觉是从"中"的练习中得到的。

从训练角度讲，先要练松沉，就是说根要入地，越深越好；而后从沉中体会轻，是轻灵活泼，而且有越沉就越轻的感觉。这种感觉是练出来的，功夫没练到时很难想象。通过"根"的训练，身上得到下沉上轻的感觉后，就如同不倒翁，也就形成了一个模拟的随遇平衡状态。只有这样才能如球般，不必刻意去维护平衡稳定，而平衡稳定自得。另有一点需要注意，太极拳中讲"根"时，并不一定是脚要沉下去增加与地面的接触。相反，却常常会通过踮起脚跟，或提起脚尖等行为，使脚下更加灵活，如球般不被对手的力所困。这种对于"根"的应用，是太极拳的特点之一。

我们说"根"是一种关于稳定的感觉，这是一种比喻，其本质仍然是讲要能够保持重心在支撑面内。无论"根"练得多好，脚也没有真地插入地下；所以如果重心超出支撑面，"根"就不存在了。因此，在技击中保持自身稳定的基本方法有两种。一是通过对抗使对手无法移动我的重心；另一种是让对手找不到我的重心。太极拳所追求的是第二种方法，第一种方法可以偶尔为之。常见有些老师可以做到让人推不动，这时要看他是以哪种方法为主。太极拳要做的不是与对手相对抗，而是让对手推不上劲，即找不到重心。

在太极拳中，"根"必须是动态的，"此为动功非站定"，即在运动中的平衡稳定。所以在推手或技击中，使用低身大步幅来撑住的稳定是不对的，因为这种稳定是死的，无法应付实战中因敌变化的需要。在太极拳中讲平衡稳定，要特别注意其中的动静关系。拳论中讲的"静如山岳，动似江河"就是指动态中的平衡稳定，切不可将这两句话分开理解。

# 气的感应与控制应用能力

在太极拳中，当人们说"气"时，绝大多数情况是指"内气"而言。这里我们也延续这种说法，如无特别指出，凡是说"气"时，都是指"内气"。如前所述，现在并没有真正解决气的物理与生理机制。虽然"气"在体内有流动、鼓荡的感受，但是大概身体内并不是真的有如气体状态的物质存在，很可能是与神经系统有关的东西。最新的有关筋膜的研究表明，筋膜在功能与感觉方面有很多与"气"相同或相似之处；而筋膜上的感应有百分之八十左右与中医中的经络和穴位相合，也与"气"的运行相合。"气"的组成也许是身体内多种系统功能的综合反应，这是一个科学问题，留给专家们去研究，这里我们只讨论"气"在太极拳训练中的感受与实际应用。

在前面的章节中我们已经对气、内气与炁的概念做了介绍，这里重点探讨内气（简称气）作为基本能力在太极拳技击与健身中的作用。如前所述，气存在于每个人身体内，是可以通过训练而被感觉到的；气是一种与生命有关的能量的表现形式；这种能量表现，经过训练是可以被控制与应用的；而在太极拳中，对气的控制与应用是太极拳技击与健身作用中的关键环节。事实上，在本章中所讲的其他基本能力中，都少不了有关气的应用。可以说气是无处不在、无时不在的。

## 气的感应

关于气或内气是否存在的问题常常有争论，事实上这里有两个层面的概念：第一是说是否体内存在有气这种特殊的物质；第二是说是否身体内有气的感觉。人们常常将概念混淆，认为两者是一体的。现在有关气的物质性缺乏实验根据，但是身体内具有近似于气体特性的感觉是客观存在的，这既被两千年里无数人的切身经验所证实，也是我们个人几十年练习中的亲身经历与体会。现代科技还无法对气的物理、生理机制等做出准确的解释，气的感觉也许与气是否存在无关，只是个名称而已。经验告诉我们，每个人身体内都存在着可以通过训练被感觉到的"气感"，这种感觉也可以通过训练而加强，同时这种感觉又可以被控制和利用。在太极拳训练的初级阶段，最初的训练目标之一就是要开始获得对气的明显的感觉，并在以后的训练中逐步加强之。

通过极认真、以柔慢轻匀为主的方式进行的拳架训练，体内会逐渐产生所谓"气感"。那么"气感"是对气（假设有这种物质）的感觉，还是仅仅是一种类似气的感觉，这点虽然现在并不清楚，但是这种感觉确实存在。这种对气的感觉，最初一般会发生在身体上一些比较敏感的部位，如指尖等。开始可能是有些微弱的发热、发麻、发胀、发颤的感觉。而后这种感觉会逐渐扩展到身体的很多地方，特别是在穴位附近，并逐渐有流动的感觉，比如从肩到肘、再到手，而这类流动感是与经络相合的。根据中医中讲的气与血的关系，气是推动血液运行的动力，有血的地方必有气，故气感最终会遍及全身。必须注意，这里反复强调说气感是身体上的感觉，犹如有一种类似于气体的物质在身体里运动，其具体的成因现在并不清楚。现在所知的是特殊的训练可以增加、控制这种感觉。

气的感觉会逐渐引发一些身体上的反应，就是所谓气的感应，比如指尖上的气感可以引发指尖强壮有力的反应。通过训练，这种气的感应会越来越强、越来越顺遂，同时会遍及全身，即"行气如九曲珠，无微不到"。这种气感也会带来全身处处如同弹簧般的感觉。逐渐这种气的感应可以越来越细致可控，如弹簧可以有大小、软硬之分。由此而产生的是感觉自己身体强壮、精神饱满，即常说的气足，这也是太极拳的健身作用之一。有了气的感应，气才可以被应用。

### 气的控制

当对气有了感觉、感应之后，要训练通过意念对气的控制，即"以意导气"。训练方法中，有三步，即气沉丹田、节节贯串、气宜鼓荡。第一步是"气沉丹田"，这是增加气感、控制气的最直接的训练。利用身体放松等方法，将体内开始产生的气感向一点集中，即"气敛"，使气感与身体的稳定性相结合，因而增加身体整体上的强壮之感。一个明显的感觉就是自己的腹部似能够承受强力打击。第二步是通过"节节贯串"实现对气之运行的控制，即"运气"。节节贯串一般是指形体动作的协调性，即使全身各个部分能够按照太极拳的要求联系贯串起来、协同工作。而这种联系贯串就是通过气之运行实现的，"由脚而腿、而腰，总需完整一气""周身节节贯串，勿令丝毫间断耳"。经过训练将零散、分离的气的感应连接起来，形成气在全身流动之感，就是"行气如九曲珠，无微不到""气遍周身不稍滞"。以此将全身各个部分联系起来，成为"一举动，周身俱要轻灵，犹须贯串"。一

**图 5-14 气感**
**全身透空使体内之气与神意相结合，**
**形成气场的感觉。**

个明显的感觉就是"形于手指"，即可以用指尖引导、领动全身运动。
第三步是"气宜鼓荡"。通过进一步的训练，使遍于周身之气产生鼓
荡之感。鼓是鼓动、膨胀之感；荡是荡漾、晃动之感；因此鼓荡是一
种不稳固的感觉，犹如风吹入帐篷的感觉。从"气沉丹田"之稳定到
"气宜鼓荡"的不稳定，气感就成了动态的松紧之感；其中是以"节
节贯串"为联络。有了气敛、贯串与鼓荡，则气在体内就是一体、动
态、有弹性的。全身犹如一个充满气的大气球，而身体上的各个部分
又如同相互间都有联系、不同大小的气球，多层嵌套，而同时还要有
这些气球都浮在水中之感。

当气的训练达到极高级的程度后，与神意相结合，以上的各种气
感成为自然的、似有似无的状态。这时气似乎不仅仅是被限制在体内，
而且会有与外界大气相接、相融合的感觉，即所谓"全身透空"。会
有一种全身被外气笼罩着的感觉，这种外气似乎可以使身体变得更大、
更强，这也就是所谓"气场"的作用，即神意气的综合反应。在达到
这个程度的推手、技击时，只要对手刚一接近我，即被我的气场所笼
罩，可能双方的肢体还没有发生接触，对手常常就会有已经被我的外
气拿住、控制住的感觉。有了气场的感觉，气的应用才能真正自如（图
5-14）。

对于气的控制训练，不要直接去想炼气、运气，而是需要以心意为主导；由此才能达到对气的灵活应用，所谓"全身意在精神不在气，在气则滞"就是说明这个道理。炼气的过程就是"以心行意，以意导气"。以心意引导训练，使气感自然产生，并逐渐加强。比如手臂前展时，用意念想手指尖前指，随之指甲缓缓脱落，以指甲下面的嫩肉去托天。这时指尖上会有一种非常敏感、如同气从手臂流向指尖的感觉。反复练习，直到只要一伸手，这种气的感觉就存在，这时就达到对气的自然控制。能够做到对气的控制，才能做到对气的有效应用。

## 气的应用

在训练中，当有了气感以后，一方面是要使气感逐渐加强，另一方面是要学习如何在运动中应用气感。"以气运身"就是讲形体动作不是直接动，而是先找气感，而后以气感催动、带动肢体运动，也就是常说的肢体自动。这就是在自我训练中，以气的感觉催动气的应用，以气的应用加强气的感觉，形成一种循环上升模式。

"气与劲合"是讲劲的应用是基于气的作用。在太极拳中的"劲"，本质就是经过太极拳的特殊训练后能以特殊方式所使用的力。而这种特殊的训练，本质上就是如何在技击中以气引导劲的应用。气又是被神、意所指挥操纵，所以气是神、意与劲之间的传输中介。由于气的作用，在技击应用中，只要有正确、准确的神意操纵，劲就可以自然地发生作用，就是所谓"用意不用力"。

在气的实际应用中，通过"气与劲合"，使体内产生的贯串、鼓荡之感，伴随着劲的蓄发，形成技击应用。在具体应用中有中气晃动与丹田气运转两个阶段。同时这种气的应用可以促进身体内各种功能的强化，达到健身的目的。

　　需要注意，有些硬气功中的运气方式，是将气集中于身体上的某一点，使该处能够承受极大压力，或产生很大的冲击力。这种方式在太极拳技击中，基本上是不需要的。实战技击时肢体运动速度很快，根本没有时间去运气，对于气的应用必须是自然的才行，抗打击能力也必须是自然的。气遍周身与气之鼓荡都讲的是气的整体性；全身任何地方需要气，则气已经在那里了，不必运。

# 感知能力

感觉是人的高级神经系统的活动，是与外界交流的工具。感觉主要包括视觉、听觉、嗅觉、味觉、触觉等。在武术运动中，一个感觉的过程就是接受外界刺激，将刺激传输到中枢神经系统，由中枢神经系统做出反应，再通过运动神经将反应信号传送到相应的肢体上，做出反应动作。一个人在其成长过程中，不断受到各种外界刺激，逐渐形成了一套对外界刺激的感知系统。"感"就是对外界刺激的感觉；"知"就是知道如何做出反应行为。这种自然形成的感知，就是太极拳中所说的"先天自然之能"中的一部分。

## 太极拳与感知运动

一般武术技击中，视觉、触觉、听觉等应用很多，其中视觉是最重要的。但是视觉感知形式也有些缺点，比如反应相对比较慢，也容易产生错觉与误判。而在触觉方面，由于是基于"先天自然之能"基础上的感知，故比较粗糙，效率也比较低，同时惯性比较大，不易随机变化，也不易持续变化。而太极拳与其他拳种不同中的一个最重要的特点，就是它的特殊的感知系统。在太极拳中，首先要通过特殊训练，最大限度地挖掘了触觉中的潜能，培养出超乎寻常的触觉功能，即"感"，由此大大提高了对外界刺激的感觉的灵敏性与准确性。在这种特殊的"感"的基础上，进而以太极阴阳之理为基础，培养出一套非先天自然之能的反应行为，即"知"。二者结合，形成高效率、易于随机与持续变化、按照太极阴阳之理运行的感知系统，以及以此为基础的技击方法。由于太极拳在这方面的特殊性，感知能力成为所有太极拳技术的基础；感知运动成为太极拳的一个重要标志，甚至是代名词。

太极拳是感知运动，感而有知，或者说由感而知，是一切太极拳技术的基础。"人不知我，我独知人，英雄所向无敌，盖皆由此而及也"，就是指出了感知是太极拳之所以能胜人的本质。

"感"是感觉，这里主要是指"触觉"，是专指在技击时，自身身体与对手在接触点上的感觉、感受，也被称之为"听劲"。太极拳中最重要、最基础的训练之一，就是要通过训练，得到远远超出一般人、十分灵敏的感觉能力，特别是指在触觉方面的感觉能力。而这种感觉能力，常常被形容成要比蟋蟀的触须还要灵敏。"一羽不能加，蝇虫不能落"讲的就是感觉上的极度灵敏性。在太极拳界流传的一些先贤的传奇故事中，多数都是有关他们的超级感觉能力与应用。太极拳的技击，首先要求能够通过接触点上的感觉能力，察觉到对手身体上任何细微的变化，甚至于察觉到对手在思想意识上，或情绪上的变化。可以做到"彼不动，己不动；彼微动，己先动。""知"是知觉，是说当通过感觉而能以太极拳之理理解对手之后，进而要知道如何以太极之理去应对，即应该去做什么。能够以太极拳之理做出正确的理解与应对，就称之为懂劲。所以"知"的核心就是懂劲。

"感"与"知"是不可分隔的两部分，如同体用的关系。无感则谈不上知，有感无知，则没有用。从人体的生理反应系统讲，"感"

就是采样，"知"就是反馈。如果从训练的角度讲，对于"感"的训练，重点是开发潜能，得到超乎寻常灵敏的感觉；而对于"知"的训练，其核心是要克服先天自然之能，同时按照太极阴阳之理重新建立起新的反应，因此"知"的训练更困难。在实际训练中，是先练"感"，后练"知"，再由"感知"去共同指导技术的运用。

按照传统，太极拳也被称为"感知运动"。这里"运动"二字中的"运"，是指体内气血等之运行；"动"是指外部的形体动作。所以"感知运动"就是由感而知的、理性的、内外相合的全身运动。也有借用传统说法，将此称之为"知觉运动"的，含义相同，但是"感知运动"的说法，更准确。

## 感知的运用

在太极拳技击中，高手可以达到"接触一点管全身"。就是说，只要与对手一发生接触，马上就可以通过接触点，真的可以只是一个非常小的接触，比如一个指尖，去准确地感知对手的实时状态，进而控制对手。所谓实时状态包括对手的心理意念状态、重心位置、平衡状态与可以破坏其平衡的着力点，其用力时的强点与弱点，劲力在其体内的运用状态，比如大小、方向、虚实等。简单地说，就是要完全清楚地知道对手正在做什么、想要做什么。太极拳的技击技术可以达到简单高效，实现后发先至、以柔克刚、因敌变化，其中重要原因就是依靠极灵敏的感知能力。"彼不动，己不动；彼微动，己先动"，就是这种能力的描述。比如对手想向前发力，其肩部往往会有一个向后撤的动作，有时可能会很小，甚至可能只是个念头。只要你的感知能力足够好，在感到他这个动作的一瞬间，随之而进，即常说的"补"

一下，就可以将其随之而发出的力截住，使其力反给他自己造成麻烦，也就是借他之力打他。这种感知与控制是瞬间发生，所谓"一触即发""彼之力方碍我毛皮，我之意已入彼骨内"；但是可以持续，并且是可以随着对手的变化而随机变化的。水平越高，可以持续的时间越长，变化越细腻自如。其中最重要的是可以持续感知到对手的弱点，如同对手自己在不断地提醒告诉你，应该如何以最简单的方式去控制他，这时对手就如同你手中的玩物。"人不知我，我独知人，英雄所向无敌，盖皆由此而及也。"这是太极拳对感知运用所希望达到的最高层次。

## 感知的训练

人在感知能力方面是有巨大潜能的，只是在大多数人的日常生活中，因缺少必要性而没有被开发出来。在现实生活中，如果一个人突然失明，那么他的听觉、嗅觉与触觉等能力就会变得异常敏锐，这说明人有这些方面的潜能。太极拳就是要通过训练，最大限度地发掘潜能，发展出超级敏感、超出常人所具备的感知能力，从而达到"人不知我，我独知人"的境界。

感知训练是一个长期的过程，可以说是一点一点地磨出来的，需要"仔细研""仔细留心向推求"。首先是要经过以柔、慢、轻、匀为动作要点的拳架训练，以大大提高松的能力，这是基础。放松与感觉是直接相关的，身体僵硬必然感觉迟钝；身体越放松就越敏感，感觉的能力就越强，越能感受到细微的刺激。这种拳架训练是提高自我感知能力的方法，需要认真体会。能够随时对自己的实时状态有清楚的感知是必须的能力，感觉不到自己如何能去感知对手？因此，这部分训练也常被称为"知己"训练的第一步。然后是推手训练，太极拳的推手训练，特别是其中的基础训练部分，可以说是专门为了感知训练而设计的。这里所说的感知训练，包括"知己"训练的第二步，即在外界干扰下对自身状态的掌握，以及"知彼"训练，而重点是为了"知彼"，或说"知人"。推手训练包括很多阶段与大量的练习方法。对于"感"的训练，开始需要从接触点上轻柔入手。比如与对手一接触，要极其敏感，似乎能感觉到接触点上他有几根汗毛，不轻就做不到。在运动时，接触点上以相互连随为主；动作须圆、匀，不问劲，不争胜负，要有"能如水磨催急缓，云龙风虎象周旋"之意。通过大量轻柔圆匀连随的训练，发掘提高"感"的能力。从"感"的训练中，逐渐加入理性思维去求"知"，即以太极阴阳哲理指导"知"的训练。什么样的"感"应该对应什么样的"知"，不单要有感性认识，还要有理性认识，既要知其然，更要知其所以然。要注意的是，对于"知"的感性认识需要切身体会，因此只能与已经达到懂劲水平的人，通过抚臂擦肩的接触中学习。可以说，正确的感知能力是经由明师一点一点地喂出来的；而感知能力的提高还需用经过大量的推手练习的积累。所以对于初学者而言，与不懂劲的人推手，常常会产生误导，必须十分小心。只有通过长时间严格的推手训练，才能使"感"与"知"融为一体，即"要用天盘从此觅，久而久之出天然"；才有可能掌握太极拳"感知运动"的本质，真正懂得太极拳。所以说，练太极拳但是不认真下功夫练推手的人，不可能掌握太极拳。离开"感知运动"而奢谈太极拳技击，则必然是先天自然之能那一套。可能有效，但不可能进入到太极拳的境界。

# 力与劲——劲的使用能力

在物理学上，力是指物体之间相互作用，从而能引起物体的运动状态改变，或者使物体产生形变的因素。在人体上，力是指人体肌肉的效能，通过肌肉的收缩、放松而产生出的能量。人的一切肢体运动都离不开力的作用，武术技击更是如此，任何技击技术最终都是要通过力的作用而实现。从这个意义上讲，武术就是研究如何在对抗中最有效地使用力。而太极拳是所有武术门派中对力的使用方法研究得最细致、最深入的拳种，这是太极拳被誉为武术发展最高阶段的重要原因之一。在太极拳这种有关力的应用中，力被改造，通常被称之为"劲"。所以太极拳是以特殊的用力方式——"劲"实现其技击技术的。必须注意，太极拳中常说的"不用力"，并非是说没有力的作用，而是说不直接使用本能的用力方式去用力。这是一个特别容易引起误解的概念。

## 力与劲

在日常用语中，力与劲的意思基本相同，有时用劲形容比较大的、强的或者比较专门的力。另外，对于人体运动而言，力一般只用于形容体能上的效能，而劲有时可以用于形容精神上或情绪上的程度，比如高兴劲等。在早期的武术文献中，力与劲的用法并无大的区别，有时劲只是被用于形容比较特殊的力。随着武术的发展，技术的深化，对于技法的描述越来越精细、准确，力与劲这两个字的用法逐渐产生分离。同样，在早期的太极拳的理论著述中，比如某些老拳谱中，力与劲常常混在一起使用，而后，逐渐被分离。尽管始终没有人给出过严格定义，但在很多太极拳门派中，一般约定俗成的是，当直接描述人体之间作用的效果时，常用"力"来形容。"力"也被用来简单地形容力的量，或指以先天自然之能的方式所用的力。而更多的时候，"力"逐渐被定义为由肌肉运动而自然产生的、未经太极拳的特殊方法训练过的力，因此也常被称之为"本力"或"拙力"。而"劲"则被定义为经过太极拳的特殊方法训练后、能以特殊方式所使用的力，有时也管这种力叫"真力"或"内力"。所谓太极拳的特殊方法是指在太极拳理论指导下、符合太极拳技术要求、有神意气等内功要素介入的训练。太极拳中的"劲"仍然包含着物理学意义上的"力"，也包括关于量、速度、作用方式等方面的因素，只是更强调与我们日常生活中所不同的使用方法。因此，力学中有关力的定理、原则等仍然适用，只是由于情况复杂，常常不可能以简单的方式描述清楚。

　　一般而言，在太极拳中，"力"的使用是指自然本能的直接反应，而劲的使用则是指被神意气所引导、以间接方式支配肢体运动所产生的力。由此人们常说的"用意不用力"，即是指用意念引导劲去产生作用，而非用本能的方式直接用力去工作。在太极拳中，也可以说"劲"讲的就是如何以更有效的方法使用"力"。在太极拳的训练与应用中，"力"与"劲"有本质上的区别，这导致"力"与"劲"在训练途径、使用方法、应用效果上都不同。相对而言，力方而劲圆，力涩而劲畅，力慢而劲快，力散而劲聚，力浮而劲沉，力钝而劲锐，力拙而劲巧，力死而劲活，力在一点而劲在周身，力显而有形，劲隐而无形。

在与"力"的对比中，"劲"所强调或表示的更主要是有关用力的方式或效果，比如挤劲、按劲、长劲、截劲等。事实上，除了与力或用力的方式相关外，在太极拳中，"劲"还有更广泛的意义。比如"劲"还可以表示能力。如"听劲"表示的就是有关感觉的使用能力；"粘黏劲"表示的是关于与对手相随的能力。而"懂劲"中的"劲"则带有使用劲的能力与程度的意思，讲的是懂不懂以太极拳的原理使用劲进行技击的能力，这种劲显然与一般所说的力量没有什么直接关系了。

在太极拳中，"劲"比"力"所包含的意义更广泛，而其中的主体部分仍然是有关力量的产生与应用。因此，在这种"力"与"劲"的定义下，太极拳训练的主体部分之一也可以被称之为"把力转化为劲"的过程。而转化后如何使用劲，是太极拳的基本能力之一。

## 力转化为劲

在太极拳中，将未经过太极拳方法训练过、直接的、以先天自然之能方式所产生的肌肉效能称之为"力"。因为是源于本能的，所以也叫"本力"。相比太极拳所要求的，这种力一般比较迟缓、拙笨、惰性较大，所以也叫"拙力"。从生理学上讲，肌肉细胞决定两大类力量形式，即爆发力与耐久力。增强不同的本力，有不同的训练方法。最终这种本力可以达到的程度，是由先天的肌肉素质与后天的训练质量所决定。先天的肌肉素质人人不同，这里我们暂不考虑其因素，重点是讲后天的训练问题。

人所做的大部分动作，都不是由单一肌肉所能完成的，而且其中既包括爆发力，也包括耐久力。根据不同的运动，有不同的参与比例。动作越复杂，参与运动的肌肉群越多，它们之间的协调性就成为动作质量，以及所能产生力量的大小的主要因素。太极拳技术的特殊性要求改变先天自然之能，其中重要的一点就是改变运动方式，建立起新的使用力的方法。使全身的肌肉群以更协调、更有效的方式产生所需要的力，而这种力就称之为"真力""内力"或者"劲"。由于"劲"的训练与使用上总是与呼吸有关，也可以说凡是经过训练而能自然配合呼吸、全身协调的用力，都可称之为"劲"。太极拳改变运动方式的训练过程，在很大程度上讲，就是一个将力转化为劲的过程；有时也称之为是一个退去旧力（拙力）产生新力（劲）的过程。伴随着力转化为劲的过程，气与劲在体内相互作用的感受也会越来越强烈、清晰。最终，对于劲的操纵，就成为对于气的控制应用，而对于气的控制源于神、意。所以太极拳中并不讲如何用力，而是讲如何用意，即心意。能如此，在技击中，就可以自然地避免直接使用力。

"劲"在功能上比"力"多得多。劲可以有阴阳，所以有虚实、刚柔，可以完成更复杂、精微的技术，能够提高用力的效率。从本质上讲，劲仍是基于力的基础上，没有力就没有劲。单纯从量上讲，力越大，所能转化的劲就越大，正如硬性材料可以做硬弓。所以从理论上讲太极拳不反对本力，但更重视的是力与劲的转化效果。所以王培生师爷曾说过："本力大不是坏事，只要能活起来（转为劲）就好。"在武术的多数技击技术中，爆发力是主体。因此，一个人的关于"力"的能力，一般主要都以量与速度衡量。但是在太极拳中有关"劲"的能力就有更多的标准，其中"量"的重要性大大减少。因此，懂劲之后，在技击中，对力在"量"上的要求很小。很小不等于没有，因此在训练中完全忽视力量的存在与使用也是片面的。

力是由肌肉的收缩、放松而产生的，有两种基本方式。一是当肌肉收缩时，直接对外产生作用力，这是最常见的用力方式，比如将一重物搬起来。还有一种是当肌肉收缩时，对外不产生作用力，而是能量存储，当肌肉放松时，释放能量，对外产生作用，比如砸夯，就是先将肌肉举起夯的动能转化为夯上的势能，而后肌肉放松就是释放势能。使用第一种方式时，常常需要与吸气屏气相结合，即不可泄气。而使用第二种方式时，常需要与呼气相结合，即不可憋气。在"力"转化为"劲"的过程中，要注意区别这两种用力方式的不同。在太极拳技击技术中，大多数情况是第二种方式的应用。

一般常用的对"力"的训练方法与太极拳中"劲"的训练方法，在很大程度上是相反的。大多数练习力的方法是以局部的紧为主，而练劲的方法是以整体的松为主。因此，产生了"力"与"劲"似乎不可能同时练的现象。常见的情况是，当"力"的练习越多，"力"转化为"劲"的过程就越慢或者越困难。在实际训练中，单纯为增加肌肉力量的训练还会极大地影响力与劲的转化质量。比如举杠铃是增加本力的有效方法，但同时也会使局部肌肉更加僵硬，形成不利的行为惯性，对整体的放松与协调性有负面影响，增加将力转化成劲的难度。这就是为什么在日常训练中，常常可以看到一些因为练力多而本力大的人，学习放松时比较困难。因此，在传统太极拳训练中，一般不赞成同时进行本力的训练。事实上，如何正确认识、解决"力"与"劲"在训练中的矛盾，也是很重要的一课。实践证明，"力"与"劲"可以同时练，但必须掌握正确的方法，并且需要非常谨慎地执行。

这里要提示读者，虽然在传统中有关于"劲"的练法、用法、感觉等，但是对"劲"背后的生理机制并没有清楚地认识，也就是说并不清楚为什么。最新的研究发现，包裹在肌肉外的筋膜遍及全身，并且有如网络般的联系。其作用一方面是对肌肉运动的指导控制，其中最重要的是协调性；另一方面是自身所产生的弹性力。而筋膜的作用和功能与我们所讲的"劲"非常相似。是否可能所谓"劲"的训练，本质上就是对筋膜的训练；所谓"力"转化为"劲"，就是学习在运动中减少肌肉的直接作用，同时强化、优化筋膜的作用。现在已经证明，对于筋膜训练的有效方法是身体放松，并以柔、慢、轻、匀的运动方式进行，这正好与太极拳的训练方法重合。有关这方面的进一步研究，值得我们持续关注。

### 外劲与内劲

"劲"一般有"内劲""外劲"之分，但是在传统太极拳谱中并没有严格的定义。通常在讲"内劲"时，多是指那些在使用时外部形体动作不明显的劲，比如黏劲、走劲、长劲等。而"外劲"多是指那些在使用时有明显的外部形体动作的劲，比如截劲、冷劲、撞肘等。"内劲"多用于引、化、拿等，用以化解进攻、控制对手，以及扔、摔等进攻手段，表现得比较柔和、顺遂。"外劲"多用于打、发等爆发性的强力打击类的进攻手段，表现得比较刚烈、迅猛。内劲主柔，是柔中刚；外劲主刚，是刚中柔。太极拳中的内劲很独特，某些其他拳术中可能有些类似的追求，但没有一个能达到太极拳所追求的高精细妙的境界。而太极拳中的外劲，与其他许多拳法中追求的用劲方式基本相同。由于太极拳的特点与追求，在实战技击中，以内劲为主，外劲为辅，内外相济，因敌变化。故练太极拳时，也应以练内劲为主，练外劲为辅,而且从训练方面讲,应该是先练内劲,再练外劲。

太极拳的技击技术是建立在非先天自然之能、新的行为与反应模式之上的。太极拳中的主要技术特点,基本上是在太极阴阳哲理指导下、以各种内劲的组合应用而形成的。因此,内劲的应用也是非先天自然之能的,这是内劲不好练的根本原因。拳架训练的主体之一就是内劲的产生与发展;推手训练的主体之一就是各种内劲的应用训练。太极拳内劲的应用,主要体现在化解对手的进攻与控制对手。如果不懂得如何使用内劲去柔化、控制对手,就不是太极拳。对于初学者来说,由于内劲的使用多不显露于外,故而其应用方法很难模仿、极不好掌握。太极拳训练中的极大部分时间,无论是盘架子还是推手,都是在练内劲。

相对于内劲,外劲比较接近于先天自然之能。另外由于其外形动作清楚、原理简单,所以比较容易掌握。练内劲时,会长时间纠结于懂不懂、会不会之间。而练外劲时,主要就是能打得有多好,也就是程度问题,很少会有懂不懂、会不会的纠结。拳论中说的"懂劲",主要是指内劲而言。在整个训练过程中,先练好内劲,外劲则是水到渠成的事。不是说外劲就不用练了,而是说可以很自然地理解掌握。反过来,如果先练外劲,当外劲能打得很好时,练内劲反而会更困难。"极柔软,然后极坚刚",就是说先把内劲练好,外劲就可以很容易、很自然地练好。纠其原因,是因为外劲的主体主要就是松紧问题,而且是主动的大松大紧,这种大松大紧使得参与运动的身体上的各个部分同时做松或紧,松紧的变化只能是两仪阴阳的差异形式,因此长期练习很容易在肢体动作上形成较大的惯性。而内劲对松紧的要求比外劲高得多,也精细得多,所谓"劲似松非松,将展未展"。特别是内劲的隐含变化多，重要的是参与运动的身体上的各个部分常常会做不同的松或紧，也就是会形成松中有紧、紧中有松，其中是太极阴阳转换。所以一旦掌握了内劲的松紧变化，对于外劲要求的大松大紧，理解掌握自然是十分简单的事，只需用些功夫练习即可。反之，先练成外劲的大松大紧，形成惯性，再想练精细的内劲就困难得多了，因为大松大紧所形成的惯性将成为追求精细内劲的巨大障碍。另外，先内后外所得到的外劲的质量也会比先外后内，或者忽视内劲练习所得到的外劲的质量高得多。

　　有一个常见的问题就是混淆了内劲与外劲的区别，有些人常把所有太极拳的劲通称为内劲，特别是把爆发劲一类的外劲也称为内劲，以为讲劲就是指爆发力。当然，如果只是定义不同、称呼不同，那并不是什么大问题。关键是他们把几乎所有的劲都按照上面所说的外劲的方式去练，过分强调力量的大小与爆发性，把这种练法当成太极拳的主体，以为非此不能技击。这实质上是完全偏离了太极拳的本质，忘记了太极拳所追求的高精境界。如此练法，无论劲发得多大、多猛，都不是太极拳。这个问题在近些年里有越演越烈的趋势，其本质还是不懂太极拳的基本原理所致，把技击的胜负寄托在力量的大小上。

## 蓄劲与发劲

　　劲的使用有很多种形式，或者说有很多种劲。无论哪种，在使用时都离不开蓄劲与发劲这两个过程。简单地讲，蓄劲与发劲就是在行拳或技击过程中，体内能量的积蓄与释放。蓄劲与发劲的形式或方法决定技术技法的实施。一般人们正常的、自然的蓄劲与发劲都是分离的，就是说蓄劲的过程与发劲的过程只有直接的先后关系，没有包含的关系。比如打一冲拳，先将胳膊收回，是蓄；再向前打出，是发。这里蓄劲与发劲只有时序的继承关系，即蓄而后发，和蓄发之间的间接的影响，即蓄得好是能发得好的必要条件。从技术动作上讲，这就是蓄发分离，即做蓄时与后来的发没有关系，不需要考虑发；而做发时，前面的蓄已完成，所以与蓄无关。在以"先天自然之能"为基础的武术中，蓄劲与发劲都是这种分离形式的。在内家拳与某些外家拳的训练中，有时蓄劲与发劲是一个循环过程。就是说是一个圈，一半为蓄，一半为发。这时蓄劲与发劲就是一个过程的两部分，它们之间就存在着直接的联系，就是说蓄中有发、发中有蓄，是一体的。而在太极拳的高级阶段所追求的是蓄劲与发劲的融合，这时的蓄、发已经没有明显区别，蓄即是发、发即是蓄，就是阴阳转换。当能够达到这个程度时，全身上下无论何时何处与人相接触，所需要用的劲就已经在那里了，而且还可以持续不断地在那里。在太极拳中，内劲的使用就是以这种蓄发相融合的方式为主，而外劲的使用则是以蓄发循环的方式为主。由于从整体上讲，太极拳是以内劲为主，外劲为辅，所以蓄发相融合的用劲方式就是太极拳训练中的主要内容。

　　太极拳与其他拳术的根本不同之一是有关内劲的蓄与发。由于内劲的使用不是简单地直接打击，所以其蓄发的方式也极为不同。太极拳中内劲是指一类在使用时外部形体动作不明显的劲，同时也是在技击时能使对手产生疑惑、捉摸不清之劲。一般来讲，它蓄时为张，发时为弛。其刚柔、虚实变化极其精妙。其中最特殊的是蓄劲与发劲可以融合在一起，蓄为阴，发为阳；蓄中有发，发中有蓄；蓄即是发，发即是蓄，完全符合太极阴阳之理。因此，在内劲的使用过程中，蓄与发可以没有明显区分，可以同时进行、随时转换。另外，在内劲的使用时，蓄发也可以使用循环方式，这种方式也可有造成全身各个部分在蓄发上有所不同，但是必须以意念来协调。身体的每个部分都可以有自己的蓄发时空，从物理的角度讲就是一个多维空间。每一个技术都是可以由多个多维空间协调组成的。

太极拳之外劲的蓄发，一般都是以循环方式进行。外劲往往在外形动作上都较大、明显。一般是先有一个明显的放松过程，然后在发放动作的结束点上骤然一紧，产生巨大的爆发性冲击力。整个蓄发过程需要连贯、流畅，如同一个圆圈。身体的松紧幅度越大、转换越快，可以产生的劲就越大。从物理上讲，就是冲量。在这个过程中，不仅是大松大紧，而且松紧是被区分开的，松紧间的转换是差异性的。另外，在外劲的使用中，在做蓄、发的过程时，全身各个部分几乎是同步，形体动作趋于一致。因此，整体上惯性大，一旦开始，中途几乎不可能变化。因为太极拳追求的是因敌变化，而且变化必须时时刻刻可以进行，所以这种强力发劲的方式应该尽可能避免，或者少使用。同时，由于追求高效率，故对外劲的需求并不大，偶尔用之，多数情况也无须很大的量。所以说在太极拳技击中，水平越高，所需的外劲就越少。因此，如果把发放外劲当成太极拳训练与应用的主体，就是舍本求末。

太极拳的"发"，绝大多数不是主动地强力发放，它必是在"拿"的基础之上的"发"，拿不住则不发。"发"要讲时机、讲效率，必须在最佳时机、最佳位置上，向最佳的方向上发放，即追求以最小的力达到最大的效果。所以高手在训练中所寻求的发放不是劲越大越好，而是越小越好。只有这样练习的"发"，才是正确的太极拳的追求，偏离这点就不是太极拳。而在实战中对发劲的质量，即发出力的量与速度，可以因具体情况而控制，可大可小，随心所欲。现在太极拳中一个非常大的误区是许多人把外劲的发放当成太极拳训练的主体，一味追求凶猛的爆发力。这种练法必然导致忽视太极拳的基础原则与技术精髓。这个误区之所以存在，一个重要原因就是在某些人的脑子里，技击的意义就是强者胜。在他们眼睛里只有强力的一击，而没有控制的概念。实际上还是典型的以先天自然之能为基础的拳术思维，与太极拳所追求的完全不在同一条路上。在这个概念下，爆发力练得越好，离真正的太极拳就越远。而更加错误的是有些人为了追求表面效果，将外劲之爆发力练成断续的形式，发劲前是一个形体上清晰可见、大而慢的蓄劲动作。这种方法练的时候似乎很震撼，但是在实战中根本无法使用。事实上，也是一种花架子。

## 太极拳中的三十六种劲

在太极拳中有三十六种劲的说法，有人认为这种说法并非源自传统，而是二十世纪二三十年代的产物，渐渐成为约定俗成的固定说法，这里我们不去做版本考证。我们认为即便不是传统的，也是对传统的一个总结归纳，不妨借用一下。在我们学拳的年代，老师也常常借用此法进行教学。按一般说法，这三十六种劲是：粘黏劲、听劲、懂劲、走劲、化劲、借劲、发劲、引劲、提劲、沉劲、拿劲、开劲、合劲、拨劲、掤劲、捋劲、挤劲、按劲、採劲、挒劲、肘劲、靠劲、搓劲、撅劲、卷劲、钻劲、截劲、冷劲、断劲、寸劲、分劲、抖跳劲、抖擞劲、折叠劲、擦皮虚临劲、凌空劲。仔细研究可知，这些劲并非都是有关劲力或力量本身的定义，而是包括了与力和劲有关的几类不同性质的事情。其中有些是讲劲力的具体使用，如掤劲、捋劲、挤劲、按劲、採劲、挒劲、肘劲、靠劲、抖擞劲等；有些是讲劲的使用特征，如走劲、化劲、截劲、冷劲、断劲、寸劲、分劲等；有些是讲能力，如听劲、引劲、拿劲、借劲等；有些是讲行为方式，如粘黏劲、发劲、搓劲、撅劲、卷劲、钻劲、折叠劲、擦皮虚临劲等；还有些是讲程度，如懂劲。

虽然三十六种劲中包括了广泛的、与劲有关的内容，但是还有些实用中的劲，如抓劲、缠劲、惊弹劲、螺旋劲等，并没有包括在内。事实上，这种说法只是对劲的一种比较粗的分法，只是为学习训练时更方便。三十六也只是传统数理体系内的一个常用数字，其实数字并不是很重要。既可以更概括一些，也可以更细分一些。到了高级阶段，可以说太极拳里只有一个劲，即太极劲，也就是阴阳一体之劲，或称为"懂劲"，所有变化应用均在其中。"虽变化万端，而理惟一贯""太极本无法，动即是法"讲的就是这个道理。因此，在讲劲时，要特别注意不能将这些劲当成具体的技术技法，所有的劲都是在"懂劲"的大前题下、对某个方面的专门应用。比如掤劲就是肘上的"走"与手上的"黏"所形成的"黏走相应"下的掤，没有这个"黏走相应"，掤劲就是与太极拳无关的生拉硬拽。

关于这些劲的具体定义与应用，在后面的大多数章节中，在讲述具体技术时都会有所涉及，这里就不一一叙述了。唯一需要讲的是关于凌空劲的问题，这是一个存有很大争论的问题。有人把此劲说得神乎其神，有人表示极大地质疑，有人说这是杨家三代秘传之绝技，有人说吴家擅长于此，众说纷纭。记得当年曾问过王培生师爷，他是这么回答的（大意为此）："我现在也记不清最初是什么时候、从什么人那儿听说这个词的。我的印象里，早期学拳时，似乎没听过你王茂斋师太或杨禹廷师太提过。按现在有些人所讲的'凌空劲'，说与对手隔着很远就能随意提拿发放。现在没人能做到，以前有没有，我没见过，也许有，大概失传了吧。"随之，王师爷讲了他个人对"凌空劲"的看法。他说（大意为此）："太极拳练到高深阶段，粘黏连随的功夫达到炉火纯青，不但是身体上与劲力上能做到与对手粘黏连随，特别是能在神、意的层次上与对手相合。这时常常会出现一种现象，有时你的肢体还没有与对手接触，你的神、意已与对手相接，造成对手的神、意被你的神、意所扰乱，进而被你领动或控制，这常常只是一瞬间的事。而这种对于对手神、意的领动或控制，可以造成他的神经系统产生错乱，进而引发错误的肢体动作，比如造成失衡或跌倒，这就叫'神意相接'，或者说是一种心理作用。要做好这个，还需要有好的身法的密切配合。一般来讲，这是可遇不可求的，也就是说不要刻意想去做这个，不要追求这个。功夫好了，自然就会出现。这个东西能不能做好，跟对手也有关系。如果一个人已经被你打怕了，那他的神、意就很容易被你所引导控制。这就是为什么老师与他的学生之间，这种看似配合的情况会经常产生，而遇到外人时就不多见了。如果说有'凌空劲'，应该就是这个吧。"

　　从生理学上讲，当人遇到危险时会变得紧张，这时交感神经会骤然强烈兴奋，引起肾上腺素瞬间大量分泌，导致人能做出剧烈的应急反应，比如这时人往往可以发出比平常大得多的力量。正确的反应可以帮助逃避危险，但是如果做出的是错误的反应，危险将会变为现实。而上面王师爷所讲的正是如何使用"神意相接"这种心理暗示，使对手做出错误的反应。比如，先是用你所表现出的神、意与一些可能很小的形体动作，使对手产生强烈的危险意识，进而使对手产生错误的应急反应。在我们平时推手训练里一个常见的例子是：与对手一照面，随即发出一个要用很大的力量直接将他推出很远的神意信号。如果你的神意与身法配合得好，就会使对手骤然感到巨大的压力，这时你的手可能还没有触及到他，故压力是心理上的，而非物理上的。如果对手的功力不强，他就会感到很紧张，随之就会自然产生一股巨大的反推力，想阻止你的推力，甚至能将你推回去，即心理压力触发强烈的运动行为。但是这时你的手并没有接触到对手，因此还没有在他身上产生那个真的、能给他造成危险的力。这样他自己的、单一方向的反推力，将会把他自己搞得向前倾倒。这时你如果能恰当地做出一个向后招手的姿势，在旁人看来，就似乎是你一招手，并没碰着对手，对手就跟着你的手过来了。

有关"凌空劲"的另一个说法是，当"引进落空"能实现时，常常被称为"空劲"。当"空劲"可以达到极高程度时，"空"就成为"凌空"了。总之，"凌空劲"有也好、无也罢，我们都不必刻意去追求它。既不要盲目相信那些神奇的功效，也不必轻易否认，待到自身功夫水平提高后，自然会有自己的体会与判断。

在谈到凌空劲时，必须引起注意的是，有些人借此作假行骗。这些人常常以师生配合，搞出一些奇奇怪怪的打法，产生一些莫名其妙的表演效果，他们对太极拳的名誉伤害极大。

劲的应用演练

# 太极拳技击的能力基础

　　由于太极拳的特殊性，太极拳的技击能力需要建立在特定能力基础之上，也就是上面所述的身体的运动能力、保持放松状态的能力、维护平衡稳定的能力、气的感应与控制应用能力、感知对手的能力、劲力的使用能力。这些能力之间没有先后之分，也没有哪个更重要之分。它们之间在功能上相互关联、依赖，是不可分的，其间存在着复杂的有机联系。技击技术需要的是全面的综合能力，没有这些能力基础，就不可能正确运用太极拳的技击技术。

　　有人学习太极拳技击，以为是要学习一些具体的实用技术，而不知道这是一个整体能力的重新构建问题。现在还常见有人大讲所谓简单实用的太极拳技击技术，其实讲的都是些简单直观的、先天自然之能下的技巧。这些都是将太极拳混同于其他拳术，对太极拳的特点一无所知。若如此练太极拳，则是犯了方向性的错误。

　　学习太极拳，不可能直接学习掌握其技击技术，必须先进行基础训练。所有的技术都是建立在太极拳所要求的特殊基础之上的。同样一个形体动作，以太极拳的基础能力使用出来，就是太极拳的技术。反之，如果没有太极拳的基础，那就是一个"先天自然之能"范围内的动作。这就是所谓"不在外面"的意思。从下一章开始所讲的太极拳的训练，首先就是讲如何建立发展这些基本能力，进而在此基础上建立起一套新的、以太极原理为指导、在特殊的运动与反应能力之上的技击技术。由于这些基本能力中包括大量的非先天自然之能的东西，因此在训练中，大多数的练习不是对自身已有的能力进行强化，而是新的、全方位的改造，说是脱胎换骨也不为过。学习太极拳的难度，主要就是因为需要首先建立起这些新的基本能力，然后才能在这种新能力上学习技术。而对于其他拳术而言，它们的技术都是建立在人已有的能力上，对已有的能力只需要进行强化，因此对于技术的学习可以直接进行。

太极拳的技击理念是在道家哲学思想指导下，以"无为""不争""以柔克刚"等理念为指导；在太极阴阳哲理指导下，以阴阳相济、阴阳转换、对立统一等概念为思想基础，寻求武术技击技术的新观念，即如何能够最大程度地减少对自身体能的依赖，而获得最佳的效果。因此，在这种指导思想下，技击技术方面所追求的应该是"引进落空""牵动四两拨千斤""借力打力"之类的不用力、用小力、借用对手力的最高效率方式，这是太极拳技击的基本方向。在太极拳训练中，任何不以此为主，将注意力仅仅放在如何产生、使用更大的力或劲的练习，都是错误的。产生这个错误的主要原因，还是由于先天自然之能的习惯性思维。如何克服这种习惯思维是太极拳训练过程中的难点、重点，也是极容易被忽视、被误解的要点。

在具体应用中，太极拳所追求、最高效的技击技术的执行，需要一些独特的基本能力支持。比如在做採劲时，手与身体之间的位置关系决定了劲的使用效率，这就要求具有正确的身体运动能力；使用劲的时机要求有极准确的感知能力；在技术的执行过程中，要有放松与保持自身平衡稳定的能力等。这些基本能力中的任何一个做不好，都会影响整个技术的执行效果。

　　在以后的章节中，将讨论太极拳训练中的具体方法。太极拳训练的主体就是基本能力的建立以及在基本能力基础之上的技术应用。

　　（第一卷完，敬请关注第二卷《躬行篇》。）

# 附录

拳名太极者，盖以太极大道督统练拳之法也。道统万类，太极为纲。一阴一阳之谓道，将拳皈道，方得至本。乃开拳禁之新门，润拳坛之广苑，树归玄之程碑，铸启堂之金钥，不唯致用有效，而且效率殊高。

# 先师骆舒焕遗作三篇

　　注：我等从 20 世纪六七十年代起随骆舒焕恩师学艺，但由于当时的社会环境所限，没有机会正式行拜师礼。在经历了十多年的动荡期后，传统文化复苏，传统武术的教学传承活动得以公开。1983 年秋，借王培生师爷与毕远达师爷游览北京香山之际，在樱桃沟恩师家中，我等向师爷与恩师提出按照传统仪式、规矩，正式拜师入门的请求。为此，北京吴式太极拳第四代掌门人王培生师爷批准，第五代传人可以按传统正式开门收徒，并指定由其大弟子骆舒焕首开门户。拜师会于 1984 年正月初三举行，共收弟子十六人。为使后学能够更好地理解传统、了解传承，骆舒焕恩师当时著《弁言》《门规》《王力泉培生先生传略》三篇短文。

1984年正月初三，北京吴式太极拳第五代传人正式开门收徒，骆舒焕首开门户。王培生及夫人、骆舒焕及夫人、部分参加拜师会的前辈以及新入门弟子

# 弁 言

人之生于世也，必执摄生、卫生、护生之术而存。是故植禾、畜牧、织帛、制器、营室筑垣，造车作舟，以充衣食住行之用。针砭药石，以去病康元。舞乐诗歌悦其情，操戈行伍除其害。凡此皆人类足愿而业事者也。从事首求有效，继寻效率，是乃万事之序列而为人生实惠之急求者也。夫唯通道方可致之，所谓化道为神也。格物以致道，将道而理事，方能臻其所旨焉。体道为智慧之能事，人类所独膺者也。随乎人事日繁，析理益精，分门别类，乃成诸学。精及艺境，大惠人生。武术亦然，其兴由来尚矣。其初，系于战争，用为训练武丁，令能强躯活肢，相搏使器，布列行阵，驰骋格斗之方法，以充护生保族之职者也。迨其明理通艺，渐蜕本木，逐成专学，貌类其母而其旨惘异矣。

习武自拳脚始，拳为母，或称拳术，简曰拳。后之所谓拳也，乃虚拟参战之象而籍身心运动之基础，结合物理、化学、数学、医药、生理、心理、精神现象、逻辑哲学诸门之成就，用操肢行气、导引吐纳之术，以强本固精，易性颐神，培德明道，固护养生之益者也。始于作伎，功求延年，终乎明德化道，其事则终身治之耳。所谓强根本以祛三疾，培元气，养太和，青春益寿也。学拳，止乎斗狠争能皆末伎之流，残生毁德实作伎之罪，吾侪所绝不为也。志光斯艺，代有名人，尽毕生之精力从事研究，探真寻奥，各有心得，风格独具，形成宗派，每有创新，不辍其继。

拳名太极者，盖以太极大道督统练拳之法也。道统万类，太极为纲。一阴一阳之谓道，将拳皈道，方得至本。乃开拳禁之新门，润拳坛之广苑，树归玄之程碑，铸启堂之金钥，不唯致用有效，而且效率殊高。既精差异之能，尤得转化之妙，是太极拳之至要也。以故万不可将斯拳与他拳种相提并论，等同视之。晋言之，太极拳乃往来拳术之总结，开艺苑之新河，为万拳之所趋归，自有其蕴秀含芳之质规，超群领等之荣，稳操胜券。

据口传书记之证略，太极拳概始于张三丰先师，而成式于明清之际。时有王宗岳先师为其正名著典，尊奉至今。伟矣哉，创拳著论之先师，精武精道更精文，道术玄通乃兴该艺。一经传播，春旬冬竹，枝分叶布，五派六支，遍于中华，扩行宇内。吴派太极拳辟源于太极拳泰斗杨露禅先师，流润全佑（吴式太极拳开山祖）、王茂斋、杨禹廷诸先师，今传谱至王力泉培生先生矣。先生承师掌门，颇有创新，承前启后，传如云之弟子，具成派之资格。为使妙香永烁，乃建王氏功法支谱，以志递传。望诸门人恪守吴派刚柔既济之心裁，葆求太极拳术之精微，攀登艺术高峰之化境，是为宗旨。

癸亥年冬十月半壁山人记于京都西陲

在拜师会上，王培生表演太极拳推手

骆舒焕在拜师会上讲解门规

# 门 规

夫学知要尊师敬长，以开源导流，循方由径，而进取有路，遵戒守法，则言行明准，非此将不能成其所望。谚曰，无有规矩不能成方圆。是故学艺有戒，行功有戒，役技有戒。戒者，所以举大端以醒思，律绳墨而矫偏，祛敝衡成，督促日进也。违戒则失其旨，功德两亏，终无所得，枉遣叹惜。况习拳常于抵触较技之间求进，忽之，每致败德伤身，能无警乎？故明规以劝进，立戒而责非，询能识觉而无伤，舞伎纯而厚德，斯为宗师，光艺益人，是为乐道焉。至乎除暴安良，惩治民贼，迫于狭路相逢，道义在肩，未为不可，然必慎诸明辨之难也。立戒之义，所以令之动心忍性，增其自觉，苟能潜心至诚，笃志学思，一朝彻悟，造乎真觉，知非法法也，则太极拳之玄妙，庶可谒矣，乃作规戒歌：

立规戒，告门人，要恪守，牢记心。体力行，戒义真，要自觉，莫空文。
欲习武，要从师。德与艺，两师资。
师选徒，当留意。人老诚，学努力。有志趣，有根器，非如此，莫在意。
知心难，需交流，学三年，见至诚。
师教徒，要严格，德与艺，必常责。口析理，体斯模，玉成器，要琢磨。
因材教，必予真，呕心血，育新人。
师授业，须秉承，佐进步，乃慈心。勿遏等，勿因循。
徒敬师，师爱徒，师徒情，要诚朴。学之道，理有常，事乖理，进无方。
既练拳，又悟理，拳与理，要缜密。合科学，符实际。不信邪，不妄语。

众同窗，要互助，共切磋，共进步，不骄傲，不忌妒。

辅后进，必以诚，勿攻讦，勿逞能。失警惕，伤感情，德艺亏，丧门风。

守门户，要紧严，无义人，绝不传。

行功时，要守戒。勿贪食，勿贪睡，坏习气，不沾恍。苟损身，必立戒。

勿听纵，勿乱搞。近君子，远恶小。勿使气，勿凌人。有礼貌，讲文明。

苟有德，勿骄傲。艺海阔，我知少，井底蛙，惹人笑。

各流派，有专擅，满园春，百艺艳。取众长，补己短，塞进路，门户鉴。

夏征伏，冬斗雪，勤练功，少磨嘴。惜寸阴，莫荒废。

定日课，二五更。工夫到，必有成。

戒有犯，必先劝，屡不改，逐门外。规矩定，令必行，要严肃，莫徇情。

培尔德，精尔艺。乐助人，维正义。存于心，布于体，终身事，永不易。

武艺纯，人品正，处世间，人畏敬。继前贤，创新路。彼天才，靠工夫。

我门人，当奋起，破釜舟，光斯艺。葆门风，后有继，戒之哉，宜勉励。


　　　　　癸亥冬十月半壁山人述于京华西陲之槐荫居

# 王力泉培生先生传略

先生名力泉，字培生，号印诚，河北武清县人，己未年（1919）三月二十四日生。少境贫寒，童龄随亲入京，侨居东城。北京乃中华古都，历朝营建，数奠鼎基，文武会萃，百艺流行。东城里巷，工技击业武戏者，名人辈出，仙龙山水，每以东城称派。

境遇熏陶，先生天性早发，偏爱武术，观剧归家，则模拟为嬉。兼以崇奇好学，尊师秉教，有好事者乐为指点，先生则朝夕练习，务期得授。以故童稚时，即能据方桌之上，空翻数十，游戏门前，行者息步，好事赏奇者，比肩继踵，通街为塞。积习成性，境易难迁，虽入校读书，仍自课武功，不为少懈。基础功课，幼年为善，先生于年已越花甲矣，然手脚轻捷，明眸犀利，端不让青壮年者，洵缘童子功力也。

年十二，初拜马贵世清为师，开手八卦拳。先师马贵虽递帖于八卦掌泰斗董海川高足尹福先师门下，然实受董先师亲传，创东城牛舌掌八卦拳派，一代圣手，名噪当时。马先师用功殊力，技艺精湛，终生不辍。每操练时，则腕着八斤半铁镯，以腕击人，必跌丈外。皓首童心，能于八仙桌下转掌，身形疾健，若隼鹞之串林，鱼龙而泳波，令人叹为观止，享年八十有七。

继拜张玉莲为师，学弹腿、查拳及诸般器械。张先师精钩镗，世誉钩镗张。有绝艺能跑板，将板斜倚墙壁，循木登垣，缘墙奔走，跳跃腾飞，如燕穿云，如猿攀条，矫健异常。

于时杨禹廷先师在北平第三民众教育馆任太极拳教师，先生又从而学焉。乃顶帖入门，扑伏称弟子，杨先师崇尚武德，望重同侪，以九五高龄正寝者，诚获练拳之益也。杨氏临终，以掌门之荣授予先生。

杨氏师王有林茂斋先师，博通各家，殊精太极拳，造诣邃微，纯以意行，堪许通玄入化，登峰造妙，以子亡惊痛，胡须乍散而毙，乃夭正寿，时年七十有七。王茂斋先师受业于全佑先师，与全佑子吴鉴泉同光宗学。后吴氏南游建业，王氏居京，太极拳界遂有南吴北王之誉。全佑先师为吴派太极拳开山祖，师事露禅，而续谱继杨班侯，侍师亲终，独承露禅先师刚柔既济之真髓，乃创吴派家数。王茂斋先师躔迹开程，并于北京太庙创太极拳研究社，一时各派名家、镖局掌舵相与俦往，尊为首席，杨禹廷先师辅为主持，先生因缘入社聆教焉。

一日清晨，众人日于庭中早课，忽有洛阳杨某入场比手，连败众人离去，次日竟点师比试。杨师崇尚武德，与人比试，点到而已，将客拿起而未发，客以为怯己也。先生上前，掷客再四，客乃去。及次晨又来，先生于庭中跌客至昏，客乃服。时茂斋先生坐观，见而喜，遂蒙垂爱，允登府邸，隔辈传心，冒往俗之不韪，兴时代之高风，标示宗德，用心之处，在于青蓝得继，妙香永燃耳。口传心授，抚臂擦身，朝夕与共。和同窗推手，每至通宵达旦。更因拳悟理，务求通道。

马贵　　　　　　王茂斋　　　　　　杨禹廷　　　　　韩慕侠

凡三年，技艺大进，年十八即令代师辅馆兼教家馆焉。

而后复从高克兴先师学程派八卦掌及直趟八卦。直趟八卦又称刘氏八法，为大枪刘德宽所创。刘氏曾为诚信镖局镖师，早年学少林六合拳，从雄县刘士俊学岳氏连拳，后带艺从董海川学八卦掌，因之乃创八法（又名八卦散手）传于世。先生求知若渴，海饮无量，又从赵润庭先师学形意拳；从吴秀峰先生学八极拳；从梁俊波先生学通背拳；从沈心禅、吴金镛先生学道学及道家气功；了一和尚、妙禅法师学佛学及释家气功；从金互、徐振宽先生学儒学；陈氏太极拳嫡嗣陈发科先师来京，又从而师之。总以尊师刻苦，每获心传。

更兼留心各家拳派，参通其奥，拳海艺峰，庶几踏遍。会缘同好，乃与张立堂、高端周、马逸林结义金兰，共师共友，同研武艺。张立堂之师李书文先师乃吴秀峰同窗，善八极拳，尤精枪法，举箸能捕飞蝇，蝇停窗上，提枪中之，纸不为破，其眼明手疾若此，时人尊称"神枪李"云。高端周之师李瑞东先师初学戳脚翻子拳，后习太极拳，与露禅弟子王兰亭先师创太极五星椎传世。马逸林之师韩慕侠先师精八卦拳形意拳，在天津立"武术专馆"。1919 年 9 月 15 日负义皆张兆东、李

1954年10月王培生成立"北京群众武术社"，前排左三张立堂、左四马逸林、左五王培生

存义来北京，在六国饭店，签生死约与俄人比武，奋一转环掌即将疯狂一时之俄国大力士康泰尔击伤，使其卧地不起，食饭俱吐，获十一枚金牌，逐走康贼，于时震惊各界，轰动京城，为国争光，盛誉当年。周恩来总理在天津读书时，曾师事之。后周总理东渡日本，常有书信请安。韩先师临终时，周总理曾为茔堂题碣曰"韩九师堂"。韩先师与马逸林初为师生，晋为翁婿，是以马尽得心传。1946年，韩先师到京，亲传先生形意拳、八卦掌之精髓。于时先生更潜心拳派考正、新学各科、医学气功、太极哲理、教授方法。探奥寻微，不止步于故围；披荆斩棘，却推陈而出新；撷群芳于雅室，冶众金以丹炉；博取提精，汇成一秀；融拳理于大道，统万变于阴阳；道术合一，诣乎妙境。据一辖万，乃将拳架以六合八法为纲，编成三十七式，诚蕴心裁灼见，允称创成新派。

唯唯，先生学有名师，辅得良友，虚怀立业，朝夕于斯，数十年如一日，无怪乎其艺至于斯极也。每瞻先生走拳盘架，或如云霞之飘影，或如流水之潺潺；矫似鹰隼搏兔，雄比苍龙泳泉；轻拟飞絮，重若山安；目光射电，体态安然；敢与造化争功，观者为之感染。每与先生推手，粘之则起，搭手即出，神出鬼没，莫测端倪，晕晕乎如入五里云雾，令人无所措手足者，妙不可言，嘻技亦灵怪也哉！而先生平日却雍容敦厚，举止谊雅，待人接事谦恭和蔼，绝类不谙武者，富有长者之风。先生诲人不倦，谆谆善诱，因材设教，诚以待人，恪守先辈遗风，故学生乐学，桃李如云。先生屡受国家邀聘，参加武术裁判及各种专业会议，主持吴式太极拳研究会。近年来各国友人渡海来华求教于先生，对先生德艺造诣由衷敬慕。1981 年 5 月在沈阳举行全国武术观摩交流大会期间，先生一举战胜不可一世的日本少林拳法联盟之高手，为国扬威，震惊国内外。先生并将平生技艺心悟著之简册，令之施于久远，交流同好，广惠后生，庶使中华瑰宝发扬光大。於戏呜呼！先生之用心也可谓尚矣哉。

癸亥冬十月弟子半壁山人记于京华西陲之友山堂励志斋

# 缅怀师爷王培生

张云

在纪念当代著名武学大师、武林泰斗王培生师爷仙逝一周年之际，我在这里写下充满感情的文字，以我切身的经历，缅怀我的师爷一生对武术事业的贡献。

师爷 (1919.3.24 —2004.9.3) 名力泉，字培生，号印诚，又名树启。祖籍河北省武清县小韩庄。自幼随父母移居北京，一生以武术为业，桃李满天下。

## 一、追随师爷的经历

我自幼好武，由于少年时期正值"文革"，故一直没有机会正规学习，直至 1973 年认识了张德山师兄和赵泽仁师兄后，才有机会接触正规武术训练。1974 年春节，在赵师兄引荐下，我拜骆舒焕先生为师，正式学习吴式太极拳，开始学的是老势子和推手。1975 年春节，老师对我说准备带我去见师爷，他说："我老师强我一百倍，趁你现在年轻，悟性好，我把你送到他那里去学。你要常去，多学，多记。你师爷的东西多而高精，你们年轻一代如果不抓紧学，很可能会失传。"过了几天，我们便一起去了师爷家。当时师爷常年在东北，每年只在春节期间回京几天。第一次见到师爷时，我并无太多兴奋的感觉。他很平静，不是我想象中老拳师的样子，倒更像一位学者。记得最清楚的一句话是："你如果能真下苦功跟着我两年，想在北京市出个名，不是件很难的事儿。"当时我觉得这话有点儿不可思议，因为我当时

1979 年，
张云与王培生师爷

还是个孩子，水平很低。那一天师爷并没有讲任何技术方面的事儿，只是给我老师和我改拳架势子。我记得五六个势子下来，我们俩就都两条腿打颤，浑身是汗，最后终于坚持不住，先后坐到了地上。

从那儿以后，每年春节师爷回京探亲之际，我一定会去两三次。其他时间跟着骆先生练，直到 1979 年师爷退休回京。在那段时间里，我对师爷的功夫修养还不甚理解，因此也常有一些疑问，甚至是怀疑。但事实最终使我明白了自己有多么幸运。

师爷回京后，见面的机会大增，每周至少一两次。特别是从 1982 到 1989 年间，每周能见三四次。最难忘的是那几年里，每周二在师爷家待一天，从早上去到傍晚才离开。其间师奶还每每给准备些可口小菜，作为午餐。如此长期与师爷在一起，感情日深，无话不谈。话题从武术技法训练、拳理拳法、理论研究、文章写作，到历史源流、奇闻传说；从日常家庭琐事，到社会、为人处世、人生经历；特别是他一生中所亲历的那些比武经历最吸引我。师爷的记忆力极好，对以前的事，从时间、地点到参与的人物，都记得很清楚。对于那些在比武过程中，双方一来一往所使用的技术技法，更是如数家珍。因此，每个故事就是一趟生动的说手课。至今我们经常使用的有些技法，多是由此而来的。从这种长期、近距离的接触中，我慢慢认识了师爷，不仅是他的武术理论与技法，还有他的为人。

1989 年我出国后，与师爷经常有书信来往，请教武术训练和教学中的问题，也探讨一些有关武术发展的问题。1993 年，在我的推动下，师爷首次访美讲学。在美国陪伴师爷的过程中，我们谈了很多如何在国际上推广中国武术的问题。当时师爷指示我在美国成立"印诚功法研究会北美总会"，并指定我为会长。在师爷的全力扶持下，这几年总会得到较大的发展。

我每次回国探亲都要拜望师爷，请教问题，高兴的是每次都能有所收获。这几年师爷虽然身体欠佳，有时只能坐着给我说手，但仍能显示出高深功夫。特别是许多精妙细微之处常使我感叹不已，我等与师爷的差距实在是太大了。

去年夏末回国探望时，师爷的身体已经很差了。坐在他的床边，我们的手一直握在一起。要离开时，师爷的手握得更紧了。当时约好来年再见，没想到，就此一别，竟成永诀。

## 二、师爷的武学精神

作为当代武学大师，师爷在武术方面的造诣自是有口皆碑，这里不必详述。我想说的是在追随师爷多年后的一些个人感受。我认为师爷在武学修养方面最大的特点，一是一向重视理论与实践相结合，二是在技法上的求真求实精神。

"理论与实践相结合才是科学的东西。"这句话是师爷常说的。虽然许多人也说这样的话，但并非人人能够真正做得到。因为这里有一个什么样的理论和什么样的实践的问题。

记得刚开始跟师爷学拳时，师爷常提醒我要多思考。他说当年他学拳时，就常问自己一个问题：人家有两只胳臂两条腿，我也是两只胳臂两条腿，可一动手，为什么人家站着我就躺着呢？所以学习拳法，不但要知其然，还要知其所以然。由于太极拳的特性是理论学习与刻苦用功均不可偏废，所以师爷特别强调："下功夫的不动脑子，动脑子的不下功夫，两种人都不会学成。"

在追随师爷习武的过程中，师爷引导我逐步学会以理论分析技术，使技术不只是一种身体上的感觉，而是有理性的解释。其中包括哲学、医学、心理学、力学、运动生理学等多方面的知识。那些传统的概念，如阴阳、气、意念等，不再是虚无缥缈、令人望而生畏、摸不着边际的抽象概念，都能与具体的实际技法动作相结合，在实践中得到体会，在实践中举一反三，而后又归于理论。他说："讲道理要认真具体，不是空谈，更不能故弄玄虚。"他特别反对那种把理论讲得天花乱坠，而一伸手完全不对的做法。他还常常建议，判别是不是真东西，要当场试验。他常要求我在应用技法时不但要注重实效，还要能讲出道理。如此反复训练，使理论与实践相结合，产生实质性的结果。这种训练的效果不在于学会一些技法，而在于全面领会太极拳以至整个武学系统的真谛。此后对我来说，没有任何不可理解的技法。这种学习方法是我追随师爷几十年里的最大、最本质的收获。我认为这也是师爷几十年武学生涯中的精髓。正是因为掌握了这一点，并以此作为教学方向，我在国外十几年的习武过程中不仅自己免走弯路，教学中也没有解答不了的问题。

技法上的求真求实是师爷武学中的一大特色，也是对我影响至深的地方。师爷常说："我说得到的我就一定能做得到，做不到的绝对不说。"这正是他求真求实精神的写照。在武术界，特别是太极拳的圈子里，长期以来有两大弊病：一是将技法神化，将真实的功夫搞得

1993 年，
王培生在美国讲学

很玄虚，使人不能相信；另一种是将技法庸俗化，使精巧的技法沦为
斗力斗狠，丧失了太极拳的本质。这两种弊病的形成与太极拳的难度
有关。因为太极拳有与其他拳种大不相同的概念与特点，特别是不以
人的自然本能为本，故而难学、难理解，因此真正懂太极拳的高手甚
少。常见的现象是，当有人能打出些太极劲而别人不理解时，技法便
被神化。特别是有些不负责的人，把自己的一点技术无限拔高，而非
真正地解释其法有效的原因。当这种吹嘘过大，太极拳便成了空中楼
阁，引导人们盲目追求。而当最终根本无法做到时，很多人又对太极
拳技法的真实性丧失了信心，转而认为只有靠斗力斗狠才能在实战中
取胜。太极拳在这里又被降低为一般拳术。

在我追随师爷学习的过程中，他不断强调，太极拳里既没有神秘
的功夫，也不是一般人所理解的东西。一切技法都有其理论基础，同
时在实践中被证明是可行的。一切技法都是可学的，但也都是需要下
苦功夫才能上身的。师爷曾对我说："人们常说太极拳里的真东西打

出来像假的似的。但是要记住，绝不能把假的当成真东西打。"

师爷对虚假的东西非常反感。他认为这是当今阻碍武术发展的最大问题。有一次他对我说："也许若干年后，我也会被某些人吹得神乎其神。到那时，你应该告诉他们说，我和我师爷曾经常常在一起，我师爷就是个平常人，只不过是下过比一般人多的苦功，所以能做出一般人做不到的东西。他所做的一切都是实实在在的功夫。"

师爷的求真求实精神多年来一直是我习武的准则。在国外教拳遇到过种种人，也许有人会说我的功夫不够好，也许有人会不喜欢我的技术风格，但大概没有人认为我讲的是虚的和假的。

### 三、我眼中的师爷

我第一次看到师爷时，他完全不是我想象中的样子。首先是他不显老。在我想象中，功法高深的爷爷辈的大武术家应当是白头发白胡子。可当时师爷只有五十几岁，而且头发黑黑的，也很精神，看起来像只有三十几岁，显得比我老师还年轻。因此与我的想象完全对不上号。后来我曾经对师爷讲起过我当时的感受，他笑着对我说："因为我出手早，所以很年轻就有徒弟了。当年学生们请客，一桌上就属我这个老师岁数最小。"

在我的印象中，师爷的身体一向很棒。记得有一次在给我们示范长拳的练法时，年近七十的他，窜腾蹦跃，如同年轻人一般，令我们这些年轻人看得目瞪口呆。另有一件常使我感叹不已的事，那就是师爷两次来美国访问时的情景。当时从中国到美国要坐 20 个小时的飞机，两国间有 12 小时的时差。到达后要马上开展连续十几天、每天六七个小时的讲座，外加每天两三个小时的个别辅导。这中间又要说

1993 年，王培生访美国时与著名旅美太极拳家罗邦祯及其部分学生，
鲁胜利（右一）与张云（右二）陪同

又要练，其劳累程度是很大的。而当时师爷已经 75 岁了。这些年因
我自己也经常外出办讲座，对其中的辛苦深有体会，我给自己的规矩
是连续讲座不能超过五天。故而每每想到师爷的作为，总会钦佩之至。

由于长年相随，特别是经常与师爷单独相处，我有很多近距离观
察他的机会，也经常有与他推心置腹交谈的机会。通过多年的交流我
体会到，作为著名的武学大师，师爷性格上的最大特点是为人正直，
不计较名利，对武术事业执著与赤诚。

据我老师讲，师爷从年轻时起，就对武术界中假的东西特别看不
惯。因此从来都说话比较直，动手时也不大留情面，因此还得罪过一
些人。就此我曾问过师爷，他说："假的就是假的，我不管对手是谁，
也不在乎别人怎么说，但我绝不能以假的东西示人，更不能把假的说

在王培生家学艺
左起齐立刚、赵泽仁、鲁胜利、张云

成是真的。"这正是他为人正直的表现。

师爷自幼习武，刻苦认真，因其功夫特别是实战技击能力而成名，但他一生并不计较或追求名利。20 世纪 80 年代初，武打电影刚兴起，有名人约他参与，说如果去了可以出大风头。门里有些人也积极鼓动，但他由于理念不同而退出。他说不能为了出名而放弃自己的理念。当年气功热时，有人以高价请他去讲那些虚的东西。以他的名气，如果去了可以很轻易地挣大钱。但他却说："我只教真东西。"拒绝了金钱的诱惑。他淡于名利，曾说："名利是最害人的东西，对此要能看破，放下，才能自在。世上能看破的人不少，能放下的人不多，能真得自在的寥寥无几。"他认为在对待名利上要顺其自然，取之有道。

师爷一生以真诚之心献身武学事业，其间有喜乐也有痛苦。特别是在六七十年代，师爷曾经历了巨大的磨难，但其心不改，其志不灭，不懈努力，始终如一地对中国武术事业的发展做出了杰出的贡献。有一次在和我谈起当时他所遭遇的情况时，师爷满怀深情地说："我曾遭受过很不公正地对待，所以我也曾想过放弃，不再教了，什么也不在乎了，我身上的东西将来就带走算了。可又一想，我身上的这些东西并不只属于我个人，这些都是老前辈们的点滴心血。如果我不教了，很多东西都会失传，那我将愧对前辈们。所以每当想到这点，我就激励自己还要努力奋发。因此我现在教东西从不保守，就是把这些宝贵的东西往外扔，你们年轻人要努力去捡，不论门里门外，谁捡到都可以。"师爷是这么说的，也是这么做的。多少年来，他一反武术界长期形成的保守习惯，不论是在讲课教学还是著书立说，都把过去许多秘而不宣的拳理拳法公之于世。为使更多的人能有所得，师爷经常外出讲座。在家时，来访的人络绎不绝。因此，他长期以来得不到很好的休息，身体受到很大的影响。他曾对我说："练武的，64 岁以后就不应该再教了，而应以自我调养为主，这样才能保持健康长寿。但我现在是身不由己，为了能使这些宝贵遗产流传久远，我也只好尽人事，听天命了。"这正是师爷对武术事业一片赤诚的真实写照。

正直、真诚、不计较名利是师爷为人做事的准则，也对我产生了巨大的影响。多年以来，我总是用这些要求自己，使自己的个人修养不断地得到升华。

从第一次与师爷见面到今天已有 30 年了，我从一名十几岁的小武术爱好者成长为在国际上小有影响的武术传播者，其间经历了许许多多。而在这所有的经历当中，最使我感到欣慰的是，我能有幸追随

作者张云出国前
与王培生师爷合影

师爷学艺。与师爷在一起的日子是我一生中最难忘的。师爷教会了我武艺，也教会了我做人。今天的这一点文字不足以表达我对师爷的全部感情与怀念之意。我希望能通过自己的努力，使世界上更多的人了解师爷的为人，学习掌握师爷所传下来的、我们民族的精粹，以实际行动纪念我的师爷——武学大师王培生。

# 友山堂

*静玄居士*

恩师骆舒焕先生，字慕迁，生于 1935 年 6 月 16 日，卒于 1987 年 9 月 18 日。北京人，兄弟六人中行五，故其弟子们也常称其为五叔。其父为白云观掌门道长之弟子，受家传影响，自幼喜爱传统文化，文武兼修。1982 年于北京香山樱桃沟建"友山堂"及"励志斋"与"槐荫居"。1984 年 2 月 4 日（正月初三），作为北京吴式太极拳第四代掌门人王培生先生之大弟子及印诚功法第二代掌门者，首开山门，收入室弟子 16 人，后又收弟子 6 人。为使诸弟子能明拳理、知传承、守规矩，特撰写《弁言》《门规》《王力泉培生先生传略》三文，是为门中后学入门之必修功课。先生于 1961 年与陈淑恩女士结为连理，有子建军，女建华、建宏。

**按我们的习惯称呼，左起五叔、小军、小宏、三姑、小华、五婶**

怀旧日

依青伴绿友山堂　悠然西岭识梅香

陋室趣谈天下事　拳脚相加乐未央

　　京郊西隅，香山胜境，有幽谷名樱桃沟者，地处优雅，风景怡人。有高山之叠翠，有流水之潺涓，林涛阵阵，鸟语花香。春之清新，夏之残阳，秋之红叶，冬之瑞雪，令人心旷神逸，乐不思返。此乃古之修身养性之所也。壬戌年初，恩师骆舒焕先生于樱桃沟旁，依青山，伴绿水，结庐三间。远离闹市，融入自然，以为静修，自命"友山堂"是也。虽为陋室，然充满欢乐，是最令恩师门下吾辈诸弟子神往之地也。如今恩师虽已驾鹤，然其音容笑貌总不能忘。友山堂，恩师生活传艺之所也，其永筑于吾辈之心中矣。

　　恩师号隐之，别号半壁山人，邮电部机械工程师是也。自幼受传统文化之熏陶，喜文好武，兼修音律。少年即拜"追古斋"金石书法大师、有三绝（颜体字、汉印、八宝印泥）之称的魏长青先生（魏师爷也是"人民英雄纪念碑"上周恩来总理题词的镌刻者）研习书法篆刻、诗词歌赋、古典文学。年十三，拜武学大师王培生先生研习内家拳法，是为王师爷之掌门大弟子。恩师习文练武，勤奋刻苦，崇尚传统，德艺并重。

　　恩师尊师敬长，侍师忠心赤诚，肝胆相照，不因环境艰苦而有丝毫改变。其拳拳之心只为继承光大传统艺术。恩师传艺授徒，因才施教，开放教学，循循善诱，诲人不倦；为传薪火，恩师呕心沥血，破除陈规陋习，常鼓励弟子与其争锋；其朗朗之心总为发扬民族艺术。其志高矣，其心苦矣。有所谓"尊师爱徒继承前辈遗风，精诚团结发

骆舒焕练习书法

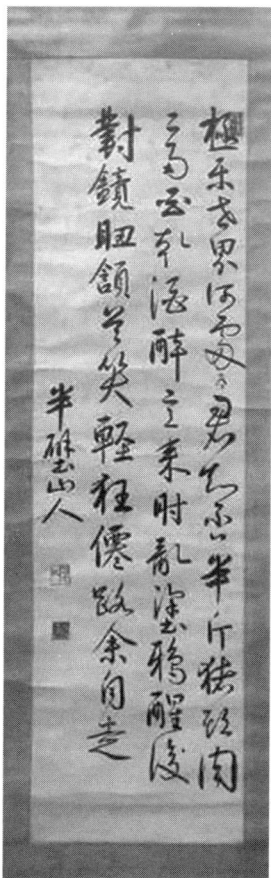

骆舒焕的篆刻与书法作品

骆舒焕的诗词与书法作品

扬民族艺术"之铭言以表其心志也。此正是恩师所传之神韵，友山堂之精神也。

友山堂门下弟子、再传弟子顿首再拜，吾等定以恩师为楷模，随其心而用功，秉其志而传艺。发扬传统，光大门户。正是：求索何惧路漫漫，千般辛苦亦等闲，功在不舍成心志，敢领风骚二百年。

骆舒焕的篆刻作品

1960 年代骆舒焕演练太极拳

1970 年代骆舒焕演练八卦掌

1985 年冬, 骆舒焕与弟子张云在西山 "友山堂" 前

# 印诚功法——中华传统武学训练体系

张 云

　　中华传统武学训练体系之印诚功法，提供给我们一个研究、理解、掌握高级武学的有效途径。该体系以内家拳之太极、八卦、形意为核心，兼习弹腿、通臂、八极以及气功、养生功法等其他传统门派之精华，内外兼修，德艺并重，以修身养性为其本，以高效之技击方法为其用，培养高尚的精神境界与健康向上的生活情趣。印诚功法是由我国著名武学大师王培生先生所创立，如今已广泛传播于海内外。

　　武学大师王力泉培生先生，法号印诚，自幼习武，曾从师于多位著名武术家，18 岁起从事专业武术教学，以高超的实战技击技艺著称于世。经历了长达七十余年的学习、训练与教学的实践后，他在理论与实战方面都达到了武学的高境界。在长期实践中，他对其所学进行了全面系统的总结，在继承传统的基础上，发展了独具特色的武学训练体系——印诚功法。

　　印诚功法植根于中国传统文化之中，它以太极拳为核心的内家拳法为其主体，熔武术、养生功与传统哲学、艺术、医学、文学、兵学等为一炉，兼收物理学、心理学、生理学、运动医学等现代科技，由此奠定了其坚实的理论基础。印诚功法从高级的理论视角出发去分析总结传统武学，从而发展出一套完整、科学的训练方法。它能以高效的方法指导不同程度的学生达到更高的境界。

　　印诚功法并不是一些不同门派武术技法的简单组合，它在继承、总结、发展传统武学的基础上，提取各传统门派技法之精华，以更高

**印诚大师、武学泰斗王培生先生**

级的理论去指导武学训练，它是对传统武学的整合与提高。由于印诚功法是以传统武学为基础，练习者必须首先从学习纯正的传统方法入手，按部就班地学习掌握传统技艺。不理解前人就不可能超越前人。这是学习印诚功法中的第一步，也是不可跳越的一步。

印诚功法包含了许多行之有效的技法技术。根据练习者个人的爱好、身体条件及习武背景，印诚功法提供不同的训练途径，使每个人都能找到最适合自己的训练方法，因而易于以高效率取得进步。在印诚功法的训练中，无论研习者具体所学为何，在教授具体技法训练的同时，总是引导其以高级武学理论去理解训练。从高处着眼，从精处着手，使练习者从具体的训练中首先掌握纯熟的实用技法，进而将法化为艺，而后逐渐领会高级武学的含意与精华。印诚功法的教学目的是使练习者最终能全面理解掌握武术的三重境界——武技、武艺、武学。

印诚功法不是一个保守封闭的系统，它并不排斥其他门派之技艺。当一个人学习印诚功法后，他也可以继续保持其原有门派的训练。大量的实践证明，学习印诚功法能够帮助练习者更加深刻的理解其原有

萧劳为王培生之印诚功法题匾

技艺，使其原有技艺得到很大提高。这个特点也正是印诚功法的高级之处，也是众多人喜爱它的原因。

学习印诚功法并不是一件简单的事。如同任何高深的知识一样，需要练习者认真刻苦地练习与深刻细致地思考。由于各人的具体条件不同，印诚功法并不能保证每个练习者都能够达到武学的高境界。但只要刻苦训练，印诚功法可以保证每个练习者以最有效的途径达到其个人所能达到的高境界。

学习印诚功法并不是单纯的武术技法训练，它也是认识人生的一种实践。通过不同层次的训练，它能使练习者在提高武艺的同时，对人生有更深刻的理解与认识，更加热爱生活与生命。

印诚功法的创立是一个长期的实践过程。1953 年，王培生先生创编"吴式太极拳三十七势"起，为初创期。经过长期、反复地实践、探索、研究、总结，直至 1985 年王培生先生正式发表"乾坤戊己功"后，为成熟期。此后印诚功法不断地发展与完善。在王培生先生 70 寿辰之际，印诚功法被正式以王先生之法号命名。为此，我国著名书法家萧劳先生（时年 92 岁）手书"印诚堂"以为祝贺。

# 武技　武艺　武学

天涯散人

夫习武有三重境界，初曰武技，次曰武艺，再曰武学。凡武术中之高尚门派者皆然，故习者不可不知也。若以功夫修为概而论之，于每重境界之中，又各含下、中、上三层造诣是也。知此理者，方可明习武之大意也。以此而论，步步进阶，而达登峰造极之境矣。

曰武技者，习武入门之径也。其以实用技法为本，以勤学苦练为径，以赢招胜人为目的。此乃武之本意也。若以功夫修炼而论之，能得其下乘者，则精神饱满，身体健壮，身手敏捷。得其中乘者，则深明三招二势之机，可胜常人于举手投足之间也。得其上乘者，则行拳能循规蹈矩，知纲守法，各势招法纯熟，应用自如，能与行家争胜负也。习武至此者，可以称师矣。习武技而有所得者，以拳勇称雄，虽能胜人，然终为雕虫小技、匹夫之勇也。非脱化而不能称神矣。

曰武艺者，习武之进阶也。其以将技术艺术化为本，以理论与实践相结合为径，而更重理论之指导意义。习武艺者，不以胜负论英雄，不以气粗力猛为勇，不主伤人，而重自养。以艺论技，其所重者乃胜负之道也。习武艺者上游场能神气若定、潇洒飘逸、轻松自如，而非横眉立目、虚张声势之辈也。习武艺之目的在于法归自然。达此境界者，不纯以武为武也，更兼修身养性之道，此乃武之升华之意也。若以功夫修炼而论之，能得其下乘者，则明阴阳、知变化、不拘形式，能对其故有技艺自然发挥。能得其中乘者，则能拳无拳，意无意，能脱化，无形无相，随心所欲。得其上乘者，武技与养生为一体，能法归自然，以无法为有法，有所谓技到尽处翻成悟，拳至无形始有神，是为化境也。行拳至此，技法技艺已至尽头矣。习武至此者，可以称家矣。修习此艺仅凭苦练不足以通微，需以悟性为主，加以慎思、明辨方可致用也。习武艺而有所成者，虽可以其艺而傲视群雄，然体能之事终为小学，非脱化于武学而不能成大学也。

曰武学者，习武之殿堂也。其以追求思想境界之升华为其本，其目的在于明大道、知大义、修身养性。此乃武之可为大学之意也。其修炼在于能将武术与哲学、艺术、医学等传统文化及现代科技等融会贯通，以武求道，武道结合，以武术之修炼悟得人生之真谛。使精勇之技脱凡俗而入高雅。故研习武学之道，功在拳之外也。若以功夫修炼而论之，能得其下乘者，则能明性命双修之大道，将已有之技艺加以整理、总结、完善，对拳理拳法能做精辟的解述，对其训练方法能因人而异、灵活运用。能得其中乘者，则能对其本门之技艺有重大之改革与发展，以独到之见解，具成派立势之资格。能得其上乘者，则能博古通今，开创门派。习武至此者，可以称一代宗师矣。习武学者，不以小技耀人。以泰山北斗之尊，武学大师之风范，修大道，传绝学，万人敬仰，领百年之风骚。此方为习武之正果也。

此三重境界是为习武者之正道也。习者需持以恒心，按部就班，不可有一步登天之心也。无武技之技，何以成艺？无武艺之艺，何能称学？其路漫漫，其意高远，故为毕生之学也。

习武术者，成千上万，凡刻苦努力者，于武技之中终能有所成。而由武技入武艺，能学而有成者，几如凤毛麟角，难得一见也。然能由武艺而至武学者，则少之又少，难之又难也。能有所成者，必为奇才也。

吾中华武术源远流长，门派繁众。其技至多，其艺至精，其学至深，奥妙无穷，非其他可比拟也。承其技，研其艺，修其学，是为正道也。然何能至此也？需以上下求索之心，高远清修之志，万般劳苦之躯，锲而不舍之力，从明师，访高人，以求真传。需以立志为先，辅之以勤学、苦练、博识、多思，以悟玄机。果能如此，何患此道亦高亦深噫吁哉。

人文武术精品书系

北京科学技术出版社

## 武学名家典籍丛书

| | |
|---|---|
| 杨澄甫武学辑注<br>《太极拳使用法》《太极拳体用全书》 | 杨澄甫 著<br>邵奇青 校注 |
| 孙禄堂武学集注<br>《形意拳学》《八卦拳学》《太极拳学》<br>《八卦剑学》《拳意述真》 | 孙禄堂 著<br>孙婉容 校注 |
| 陈微明武学辑注<br>《太极拳术》《太极剑》《太极答问》 | 陈微明 著<br>二水居士 校注 |
| 薛颠武学辑注<br>《形意拳术讲义上编》《形意拳术讲义下编》<br>《象形拳法真诠》《灵空禅师点穴秘诀》 | 薛颠 著<br>王银辉 校注 |
| 陈鑫陈氏太极拳图说（配光盘） | 陈鑫著 陈东山 陈晓龙 陈向武 校注 |
| 李存义武学辑注<br>《岳氏意拳五行精义》<br>《岳氏意拳十二形精义》《三十六剑谱》 | 李存义 著<br>阎伯群 李洪钟 校注 |
| 董英杰太极拳释义 | 董英杰著 杨志英 校注 |
| 刘殿琛形意拳术抉微 | 刘殿琛著 王银辉 校注 |
| 李剑秋形意拳术 | 李剑秋著 王银辉 校注 |
| 许禹生武学辑注<br>《太极拳势图解》<br>《陈氏太极拳第五路·少林十二式》 | 许禹生 著<br>唐才良 校注 |
| 张占魁形意武术教科书 | 张占魁著 王银辉 吴占良 校注 |

## 武学古籍新注丛书

| | |
|---|---|
| 王宗岳太极拳论 | 李亦畬著 二水居士 校注 |
| 太极功源流支派论 | 宋书铭著 二水居士 校注 |
| 太极法说 | 二水居士 校注 |
| 手战之道 | 赵晔 沈一贯 唐顺之 何良臣 戚继光<br>黄百家 黄宗羲著 王小兵 校注 |

## 百家功夫丛书

## 民间武学藏本丛书

## 拳道薪传丛书

## 功夫探索丛书

## 编辑推荐

扫码一键购

**太极功源流支派论**

定价：68元

宋书铭 著 二水居士 校注

**吴氏太极拳八法（配光盘）**

定价：86元

张全亮 马永兰 著

**习练太极拳之见闻与体悟**

定价：78元

陈惠良 著

**功夫上手**
**——传统内功太极拳拳学笔记**

定价：108元

陈耀庭 著 霍用灵 整理